EL CLANDESTINAJE
Y LA LUCHA ARMADA
CONTRA CASTRO

COLECCIÓN CUBA Y SUS JUECES

EDICIONES UNIVERSAL, Miami, Florida, 2006

ENRIQUE ROS

EL CLANDESTINAJE Y LA LUCHA ARMADA CONTRA CASTRO

...EDICIONES UNIVERSAL

Primera edición, 2006

EDICIONES UNIVERSAL
P.O. Box 450353 (Shenandoah Station)
Miami, FL 33245-0353. USA
Tel: (305) 642-3234   Fax: (305) 642-7978
e-mail: ediciones@ediciones.com
http://www.ediciones.com

Library of Congress Catalog Card No.: 2006923418
I.S.B.N.: 1-59388-079-0
EAN: 978-1-59388-079-8

Composición de textos: Nury A. Rodríguez

Diseño de la cubierta: Eduardo Fiol

ÍNDICE

PRÓLOGO 11
INTRODUCCIÓN 17

CAPÍTULO I. LAS PRIMERAS CONSPIRACIONES 19
1- Un plan y un viaje frustrado: precursores de «La Rosa Blanca». 2- Respaldo del Congresista Víctor M. Anfuso. 3- Meses de conspiración y enfrentamiento. 4- Surge otra conspiración: «La Trujillista». 5- Como se da la noticia. 6- Primeros pasos de los complotados. 7- Castro en abril y mayo ajeno a los planes. 8- Se extiende la conspiración. 9- Escenario dominicano. 10- Llega el primer avión. 11- Participación de la «Legión Extranjera». 12- Al final, Castro monta su «show». 13- La versión oficial. 14- Otras fuentes. 15- Declaraciones del embajador Earl Smith: Estados Unidos responsable de la llegada de Castro al poder. 16- El embajador Bonsal informa a Castro de los planes. 17- Comienzan los arrestos. 18- La Causa No. 3 de 1959. 19- ¿Difiere la participación de Morgan, Menoyo y Carreras?. 20- Conversación posterior de Morgan con John Moriño. 21- Comienza el juicio. La sentencia.

CAPÍTULO II. SURGIMIENTO DE LAS ORGANIZACIONES REVOLUCIONARIAS 61
1- Creación del Movimiento de Recuperación Revolucionaria (MRR). 2- Versión de Nino Díaz. 3- Versión de Manolo Artime. 4- Versión de Bebo Acosta. 5- Una cuarta versión. 6- Versión de Emilio Martínez Venegas. 7- Versión de Luis Fernández Rocha. 8- Constitución del Movimiento Demócrata Cristiano (MDC). 9- Planteamiento del MDC al Gobierno Revolucionario. 10- El MDC Clandestino. 11- Manolito Guillot y Segundo Miranda pilares del MDC clandestino. 12- Los estudiantes chilenos. 13- Su visita a Cuba. 14- Como lo recuerda Segundo (Frank) Miranda. 15- S.A.C. (Salve a Cuba). 16- Triple A. 17-Movimiento 30 de Noviembre. 18- Movimiento Demócrata Martiano.

CAPÍTULO III. PASOS QUE CONDUJERON A LA FORMACIÓN DEL DIRECTORIO REVOLUCIONARIO ESTUDIANTIL 99

1- Pugna por la Presidencia de la FEU. 2- Los sucesos del Parque Central. 3- Frente Estudiantil Universitario. 4- Creación del Frente Revolucionario Democrático (FRD). 5- ¿Qué había motivado a los Estados Unidos calorizar una organización como el Frente Revolucionario Democrático?. 6- Constitución del FRD Estudiantil. 7- Situación de la Universidad de La Habana. 8- Primer dirigente de la FEU que rompe con el régimen. 9- Deserción y fuga del primer dirigente de la FEU. 10- La Universidad de Oriente.

CAPÍTULO IV. JÓVENES QUE SE DISTANCIAN DEL GOBIERNO REVOLUCIONARIO .119

1- Hacia los campamentos. 2- Agresión a Aureliano Sánchez Arango. 3- Clausura del Diario de la Marina y de Prensa Libre. 4- Actos de sabotaje en Santiago y La Habana. 5- La fuga del magistrado Elio Álvarez. 6- El MDC centro de transmisión. 7- Otras actividades del MDC Clandestino. 8- Los primeros pasos de Jorge Escala. 9- Virgilio Campanería en el SAC. 10- Virgilio Campanería ingresa en el Directorio. 11- ¿Fue delatado Virgilio Campanería?. 12- Los ocho fusilados. 13- Eneido Oliva se incorpora a la lucha. 14- Jóvenes del MRR hacia los campamentos. 15- La Agrupación Católica Universitaria: «Fuente Primaria de la Contrarrevolución. 16- Como lograr una visa.

CAPÍTULO V. LA LUCHA EN EL ESCAMBRAY Y OPERACIONES DE INFILTRACIÓN 159

1- Se inicia la lucha en el Escambray. 2- Movimiento de Recuperación Revolucionaria (M.R.R.) 3- Se organiza el MRR en Oriente y Matanzas. 4- Los que se incorporan al MRR y, luego, al Directorio. 5- Llegan armas a Cuba. 7- La lucha en otros frentes. 8- Siguen las acciones, conspiraciones y alzamientos. 9- El Directorio Revolucionario Estudiantil en la isla.

10- Se infiltran los radioperadores. 11- Gerardo Fundora. 12-
Entrevista y acción. 13- Se mantiene la lucha en el Escambray.
14- Nuevo Coordinador Nacional del MDC. 15- El Segundo
Frente del Escambray. 16- Operaciones de infiltración. 17-
Jorge Fundora. 18- Las Guerrillas de Matanzas.

**CAPÍTULO VI. CRISIS EN EL FRENTE
REVOLUCIONARIO** 205
1- Crisis en el Frente. 2- Se está vertebrando una necesaria
unidad.3- Viajes clandestinos de Francisco y Sorí Marín. 4-
Desarticulación del movimiento clandestino. La quincena trágica. 5- Cambios trazados en la Casa Blanca a espaldas de los
cubanos. 6- Operaciones militares diversionarias. 7- Dirigentes del MRP salen de Cuba. 8- El incendio de «El Encanto» La Causa 255 de 1961. Fusilamiento de Carlos González
Vidal. 9- 15 y 17 de abril: desconcierto en el movimiento clandestino. Bombardeo del 15 de abril. 10- La invasión sorprende al clandestinaje.

CAPÍTULO VII. CONTINÚA LA LUCHA 243
1. Verano de 1961. Cárceles. Fusilamientos y salvoconductos.
2- El Movimiento de Recuperación Revolucionaria después de
Girón. 3- Detención de Carlos Bandín. 4- Los caminos de Pujals, Barroso y Bandín. 5- Rescate de Bandín. 6- El atentado a
Carlos Rafael Rodríguez. 7- Unidad Revolucionaria. La inmo-
lación de Octavio Barroso. 8- El largo calvario de José Pujals
Mederos. 9- La Causa 20 de 1962. 10- La Causa 238 de Septiembre 22 de 1961. 11- Las delaciones de Pedro Cuéllar. 12-
Salen asilados políticos. 13- Juanín Pereira, nuevo Secretario
General del Directorio. 14- Reintegro a la lucha después del
17 de abril. 15- El Directorio después de la invasión. 16- La
Mafia, el G-2 y funcionarios mexicanos. 17- El Escambray
después de la derrota de Girón. 18- Hernández Rojo,
Fernández Rocha y Bernabé Peña regresan a Cuba. 19- Se
intensifica la desconfianza sobre Jorge Medina Bringuir
(Mongo). 20- Albertini regresa al Directorio. 21- Cuatro inten-

tos de infiltración. Un sendero de sangre. Antonino Díaz
Pou. Herido y fusilado. Muere Juanín Pereira. Exfiltración
de latada.

CAPÍTULO VIII. 1962: AÑO DE ACCIONES COMANDOS, ARRESTOS Y LUCHA CLANDESTINA 283

1. Operaciones con la compañía. 2- El Segundo Frente de el
Escambray se convierte en Alfa 66. 3- Manuel Guillot
Castellanos. El más abnegado combatiente. 4- Manolo Ray
destituido por el MRP. 5- Disolución del MRP en dos etapas.
6- Detención de Reinol González y otros dirigentes del MRP.
7- La polémica que no muere. 8- Interrogatorio en las
Cabañitas: El punto X. 9- Comparece Reinol González ante la
televisión y la radio. 10- El informe de la Seguridad del
Estado. 11- El atentado del 5 de octubre. Su fracaso. Versión
de Antonio Veciana. 12- Como y quiénes subieron la bazooka.
13- La Causa No. 31 de 1962. 14- Roberto Jiménez: Su visión
del Punto X. 15- El ataque del DRE al «Rosita de Hormedo».
16- La prensa internacional destaca la noticia.

CAPÍTULO IX. ACCIONES COMANDOS. LA CONSPIRACIÓN DEL 30 DE AGOSTO Y LA CRISIS DE LOS COHETES 337

1- El dilema del Directorio: Después del ataque ¿Qué hacer?.
2- Acciones Comandos. 3- La conspiración del 30 de agosto.
4- Atentado a Ernesto Guevara. 5- El Frente Unido Occidental
(FUO). 6- Arrestados militantes de varias organizaciones. 7-
Castro reconoce el daño infligido. La Operación
«Mongoose». 8- UNARE; una nueva organización. 9- La
Crisis de los Cohetes: una vergonzosa derrota mostrada como
esplendorosa victoria.

CAPÍTULO X. 1963: AÑO DE LUCHA, JUICIOS, CÁRCELES Y FUSILAMIENTOS 357

1- Marzo de 1963 se cubre de sangre el suelo cubano. 2-
Escalada militar para el 13 de marzo. 3- Perico Sánchez:

patriarca de una familia heroica. 4- Se llenan de sangre las dos provincias centrales. 5- Cayo Anguila. 6- Burlando las restricciones los cubanos siguen combatiendo. 7- Acciones por la libre.

CAPÍTULO XI. LOS «COMPROMISOS CONTRAÍDOS» SE PONEN EN VIGOR 377

1- «Tribunales» con sentencias dictadas antes del juicio. 2- Los combatientes no necesitan autorización. 3- Continúa el escabroso camino de la acción. 4- El MIRR se reactiva. 5- Una operación de infiltración. 6- Ventajas de un acomodo con Castro. 7- Continúan suspendidos los sabotajes. 8- Se capitaliza la cancelación de los sabotajes. 9- Cuba deja de ser tópico crucial de la política exterior norteamericana. 10- Un nuevo servicio de la marina británica. 11- Continúan las acciones sobre Cuba. 12- Arrestan a Orlando Bosch. Juicio, condena. 13- Combatientes convertidos en informantes. 14- Felipe Vidal Santiago. El mártir ignorado. 15- Tres mártires camagüeyanos.

CAPÍTULO XII. ACCIONES COMANDOS: ÉXITOS Y FRACASOS. OTRAS ACCIO-NES DENTRO DE CUBA . . .403

1- El Sierra de Aranzazu: costosísimo error. 2- Conspiraciones infiltradas. 3- Manolo Viera, agente doble. 4- José Luis (el Portugués). 5- Sigue la acción. 6- Conducta impropia. La UMAP. 7- Últimas acciones comandos y de infiltración. 8- Tony Cuesta. Comando L. 9- Explota la lancha. Mueren los infiltrados. 10- Detención de Velez Cabrera. 11- Condenas en Cuba. 12- Termina la lucha armada dentro de Cuba.

BIBLIOGRAFÍA 423

ENTREVISTAS 427

ÍNDICE ONOMÁSTICO 431

El Juanín: Barco del Directorio Revolucionario Estudiantil (DRE), comprado con recaudaciones entre exiliados cubanos y en el que realizarían el ata-
che al hotel Rosita de Hornedo y muchas infiltraciones. Se le puso el nombre de «Juanín» en honor del mártir Juan Pereira Vaela (Juanín).

SOBRE ESTE LIBRO

En Cuba, por el golpe de Estado del 10 de marzo de 1952, asumió el poder un gobierno constituido en la forma de unas de ésas que podríamos calificar como dictaduras convencionales en América Latina. Por lo general, en esos casos se produjeron movimientos populares de oposición, con el objetivo de rescatar las libertades públicas y las instituciones democráticas, sobre las cuáles surgieron a la independencia las repúblicas en nuestra América.

En similar proceso, Cuba entró en una etapa de oposición civil e insurreccional frente a aquel gobierno así surgido, en la que los distintos movimientos de todos los estratos de la sociedad cubana reclamaban el rescate de las libertades y la institucionalidad democrática.

Al triunfo de la revolución en 1959, se estableció un gobierno provisional con representates de los varios grupos, organizaciones y personalidades que habían tomado parte en el proceso opositor. Las maniobras políticas de Fidel çastro, ayudado por el partido comunista, fueron apartando de la función gubernativa a los elementos de proyección democrática y liberalista que, dentro de esos principios, entendían el camino de la revolución cubana; y así se había convenido en más de un pacto entre las facciones y las personalidades prominentes que, por diversos caminos, habían participado en la llamada lucha opositora.

Ya con las riendas del poder absoluto en sus manos, Castro –con su grupo de incondicionales y el partido comunista– impuso en Cuba un régimen totalitario de factura comunista, derivando hacia una dictadura totalitaria lo que se había ofrecido en la lucha como revolución cubana.

Ya no se trataba de una de esas dictaduras convencionales que conocíamos en Latinoamérica. Ahora estábamos bajo un régimen que estableció un nuevo estado social, con otra estructura jurídico-política, asentada sobre principios ajenos a nuestra idiosincrasia nacional.

Ante ese cambio de rumbo revolucionario, de traición ostensible, que fue escalonado aunque rápido, muchos cubanos hicieron algunos intentos de protesta y reclamo pacífico o cívico en distintos sectores de nuestra sociedad: los medios periodísticos, religiosos y, en especial, estudiantiles y sindicales. Intentos efímeros e inútiles. El gobierno autocrático, en su índole absolutista , cerró toda vía de entendimiento y conciliación para otros puntos de vista en los asuntos nacionales, no concediendo otra alternativa que la sumisión incondicional al nuevo régimen sociopolítico. Para toda otra alternativa no quedaba más vía que la subversión y la lucha armada.

Cómo se gestó y se desarrolló esa lucha desde sus orígenes en sus distintas manifestaciones, es lo que nos expone, pormenorizada y magistralmente, Enrique Ros en este libro «El clandestinaje y la lucha armada contra Castro».

El libro está estructurado en forma casi cronológica, partiendo de los primeros movimientos que se organizaron hacia una lucha armada, cuyos dirigentes no procedían precisamente de la cantera revolucionaria. Ya un poco andado el curso de la revolución, el libro nos sitúa ante el proceso, rico en motivaciones y hechos trascendentes, del «surgimiento de las organizaciones revolucionarias», proceso que llena el período histórico de la década de los años sesenta.

En esos pasos iniciales de dichas organizaciones por las vías de la subversión frente al régimen castro-comunista, observará el lector cómo la gran mayoría de sus gestores e integrantes provenían de la anterior lucha antibatistiana, y que se planteaban el rescate de la revolución, de la institucionalidad interrumpida y las libertades públicas, por cuanto la anterior insurrección no se había hecho para llevar al país a un régimen comunista. De ahí, por ejemplo, el nombre de una de las más importantes organizaciones entonces surgidas: Movimiento de Recuperación Revolucionaria (MRR). Es así que el lector de este libro encontrará las razones primarias que tenían esos cubanos luchadores –y que, al cabo, tendrá que hacerlo también la Historia– para llamar traidor a Fidel Castro.

A modo de esquema general, podemos señalar en este libro que el clandestinaje y la lucha armada contra Castro surge principalmente desde cuatro importantes sectores nacionales: el sector religioso, el sector obrero, el sector estudiantil y el sector campesino.

De extracción eminentemente católica –nos relata Ros– surgió el Movimiento Demócrata Cristiano que, inicialmente inscripto como asociación cívica, de acuerdo con leyes vigentes al respecto, se manifestó públicamente solicitando del gobierno revolucionario que fijase el término para las elecciones nacionales y el término y el término de su provisionalidad. Cerrada esa vía por el gobierno, dicho movimiento se vió forzado a la lucha clandestina. El autor de este libro, Enrique Ros, fue uno de los miembros directivos del Movimiento Demócrata Cristiano en la clandestinidad.

Muy importante para el sistema de gobierno impuesto en Cuba, era el sector de los trabajadores. Enrique Ros nos describe como en más de un Congreso obrero, Castro impuso la presencia de los elementos comunistas en la dirigencia del movimiento obrero, y con ello la pérdida de la independencia sindical. De tal imposición, entre otras motivaciones, surgió el Movimiento 30 de Noviembre –apunta Ros– cuyos dirigentes eran de extracción obrera y revolucionaria no comunista.

Castro, que había sido estudiante en la Universidad de La Habana, en los años que allí había grupos de actividad gansteril, (véase el libro de Enrique Ros «Fidel Castro y el gatillo alegre»), y consciente de que en el estudiantado cubano había una tradición de rebeldía ante los problemas nacionales, se preocupó desde el principio del poder revolucionario por controlar ese sector que, había sido muy importante en la lucha contra el gobierno de Fulgencio Batista.

Castro, por supuesto, trataría por todos los medios de abolir la autonomía universitaria. La grosera intervención de Castro personalmente en las elecciones para la presidencia de la Federación Estudiantil Universitaria (FEU), entre otras cosas, fue creando un sentimiento de inconformidad en amplios sectores del alumnado. De dicha inconformidad y el insistente control del gobierno sobre el sector estudiantil, este libro describe con lujos de detalles cómo se constituyó en definitiva el Directorio Revolucionario Estudiantil (DRE). Desfila por las páginas dedicadas a esta organización toda una gesta de jóvenes activos en el clandestinaje y la acción armada.

La lucha armada en las montañas y en los montes viene descrita con relevantes testimonios y nombres de verdaderos héroes de leyenda que Enrique Ros resalta en uno de los capítulos con el título «La lucha en el Escambrai», relato que comienza con estas palabras: «Pero antes –mayo de 1960– muchos hombres de campo y desilusionados miembros del Ejército Rebelde se han alzado en la Sierra del Escambrai». De esta introducción comprobará el lector la extracción humilde y revolucionaria del movimiento guerrillero en esa zona, extendida después a otros escenarios en la Isla; encontrará el lector el testimonio que desmiente la infamia del gobierno castro-comunista, que calificó como «bandidos» y terratenientes a esos hombres que, con armas apenas, tuvieron en jaque heroicamente durante varios años, al contingente poderoso de miles y miles de soldados y milicianos, con todo el armamento moderno, que el gobierno dispuso contra el desamparado heroísmo de estos hombres fabulosos; por lo que contribuirá, también, este libro a incorporar inevitablemente a la Historia los nombres que integraron esta gesta, en una lucha guerrillera sin precedentes.

Varios de los doce capítulos que integran el libro están precedidos por breves párrafos introductores que explican las motivaciones y las circunstancias en las que van surgiendo los movimientos anticastristas, preparando así el camino para una mayor y más precisa visión de las proyecciones de cada grupo clandestino.

Pero, aparte de su personal apreciación, Enrique Ros pone a hablar a los protagonistas sobrevivientes de esos movimientos, lo que da una inmediata y original versión de los hechos. A menudo Ros toma testimonio de un hecho a más de uno de los que intervinieron en aquél. Este método de desarrollar el libro con las distintas versiones de los que fueron sus protagonistas, le da al contenido del texto y sus versiones una gran movilidad y una más amplia perspectiva. Esto hace al lector, en cierto modo, copartícipe, por cuanto es el lector el que concreta, en resumen, cada relato en una síntesis de las distintas versiones.

Para completar la visión de esa lucha clandestina y armada, el libro recoge los casos en que muchos que se fueron al exterior de la Isla escapando de la persecución policial, integraron en el exilio los comandos de infiltración en el país, regresando a Cuba con elementos y armas para la lucha urbana y rural, o sea, a incorporarse de nuevo a esas actividades, ya por ayuda de entidades norteamericanas, ya por comandos desvinculados de dicha ayuda.

Enrique Ros, con valentía y honestidad de historiador, también comenta y reprocha la falta de sensibilidad, de adecuada cooperación y armonización táctica del gobierno de Estados Unidos con los cubanos que estaban luchando dentro de Cuba o los que salían de Estados Unidos en los comandos de infiltración para incorporarse o ayudar a la lucha interna. Como fue el caso de la invasión de Playa Girón, en cuya ejecución de sus planes no se contó con los elementos internos coordinando adecuadamente la realización de aquel plan. La debilidad, también del gobierno norteamericano en la llamada Crisis de los Cohetes, en 1962; demostrando que la actitud del entonces presidente de los Estados Unidos no logró tantas ganancias en las negociaciones con la Unión Soviética como la propaganda quiso hacer ver; por el contrario, Ros califica aquellas negociaciones como «una vergonzosa derrota mostrada como una esplendorosa victoria».

De aquellos «compromisos contraídos» –concluye el autor del libro– resultaron restricciones para los cubanos en su lucha contra el régimen castrista; de la ayuda norteamericana, se pasó a la limitación y los obstáculos para la acción armada.

Pero Enrique Ros resalta que, a pesar de ese desamparo, los cubanos de aquellos momentos continuaron la lucha, hasta los finales de la década de los 60. El libro concluye en que, aplacada la lucha subversiva y armada dentro de la Isla, surge la línea de la guerra en el exterior. «Comenzaba –expone Ros– una nueva etapa de beligerancia: la guerra por los caminos del mundo, en la que participan decididos combatientes cubanos». Y hace aquí la promesa de una próxima obra con tal contenido.

Por el número de personas que aparecen en este libro y los testimonios de los que fueron protagonistas de aquellos hechos; por los detalles de fechas en la que los mismos ocurrieron; por los lugares de reuniones, la descripción de las acciones llevadas a cabo; por la presentación de los conflictos que se presentaban, las fechas de detención y el ajusticiamiento o crimen de muchos de aquellos que cayeron en la lucha; por las innumerables fuentes de consulta a las que el autor acude, este libro constituye una guía, una cantera de referencias históricas de imprescindible información cuando se escriba la historia general y verdadera de este período en Cuba.

Con este nuevo libro Enrique Ros cumple también con la misión de desmentir a los que han dicho que los cubanos muy poco o nada han hecho para sacudirse el yugo de la opresión castro-comunista. «El clandestinaje y la lucha armada contra Castro» es la contundente evidencia de los muchos sacrificios, de los esfuerzos, a veces sobrehumanos y casi siempre heroicos, que los cubanos han hecho en una lucha de total desventaja por librar a Cuba de este régimen de feroz represión; es la justa reivindicación de esa lucha en la que sus combatientes y sus mártires se han encontrado solos, ante la incomprensión de casi todo el mundo.

Este libro –junto a otras obras de Enrique Ros– cumple también con la misión de presentar la otra realidad cubana frente a la falsa versión histórica que la abrumadora propaganda del régimen castro-comunista ha venido presentando ante los ojos del mundo.

«Cada estado social –escribió José Martí– trae su expresión a la literatura, de tal modo que por las diversas fases de ella pudiera contarse la Historia de los pueblos, con más verdad que por sus cronicones y sus décadas». A las versiones oficiales del régimen autocrático y totalitario impuesto en Cuba, verdaderos cronicones de historia adulterada, «El clandestinaje y la lucha armada contra Castro», de Enrique Ros, contribuye a dar a conocer «con más verdad» la historia de este largo período de opresión que le ha tocado vivir al pueblo cubano.

Angel Cuadra
Miami, marzo 2006

INTRODUCCIÓN

Los cubanos amantes de la libertad se han enfrentado –con abnegación y admirable perseverancia ofreciendo sus vidas y arriesgando su propia libertad– a la más sangrienta tiranía que haya sufrido pueblo alguno en el hemisferio occidental.

Durante casi medio siglo los mejores hijos de la patria de Martí han cubierto con su sangre generosa el suelo cubano y han sufrido largos años de condena hacinados en las cárceles y mazmorras del régimen.

El enfrentamiento ha tomado distintos caminos: la heroica lucha clandestina dentro de la isla; alzamientos y guerrillas campesinas en el Escambray y otras regiones; operaciones de infiltración con y sin ayuda exterior; acciones comandos sin respaldo oficial alguno y «la guerra por los caminos del mundo».

Agotado el enfrentamiento violento –ante el desamparo, abandono e incomprensión de los poco confiables aliados– el pueblo cubano, como medio de enfrentar la tiranía que aún se abroquela en el poder, enarbola hoy los principios consagrados en la Declaración Universal de los Derechos Humanos cuya posición ha llevado a la cárcel a valiosos combatientes, hombres y mujeres, que han sufrido distintas severas condenas de encarcelamiento.

Reconociendo el mérito de los distintos métodos con los que otros compatriotas se han opuesto al régimen castrista, este libro es un homenaje de recordación a la etapa heroica de los años 60 y 70 cuando abnegados cubanos se enfrentaron con las armas a este régimen de oprobio.

CAPÍTULO I
LAS PRIMERAS CONSPIRACIONES

1- UN PLAN Y UN VIAJE FRUSTRADO: PRECURSORES DE «LA ROSA BLANCA»

Tan temprano como el 28 de enero de 1959 se funda la primera organización de lucha frente al nuevo régimen. La integraban cubanos de distintas procedencias entre ellos, Pedro Peña Góngora, Domingo Gómez Jiménez, George Fernández y Rafael Díaz-Balart de quien partió la iniciativa de constituir aquella agrupación que recibió el nombre de «La Rosa Blanca».

El 1º de enero de 1959 sorprende a Rafael Díaz-Balart en Europa. Díaz-Balart y Rolando Amador, su socio de bufete, se encontraban en París, desde el 24 de diciembre en gestiones de compra de dos barcos con los que se iniciaría una flota crucera. La adquisición la haría posible un préstamo otorgado por el Banco Nacional de Cuba, presidido por Joaquín Martínez Sáenz, pagadero en 7 años. En esas actividades lo sorprende el 31 de diciembre.

El embajador de Cuba en Francia que, desde su llegada atendía espléndidamente a Díaz-Balart no le volvió a salir ni siquiera al teléfono después del primero de enero; conducta totalmente distinta a la de un funcionario del Ministerio de Relaciones Exteriores de España, Sergio Cifuentes, que estaba recorriendo distintas embajadas españolas en Europa y quien le ofreció toda la colaboración que deseara. Sergio Cifuentes, le pidió al ya ex-congresista cubano que viajase hacia Madrid donde lo atendió y le ofreció una atractiva posición. *«Pero mi padre ya estaba decidido a comenzar la lucha contra casi el 100% de la opinión pública que, el primero de enero, respaldaba al nuevo régimen»* nos dice su hijo Lincoln Díaz-Balart[1]. Todos, inclusive el propio General Batista, se oponían. *«El General Batista le dijo a mi padre que le parecía una mala idea».*

2- RESPALDO DEL CONGRESISTA VÍCTOR M. ANFUSO

«Llegamos a Nueva York el 25 de enero y no nos querían dejar entrar porque veníamos con pasaportes diplomáticos ya vencidos. Al

---

[1] Entrevista con Lincoln Díaz-Balart, agosto 2, 2005.

fin accedieron a dejarnos entrar como «parolee» con la condición de que mi padre y mi madre, fueran, personalmente, todas las mañanas a Inmigración para reportarse».

«Fue el congresista Víctor M. Anfuso quien nos recibió en el aeropuerto y, gracias a él, logramos entrar como parolee».

«En esas condiciones mi padre fundó el 28 de enero –con emigrados que habían luchado en la Segunda Guerra Mundial: Pedro Peña Góngora, George Fernández y otros emigrantes que vivían en Manhattan– La Rosa Blanca para denunciar los fusilamientos y todos los crímenes que ya se estaban cometiendo».

Cuando se constituye La Rosa Blanca aquel 28 de enero, Rafael Díaz Balart aparecerá como Secretario General y el Dr. Domingo Gómez Gimeránez como Presidente.

Gómez Gimeránez era una autoridad médica. *«Gómez Gimeránez hubiera sido Premio Nóbel de Medicina si no hubiese sido cubano. Lo admitió así Severo Ochoa, el Premio Nóbel de Medicina español cuando mi padre hablando en una iglesia de Nueva York donde se llevaron a cabo los funerales de Gómez Gimeránez mencionó al médico cubano. Severo Ochoa se acercó a mi padre y le dijo: «Usted tiene toda la razón»[2]».*

No fueron fáciles los primeros pasos de aquella novel organización. El gobierno estadounidense los obligó a inscribirse como representantes de un gobierno extranjero. En definitiva La Rosa Blanca se inscribió como representante de los miembros de su organización que actuaban clandestinamente en Cuba.

Muchos ataques recibieron en Nueva York los organizadores de aquella agrupación. El New York Times publicó fotos de los físicos atropellos que comenzaron al cumplirse el primer aniversario de su fundación cuando sus integrantes fueron salvajemente agredidos por agentes fidelistas al depositar una corona en la base del proyectado monumento ecuestre al Apóstol, el 28 de enero de 1960.

3- MESES DE CONSPIRACIÓN Y ENFRENTAMIENTO

«Tiempo después el Congresista Anfuso presentó una Resolución para reconocer un gobierno cubano en el exilio. Y las organizaciones

---

[2] Entrevista con Lincoln Díaz-Balart antes citada.

del exilio convocaron una reunión de unidad para agradecerle sus esfuerzos en favor de la libertad de Cuba», nos recuerda Lincoln en nuestra extensa entrevista.

En la prensa de Nueva York aparece, el 11 de mayo de 1959 un cable de la AP, originado en aquella ciudad, que recoge los pronunciamientos de los dirigentes de «La Rosa Blanca» al iniciar una campaña por la «Unidad para la Liberación Nacional» y denunciando la presencia en el gobierno de Castro de militantes comunistas. Exigía en aquel documento, la rehabilitación de la economía, el riguroso cumplimiento de compromisos internacionales y el establecimiento de fuerzas armadas apolíticas.

En la edición del sábado 16 de septiembre de 1961 «La Rosa Blanca» publicaba un anuncio a media página con este titular: «Para Regresar a Cuba es indispensable un Gobierno Cubano Invasor en el Exilio» Se exige que este gobierno reclame el cumplimiento de los tratados interamericanos que obligan a todos los gobierno de América a dar toda la ayuda militar necesaria para la guerra de liberación y que oriente el proceso de reconstrucción democrática y concordia nacional. Será el primero de los muchos llamados a la solidaridad continental que fueron ignorados.

Convocan a una concentración que se celebraría el sábado 16 de septiembre en el Bayfront Park donde hablaría el congresista Víctor Anfuso.

Los primeros meses fueron de conspiración y de enfrentamiento a la violencia que se constituía en el país; luego, como sucedió con otras organizaciones, fueron modificando su método de lucha. Pero en aquel primer año de 1959 fue objeto de dura crítica y despectivos comentarios del dictador cubano que quiso identificarla con la conspiración que pone al descubierto en agosto de 1959 y a la que nos referiremos, ampliamente, en las próximas páginas.

Los años aquellos –afirmaba Rafael Díaz-Balart en el «Proyecto de Programa Político» que años después publicara–, fueron de lucha frontal, de conspiraciones y de enfrentamiento a la violencia que se había constituido en el país. Por la naturaleza secreta de aquella primera organización anticastrista pocos datos concretos se conocen de

---

[3] Conversación del autor con Rafael Díaz-Balart, enero 2005.

sus actividades que actuó –según dos meses antes de su muerte declaró Díaz-Balart al autor– sin vinculación alguna con el grupo de cubanos que, pocos meses después de creada La Rosa Blanca, mantuvo contacto con el régimen de Rafael Leónidas Trujillo. *«Recuerda, Enrique, que yo presidí el Comité Pro-Democracia Dominicana de la FEU en mis años universitarios»*[3].

4- SURGE OTRA CONSPIRACIÓN

En su edición de agosto 23 de 1959 la revista *Bohemia* publica un amplio reportaje en el que, prácticamente en todos sus párrafos, se repiten tres nombres: Trujillo, Gutiérrez Menoyo y William Morgan, intercalándose, con frecuencia, el de Fidel Castro, calificado de «gran estratega»

En esa edición *Bohemia* dedica un extensísimo trabajo de más de 25 páginas a los *«hombres del Segundo Frente del Escambray»* que abortaron *«el plan contrarrevolucionario»* La encabezan dos grandes fotos del español Eloy Gutiérrez Menoyo y el norteamericano William Morgan.

Pretendía el semanario identificar como sometida y dirigida por el dictador dominicano, una amplia conspiración en la que participaban –sin mucho conocimiento los unos de los otros– distintos grupos en la capital cubana.

Con el derogatorio nombre de «conspiración trujillista» quiso Castro enmarcar la primera oposición de cubanos a su régimen que ya daba sus primeros pasos hacia un totalitarismo brutal.

Fue, aquella, una amplia conspiración en la que participaron, en territorio nacional, centenares de cubanos que contarían con un apreciable respaldo de otros compatriotas que se encontraban en la República Dominicana.

Contrario a la amplísima información ofrecida por la revista que, en aquellos meses servía al régimen, cuatro grupos distintos, sin estrecha vinculación entre ellos, conspiraban, en territorio cubano, para derrocar a un gobierno que ya estaba mostrando evidentes señales de convertirse en un régimen totalitario y marxista.

5- COMO SE DA LA NOTICIA

El lunes 17 de agosto de 1959 el periódico Revolución aparece con grandes titulares en su primera plana:

«Historia de la Conspiración»

«Sorprendidos los complotados en su propio cuartel general»

«Combatientes del Escambray, asesorados por hombres del Comandante Ramiro Valdés, habían logrado infiltrarse en ellos» «Se habían distribuido las Jefaturas».

Luego, en varias páginas, va el periódico narrando su versión de *«como se desentrañó el hilo de la conspiración contrarrevolucionaria»* He aquí su versión:

Fue el 17 de agosto de 1959 que se dio a conocer *«la historia de la conspiración»* Cinco meses después, el 16 de enero de 1960, se iniciará el juicio en que serán condenados *«conspiradores»* que ni siquiera se conocían entre sí.

Hay un grupo, en estrecho contacto con Renaldo Blanco Navarro[4] formado por jóvenes militares que sirvieron en el antiguo ejército y algunos jóvenes civiles; otro del que forman parte Armando Caíñas Milanés, Roberto Betancourt, Gustavo de los Reyes, Arturo Hernández Tellaheche y otros hacendados y colonos conocidos. Un tercer grupo se forma alrededor de Antolín Mendoza. Un cuarto, que actúa desde el exterior, lo constituyen Luis Pozo, hijo de Justo Luis del Pozo, antiguo alcalde de La Habana, Roberto Martín Pérez y otros.

6- PRIMEROS PASOS DE LOS COMPLOTADOS

Uno de los complotados es Eduardo (Eddie) Arango que había conocido a Fidel Castro desde los años universitarios:

«Cuando Castro entró en La Habana el 7 de enero yo, a pesar de la mala opinión que tenía de él, me sentí apenado porque veía con la euforia que el pueblo lo recibía y yo en nada había ayudado en facilitar el triunfo de este hombre que ahora era recibido con tanta alegría»[5].

«Pronto comenzamos a conocer todas las barbaridades y arbitrariedades que se estaban cometiendo y me dije a mí mismo: «No, no me arrepiento de nada. Al contrario, estoy feliz de no haberlo ayudado».

---

[4] Renaldo Blanco Navarro peleó en la Sierra formando parte del Ejército
[5] Entrevista de Eduardo (Eddie) Arango con el autor, marzo 24, 2005.

«En ese momento comenzó mi interés en combatir lo que aparecía como una incipiente y brutal tiranía».

Así recuerda Eddie Arango sus primeros pasos en aquella conspiración:

«Yo te diría que a finales del mes de enero o principios del mes de febrero, la Revolución fue mostrando su verdadero rostro. La inquietud que yo tenía se fue haciendo más evidente; ya me molestaba muchísimo todo lo que estaba pasando. Empecé a hablar con algunos amigos míos. De esos amigos habían algunos que todavía seguían sintiendo que la Revolución valía la pena, pero había otros que decían: «No, no, esto es una barbaridad, debemos hacer algo» y *«fuimos poco a poco hablando con más gente».*

«Yo hablé en un principio nada más que con civiles, los que eran amigos míos y después empecé a hablar con algunos militares que yo conocía, que tenía cierta amistad, entre ellos con Renaldo Blanco Navarro. Lo conocía de antes; además de eso conocía de lo que había hecho alzado en la Sierra. A través de él conocí a otros militares y fuimos poco a poco mezclando los militares con los civiles».

Había conversado Eddie con Alberto Jorge, Leopoldo Aguilera, Blas Mendoza, Jorge Mendoza, Esteban y René Zorrilla. *«Por cierto estos últimos dieron una contribución muy buena para la compra de armas: me dieron $10 mil dólares que fueron utilizados en las armas que trajo Morgan».*

«A mí –informa Arango al autor–. *Renaldo es el que me habla de estos militares, una vez que empezamos ya a franquearnos porque estábamos los dos en la misma onda. Con éstos habían varios más. Estábamos tratando de buscar un mosaico completo de lo que era la sociedad cubana, buscando los que eran de un partido, de otro partido, de los no eran partidarios de ninguno, de los que eran militares, de los que eran civiles, de los hombres de negocios; es decir, una mezcla de todo para que no se nos pudiera señalar con el dedo en un momento dado. Por supuesto sabíamos que en esos momentos la euforia en favor de Castro era muy grande y quizás haríamos un héroe de él pero también estábamos conscientes de que cuando triunfó Castro es cuando todo el mundo se sumó al carro de la revolución, antes de*

eso había un 10, un 15 un 20 por ciento cuando más que eran parti-
darios de él o estaban ayudándolo a él)».

«*Cuando triunfó Castro, cuando bajaron con los rosarios aquí en*
el cuello, ah, entonces se sumó todo el mundo porque todo el mundo
quería ser del carro triunfador, era el Robin Hood».

Un militar, respetado por todos, se une a la conspiración cuando se frustra un plan que había elaborado.

Serafín Suárez, como Segundo Teniente había peleado en la Sierra Maestra, a las órdenes de Sánchez Mosquera, enfrentándose al Ejército Rebelde. Por su acrisolada conducta el primero de enero, ya con grado de Capitán, permanecía activo en las fuerzas armadas. Había sido compañero de curso de Renaldo Blanco y de Antonio Regueira.

Los pilotos del Ejército habían sido acusados falsamente de «geno-cidio por haber bombardeado a la población» en Oriente[6] se encon-traban arrestados en el Campo de Aviación de La Habana Suárez y varios militares amigos trazaron un plan para liberar a los pilotos for-zando la entrada en el campo de la aviación y llevárselos en uno de los aviones a los que ellos tenían acceso. Así Suárez se lo comunicó a sus amigos Blanco y Regueira que lo disuadieron diciéndole que ellos preferían realizar un plan nacional en que ya estaban trabajando. Era tan temprano como finales de enero de 1959.

Pero Carlos Vals, uno de los pilotos presos, pudo tomar uno de los aviones y fugarse hacia los Estados Unidos. Aquella acción hizo que Castro trasladara a Santiago de Cuba a todos los demás pilotos y no pudo ya Serafín Suárez llevar a cabo su plan por lo que se unió a la conspiración en la que estaban envueltos Renaldo Blanco y Regueira. Aldo Sánchez, que muchos años antes había sido soldado, es quien

---

[5] En la capital Oriental se celebró el juicio en el que fueron exonerados los pilotos y demás acusados. El tribunal estuvo presidido por el Comandante Félix Peña, actuando de vocales el Comandante Michel Yabor y el Teniente Auditor Adalberto Porrúas Toll. El fiscal, que pedía pena de muerte para todos los aviadores, lo fue Antonio Cejas. El juicio se extendió del 13 de febrero hasta el 2 de marzo. Aunque declarados inocentes por el tribunal militar, los pilotos fueron mantenidos encarce-lados, por órdenes de Fidel Castro. En un nuevo juicio que comenzó el 5 de marzo fueron condenados a distintas penas de prisión.

delata a Serafín y, luego, en el juicio lo acusa de haber servido –como si fuera un crimen– bajo las órdenes de Sánchez Mosquera.

Aquellos primeros complotados tenían interés en que *«apareciera que esto no era ni una cuestión de los militares desencantados o botados del ejército de Batista, sino que eran militares sin tacha ninguna que no les habían podido hacer nada y que todavía formaban parte del Ejército Constitucional de Cuba. ¿Por qué? Porque estábamos tratando de utilizar a los militares que estaban allí todavía y se encontraban disgustados por todo lo que estaba pasando, que habían sido víctimas, ellos también, de la Revolución de Castro pero que, al mismo tiempo, no habían podido señalarlos con nada».*

Veamos como otro complotado, Enrique Ovares, comienza a involucrarse en esta conspiración: El ex-presidente de la FEU tenía una estrecha relación de amistad con Manuel García, de Chambas, Camagüey, quien, a su vez, estaba vinculado a Fredesbindo Bosques y otros cubanos radicados entonces en Miami. Era, también, amigo de Renaldo Blanco y de un grupo de jóvenes militares que había servido en el Ejército Constitucional del recientemente depuesto régimen de Fulgencio Batista; entre ellos, Joaquín Casillas (hijo del Coronel Casillas Lumpuy), Juan Pino Valdés, que había sido sargento del Ejército en la Sierra y el ex-teniente Antonio Regueira.

Ovares, se había puesto en contacto con estos jóvenes militares a través de su amigo Manolo García. Hacían planes para la eliminación física de Fidel Castro: *«Porque yo conocía perfectamente bien a Fidel desde la Universidad, sabía que su eliminación era la única forma de salir de él»* expresa el antiguo dirigente universitario al autor en una de sus amplias entrevistas.

La oportunidad que buscaban creyó encontrarla cuando al salir de su casa vio a Fidel, sentado en el contén de un establecimiento conversando, despreocupadamente, con dos o tres «barbudos» Inmediatamente fue a la casa donde vivía Blanco Navarro. Quien le abre es alguien a quien él no conoce. Se identifica, y cuando sale Renaldo Blanco le pide que busque a su grupo porque podían eliminar a Castro en aquellos momentos. Renaldo se retira a otra habitación y a los cuatro o cinco minutos regresa y le dice: *«No, no podemos"...«¿pero por qué?».* *«¿Le faltan armas?».* *«¿Cuál es el problema?»...* Le responde

Blanco Navarro: «*Es que hablamos con William Morgan y parece que todavía no tiene instrucciones del gobierno americano de liquidar a Castro*» Se sorprende Ovares: «*¿Pero qué tiene que ver William Morgan con todo esto?*"*. La respuesta lo sorprende aún más: *»Mucho. Él está conspirando con nosotros. También tenemos a Menoyo y a Carreras y Armando Fleites*».

Quien estaba moviendo la trama de la conspiración, contactando separadamente a distintos grupos, era William Morgan, uno de los comandantes del Segundo Frente Nacional del Escambray. Tras él se encontraba Eloy Gutiérrez Menoyo, el principal dirigente de aquella organización. Los contactos los hacía –aunque luego se esforzaron en negarlo– a espaldas de Castro y de las figuras del gobierno y del Ejército Rebelde que provenían del Movimiento 26 de Julio. Será después –tal vez acobardados– que informan a Castro de los planes conspirativos.

Según luego informa Gutiérrez Menoyo al periodista Bernardo Viera, desde mayo se habían iniciado, a través de William Morgan, los primeros contactos conspirativos[7]. Los del Segundo Frente del Escambray –hoy se empecinan en negarlo– confiaban en que, con los elementos que estaban aunando, podrían apoderarse del poder. Cabe esta interrogación: Si desde mayo comenzaron aquellos contactos y Castro conocía de ellos ¿por qué no se produjeron antes los arrestos?.

7- CASTRO EN ABRIL Y MAYO AJENO A LOS PLANES

El 15 de abril de 1959, apenas a los tres meses de haber asumido el poder, Castro viaja a los Estados Unidos. Mucho interés tenía en reunirse, en la capital norteamericana, con el Presidente Eisenhower pero, éste se encontraba «casualmente» fuera de Washington, jugando golf, durante los 5 días que permaneció Casto en aquella ciudad. No era Castro, en aquel momento, un jefe de estado. No representaba, por tanto, un desaire. Fue el vicepresidente Richard Nixon quien lo atendió en una prolongada visita de dos horas y media.

En una de sus primeras entrevistas por televisión Castro afirmó no consideraba posible celebrar elecciones en el próximo futuro. El 27 de abril, luego de su estadía en el Hotel Theresa, en Nueva York, Castro viajaba hacia la América del Sur: Sao Paulo, Brasilia, Buenos Aires,

---

[7] Revista Bohemia, agosto 23, 1959.

Montevideo, regresando a La Habana el 7 de mayo. Días después aprobaba la Ley de Reforma Agraria que Ernesto Guevara había dictado en su residencia de Tarará. Además de Comandante en Jefe sería ahora presidente del INRA.

A las cuatro semanas, el 14 de junio, un avión aterrizaba en Constanza con 56 hombres, varios de ellos cubanos, comandados por Delio Gómez Ochoa, antiguo Coordinador Provincial de La Habana del Movimiento 26 de Julio.

Comenzaba el mes de agosto y Ovares ignoraba, hasta ese momento, en aquella amplia y desorganizada conspiración, la participación de las más altas figuras del Segundo Frente del Escambray. Dos o tres días después, ya muy tarde, conocerá toda la trama. La veremos en las próximas páginas.

Se van envolviendo también empresarios y ganaderos. Uno de ellos, Gustavo de los Reyes.

«El contacto conmigo fue a través del Capitán Renaldo Blanco».

«Eso es a consecuencia de otra cosa. Armando Caíñas Milanés, vicepresidente del Senado, era el presidente de la Asociación Nacional de Ganaderos. Una persona muy valiente. Precisamente porque tenía un carácter político los ganaderos habían hecho otra asociación ganadera que se llamaba la Corporación Ganadera, y éramos medio rivales, yo era presidente de la Corporación Ganadera y él era presidente de la Asociación Nacional pero en este momento nos unimos los dos y estábamos trabajando juntos.

A Caíñas lo invitamos a dar una conferencia sobre la Reforma Agraria, porque, Sorí Marín cuando era Ministro de Agricultura, no estaba de acuerdo con esa Reforma. Ya nosotros habíamos recibido a Sorí Marín en la Asociación y él nos dijo que aquello era una bobería jurídica y una estupidez económica[8]. En la reunión se apareció Raúl Castro con una partida de matones armados hasta los dientes.

---

[8] «Ya nosotros habíamos tenido una reunión pero no subversiva sino técnica con Sorí Marín. Nos pidió que hiciéramos un modelo de reforma agraria realista y racional no la locura que había hecho el Ché Guevara. Nosotros hicimos un proyecto de reforma agraria Willy Mascaró y yo, se la dimos a Sorí Marín que la presentó como suya. El proyecto del Ché Guevara ganó. Allí se quedó... pero nunca le dijimos a él que estábamos en una cuestión subversiva». (Entrevista del autor con Gustavo de los Reyes, marzo 13, 2005).

*Y Caiñas dijo: «Me alegro mucho que venga porque no lo conocía",
y como ustedes no han oído lo que yo dije, se los voy a repetir.
Cuando vieron que no metían miedo, se fueron.*

*Poco tiempo después recibimos la visita de Blanco Navarro en la
Asociación hablando de estas cosas y me dijo, que era algo muy
secreto, que había una conspiración liderada por Morgan entre las
filas del Ejército Rebelde en contra de Castro y que ellos no tenían
contacto ninguno civil, que les hacía falta respaldo civil y como habían oído de nuestra posición deseaban nuestro respaldo. Nuestra respuesta fue, le damos todo el respaldo que usted quiera. Allí fue cuando comenzó, cosas que pocos saben»* .

Se han ido incorporando militares del antiguo ejército. Entre ellos
estaban como instructores, el Comandante Antonio Regueira, el sargento instrumentista de la aviación, Julio Hernández Gamiotea: muy
buena persona, recuerda Gustavo de los Reyes: *«Mulato él. Conocía
a los aviones, y a los aviadores castristas y los que no eran castristas. Le había arreglado los instrumentos a los aviones castristas para
que no pudieran levantar vuelo. Así que nosotros teníamos la aviación
entera que no la tuvimos luego en Playa Girón».*

*«Allí es donde entran el Comandante Carreras, William Morgan,
Eloy Gutiérrez Menoyo y algunos otros. Nuestra idea, por lo menos
la mía, es que en ningún momento esta gente estaba desde un principio traicionándonos a nosotros sino, entendemos, por lo menos mi
criterio, es que ellos fueron descubiertos, cogieron miedo, nos trai-
cionaron y nos delataron»*, nos relata Gustavo de los Reyes.

En ningún momento, ni antes ni después de estas primeras conversaciones ni Eddie Arango, ni Enrique Ovares, ni Gustavo de los Reyes
se reunieron con el sacerdote Velazco que, –de acuerdo con la torcida
información ofrecida en la revista «Bohemia» en el juicio que posteriormente se celebró–, era el enviado de Trujillo que visitó con frecuencia la ciudad de La Habana.

¿Por qué el Segundo Frente del Escambray pudiera estar conspirando contra el gobierno de Castro?.

En enero de 1959 se había dado a conocer el gabinete del nuevo
gobierno que «incluye sólo a personas asociadas con el Movimiento
26 de Julio, el Movimiento Montecristi y el Partido Ortodoxo», así

informa el Encargado de Asuntos de la Embajada Americana al Departamento de Estado en su Telegrama 748 de aquella fecha. Afirma que «el grupo de Prío, la Organización Auténtica, el Directorio Revolucionario, la Federación Estudiantil Universitaria (FEU) y el Segundo Frente Nacional del Escambray no tienen representación en ese gabinete» El funcionario diplomático Daniel Braddock, agrega este comentario: *La FEU, de la que el Directorio Revolucionario es un desprendimiento, ha estado corrompida en el pasado»* Quedaba el Segundo Frente del Escambray excluido del gobierno. Quedarán resentidos.

8- SE EXTIENDE LA CONSPIRACIÓN

Algunos complotados van conociendo la extensión de la conspiración y sus amplias ramificaciones.

«Yo vine a Miami, conversé aquí con algunas personas, entre ellos un delegado de Pedraza[9] que estaba aquí a los efectos de coordinar lo que iba a venir el día de mañana de afuera porque nosotros contábamos con muchos militares pero también sabíamos que en Cuba en esos momentos había una euforia grande y con un ejército más o menos planificado de los del 26 de Julio que era grande. Era necesario que contáramos con ayuda de afuera»[10].

«Una de las cosas que se trató de evitar –nos decía Arango– es de que en ningún momento apareciera que esto era un golpe militar; por esto nosotros los civiles y los militares logramos hacer ese entronque para que no se pudiera pensar en ningún momento que era una militarada, un golpe militar que se estaba fraguando. A través de estos militares empezamos a constituir grupos. No teníamos ninguno de nosotros ideas de como conspirar porque ni los militares ni los civiles habíamos conspirado nunca»

«Por sentido común, lo primero que tratamos fue evitar que hubiera muchos contactos inútiles; no había necesidad de que todo el mundo conociera a todo el mundo».

---

[9] José Eleuterio Pedraza había sido jefe del Ejército en 1939 cuando Fulgencio Batista aspiró, con éxito, en 1940 a la presidencia. Depuesto del cargo cuando intentó una rebelión fue reintegrado a las fuerzas armadas en los últimos meses de 1958.
[10] Entrevista con Eddie Arango.

«Formamos esa estructura, ese esqueleto de elementos civiles. Esos civiles, lo que iban a hacer es constituir la imagen de lo que iba a ser en el futuro si lográbamos derrocar a Castro porque, te repito, eran gente que no podían ser señalados con el dedo de ninguna forma, bajo ningún concepto»

La conspiración se va extendiendo. No todos se conocen.

El contacto con los distintos grupos de civiles y de militares se fue produciendo poco a poco porque todos estábamos regados. Yo no sabía en un principio que Arturito Hernández Tellaheche estaba conspirando sino, poco a poco, fuimos mezclándonos los unos con los otros. Yo empecé a ir a casa de William Morgan, creo que fue por sugerencia de Blanco y allí conocí a una serie de las personas más o menos conspirando en esto. Conocí a Hernán Santiesteban, Juan Pino Valdés –un muchacho negro de unas extraordinarias condiciones; uno de los pocos hombres que yo he respetado y querido más en mi vida– conocí a militares que habían estado en la Sierra que se habían comportado con una conducta muy valiente, muy bonita. Ellos eran también parte de los que fui conociendo allá. Estaba Carlos Lombardero, y el Capitán Suárez»[11].

De acuerdo al General de División Fabián Escalante, que ocupó la Dirección del Departamento de Seguridad del Estado[12], fue en los primeros días de marzo (1959) que el norteamericano Fred Nelson se reunió con William Morgan en una habitación del hotel Capri en La Habana y le ofreció un millón de dólares si el Segundo Frente se enfrentaba a Castro para desplazarlo del poder. La ayuda la ofrecería Rafael Trujillo en República Dominicana.

Un mes después, el 15 de abril, Morgan viajaba a Miami y establecía contacto en el Hotel Dupont Plaza con el Coronel Augusto Ferrando, el cónsul dominicano en esta ciudad. Según Escalante, en la reunión estuvieron presentes Fred Boscher y el antiguo general Manuel Benítez. Se utilizaría a una recién creada Legión Extranjera que actuaría al producirse una rebelión interna fomentada por el Segundo Frente del Escambray. Regresa días después Morgan a La

---

[11] Eduardo Arango. Entrevista con el autor de marzo 24, 2005.
[12] Fabián Escalante, «.La Guerra Secreta", Ocean Press, Melbourne Victoria, Australia.

Habana e informa de sus planes a Eloy Gutiérrez Menoyo y a otros dirigentes de aquella organización. A la siguiente semana vuelve Morgan a Miami.

Hasta aquí la narración de Fabián Escalante.

9- ESCENARIO DOMINICANO

En Santo Domingo un grupo de cubanos ultimaba los últimos preparativos para partir hacia Cuba. Conoceremos los detalles por uno de los más calificados expedicionarios. Nos cuenta Roberto Martín Pérez:

«Yo me encontraba en una misión operacional, o sea estábamos combatiendo a las guerrillas que provenientes de Cuba habían desembarcado en Santo Domingo. Ya habíamos acabado las operaciones y me encontraba en una labor de entrenamiento, en un lugar que se llama El Sombrero cuando me llaman por el walkie-talkie y me hacen saber que me trasladara hasta la base que nosotros llamábamos «la Caldera", que está en el este de Santo Domingo. Llegando a ese lugar se me informa que había un movimiento en Cuba que había tomado mucha capacidad de combate y que necesitaba que yo fuese a Cuba para ver hasta donde llegaban esas fuerzas y según su alcance enviaría todo el personal que hiciese falta. Me toman en un helicóptero (hay un episodio muy bonito porque en el mismo helicóptero que yo me iba a embarcar ya estaba Félix Rodríguez Mendigutía que estaba en el comando mío y mi padre le dice, baja tú porque tú eres más joven y Roberto tiene más preparación militar. Tú eres como un hijo para mí y no voy a permitir que dos hijos míos vayan en una misma operación. Y baja Félix».

«Eso fue en la base de Caldera que era donde estábamos nosotros entrenando. Yo parto hacia la base de San Isidro, que es la base aérea más grande que había allí en Santo Domingo en ese momento. Cuando llego allí el que me recibe es el después conspirador Francisco Caamaño que me sirve de edecán en los tres días que estuvimos allí»

Cuando yo llego me llevan a la base, a un dormitorio y se me comunica que al día siguiente yo iba a participar de una conferencia que se iba a llevar a cabo en la Oficina del Regimiento, o sea, en el puesto de mando de la aviación. Al otro día por la mañana muy temprano me despiertan y me traslada Caamaño en un jeep hasta el puesto de mando de la base de San Isidro. Cuando llego allí estaba Trujillo, estaba Johnny Abbes, Pedraza, el attaché militar de Estados Unidos; Vladimir que era el jefe de la región y, también, Policarpo Soler»

«Se me indica que se estaba combatiendo en la sierra del Escambray, que Trinidad ya estaba en manos nuestras y yo le digo a Pedraza ¿en qué tiempo esa gente tomaron Trinidad, porque yo tengo entendido que cuando Batista ellos atacaron Trinidad y no la tomaron, y ahora la han tomado. ¿En qué tiempo la han tomado?. Se llama a William Morgan y éste responde «yo no tomar Trinidad, chico, Trinidad entregárseme a mí» Menoyo llama, y dice que tenía un gran amigo en la capital, en Santo Domingo, y que él quisiera hablar con ese amigo que se llama Luis Pozo Jiménez. Pedraza, como es lógico, conoce a Luis Pozo de quien yo soy amigo. Se manda a buscar a Luis; viene Luis Pozo y Menoyo lo invita a ir a Cuba. Luis no estaba en los campos de entrenamiento, Luis estaba muy ajeno a todo eso. El caso es que cuando se me dice a mí, Roberto, mira hay un frente en este lugar, hay un frente en este otro, ¿tú conoces alguno?, bueno, yo conozco bastante el Escambray, pero a mí me sigue extrañando esta toma y no me gusta que el americano habló de esto en forma de chanza»

«Pedraza me dice, «Roberto, tienes que ir a esta misión y ver lo que está pasando» Yo no sabía que ya había ido un avión a Cuba, que había ido el Coreano, Miguel Sánchez Ramos; yo no sabía nada; yo no estaba informado de nada de eso. Pero cuando estábamos nosotros limando unas armas que íbamos a llevar, llegó un piloto dominicano llamado Batista que había ido en el primer vuelo, con un cura que después me entero que era el Padre Velasco»

10- LLEGA EL PRIMER AVIÓN

«Llega el primer avión que voló y cuando regresan traían los cabellos de un individuo que después cayó conmigo en la prisión, Ramiro Lorenzo, que le había mandado unos bucles al Generalísimo. Los que regresan de Cuba, nos cuentan las incidencias ocurridas en ese lugar. Nosotros, todos los que estábamos allí, éramos unos jóvenes y realmente estábamos recibiendo instrucciones. Yo no sabía ni quien era

William Morgan; si conocía un poco a Menoyo porque Menoyo era camarero de un «lounge», Luis era muy amigo de él y yo iba allí a cada rato y él era el hombre que le tenía la camisa a Luis para que él se cambiara la ropa y se la pusiera, y lo veía allí. Nunca llegamos a hablar pero lo veía allí, sabía quien era él».

«Al otro día por la mañana, ya esto es el día 13, se nos dan instrucciones a los que íbamos a ir en la misión de que teníamos que llevar un dinero en efectivo para entregárselo a William Morgan pero al final no se nos dio. El único que tenía la clave de informar si la operación era verdadera o no era yo. Salimos, el Coronel Soto, piloto del avión. Carlos Vales, de copiloto; personal para quedarse éramos cuatro y el resto de la tripulación para bajar los envíos de armas que se le mandaban. Recuerdo que en el vuelo para Cuba se nos incendia un motor en la mitad de la travesía; el jefe de esa misión era yo, y me dice Soto lo que está pasando. Le digo, bueno, ¿qué tiempo nos queda para llegar a Trinidad y que tiempo nos queda si regresamos? me contesta, «estamos a mitad de camino»; le respondo, pues sigue para allá».

«Cuando llegamos, aterrizamos, a las ocho y cinco de la noche, más o menos. Inmediatamente se nos aparece un camión delante y otro camión empezó a darnos vueltas en círculo. Se abre la puerta del avión para colocar el camión éste para que nosotros le echásemos los avituallamientos que traíamos. Me bajan a mí solo, me baja William Morgan, yo llevaba una bolsa, era todo lo que llevaba con ropa interior y medias, el uniforme y las cosas de éstas que se presentan en todos esos avatares».

«Allí me separan del resto del grupo, me llevan para donde estaba la planta de radio que un tal Roberto Pérez es el que la operaba y se comunican con Santo Domingo y ellos hablando de la operación, que estaba muy bien y que siguieran enviando recursos. Yo tenía que dar una clave y empiezan a apretar a los otros compañeros míos y alguno de ellos dijo, «no, el que sabe la clave es Roberto»».

«Me vienen a mí encima, les digo, mira, ustedes me pueden matar, yo aquí vine a matarlos a ustedes también. Querían que yo dijera que estábamos perfectamente identificados ya y que el refuerzo que iba a venir, que viniese, que todo estaba bien. Los aviones de aquí que iban a ir para allá, porque había más aviones también aquí que iban a aterrizar allá e iba la Legión, bueno, iban una serie de equipos militares tremendos para allá. Todo estaba en la base de San Isidro esperando el resultado de mi conversación. Y cuando llegamos arriba había un calor tremendo, 13 de agosto, cumpleaños de Castro y yo me quito mi camisa y me quedo con mi pistola, yo estoy hablando con ellos allí, pero yo veo la jugada de este Ramiro Lorenzo y no me gustó y cuando voy a halar por la pistola mía, éste me pone su pistola en la cabeza (aquí en la nuca) y me dice «mí no contrarrevolución, mi jefe es Fidel». Y yo le digo violento, «bueno, y a mí qué coño me importa« y me hace «pá» y me mete la punta de la pistola. Allí estoy preso, me esposan a un banco de ésos de cuerda y no se me dice más nada. Estoy esposado allí».

«Llega Fidel Castro, como a la hora y me dice: «que buen regalito me has traído». Manda que me suelten. Me suelta Acevedo, Enrique Acevedo, me quita las esposas que tenía en un pie y las dos manos puestas en el buró. Yo conocía a Acevedo de Las Villas y me dice, «así que tú creías que tú ibas a tumbar esto». Le dije, mira, tú puedes pensar lo que te de la gana pero, si tú quieres, tú prueba a ver si yo tenía capacidad para hacerlo o no. Y en eso se aparece Camilo Cienfuegos y me dice que si yo creía que la revolución que él había hecho en veinte meses yo se la iba a quitar allí en veinte minutos, porque esa barba que él había echado en la Sierra Maestra era de heroísmo. Yo lo conocía, de Lawton, fumador de marihuana, y del Parque de los Chivos; no era guapo nada, ni nada de eso. Ni era valiente».

«Le digo a Camilo, «óyeme, si tú quieres probar, baja conmigo; tú sólo no, bájate con los cinco capitanes y dame una pistola y si me vas a matar, me matas; a mí no me importa nada de eso, yo vine a matarlos a ustedes». Fidel Castro, que seguía allí me dice, «Ven acá y tu padre está también allá en República Dominicana?". Le contesto, «si tú quieres saber los que están allá, vete allá hasta que los veas. Y me dice, ¿y Mosquera?, le digo ¿quién usted dice?, ¿Ángel Sánchez Mosquera? ¿El que lo hizo correr a usted en la Sierra Maestra? Por eso en la Bohemia se dice que yo mantuve una postura insolente[13]».

---

[13] Efectivamente, en la edición de la revista Bohemia, de agosto 23 de 1959, se dice que «.Roberto Martín Pérez cultivó una postura insolente y cínica».

«*Después llega Celia Sánchez, Fidel Castro tiene un tabaco Hache Upman. Bota el mocho y saca una palmita para prenderlo y yo cojo otro tabaco y me lo pongo en mi mano. Él me lo va a quitar y le digo: '¿usted no dice que esto es para todo el mundo? vamos a fumar todos; y entonces se me queda mirando y me dice, 'Tú sabes que yo tengo una cuenta con tu padre', yo le contesto, 'Sí, yo lo sé, cuando les cayó a trompones a ustedes en el bufete Bordelio'»*.

«*Castro era pasante del bufete Bordelio y Castellanos y él acusa a mi padre, cuando el problema de secuestrar y pintorretear las guaguas, de haber matado a un hombre que se llamaba Pablo Rodríguez, que lo habían matado frente a las Lámparas Quesada. Era un líder comunista que sale a protestar por el aumento del pasaje de las guaguas. Mi padre en aquel momento era Jefe de la Ley contra el Gangsterismo. No estaba en ningún cuerpo represivo. Castro acusa a Salas Cañizares que en esos momentos era Segundo Jefe de la Radio y a mi padre y en la universidad empezaron a poner letreros «Salas Cañizares y Martín Pérez, asesinos». Mi padre me había llevado a comprar un guante en la Casa Vasallo cerca del bufete Bordelio Castellanos y cuando llegamos allá, mi papá me da treinta pesos y yo entro a la tienda y él entra en el bufete y de allí saca a Castro a patadas y cuando lo va a meter en el carro le parte la frente. Por eso yo le dije ahora a Fidel, 'Yo sé que mi padre te cayó a trompones a tí'»*. Me dijo '¿cuál es tu problema con eso?, ¿tú sabes que tú estás aquí ahora?' Y le digo, bueno, y qué, ¿tú me vas a matar? Bueno, y ¿cuántos has matado tú? Yo sé que ustedes me matan, pero yo vine aquí a morirme y a matar también, yo no vine aquí a más nada. A mí nadie me obligó». Me metieron en un cepo. «Yo pensé que tenía aliados y cuando llegué me meten en un cepo; toda la gente estaba confabula-*

[18] Este 16 de junio por primera vez la prensa cubana se hacía eco del inicio de la lucha armada en la República Dominicana. En primera plana el diario «.Revolución« titulaba así los acontecimientos: «.Reportan rebelión en Santo Domingo». En breves declaraciones Fidel Castro refutaba la afirmación de un diario dominicano, según el cual, el líder cubano había admitido que Cuba ayudaba al movimiento guerrillero. «.Eso es falso –dijo Fidel, y añadió– Tales afirmaciones comprometen la seguridad de Cuba. Yo no he hablado eso y ni siquiera lo he insinuado». Era la primera reacción oficial cubana. Fuente: Delio Gómez Ochoa. Obra citada.

da y le corrieron una máquina tremenda a Pedraza y a Chapita, a toda esa gente'».

«Primero nos meten en un calabozo y unos guardias allí enardecidos empiezan a disparar dentro del calabozo; hirieron dos o tres de la gente nuestra. Llega Celia Sánchez y nos vio, y les dijo que no se metieran más con nosotros, que nos dejaran dormir allí. Por la mañana nos sacan para llevarnos a La Habana. Cuando nos sacan, Luis Pozo no ve, está casi ciego, no tiene espejuelos y cuando el sol le da a la salida del cuartel de Trinidad, me dice, no veo, y es verdad, no ve sin espejuelos, no veía y yo lo agarro y Osmani Cienfuegos nos tira una foto que después aparece en la revista Bohemia».

«Luis no es un hombre de guerra, pero en ningún momento demostró miedo. Esa es la realidad de lo que pasó allí. Después empiezan ellos a quitarle la ropa a toda la gente nuestra y me la fueron a quitar a mí y les dije, 'no, conmigo no, me matas y te la llevas pero vivo no me la vas a llevar'. 'Yo llegué con mi ropa verde olivo a La Cabaña'».

11- PARTICIPACIÓN DE LA «LEGIÓN EXTRANJERA».

En marzo de 1959, Trujillo formó una Legión Extranjera Anticomunista integrada por españoles de la vieja División Azul que habían combatido en Rusia junto al ejército alemán, y por exiliados fascistas y yugoeslavos, y unos cuarenta y seis griegos reclutados con la promesa de tener buenos empleos civiles en la República Dominicana. Algunos de los griegos se negaron a tomar las armas de la Legión y a uniformarse y fueron arrojados, desnudos, a celdas de la prisión La Victoria[14].

Alfredo Malibrán, español, Primer Teniente, es uno de los oficiales de la Legión Extranjera. Era Alfredo hijo del famoso General Malibrán, muerto en una de las batallas de la División Azul[15] en el frente soviético, y hermano de «La Malibrán», conocida cantante de ópera. Malibrán era el jefe del Comando de España Uno (Roberto

---

[14] Fuente: Bernard Dederich ».La Muerte de Trujillo».
[15] La División Azul estaba compuesta de voluntarios. Constituida en 1941, marchó hacia el frente soviético el 14 de julio de aquel año. Tras participar en sangrientas batallas en el frente de Leningrado, comenzó su repatriación a España en marzo de 1944.

Martín Pérez estaba al frente del Comando Cuba Uno) que se enfrenta a los expedicionarios castristas que desembarcaron por Constanza. «Le hacen una encerrona en un lugar llamado Arroyones, lo hieren y nos pide ayuda. Logramos rescatarlo».[16].

«Los castristas se iban a tirar a las cuatro y media de la tarde que era cuando un avión de pasaje aterrizaba a esa hora, pero ellos se adelantan por quince minutos y se tiran antes. Lo hicieron frente a una residencia de descanso de Trujillo, un lugar precioso en Constanza y cuando se lanzan del avión avanzan contra la casa pensando que Trujillo estaba allí, cosa que no era cierta».[17].

«Un sargento al que le decían la Culebra, que estaba custodiando el área con un jeep y una 30 montada en el Jeep es el que primero hace contacto con los invasores. Entonces la tropa de Gómez Ochoa se concentra en atacar la residencia en vez de tomar el pobladito que hubiera sido muy fácil porque el ejército dominicano no estaba apto para combatir con esta gente. Si no llega a ser por los cubanos y los españoles que estábamos allí ellos se tragan aquello porque las tropas dominicanas huían y dejaban el armamento; esa es la realidad de las cosas».

«Cuando llegamos a Constanza nos llevan al puesto de mando que estaba el General Canela Marti, y Enrique Pérez Pérez que era comandante en esos momentos, y el jefe de la base donde estábamos entrenando nosotros, o sea, jefe del entrenamiento nuestro no jefe de la base, porque esa era una base naval[18]. Allí nos dan las instrucciones de perseguirlos; así lo hacemos ellos y el problema con una guerrilla es que no se establezca en un campamento ya ganado. El problema

---

[16] Roberto Martín Pérez. Entrevista con el autor.

[17] En la tarde del 14 de junio de 1959, antes de los seis meses de haber Fidel Castro ascendido al poder, ochenta hombres con uniforme verde olivo partían del pequeño aeropuerto de Antilla, en la provincia de Oriente.
A las dos horas aterrizaba el C-46 en un aeródromo en las afueras de Constanza. La expedición dirigida por el Comandante Delio Gómez Ochoa planeaba aterrizar en un pequeño aeropuerto en las llanuras de San Juan de la Maguana pero la encontraron obstruida con zanjas y troncos. Decidieron entonces desembarcar en el de Constanza ».con el agravante que allí estaban concentrados más de 1,500 hombres de la Legión Anticomunista del Caribe que se entrenaban y tenían una guarnición fuerte. (Fuente: Delio Gó Ochoa. «La Victoria de los Caídos»).

era jaquearlos allí y los helicópteros nos tiraban provisiones; hubo un combate donde hieren a Malibrán en un muslo. Nosotros vamos y lo rescatamos y le cogemos en ese lugar como doce prisioneros y varios heridos».

Otto Corceli, nos dice Gustavo de los Reyes, fue el alemán, nazi, que organizó «La legión ésa que acabó con la primera incursión que hizo Castro a Santo Domingo mandada por el Comandante Gómez Ochoa.

El Coronel croata le dijo a Trujillo: «Meta a todos sus soldados en los cuarteles y déjenos el asunto a nosotros». Según me cuenta, el único que quedó vivo fue Ochoa».

Volvamos a La Habana y a la conspiración.

12- AL FINAL, CASTRO MONTA SU «SHOW».

Volvamos a La Habana. Fidel Castro no podía marginarse en las horas finales de aquella trama. Escogió la residencia de Celia Sánchez, en la calle 11, en el Vedado, como centro de operaciones para tender la red en que quedarían atrapados los conspiradores. Por teléfono, Celia hacía las citaciones. Iban arribando Efigenio Ameijeiras, Augusto Martínez, Juan Almeida y otros oficiales del Ejército Revolucionario. Horas después llegaba el subdirector del periódico Revolución, Euclides Vázquez, con un equipo de fotógrafos. Todos tomaron los carros que se dirigían a la antigua residencia de Alberto Vadía que era la que William Morgan ocupaba, como si fuese su propia morada. En la residencia los esperaba Eloy Gutiérrez Menoyo que había detenido a los conspiradores que allí habían sido citados: *«Aquí los tiene, comandante, y siguen llegando».*

Habían sido detenidos, sin que se hubiese divulgado la noticia, la noche del sábado 8 de agosto, acusados de conspiración.

A las 10 de la mañana del domingo 9 llegaba Morgan al puerto de La Habana con el cargamento de armas. En esos momentos empezaban a ser detenidos, preventivamente, todos los antiguos miembros de las Fuerzas Armadas que permanecían en el Ejército Rebelde. Esperaban ahora, tan solo, la llegada del avión procedente de Santo Domingo. El miércoles 12, por la noche, un transporte cuatrimotor lanzó sobre la zona de El Inglés 25 paracaídas con 100 cajas de balas de ametralladora, al tiempo que otro avión aterrizaba en Trinidad a las 7:15 PM con varios tripulantes y armas. Se les hizo creer que los que se encontraban esperándolos eran elementos contrarios al régimen.

En la noche del jueves, a las 8, llegó el primer avión con instructores y oficiales quienes anunciaron que al día siguiente descenderían dos aviones más, pero Castro no quiso esperar más tiempo.

Toda esta información la iba ofreciendo el propio Castro en la noche del viernes 14 por la televisión cubana. Al comenzar su, como siempre, larguísima exposición, menciona antecedentes *«que se remontaban varios meses atrás»*. *«Había el grupo de La Rosa Blanca y otros elementos aislados, todos ellos batistianos, que empezaban a movilizarse. Por aquellos días se produjo la fuga del ex-capitán Rodríguez, «el Mexicano».*[19].

13- LA VERSIÓN OFICIAL

El Comandante William Morgan, con quien hicieron contacto los conspiradores, puso esto en conocimiento del Estado Mayor del Ejército y, de acuerdo con la Comandancia General, procedió a simular el plan conspirativo conjuntamente con el Comandante Eloy Gutiérrez Menoyo. El Teniente Peña estableció contacto con el Capitán Francisco Rodríguez Tamayo *«El Mexicano»*. Al propio tiempo, el Comandante Morgan se comunicó, a través de elementos contrarrevolucionarios localizados en Miami, con agentes del dictador Trujillo con quienes se concertó una entrevista entre Morgan y Trujillo, proponiendo éste que unificaran los distintos grupos que en Cuba venían realizando actividades contrarrevolucionarias.

Puestos de acuerdo le fueron facilitadas al Comandante Morgan tres plantas de radio, equipos de campaña, diversas sumas de dinero y todo lo necesario para equiparlos convenientemente. A su regreso a Cuba Morgan expuso ante los jefes del Ejército Rebelde el objetivo y alcance de los planes de invasión.

Días después de la llegada a Cuba de Morgan recibió éste la visita del sacerdote español Velasco. Morgan comisionó para que acompañara al sacerdote Velasco a Aldo Sánchez Santana, miembro del Departamento de Inteligencia Militar. Juntos visitaron la casa de Enrique

---

[19] Francisco Rodríguez Tamayo.

Betancourt, y el ex-teniente Regueira les informó que el jefe del grupo al que él pertenecía lo era el Capitán Renaldo Blanco Navarro. Días después Regueira volvió nuevamente a casa de Morgan en compañía de Renaldo Blanco y se quedo alojado en aquella casa, lo que facilitó el conocimiento de todos los envueltos en la conspiración; entre ellos Manuel Vázquez, el ex-teniente Romero, el ex-teniente Casillas (hijo del ex-coronel Casillas Lumpuy); Ernesto Neugart (hijo del ex-coronel Neugart); el ex-teniente Casanovas, Hernán Santiesteban «quien fungía de jefe de Acción y Sabotaje en la provincia de La Habana» y José Mujica. A través de Mujica solicitaron y obtuvieron una entrevista con Armando Caíñas Milanés y Gustavo de los Reyes, informándole a Caíñas de la ayuda ofrecida por Trujillo.

Se acordó celebrar una nueva entrevista en la que participaría el Comandante Jesús Carreras. En otra reunión posterior asistirían también Antonio y Jorge Mendoza.

Luego hacen contacto con otros conspiradores.

El 8 de agosto fueron citados todos los complotados para que concurrieran el 9 en la noche a la casa del Comandante William Morgan. Según *Revolución* el motivo de la citación general obedecía a que por el Departamento de Inteligencia Militar del Ejército se tuvo conocimiento de la inminente salida de las expediciones por lo que se consideró oportuno el arresto de los que se encontraban en Cuba.

14- OTRAS FUENTES

Veamos ahora, por otras fuentes, los pasos que Morgan estuvo dando.

Morgan comenzó a establecer sus contactos con miembros del Ejército que habían servido bajo el gobierno de Batista. Su contacto, con estos ex-militares, serían Renaldo Blanco Navarro y Claudio Medel quienes, muy probablemente, ignoraban la conexión de Morgan con el dictador dominicano. Igual desconocimiento tenían figuras bien conocidas en Cuba relacionadas con la ganadería y la industria del azúcar. Hasta ese momento era una conspiración cuyo eje central era William Morgan y, sólo, William Morgan. Será una o dos semanas después que éste informa de aquellos planes a Eloy Gutiérrez Menoyo. Esta última afirmación es, también, admitida por Fabián Escalante.

Los planes, hasta ese momento, se han hecho, y siguen haciéndose, a espaldas de Castro.

Varios viajes a Miami realizaron Morgan y Gutiérrez Menoyo para reunirse con el cónsul dominicano y fijar con debida precisión las condiciones *fiduciarias* de su participación.

Los datos aportados y los testimonios ofrecidos por los que alguna vinculación tenían con la conspiración y con el Segundo Frente tienden a confirmar que Morgan comenzó el complot por sí solo y, luego, en fecha posterior informó a Gutiérrez Menoyo y, poco después, a otros oficiales del Segundo Frente, pero no a todos. Este es el testimonio de Lázaro Asencio, uno de los comandantes de aquella organización.

«La conspiración fue ajena, en su principio, al Segundo Frente hasta que William hizo pública la participación y lo que fue el Segundo Frente como organismo no fue informado. Pero William Morgan en el momento ya culminante que se iba a producir el hecho sí avisó a algunas personas del Segundo Frente». ¿A quién avisó? Avisó a Eloy Gutiérrez Menoyo, que era el jefe del Segundo Frente».

Los primeros pasos los dio William solo.

Inclusive, llegó un avión gigante, con elementos de los Estados Unidos para respaldar a William en esa actividad sin conocer ellos, muy probablemente, lo que se estaba haciendo porque eso estaba supersecreto. A tal extremo que los que pertenecíamos a la dirección del Segundo Frente no sabíamos nada[20]».

«William Morgan lo hizo por su cuenta y con elementos afines a él, que no creo que sean de la CIA sino elementos que tenían relaciones con Morgan. Hay una nebulosa sobre esto que se habla de que William perteneció a la CIA, que fue enviado a Cuba por la CIA. Él siempre decía que se había incorporado a ese proceso contra Batista porque en el ataque a Palacio habían matado a un amigo de él en un hotel; que eso fue lo que lo motivó para entrar en la lucha contra Batista; Morgan inclusive intentó, después del ataque a Palacio, vincularse al 26 de julio, pero no lo admitieron allí parece que por dudas con él. Entonces se vinculó al Segundo Frente y pasó por Santa Clara y de Santa Clara fue a la montaña».

---

[20] Entrevista de Lázaro Asencio con el autor; marzo 17, 2005.

42

A mediados de julio –apenas un mes después que Trujillo había aplastado la fuerza expedicionaria de Delio Gómez Ochoa[21] viajaba a La Habana el sacerdote católico español Rafael Velazco Ordóñez. Se reuniría con Morgan y Gutiérrez Menoyo. Con ninguno más de los que, luego, serán acusados y condenados por haber participado en aquella conspiración.

¿Cuándo los dos complotados –ante el temor de ser descubiertos– informan a Castro de la conspiración en que están envueltos?. ¿Informó Morgan al embajador Bonsal antes que a Castro?.

El 28 de julio –de acuerdo a lo expresado por el General Fabián Escalante– Morgan volvió de nuevo a Miami donde recibió del cónsul dominicano las armas. Las siguientes palabras tomadas textualmente de lo informado por el General Escalante parecen mostrar que ni Morgan ni Gutiérrez Menoyo habían informado previamente a Castro sobre la conspiración: *«Gutiérrez Menoyo empezó a «cooperar». con mayor amplitud. En sus **últimas** reuniones con Fidel Castro Gutiérrez Menoyo le informó que él sabía todos los detalles del plan de Trinidad. El G-2 había infiltrado las filas de los agentes, no sólo aquellos cercanos a Morgan sino, también, aquellos cercanos a Trujillo. **Gutiérrez Menoyo comprendió ésto. Su única alternativa era usar sus talentos camaleónicos y cambiar, de nuevo, sus colores y ayudar a desmantelar la conspiración».***

Ajeno a todo esto se encontraban Armando Caíñas Milanés, Arturo Hernández Tellaheche y otras figuras, no militares, que serán acusadas y condenadas por haber participado en la *«conspiración trujillista»*.

La gran incógnita que habrá que despejar será la de conocer cuando –en qué momento por temor a ser descubiertos– Morgan y Gutiérrez Menoyo informan a Castro de la vasta conspiración. Aunque Fabián Escalante –historiador y, durante varios años, jefe de Seguridad del Estado– afirma, sin prueba alguna, que Morgan y Gutiérrez

---

[21] Delio Gómez Ochoa fue hecho prisionero. Inexplicablemente se ganó la confianza de Trujillo. Dio conferencias de prensa, a una de las cuales asistió Jules Dubois. El 9 de julio de 1961 es liberado y regresa a Cuba. Al año reanuda sus estudios de Ciencias Sociales en la Universidad de La Habana e ingresa, como militante, en el Partido Comunista y publica un libro. Fuente: Comandante Delio Gómez Ochoa. «.La Victoria de los Caídos», 1998.

Menoyo habían informado a Castro del complot en el mes de mayo, asevera luego que «*a mediados de julio la dirigencia revolucionaria conocía los principales elementos de la conspiración*». claro indicativo de que, hasta ese momento, nada sabía.

Lo que sí es evidente, por documentos oficiales ya desclasificados[22], es que el embajador Philip W. Bonsal –que en febrero había presentado sus credencials ante el Presidente Manuel Urrutia[23]– informó el 2 de agosto a Raúl Roa, Secretario de Estado, que el FBI conocía que Morgan era el dirigente de un grupo que planeaba la eliminación de Fidel Castro. Es conveniente recordar la fecha de esta *confidencia* diplomática: Agosto 2.

Según la edición de «*Documentos del Departamento de Estado de los Estados Unidos, Volumen X, Cuba*», «*el gobierno de los Estados Unidos obtuvo información antes del golpe que implicaba a Morgan en actividades planeadas contra Castro*». (Página 579 de la publicación mencionada).

Las cordiales relaciones del embajador Bonsal con las figuras del gobierno revolucionario las confirma el General de División Fabián Escalante Font quien, desde su creación, formó parte del Departamento de Seguridad del Estado (G-2) organismo del que luego fue jefe (1976-1982):

«*La embajada experimentó cambios profundos con la designación del embajador Philip W. Bonsal, un diplomático experimentado quien, a los efectos de borrar la imagen de procónsul de su predecesor, había tocado un número para evitar que las actividades de la CIA se realizasen en la embajada porque esto afectaría sus relaciones diplomáticas*».[24]

Esta «confidencia». de Bonsal no debe sorprender a quienes conocen las afables relaciones que el recién nombrado embajador mantuvo en su anterior posición, ante el gobierno boliviano, durante la presidencia de Hernán Siles Zuazo.

---

[22] Departamento de Estado, Central Files, 737.00/8-1159.

[23] La designación de Bonsal había sido interpretada en el hemisferio como un gesto muy conciliatorio hacia Fidel Castro.

[24] General de División Fabián Escalante «.La Guerra Secreta", Ocean Press, Melbourne, 1995.

Había mostrado, en aquel momento comprensiblemente, su simpatía hacia la amplia Reforma Agraria que el *Movimiento Nacional Revolucionario* llevaba a cabo en aquella nación.

En su aerograma de agosto 2, 1959, Bonsal informa al Departamento de Estado que *«la embajada no considera que ha habido por parte del gobierno un cambio hacia la izquierda».*

No podía extrañar que el embajador Bonsal, que en Cuba había presentado sus credenciales el 3 de marzo ante el Presidente Manuel Urrutia, se esforzase, *por todos los medios,* en ganarse la simpatía de los dirigentes de la Revolución Cubana.

Junto a él se encontraba, como un joven funcionario de la embajada, alguien que *«no había encontrado evidencia creíble que indicase que Castro tuviese conexiones con el Partido Comunista ni, siquiera, tuviese mucha simpatía hacia el Partido":* Wayne S. Smith[25].

Al asumir la embajada en febrero del 59, Bonsal hace un cambio que afectará las relaciones de ambos países: Asciende a Wayne Smith de su burocrática posición de firmar visas a la muy influyente Sección Política. Los primeros opositores del régimen castrista sufrirán las consecuencias.

Trabajar para Bonsal, afirmaba Wayne Smith, era un verdadero placer. Bonsal realizaba sus máximos esfuerzos *«para que los Estados Unidos mantuviesen las puertas abiertas a un futuro acomodo y que no tratara de manejar los problemas con la fuerza».* por eso –y seguimos repitiendo las propias palabras de Wayne Smith– *Bonsal se esforzaba en establecer las mejores relaciones con los líderes de la Revolución».*

Bien distinta había sido la posición del anterior embajador Earl T. Smith[26].

Cuando Earl Smith tomó posesión de su cargo el Departamento de Estado había recibido, desde antes, información sobre la probable

---

[25] Wayne S. Smith: «.Los enemigos más cercanos», W. W. Norton and Company, New York, 1987.
[26] Earl P.T. Smith, nacido en la Florida, había prestado juramento como embajador de los Estados Unidos en Cuba el 18 de junio de 1957. A la ceremonia había asistido, entre otras personalidades, la esposa del entonces joven senador por Massachussetts John F. Kennedy.

infiltración comunista dentro del Movimiento 26 de Julio. Esta información no le fue ofrecida al nuevo embajador. Ni se la ofreció William Wieland[27], Director de la Oficina de Asuntos del Caribe y de México. El Embajador Smith llegó a La Habana el 15 de julio de 1957. Meses después, el 16 de enero de 1958, en una conferencia de prensa celebrada en el Departamento de Estado el embajador Smith declaró que si Castro llegaba al poder no cumpliría sus obligaciones internacionales y que no convenía a los intereses de Cuba o de los Estados Unidos que Castro tomase el poder. *«A partir de ese momento, los comunistas y los simpatizadores de Fidel Castro hicieron todo lo que pudieron para desacreditarme y ponerme obstáculos».*[28].

No era de extrañar que al día siguiente de Smith presentar su renuncia (11 de enero de 1959) la revista *Bohemia* publicase un ataque injurioso acusándolo de ser *«un criado del déspota».* Tratamiento muy diferente recibió el nuevo embajador Bonsal; al menos, durante los primeros meses.

15- DECLARACIONES DEL EMBAJADOR EARL SMITH: ESTADOS UNIDOS RESPONSABLE DE LA LLEGADA DE CASTRO AL PODER

En declaraciones formuladas ante el Subcomité del Senado de los Estados Unidos para Investigar la Amenaza Comunista en el Caribe, celebrada el 30 de agosto de 1960, el ya ex-embajador Earl Smith respondió con claridad a una pregunta formulada por el Senador Eastland[29] sobre *«quien era responsable, principalmente, de que Castro hubiera subido al poder».* Su respuesta fue la siguiente: *«Sin los Estados Unidos, Castro no estaría hoy en en poder. Más claramente no lo puedo decir».*

Respondiendo a otra pregunta Earl Smith afirma que *«sectores de la prensa, ciertos miembros del congreso, la CIA y el Departamento de Estado».* todos eran responsables.

---

[27] William Wieland envió al Departamento de Estado una comunicación recomendando que se le pidiera a Batista abandonar el poder. (Fuente: Wayne Smith. Obra citada.)
[28] Earl P.T. Smith «.El Cuarto Piso», Editorial Diana, S.A., México.
[29] James Eastland, senador por Mississippi, presidente del Sub Comité senatorial para investigar en agosto de 1960 la amenaza comunista en el hemisferio y determinar quien era el responsable de la llegada al poder de Fidel Castro.

Con la misma simpatía conque Bonsal había visto la reforma agraria en Bolivia, consideraba éste necesaria su aplicación en Cuba. Nos lo dice el propio Wayne Smith:

Era claro que el Embajador Bonsal, Daniel Braddock[30], John Topping[31], y otros miembros del personal aceptaban la necesidad de la Reforma Agraria y otros muchos cambios en Cuba». (Wayne Smith. Obra citada, página 48). Bonsal enfatizaba, repite su amigo Wayne, la aceptación de la Reforma Agraria

No podía ser extraño, por tanto, que para granjearse aún más la simpatía de Castro y de las más altas figuras del gobierno, el embajador Philip W. Bonsal informase **el 2 de agosto** al Departamento de Estado –luego de comunicárselo a Raúl Roa– que William Morgan era el líder de un grupo que planeaba el asesinato de Fidel Castro (Departamento de Estado, Central Files, 737.00/8-259.

Para que no hubiese duda, en el telegrama 294 del día siguiente, Bonsal confirmaba que la información que había recibido del FBI se la había dado a Raúl Roa, Ministro de Estado, *«quien expresó su aprecio por la información y dijo que la daría a conocer al Presidente Dorticós y a Castro».* En el mismo telegrama Bonsal le ofrecía al Departamento de Estado información biográfica de William Morgan y afirmaba que aún un intento no exitoso sobre Castro sería una seria amenaza a la seguridad de los norteamericanos en Cuba (Telegrama 737.00/8-359).

El 4 de agosto recibió una llamada de Roa. Se reunió. Roa dijo que había dado esa información sobre Morgan al Presidente Dorticós quien se mostró *«altamente alarmado».*

---

[30] Daniel Braddock, Segundo Jefe de la Misión Americana en La Habana, mantuvo una política contraria al gobierno de Batista. Fue el último funcionario en partir de La Habana cuando se rompieron las relaciones diplomáticas entre los Estados Unidos y Cuba. Fue Braddock quien entregó a la embajada Suiza las llaves de la embajada norteamericana.

[31] John Topping, jefe de la Sección Política de la Embajada, de amplia experiencia en Latinoamérica, alentó la suspensión del envío de armas al gobierno de Batista. Tuvo a su cargo la evacuación de las ciudades norteamericanas cuando se rompieron las relaciones.

16- EL EMBAJADOR BONSAL INFORMA A CASTRO DE LOS PLANES

En el Telegrama 294 de 3 de agosto el embajador Bonsal informó al Departamento de Estado que dió a conocer a Raúl Roa sobre las actividades de varios cubanos y que William Morgan dirigía un grupo que planeaba el próximo día el asesinato de Fidel Castro (Telegrama 737.00/8259) y que Roa *«había expresado su aprecio por la información que le transmitiría de inmediato al Presidente Dorticós y a Castro»*.

El siguiente día Roa informó a Bonsal que *«había transmitido la información sobre Morgan al Presidente Dorticós que quedó «altamente alarmado»*.

Hay un hecho cierto: Es después de la información del Embajador Bonsal a Raúl Roa que Morgan, Menoyo y Castro, ya juntos, planean la detención de los complotados. Será el 7 de agosto. Dice Menoyo: *«Nosotros llegamos a un acuerdo: abortar la conspiración esa misma noche del viernes 7»*. Citaron a los conspiradores en tres casas distintas: *«un grupo –el fuerte-, con Carreras y conmigo, en la casa de William Morgan; otro, en la casa «del latifundista Betancourt, con Armando Fleites; y el otro con el Comandante Lázaro Artola en otro lugar»*.[32]

Entre los miembros del Segundo Frente del Escambray y del DIER que se infiltraron entre los conspiradores se encontraban los comandantes William Moran, Eloy Gutiérrez Menoyo, Genaro Arroyo, Lázaro Artola, Armando Fleites y Jesús Carreras; y los capitanes Florencio Pernas, Ángel Baños, Roberto Redondo y los tenientes Evelio Domínguez, Jesús Larrosa, Fidel Salas, Joaquín Castellanos y Pablo Brito

¿Quién era el Comandante Lázaro Artola?. *«Lázaro Artola fue uno de los primeros alzados del Escambray, yo lo conocí dice Asencio. Ya murió. Él era de Sancti Spiritus, pero después se fue para Camaguey, donde desarrolló su actividad revolucionaria; se encontraba en Sancti Spiritus cuando fue descubierto y allí intervino en un tiroteo y con la misma se fue para el Escambray»*.

---

[32] Declaraciones de Gutiérrez Menoyo en la revista Bohemia, agosto 23, 1959.

«Artola –nos dice Lázaro Asencio– decía que él era socialista, pero no sabía nada de eso, lo incluyeron en un organismo civil del gobierno y él se quedó allí hasta que por fin murió. Era comandante, era un trabajador, no era profesional. Artola parece que había leído alguna literatura y hablaba de esas cosas, pero no con propiedad. Yo vine a conocerlo más a él después que él estaba alzado y conmigo tuvo buenas relaciones».

El primer paso de Morgan fue aprovechar un plan de construcción de viviendas para los campesinos en el área del Escambray. Así lo recuerda Asencio:

«Antes del proceso de la conspiración William Morgan fue a La Habana con un avión gigante, se parqueó en el Aeropuerto de Boyeros para un plan de construcción de casas campesinas en el Escambray. Por ese motivo él nos fue a ver a nosotros y se comenzó a hablar sobre ese plan. El gobierno (me refiero a Fidel Castro) cuando se enteró de aquello quiso entonces interrumpir o meterse dentro del plan de construcción y con la misma, de buenas a primeras, desaparecieron los americanos, yo te diría que serían unos 10 ó 12, pero William se quedó en Cuba. Eso pudo haber sido el inicio de las construcciones de casas. Estábamos con los campesinos en el Escambray que era el propósito de nosotros y pudimos conversar con esos americanos que por cierto, algunos hablaban español, pero de pronto desaparecieron todos aquellos señores del horizonte del Segundo Frente. No me atrevo a hacer juicio pero me luce, siempre pensé después, que aquello tenía que ver algo con la conspiración de Trujillo».

«El plan de las construcciones de casas era más amplio pero daba la oportunidad de llevar allí empleados de la construcción que, en definitiva, debieron haber sido soldados o miembros de esa organización pero yo no sé por qué de buenas a primeras se dividió todo aquello».[33].

17- COMIENZAN LOS ARRESTOS

«Cuando llego está allí Armando Fleites, compañero de la universidad, que me lleva a un pequeño despacho donde estaban 3 ó 4 pati-

---

[33] Entrevista Lázaro Asencio con el autor, marzo 17, 2005.

lludos. Fleites me pregunta por qué yo me metí en esto. Le respondo *«porque esto es comunismo».* El Comandante Jesús Carreras me interrumpe y a gritos me dice: *«Ustedes los contrarrevolucionarios creen que todo es comunismo».* Nos enfrascamos en una violenta discusión y en medio de ella le miento la madre en el momento en que Fidel abría la puerta para entrar, pero se retira sin hacer comentario alguno. Detrás de él venía un periodista que luego publicó una nota como si fuese a Castro a quien yo le mentaba la madre» recuerda Ovares.

Ovares ignoraba la existencia de otros grupos que también formaban parte de aquella conspiración: *«El único pequeño grupo con quien de verdad comencé a conspirar fue aquel inicial de jóvenes militares que no tenía vinculación con los que estaban en Santo Domingo, pero que luego se conecta con militares del Ejército Rebelde (William Morgan, Gutiérrez Menoyo, Carreras y otros)".*

«Más tarde supe que había otro grupo que formaba parte de esta conspiración en el que se encontraban Antonio Mendoza, muy amigo de Bonsal, con quien había estudiado en los Estados Unidos, y varios máa del Havana Yacht Club».

Tan desconectados estaban con algunos de los «*conspiradores*», y tan ajenos se encontraban varios que uno de los comandantes ni siquiera conocía la dirección de Arturo Hernández Tellaheche cuando, al fin, procedía a detenerlo. Lo afirma el Comandante Armando Fleites: *«Para detener a Hernández Tellaheche había un inconveniente: nadie sabía su dirección».*

Así recuerda el ganadero Gustavo de los Reyes aquel episodio:

«Para la noche de agosto 9 estaba planeado el levantamiento. A las 9:30 de aquella noche muchos de nosotros tuvimos una reunión secreta. (Caíñas Milanés estaba en Bayamo cuando la reunión).

«Se había recibido una llamada de Blanco Navarro informando que habían llegado las armas y que esa noche iba a haber una reunión en su casa, que era, también, (algunos lo ignoraban) la que habitaba el mercenario norteamericano. Al llegar son detenidos. Cuando el último llegó, uno de nuestro grupo apuntó una metralleta a mi cabeza y me dijo: 'usted está bajo arresto'. Él y otros tres de nuestra organización nos habían traicionado».

«*Todos los arrestados fueron sometidos a continuo interrogatorio. A los 15 días fuimos transferidos a La Cabaña. Algunos a la Galera 13; otros, a la Galera 14 donde guardan prisión los que van a ser condenados a muerte. El juicio, que duró 13 días, condenó a aquellos hombres acusados de conspiración a penas de 5 a 30 años. Muchos fueron enviados a Isla de Pinos*».

Las detenciones, todas, las realizan los hombres del Segundo Frente del Escambray. No participan en ellas ninguno de los miembros del Ejército Rebelde.

Morgan da otra versión. Afirma que, desde marzo, él había informado al G-2[34]. ¿Al G-2 antes que a Castro?. ¿Al G-2, y luego a Castro, antes que a Gutiérrez Menoyo?. No luce creíble esta versión.

«*El avión llegó estando ya presos nosotros. Aterrizó el 13 de agosto. Nosotros caímos presos el 7, el 8 y el 9 de agosto en distintas redadas. Prácticamente todas fueron en casa de Morgan, la mayor parte de ellas. Cuando dí el dinero de los hermanos Zorrilla me hablaron de que ese dinero se iba a utilizar para las armas que iba a traer Morgan y después me dijeron: ya llegaron las armas. Inclusive transporté en alguno que otro momento algunas armas, alguna propaganda, una serie de cosas*». (Enrique Ovares, entrevista con el autor).

«*Se suponía que estuviéramos ya muy próximos a dar el golpe, a comenzar a hacer esto. La forma de comunicarse era a través de estos mismos radiotelegrafistas, y estos elementos que todavía pertenecían al ejército estaban ya con señales y cosas de preparación. Teníamos distintos puntos asignados. No creía yo, en ese momento cuando caí preso, que el levantamiento estuviera tan cerca pero sí sabíamos que estábamos próximos por una sencilla razón, me llamaron y me dijeron: «Ven que hay una reunión urgente». y yo, como sabía que estábamos cerca me pareció lógico. Me dirigí a casa de Morgan. Cuando llegué a su casa me recibieron 4 ó 5 militares con ametralladoras en el pecho al abrir la puerta. Dentro habían una pila más de militares y habían también varias personas presas, los que habían llegado antes que yo en ese día. El día anterior habían detenido algunos, pero nosotros no nos enteramos y al día siguiente cogieron a otro grupo más.*

---

[34] Revista Bohemia, edición citada. «.Vida, Pasión y Muerte de una Conspiración».

Que no fue hasta los días finales de julio o el primer día de agosto que Gutiérrez Menoyo se vio obligado a informar a Castro, puede deducirse de las palabras del propio Fabián Escalante:

«El 28 de julio Morgan viajó nuevamente a Miami. Allí recibió un cargamento de armas del cónsul dominicano, parte del cual él debía entregar en San Felipe y en los Cayos Los Indios, cerca de Isla de Pinos en Cuba, y otras en las costas de Trinidad... mientras, los planes se trazaban para liquidar la conspiración y Gutiérrez Menoyo empezó a *«cooperar ampliamente».* (lo entrecomillado está tomado textualmente de Escalante).

Si el 28 de julio Morgan estaba de nuevo en Miami y fue, en ese momento o poco después, que Menoyo comenzó a *«cooperar».* pudiera admitirse, como afirman muchos, que fue la información de Bonsal de agosto 2 lo que puso en conocimiento de Castro la conspiración. Precisamente, fue el día 6 de agosto que se iniciaron las detenciones de los complotados.

18- LA CAUSA No. 3 DE 1959

De inmediato se abrió la Causa No. 3 de 1959 por el delito *Contra los poderes del estado.* Los acusados fueron agrupados bajo 6 epígrafes diferentes:

1) Los que llegaron a bordo de la aeronave procedente de la República Dominicana: Luis Pozo Jiménez, Roberto Martín Pérez, Raúl Antonio Carvajal, Alfredo Malibrán, Armando Valera, Raúl Felipe Díaz, Antonio Soto, Pedro Rivero, y Sigfredo Rodríguez.

2) Los dirigentes civiles y militares dentro del territorio nacional: Renaldo Blanco Navarro, Antonio Regueira, Hernán Santiesteban, Ramón Mestre, Claudio Medel, Ernesto Neugart y otros.

3) Los que se reunieron en el Central Soledad para abrir un frente de combate en esa zona: Armando Pérez de Corcho, Marciano Díaz Martínez, Osvaldo Céspedes, Armando Paz Ramírez, José Lugo Amador, Antonio Hernández, José Escobero y Orlando Rodríguez Rodríguez.

4) Los que tomaron parte activa en las labores de reclutamiento y aportando cantidades en efectivo: Arturo Hernández Tellaheche,

Gustavo de los Reyes, Adolfo Delgado, Armando Caíñas Milanés, Juan Arencibia y otros.

5) Los que concurrieron a distintas entrevistas y reuniones de carácter conspirativo: Juan Pino Valdés, Gustavo Cowley Gallegos, Eduardo Arango Cortina, José Enrique Bringuier.

6) Los que calorizaron con su presencia, y actividades los hechos que se juzgaban: Ortelio Padrón, Armando Álvarez, Rafael Usa Torres, Adolfo Landestoy y otros.

El fallo del tribunal[35] fue la sanción de pena por fusilamiento, que fue modificada a una condena de 30 años de reclusión, a los mencionados en el punto 1). Los demás procesados fueron condenados a sanciones de 20 años, nueve, y tres años.

19- ¿DIFIERE LA PARTICIPACIÓN DE MORGAN, MENOYO Y CARRERAS?

«Mi idea –nos dice Ovares– es que los casos de Morgan, Gutiérrez Menoyo y Carreras son diferentes. Yo entiendo que William Morgan, por lo que hemos sabido, era un doble espía, que estaba conspirando pero con la idea de tumbar a Castro de verdad porque estaba en combinación con la CIA o con quien fuera».

«Mientras que Gutiérrez Menoyo y Carreras habían sido discriminados por Castro que no había reconocido al Segundo Frente del Escambray ni a ninguno de su grupo».

«Tengo entendido que Gustavo de los Reyes fue uno de los que fueron advertidos y Cucú Bringuier fue otro a quienes le dijeron y hubo un tercero más que no me puedo acordar ahora quien fue, creo que eso salió en los documentos que fueron desclasificados».[36]

20- CONVERSACIÓN POSTERIOR DE MORGAN CON JOHN MARTINO

Alguien sufrirá el castigo merecido por su traición a la primera conspiración anticastrista.

---

[35] El tribunal estuvo presidido por el teniente Armando Pardillo, y los primeros tenientes Mario A. Tagle Babe, Pelayo Fernández Rubio, Alberto D'Toste Rodríguez y el segundo teniente Mario Condes Espinosa.

[36] Entrevista de Enrique Ovares con Enrique Ros.

El 19 de octubre de 1960 William Morgan es detenido por el G-2, acusado de sostener relaciones contrarrevolucionarias. Había sido delatado, según recoge la prensa, por su ayudante Manolo Cisneros Castro y un miembro de su escolta nombrado Rubén González, que pertenecía al G-2.

John Martino, un norteamericano que había viajado con frecuencia a Cuba atendiendo su negocio, guardaba prisión en La Cabaña en los primeros meses del año 60 cuando, acompañado de Jesús Carre-

El autor, Enrique Ros, en una de sus varias entrevistas con Enrique Ovares.

ras, llegó Morgan a la Galera 7 donde se encontraba John Martino. Siendo ambos norteamericanos Morgan y Martino establecieron una cordial relación.

Un día, Morgan fue llamado por los altoparlantes. Cuando regresó le dijo a su nuevo amigo, con gran naturalidad, *«Este es el último día de mi vida. Mañana seré condenado a muerte y moriré fusilado».* Y comenzó a hablarle de su vida. Uno de los tópicos que conversó detalladamente con Martino fue el de la conspiración en la que, meses atrás, había traicionado a los que confiaron en él.

Cuando Menoyo y Morgan delataron la conspiración, Castro –según Morgan le contaba a Martino– hizo que indujeran a que participasen en la conspiración al mayor número de figuras de prestigio que no estaban con la revolución. Este fue el caso de Arturo Hernández Tellaeche y tantos otros. Hernández Tellaeche había sido Ministro del Trabajo en el gobierno de Carlos Prío.

21- COMIENZA EL JUICIO. LA SENTENCIA

El periódico Revolución relaciona el nombre del casi centenar de personas allí arrestadas, junto con las que componían el grupo de Caíñas Milanés que fueron detenidas en la casa situada en la calle 28 de Miramar, domicilio de Roberto Betancourt (Caíñas Milanés no se encontraba ese día en La Habana). Resultarían acusadas 140 personas. El juicio, que despertó gran interés, comenzó varios meses después, en enero de 1960. El 16 de enero se reunía el Consejo de Guerra para ver y fallar la Causa No. 3 del Tribunal Revolucionario de la provincia de La Habana. Actuaría de fiscal Armando Torres Santraylle[37] que pide pena de 30 años para los siguientes acusados: Luis Pozo Jiménez, Pedro Rivero Moreno, Raúl Carbajal Hernández, Sigfrido Rodríguez Díaz, Roberto Martín Pérez, Armando Valera Salgado, Raúl Díaz Prieto, Alfredo Malibrán Moreno y Arturo Soto Rodríguez. Para los restantes, penas de 20 años de prisión.

---

[37] Armando Torres, de estudiante, militó en la Juventud Auténtica. Cuando se produjo la muerte de Manolo Castro fue uno de los que acusaron, por escrito, a Fidel Castro de haber participado en la muerte de Manolo. Militando ya en el Partido Comunista, Fidel lo nombra Ministro de Justicia y será, también, fiscal de juicios revolucionarios.

Ese Tribunal Revolucionario de lá Provincia de La Habana estaría constituido por el Capitán Auditor de la Marina de Guerra Revolucionaria Armando Pardillo y los vocales tenientes Mario Alberto Tagle Babé, Pelayo Fernández Rubio, Mario Condis Espinosa y Ramón D'Toste. Actuará como secretario Carlos Longa Herrera, y como fiscal Armando Torres Santraylle.

Se celebran distintas sesiones. El 20 de enero declara Arturo Hernández Tellaheche[38] quien niega, vehementemente, haber tenido contacto con el dictador Trujillo y niega, también, que conociera al Capitán Blanco Navarro y termina afirmando que había sido detenido el día 7 de agosto por lo que cuando se produjeron los sucesos de Trinidad, el día 13, él estaba detenido.

El primero en testificar es Eduardo Arango Cortina quien afirmó que no conocía plan contrarrevolucionario alguno; que visitó la residencia de William Morgan porque allí se encontraba su amigo Renaldo Blanco Navarro. El ex-comandante Jorge González Rojas, que había pertenecido a las Fuerzas Armadas Revolucionarias, afirmó que había concurrido a la residencia de Morgan para que le activasen su retiro militar. En horas de la tarde Arturo Hernández Tellaheche, quien negó haber tenido contacto con Trujillo, negaba que hubiese sido propuesto por el grupo como Presidente de la República. Afirmó que había sido invitado a entrevistarse con Morgan quien tenía interés en conocerlo.

Ramón Mestre negó los cargos que le presentaron afirmando que nunca había visitado la casa de Morgan, a quien no conocía y que no asistió a la reunión del hotel «Capri». donde muchos habían sido detenidos. Que él fue arrestado en su propia residencia.

El Capitán Antonio Soto Rodríguez, herido en la Operación de Trinidad, se negó a declarar. Fue al juicio apoyándose en muletas.

El ex-comandante Claudio J. Medell, que había continuado prestando servicios en el Ejército Rebelde, negó que hubiera sido propuesto como Jefe del Ejército al triunfo de aquel movimiento. Rechazó todos los cargos a él imputados y de estar en conexión con Trujillo y

---

[38] El Dr. Arturo Quintana Cabrera fue el abogado defensor del ex-senador Arturo Hernández Tellaheche.

que no tuvo contacto alguno con Gutiérrez Menoyo ni William Morgan. Que no le habían ocupado armas, sólo su pistola reglamentaria. Medell fue defendido por el Dr. Aramís Taboada[39].

El ex-presidente de la Federación Estudiantil Universitaria (FEU) Enrique Ovares, expresó que no era un conspirador ya que siempre había participado abiertamente en actividades universitarias coincidiendo a veces, y otras discrepando, del propio Fidel Castro y de Ricardo Linares, defensor de varios de los procesados en este juicio: *«El único que en el juicio me acusa es Aldo Sánchez, el tipo que me abrió la puerta cuando yo fui a ver a Blanco Navarro»,* recuerda Enrique Ovares. Luis Pozo Jiménez al ser citado afirmó que se abstenía de hacer declaraciones.

El Dr. Caíñas Milanés se enfrenta, indignado, al fiscal Torres: *«Yo no he conspirado ni he dado dinero alguno. Es una infamia que a los 57 años de edad se me acuse en este proceso».*

Al iniciarse el 20 de enero la quinta sesión del juicio que se estaba celebrando en la Cabaña se crea un serio incidente al disponer el Presidente del Tribunal Armando Pardillo, la expulsión de un testigo lo que produjo la protesta de todos los acusados. Horas después otros tres acusados fueron expulsados de la sala (Manuel Vázquez, José H. Santiesteban y Antonio Regueira). Fue en esta quinta sesión que los comandantes Morgan y Carreras testificaron.

En la sesión de enero 25 testifican otros oficiales del Segundo Frente Nacional del Escambray.

El último testigo en esta sesión fue Aldo Sánchez, Primer Teniente del Ejército Rebelde, la persona más vinculada al Comandante William Morgan, quien presentó los más serios cargos contra los principales acusados. En la sesión de enero 26 Eloy Gutiérrez Menoyo declaró que estuvo ligado a los acusados desde los primeros momentos admitiendo que él había propuesto para la Presidencia de la República al ex-legislador y combatiente de la Sierra de el Escambray

---

[39] Aramís Taboada, compañero de Fidel Castro en sus años universitarios, como abogado representó a Mirta Díaz-Balart en su juicio de divorcio de Fidel Castro. Defendió, al triunfo de la Revolución a muchos hombres y mujeres acusados de contrarrevolucionarios. Acusado por Castro de actividades ilegales fue condenado a prisión donde murió.

Aurelio Nazario con el fin de despistar por haberse dado cuenta de que todos los complotados tenían ambiciones y que él no podía mostrarse en extremo desinteresado; agregando que el propio Nazario Sargén era ajeno a todo.

En la sesión del primero de febrero de 1960 el fiscal pidió la absolución de 25 de los encausados. Penas de 30 años a los encausados que vinieron en el avión procedente de Santo Domingo: Pedro Rivero Moreno, Luis Pozo Jiménez, Roberto Martín Pérez, Luis Raúl A. Carbajal, Sigfredo Rodríguez Díaz, Armando Varela Salgado, Raúl Díaz Prieto, Alfredo Malibrán Moreno y Antonio Soto Rodríguez. El fiscal mantuvo penas de 20 años para un extenso grupo y condenas de 12 y 9 años para otros.

En la sesión del 2 de febrero se produce un incidente entre Jorge Luis Calvo, defensor de varios de los acusados, y el fiscal Armando Torres.

Entre los abogados defensores se encontraban Luis R. Fleitas Careaga, Ricardo Linares, Luis Rosas Guyón, Arturo Quintana y Jorge Luis Carro.

Varios testigos hablaron en favor de Antonio Reguera. Entre ellos en la sesión de enero de 1960, el antiguo alcalde de Pinar del Río Agapito Guerra Gálvez, fundador del Partido Ortodoxo. También habló en favor de Reguera el maestro de obras Francisco Palacio, y el dirigente ortodoxo Inocente Álvarez García quien consideraba un error los cargos que se le estaban formulando al acusado.

Sergio Antonio Arce fue el abogado defensor de Miguel Gilberto Cañizares López. Ricardo Linares, luego de referirse a la estrecha amistad que mantenía con el fiscal Armando Torres, refutaba, no obstante, los cargos que éste formulaba contra su defendido el Dr. Armando Caíñas Milanés que no habían sido probados en momento alguno durante el juicio y que, durante los días que el fiscal aducía que estaban celebrándose reuniones conspirativas (los días 5, 6, 7 y 8 de agosto) Caíñas Milanés se encontraba en su finca en la zona de Bayamo. El Dr. Eduardo López Deustúa, defensor del Dr. Álvarez Castellón, cumpliendo lo encomendado por el Colegio Provincial de Abogados de Las Villas, expresó que ninguno de los cargos presentados a su defendido habían sido probados, y que el propio jefe militar de Las Villas, Comandante Félix Torres[40], había declarado ante el Tribunal que no conocía al acusado Álvarez Castellón.

El Dr. Lázaro Ginebra, defensor de Ramón Mestre, citó el artículo 175 de la Constitución a los efectos de solicitar la nulidad del juicio, manteniendo el principio de que nadie podrá ser sustraído de jueces naturales para llevarlo a otros tribunales.

Días después de terminado el juicio los familiares y los presos que se encontraban en el Castillo del Príncipe denunciaron el maltrato recibido por esos presos en comunicación dirigida al Primer Ministro del Gobierno y al Diario de la Marina, Información y Prensa Libre. Denunciaban los maltratos sufridos por los presos el 4 de aquel mes. Los familiares invocaban, tan temprano como agosto de 1959, la *violación de los derechos humanos cometidos por el régimen*. Aquella valiente comunicación estuvo firmada, entre otras, por las siguientes mujeres: Yolanda Gutiérrez, Ana Gloria Suárez, María F. Cabrera, Teresa Renovales, María Dolores Rodríguez, Emilia Castro, Josefa Castellanos y otras. Por supuesto, aquella declaración formulada por los familiares de los presos fue publicada con la consabida *coletilla:* «*El Comité de Periodistas y Gráficos de este centro de trabajo no estima como reales, hechos cuyo esclarecimiento están en manos de un juez especial*».

Así terminó aquel primer intento de lucha armada contra el régimen de Castro.

---

[40] Félix Torres, antiguo militante del Partido Socialista Popular (PSP) había sido electo concejal de Yaguajay en las elecciones de 1950. Al llegar Ernesto Guevara a Las Villas, al frente de la Columna 8, Félix Torres se le incorpora con el grado de Teniente. Lo seguirá hasta la Cabaña.

CAPÍTULO II
SURGIMIENTO DE LAS ORGANIZACIONES REVOLUCIONARIAS

Como hemos visto, el 28 de enero de 1959, antes de los 30 días de haber llegado Castro al poder, se había constituido la primera organización cuya finalidad era combatir al régimen. Dos o tres meses después comienza una conspiración que se va extendiendo hasta que, en agosto de aquel año, es delatada y muchos de sus miembros serán juzgados y encarcelados.

A ambos acontecimientos nos referimos en páginas anteriores.

Surgen pequeñas organizaciones como la Doble O A (Organización Occidental Anticomunista) en la que participó Rufino Álvarez y que dirigió Gerardo Herrera quien, luego, fue complicado en la conspiración traicionada por William Morgan. Se mantiene activa, también en aquellos primeros meses, la Resistencia Agramonte encabezada por Pedro Vasallo Alfonso, teniente del Ejército, y por Rigoberto Matías. Con el Dr. Manuel García de la Vega se funda Acción Democrática Cristiana que trabajaba con la Resistencia Agramonte[41].

Mientras esto sucedía iba en aumento la preocupación de la población cubana sobre las medidas tomadas por el gobierno que había asumido el poder el día primero de aquel año. Hombres que habían combatido junto a Castro al régimen depuesto veían con preocupación la creciente influencia de elementos comunistas en distintas esferas del gobierno revolucionario. Esa inquietud la compartían estudiantes, obreros, profesionales y miembros de todos los sectores de la economía y otras actividades.

Era comprensible que aquellos que se sentían distanciados del nuevo régimen, por múltiples motivos, comenzaran a agruparse para oponérsele. Así van surgiendo distintas organizaciones que harán sentir su presencia desde los primeros meses de 1960. Nos iremos refiriendo a ellas en las próximas páginas.

---

[41] Fuente: José Rufino Álvarez, Presidente del Frente Nacional «.Presidio Político Cubano».

1- CREACIÓN DEL M.R.R. COMO ORGANIZACIÓN CLANDESTINA

Existen distintas versiones sobre los primeros pasos que condujeron a la constitución del Movimiento de Recuperación Revolucionaria (M.R.R.) como organización clandestina.

Recogemos a continuación varias versiones de participantes en aquellas reuniones que culminaron en la creación de este movimiento que fue el más extenso y uno de los más combativos en los primeros años de la lucha contra el régimen de Castro.

Veamos como lo narra Nino Díaz:

El Comandante Nino Díaz y Enrique Ros conversan sobre hechos y decisiones que condujeron al fracaso de Playa Girón.

VERSIÓN DE NINO DÍAZ

En los primeros días de octubre de 1958, después de la toma de Moa en la que fueron capturados jóvenes norteamericanos[42], Raúl Castro cuando los americanos llegaron a Bayamo se reúne con su esposa Vilma. Cerca, sin ellos percatarse, se encuentra Nino Díaz y escucha la conversación. *«Me di cuenta que las principales figuras de la Revolución o eran comunistas o iban a ser comunistas».* recuerda Nino Díaz en conversación con el autor[43] *«me percaté que los elementos comunistas de la zona, como Carlitos Betancourt, pasaban horas con Raúl Castro, en la Comandancia de Mayarí. Allí mismo empecé yo a botar a los elementos comunistas de la zona. A mediados de octubre de aquel año me cogen preso y me hacen un juicio en Mayarí para fusilarme sin siquiera someterme a juicio. Sencillamente me dijeron que me llevaban allá, en la Comandancia de Efigenio Ameijeiras para fusilarme. Allí se me celebró un juicio que duraría de las siete de la noche a las siete de la mañana, acusándome de un millón de cosas. Yo venía de las filas de la juventud del Partido Auténtico».*

El juicio irregular, revolucionario, causó estupor en amplios sectores que conocían aquel joven que, desde meses atrás, se enfrentaba al gobierno de Batista.

«Los campesinos y la tropa mía se sublevaron y en Mayarí se reunieron más de 500 campesinos y le dijeron a Raúl que si me fusilaba iban a dar machetazos a trocha y mocha».

«Ya me habían llevado al sitio a fusilarme y cinco minutos antes llegó una contraorden de que pararan el fusilamiento. Me dejaron preso en Bayate hasta el 28 de diciembre de 1958 cuando el Teniente Bay, que también estaba preso y hombre de confianza de la tropa mía, y yo, decidimos fugarnos porque considerábamos que al triunfo de la Revolución —y aprovechando la confusión que se produciría— nos iban a fusilar».

---

[42] Raúl Castro ordenó el secuestro de varios técnicos de la Boa Bay Mining y de la United Fruit y unos 28 marineros norteamericanos. Raúl los fue liberando individualmente. En octubre ya había sido liberado el último de los casi cuarenta secuestrados.

[43] Entrevista de Nino Díaz con el autor, febrero de 1994.

Se trasladaron Bay y Nino Díaz a Santiago en los primeros camiones que, tarde en la noche del 31 de diciembre o del 1º de enero (1959), partían hacia allá.

«Ya en los primeros días de enero de 1959 yo empecé a conspirar para organizar una resistencia y recuperar la Revolución de manos de los comunistas. Esa conversación la tuve con René Sai que era del gobierno de Batista y me dijo que cómo yo iba a conspirar contra una Revolución que acababa de triunfar. Me repitió «nadie te va a creer». pero lo convencí que debíamos empezar de todas las maneras y comenzamos a organizar todos los municipios de la provincia de Oriente. Para eso Toffi Babún nos dio $500 dólares para comprar un Jeep y así nos movimos».

«De esta forma, cuenta Nino Díaz, fueron contactando a muchos que habían sido dañados por la Revolución. Gente que eran batistianas, y unos descontentos de la gente de Fidel. Para julio o agosto Pedro Luis Díaz Lans me mandó un mensaje que quería hablar conmigo en Miami. Aproveché la ocasión que venía a Miami a comprar un carro y conversé con Pedro Luis, un gran combatiente, que al igual que yo se había dado cuenta, de los primeros, que la Revolución era comunista. También hablé con Jorge Sotús. Unimos fuerzas y fundamos el Movimiento de Recuperación Revolucionaria. Hacia el final de 1959 Carlay (Carlos Rodríguez Santana) fue a Santiago de Cuba en representación de un grupo de jóvenes estudiantes de la Universidad de Villanueva y de otros centros de La Habana porque conocieron que íbamos a llevar el movimiento a Camaguey y demás provincias».

En las largas conversaciones que mantuvo Nino Díaz con Díaz Lans y con Sotús este último le explicó que había tenido discrepancias con Fidel cuando ambos estaban en la Sierra Maestra y, por eso, el primero de enero lo había encontrado aquí en Miami. *«Le expliqué que la Revolución estaba impregnada de comunistas y que él, Sotús, podía regresar a Cuba e incorporarse al Ejército Rebelde, y, por su propia cuenta, se daría cuenta de lo que le decía. Hablé también con Ricardo Lorié».* [44]

---

[44] Entrevista de Nino Díaz con Enrique Ros.

Sotús, regresó con grado de capitán, y de inmediato, confirma lo expresado por mí. Se une a la conspiración.

«Ya en Santiago de Cuba formaban parte de la dirección del M.R.R. Felipe Vals, Eddy Fernández Iriarte y Yiyo Fernández, hijo del dueño del garage de La Cubana. En aquellos momentos yo no tenía contacto con Yabur. Él y Lorié estaban en contacto con el M.R.R. de La Habana y crearon una gran maquinaria revolucionaria dentro de las fuerzas armadas e incorporaron a elementos del Ejército Constitucional de Cuba».

«En diciembre de 1959, aún no había vuelos comerciales «un agente de la CIA me puso en una casa de seguridad en La Habana y en contacto con un capitán español que me trajo a Miami». Es entonces que hago contacto con el grupo formado por Michael Yabur, Ricardo Lorié y Pedro Luis Díaz Lans, y es, en ese momento, que Artime se une al M.R.R.. En una reunión del Ejecutivo del M.R.R. se acordó designar a Artime de enlace con los americanos porque hablaba inglés y tenía buena presencia».

3- VERSIÓN DE MANOLO ARTIME

Manolo Artime[45] ofrece una versión distinta. Él formaba parte de los Comandos Rurales que se encontraban en los primeros meses del triunfo de la Revolución, en la Sierra Maestra.

Hablemos primero de los Comandos Rurales.

Un grupo de jóvenes, bajo la dirección de Artime, habiendo obtenido el apoyo del Ministerio de Agricultura se dirige a la Sierra Maestra los primeros días de enero de 1959. «Fuimos 60 los que nos ofrecimos para esta nueva jornada, todos universitarios». escribe Roberto de Varona, alumno de tercer año de Arquitectura de la Universidad de La Habana quien habrá de asumir la jefatura de los Comandos Rurales[46]. Todos habían realizado estudios de cooperativa

---

[45] Manuel Artime nace el 29 de enero de 1932. Inicia sus estudios en las escuelas públicas. Continúa la secundaria en el Colegio Baldor de La Habana y termina su carrera de médico en la Universidad de La Habana. El 1º de enero de 1959 baja de la Sierra Maestra con el grado de Primer Teniente y es nombrado jefe de la zona O-22 del Instituto de Reforma Agraria.

[46] Manuel F. Artime: «.Traición», Editorial JUS, México, 1960.

y se encontraban completamente capacitados para desempeñar la labor que se habían impuesto. Ninguno percibía sueldo alguno; sólo unas módicas dietas para sufragar los gastos de comida y vivienda en los hogares campesinos. Llegaron a Manzanillo en el tren central donde los esperaba Artime que era el que había impulsado aquel esfuerzo. Algunas de sus actividades las recoge la revista «Bohemia».[47]. Pronto comenzarán las dificultades. Las Asociaciones Campesinas, de las que formaban parte campesinos de aquella zona, fueron rechazadas por el Buró Agrario del Ejército Rebelde, institución formada por el Comandante Raúl Castro y dirigida por el entonces Capitán Antonio Pérez.

A pesar de los obstáculos presentados por Raúl Castro los Comandos Rurales construyeron escuelas con cooperación voluntaria de sus asociados. «Se recibieron semillas de papa, arroz, maíz y frijol». ofrecidas por firmas comerciales. Venciendo muchos obstáculos se creó la zona O-22 que comprendía los términos municipales de Manzanillo, Campechuela, Niquero y Jiguaní de la que es nombrado como Segundo Jefe el Teniente Manuel Artime y, como titular, el Comandante Vallejo. Más tarde, al ser nombrado Vallejo Jefe Provincial de Oriente del INRA (Instituto Nacional de Reforma Agraria), Artime pasa a ser jefe de la zona. Ya, para entonces, el territorio que cubrían los Comandos Rurales se había ampliado notablemente. Le entorpecía su labor Rodrigo Rivas, designado por Castro administrador de la zona 0-22 que había sido delegado del Buró Agrario de Manzanillo y ocupaba ahora una alta posición en el INRA. Con la designación de Rivas vino la orden de disolver los Comandos Rurales porque *habiendo llenado su función podían regresar a sus hogares*. Corría el mes de octubre de 1959.

Las primeras conversaciones para constituir una organización que se enfrente al gobierno las sostiene con Ángel Ros (Guillín). Estarán presentes Artime, Guillín, Jorge Sotús, Rafael Rivas Vázquez, Carlos Rodríguez Santana (Carlay) y Carlos Hernández (Batea). Deciden constituir una organización a la que le dan el nombre de Movimiento

---

[47] Bohemia, 26 de abril, 1959 y 3 de Mayo, 1959.

de Recuperación Revolucionaria[48]. Artime afirma que Jorge Sotús fue quien lo puso, luego, en contacto con Ricardo Lorié y con Michael Yabor[49]; después se les unieron Sergio y Joaquín Sangenís, Nino Díaz, Pepita Riera, Pepín López, y, desde antes, Rogelio González Corso (que pronto será conocido por Francisco).

Trazan un plan: un doble alzamiento en Oriente. Jorge Sotús lo haría por la parte de Santiago de Cuba, y Artime por Manzanillo. El primer paso de Manolo sería viajar al extranjero a buscar armas y fondos. Ya, en aquel momento, Sotús está en contacto con Lorié, Pedro Luis Díaz Lans y con Pepín López. Guillín sigue activo, pone en contacto a Artime con un norteamericano –que responde al nombre de William– que lo lleva, aquella misma noche, a un apartamento de una casa situada en la desembocadura del Río Almendares. Allí permanecerá varios días esperando el contacto para salir de Cuba. Una noche William lo lleva a un barco donde permanecerá escondido. Al llegar a Tampa se presenta Artime a las autoridades y se acoge al asilo político.

Viaja a Miami y hace contacto con Ricardo Lorié por quien –lo expresa en su declaración– conoce del disgusto entre Lorié y Díaz Lans.

Sigue avanzando el año 1959. Artime tiene interés en ir a México porque allá tenía posibilidades de editar su libro[50]. Lorié queda con Manolo en reunirse con él en México para ultimar detalles de los planes previamente esbozados. En México, con la ayuda económica de José Ignacio Montaner, uno de los propietarios del periódico «In-

---

[48] La génesis del M.R.R. sale de un grupo que funda la Legión de Acción Revolucionaria. Después se crea el M.R.R. Los primeros en formar el M.R.R. son Artime, Rogelio González Corso, Rafael Rivas Vázquez y Emilio Martínez Venegas. Entrevista de Luis Fernández Rocha con el autor. Septiembre 24, 2005.

[49] El Comandante Michael Yabor formó parte del Tribunal Militar que juzgó y exoneró a los pilotos acusados por Castro de genocidio.

[50] Su libro «.Traición». se imprimió el 18 de abril de 1960 en los talleres de la Editorial JUS, Plaza Abasoro #14, Distrito Federal de México, con una tirada de 4,000 ejemplares. Treinta días después la visita a México del entonces Presidente Osvaldo Dorticós –como consecuencia de la labor de Artime– produjo una fuerte oposición de amplios sectores del movimiento obrero mexicano. Será el 10 de junio que Dorticós –tras una breve visita a Lima y Caracas– llegó a México. El rechazo a Dorticós fue recogido, entre otros, por el periódico Prensa, 10 de junio de 1960. Archivo personal de Enrique Ros.

formación», de La Habana, inicia un viaje por varios países de Centro y Sur América para dar a conocer los problemas de Cuba. Su primera escala es Costa Rica donde habla con Luis Alberto Monge y José Figueres. De allí sigue a Panamá y se reúne con dirigentes del Movimiento Demócrata Cristiano. Dice Artime en sus declaraciones: *«Ellos me facilitaron direcciones de periódicos para llevar mis declaraciones».* No muy impresionante cooperación. Aquella organización aún no se había convertido en partido político.

Mientras, se va organizando y fortaleciendo el M.R.R. en la isla.

De Panamá parte para Venezuela, y es recibido por Zapata, del Partido COPEI y por el sector juvenil. *«Ellos me ofrecieron apoyo moral».* Allí conoció a Salvador Romaní *«que me buscó los contactos con la prensa y la televisión»,* eran los días del proceso de Huber Matos». También habló con Juan Bosch. De Caracas siguió a Lima; se entrevistó varias veces con Eudocio Ravines. Siguió a Chile. Y después, a Buenos Aires y a Río de Janeiro. De la capital carioca regresó a México. En su extenso recorrido Manolo Artime se había esforzado en dar a conocer, a través de la prensa, la ya evidente naturaleza totalitaria del régimen castristas. Viaja a Miami para reunirse nuevamente con Lorié y con el recién llegado Michael Yabor. Por ellos conoció que otro oriental, Nino Díaz *«se había unido a nosotros en Oriente y que tenía mucho arrastre por allá y que estaba pidiendo armas para su alzamiento».* Ángel Ros (Guillín) había asumido la coordinación nacional del MRR, ocupando Sotús la coordinación militar y de acción. Rafael Rivas Vázquez era el jefe de propaganda, y Carlos Rodríguez Santana tenía a su cargo aglutinar gente en todas las provincias.

Se está organizando el Congreso Pro-Libertad y Democracia que iba a celebrarse en Caracas en abril de 1960.

Por Justo Carrillo conoce Artime que éste le había enviado mensajes a Felipe Pazos y a Ramón Barquín y que Freddy Gaudie estaba en Europa en esas gestiones. Es a través de Carrillo que conoce a Joaquín Sangenís quien planeaba viajar a México para hablar con Manuel Villafaña, attache militar en México.

Ha habido cambios en la isla. Jorge Sotús ha sido capturado y la coordinación militar pasa a Pepín López, mientras que Aldereguía se hace cargo de la parte de acción. Rodríguez Santana (Carlay) sigue trabajando, como coordinador territorial, en la aglutinación. El Coordinador Nacional seguía siendo Guillín Ros pero las armas no le llegaban a Nino Díaz. Al fin recibe Artime malas noticias: el contacto con el sector norteamericano, Jim, le informa que, en esos momentos, no pueden hacerle llegar armas a Nino Díaz y que éste debe contactar a Guillín para que lo saque de Cuba. Pero no se estableció ese contacto. Entre tanto se recibía una respuesta negativa de Felipe Pazos y Ramón Barquín, pero en Cuba se incorporaba al M.R.R. Oscar Salas.

Es en ese momento que llega Nino Díaz a Miami y establece contacto con Michael Yabor, Ricardo Lorié y Pedro Luis Díaz Lans. Nino había dejado en su lugar a Luis Bueno. Ya iba a comenzar la parte militar y era necesario *«conseguir unos 40 jóvenes que empezaran a recibir un curso de inmediato»,* le informa Jim a Manolo Artime. Comienzan éstos a llegar. Residirán, temporalmente, en 1419 Brickell Avenue.

Hay ya algunas tensiones internas, pero no se ha producido, aún, la división del MRR que serparará a «los comandantes». del grupo que seguirá el liderazgo de Artime.

El 9 de junio de 1960 el Movimiento de Recuperación Revolucionaria publicó su Ideario Político en la ciudad de San José, Costa Rica. Por la Dirección Nacional firmaron Manuel Artime, Comandante Ricardo Lorié, Comandante Antonio Michael Yabor y Comandante Higinio Díaz (Leovigildo Ruiz, «Diario de Una Traición», Cuba, 1960).

Pero ya el próximo mes es de dominio público la división interna del MRR. El 25 de julio (1960) el Movimiento de Recuperación Revolucionaria publicó un manifiesto convocando a los cubanos a integrar sus filas. Como miembros del Comité Ejecutivo firmaron el documento Manuel Artime, José Arriola, Ambrosio González del Valle, Pepita Riera, Roberto Varona García, Luis Bueno, Rafael Rivas Vázquez, Abel de Varona, Herman Koch, Joaquín Sangenís, Manuel Guillot Castellanos y otros. No aparecen las firmas de los «comandantes».

Conocida de todos la división del Movimiento de Recuperación Revolucionaria, los «comandantes». dan también a conocer su posición el 21 de septiembre (1960) en un documento público y un Comité Ejecutivo del MRR que firman los comandantes Antonio Michelle Yabor, Ricardo Lorié Valls e Higinio (Nino) Díaz y varios civiles.

4- VERSIÓN DE BEBO ACOSTA

Bebo Acosta ofrece también su versión sobre la constitución del M.R.R.: «El M.R.R. lo formamos, originalmente, Nino Díaz, Jorge Sotús, Santiago Babún, Rogelio González Corso, Michael Yabur, Ricardo Lorié, Manolo Artime y yo. Carlay se incorpora luego».[51].

«Artime –nos dice Bebo Acosta– organiza a la gente de Oriente y Rogelio a los de La Habana. Luego se le suman los estudiantes: Manolo Salvat, Muller, Fernández Travieso y otros». «Rafael Díaz Hanscom, era Secretario de Inteligencia del M.R.R., no fue fundador de la organización. En ese proceso del crecimiento del M.R.R. pasan a formar parte de la organización algunos miembros de la Agrupación Católica. Por ejemplo, Rogelio trae a Jesús Permuy».

5- UNA CUARTA VERSIÓN

Veamos otra versión sobre la creación en Cuba del M.R.R..

En un documento de diez páginas, sin fecha, ni firma, (aparentemente escrito en Miami en 1962), se afirma que desde mediados del año 59 existían en Cuba dos grupos conspirando contra el régimen de Fidel Castro. Uno de ellos, integrado en su mayoría por estudiantes, particularmente miembros de la Agrupación Católica Universitaria, era dirigido por Manuel Artime. El otro grupo surgió a finales de 1959 integrado, mayormente, por oficiales del Ejército Rebelde. Su primer coordinador lo era el Ex-Comandante Ricardo Lorié que había abandonado el país a fines de la primavera de 1959.

En octubre de 1959 Artime, al renunciar a su posición del INRA, en Manzanillo, celebró varias entrevistas con el representante de Lorié en Cuba que era Ángel Ros Escala (Guillín Ros). Producto de esas entrevistas se produjo una reunión el 6 de noviembre de 1959 en la que se acordó la formación de una organización nacional de lucha contra el régimen de Castro. En la reunión tomaron parte: Manuel Artime, Ángel Ros, Jorge Sotús, Carlos Rodríguez Santana, Carlos Hernández,

---

[51] Entrevista de Orlando (Bebo) Acosta, marzo 8, 1994

Rogelio González Corso y otras personas. De acuerdo a este documento el 12 de diciembre de 1959 se celebró otra reunión en la que se le dio nombre a esa organización como Movimiento de Recuperación Revolucionaria (M.R.R.), asistiendo las siguientes personas: Rogelio González Corso, Jorge Sotús, Carlos Rodríguez Santana, Ángel Ros, Luis Fernández Rocha, Julio Borda, Sergio Sangenís, Rafael Rivas Vázquez y otra persona que había asistido a la reunión anterior. Manuel Artime había abandonado el país en esos días.

En el mes de enero de 1960 se estructuró el Ejecutivo del Movimiento, cuya Dirección Nacional quedaba integrada de la siguiente forma:

Ángel (Guillín) Ros: Secretario General de Cuba

Jorge Sotús: Secretario de Asuntos Militares

Carlos Rodríguez Santana: Coordinación Nacional Territorial

Rogelio González Corso: Secretario de Control y Disciplina

Rafael Rivas Vázquez: Secretario de Propaganda a cargo de tres burós de trabajo:

Joaquín Collado: Propaganda

Alberto Muller y Luis Fernández Rocha: Gestiones Estudiantiles

Arnaldo Aponte, González Mora y José Roldán: Gestiones Profesionales

Quedaba, de acuerdo a este documento que, repito, carece de firmas y fechas, Manuel Artime asignado a cargo de la jefatura en el extranjero y como Delegado de la Organización, en unión de Ricardo Lorié.

Como vemos, de acuerdo a las distintas versiones, el Movimiento de Recuperación Revolucionaria se constituyó, como organización clandestina, en el transcurso del año 1959.

6- VERSIÓN DE EMILIO MARTÍNEZ VENEGAS

«Igual que todo el grupo de la Agrupación Católica que estábamos contra Batista teníamos una vinculación con Manolo Artime, los que fuimos a la Sierra también la tuvimos con Sorí Marín, del Ministerio de Agricultura. Rogelio estaba allí de Director y nos empezamos a dar cuenta que las razones por las que Sorí Marín había pedido refuerzos a la Sierra era que Fidel Castro estaba siendo influenciado por los comunistas y había que balancear esa

influencia con personas de formación no comunista, como era la nuestra, comprendimos ya que aquello estaba tomando un curso hacia la izquierda».[52].

Artime permanecía en Manzanillo con los Comandos Rurales y Martínez Venegas estaba por el Ministerio de Agricultura con Rogelio. Emilio era interventor de la Asociación de Cosecheros de papas. *«El intervenido se llevaba bien conmigo. La sede estaba en La Habana. Los cosecheros estaban en una asociación y yo no sé por qué se ordenó intervenirla. Los cosecheros estaban cooperando al extremo que se hizo una feria en el Vedado».*

«En Oriente, Manolo se dió cuenta que había que empezar a organizarse y allí todo comenzó. Hubo contacto con el grupo de Guillín Ros y Nino Díaz. Jorge Sotús era el principal contacto que teníamos en ese grupo y con Guillín. Y así surgió la idea de una «Recuperación Revolucionaria». Hubo una reunión en casa de uno de los agrupados, en la Coronela. Con este grupo estaban Sotús y Guillín Ros. Pudiera haber estado Lorié pero no lo recuerdo».

Empezó lo de buscar personas para los campamentos. Comenzaron a repartir papeles de crítica al gobierno. *«Yo estaba en lo de reclutar gente –nos dice Emilio Martínez Venegas–. Una de mis tareas era ir a la embajada americana ver a una persona determinada que era la que nos daba las visas. Era una etapa muy organizativa. Con Guillín Ros nos reuníamos a veces en su casa. Era Guillín el que mantenía la representación del otro grupo. No era fácil porque teníamos dos formas distintas de actuar pero nos coordinamos. Luego vino la división. Yo tenía 22 años».*

«El grupo nuestro que era más bien de estudiantes y de la Agrupación tenía grandes recelos de que se colaran gentes o infiltrados. Empezamos a organizar el movimiento con la participación de ellos... después, en octubre de 1959, Manolo se retiró de los Comandos Rurales. Allí estaba Fernández Planas, que estaba muy vinculado al grupo nuestro. Artime se puso clandestino y vino la cosa de como sacarlo de Cuba. Estuvo escondido en la iglesia de la Quinta Avenida y Miramar. Vino con Roberto Varona y Batea Hernández. Batea lo acompañó en el viaje que hizo por América Latina».

---

[52] Entrevista del autor con Emilio Martínez Venegas.

7- VERSIÓN DE LUIS FERNÁNDEZ ROCHA

«Todo empezó a principios del año 60. Algunos habíamos sido electos a posiciones de dirigencia en la FEU. Y el MRR se había constituido. La génesis del MRR sale de un grupo que funda –yo no fui parte de eso– la Legión de Acción Revolucionaria. Después se funda el MRR».

«Los que realmente son los primeros en formar el MRR son Artime, Rogelio González Corso, Rafael Rivas Vázquez, Emilio Martínez Venegas. La idea de crear el Directorio surge antes de noviembre de 1960. Yo recuerdo a Manolito Salvat y Ernestico, fuera de Cuba en una reunión en que estaba Enrique Casuso».[53]

8- CONSTITUCIÓN DEL MOVIMIENTO DEMÓCRATA CRISTIANO (MDC)

«El primer paso de la formación del Movimiento Demócrata Cristiano se dió en 1959. Había un grupo pequeño de personas que se reunían durante el gobierno de Batista: Melchor Gastón, Manolo Suárez Carreño y tres o cuatro más; Amalio Fiallo iba algunas veces. Nos reuníamos en la oficina de Suárez Carreño o en la oficina de Melchor Gastón; de vez en cuando fue Ángel Fernández Varela. Participaban algunos que habían estado en lo de Liberación Radical. Le ofrecí la presidencia a Amalio pero Amalio no quiso aceptarla».[54].

A fines de septiembre o principios de octubre Valentín Arenas y José Ignacio Rasco, como abogados, fueron al Gobierno Provincial de La Habana e inscribieron el Movimiento Demócrata Cristiano como una asociación cívica.

Luego de inscribir el Movimiento en La Habana, Laureano Batista y Rasco hicieron un recorrido por toda la isla.

«Entonces en octubre del 59 nos fuimos a Lima, al Primer Congreso de la Democracia Cristiana en América Latina y allí ya yo aparecía como presidente y dimos como constituido el Movimiento Demócrata Cristiano de Cuba».

Después de ir a Perú siguieron a Chile.

---

[53] Entrevista de Luis Fernández Rocha con el autor.
[54] José Ignacio Rasco en entrevista con el autor. Octubre 7, 2005.

«Seguimos a Chile, iba con nosotros también Enrique Villarreal porque Frei, en Lima, nos había invitado a ir a Chile».

En el viaje por la isla llegaron a Guantánamo y a Santiago y en Santiago se entrevistaron con Monseñor Pérez Serantes y, a través de él, con José Fernández Badué. *«Contactamos a Pepín Ceñal que, en aquel momento, no quiso incorporarse al MDC; pero también vimos a José Antonio Cubeñas que era el alcalde de Manzanillo. Vimos a Laureano Garrote, en Santiago; en Camaguey a Fritz Appel. Laureano Batista ingresa en el Movimiento Demócrata Cristiano ya en el exilio, no en Cuba».*

Ya para entonces Lundy Aguilar estaba integrado en el MDC. Formaban parte del MDC Público Benigno Galnares, Manolín Guillot, Segundo Miranda; Blanca Rodríguez, también Bergolla que trabajaba en la oficina de Manolo Suárez Carreño; Ana y Marta Villarreal; Rogelio Helú, Estela Rasco, Dámaso Pasalodos, Amanda Ros y muchos más.

«Valentín Arenas y yo pedimos una entrevista con los obispos de Cuba y nos acompañó, aunque no era aún obispo, Monseñor Boza Masvidal. El obispo de Matanzas era Martín Villaverde. Vimos también al Obispo de Pinar del Río. Pero aún tenían confianza en el gobierno».

«En Bohemia había salido un editorial apoyando a los obispos cubanos que habían respaldado la reforma agraria y cuando yo voy a Palacio para hacer alguna gestión, Fidel me ve y sale con la Bohemia en la mano diciéndome, muerto de risa, «Mira, Rasco, los obispos están respaldando nuestra Reforma Agraria».

«Una vez fui a Palacio con motivo de la Ley 11, que invalidaba todos los títulos emitidos por la Universidad de Villanueva. Íbamos un grupo de 15 ó 20 con Monseñor Boza que era Rector de la Universidad pero yo llego como una hora antes y conversando con Fidel éste se burla de Rufo López Fresquet por «los ridículos adjetivos en las crónicas sociales». y, en eso viene el Ché Guevara y Guevara le dice: «Oye Fidel, que problema me has buscado con el capitancito Rodríguez. Tú lo has mandado a prender y ese es un muchacho que estuvo con nosotros en la Sierra». Y Fidel agarra al Ché por el cuello de su chamarreta y le dice: «Ché, no seas comemierda ¿tú no te das

cuenta que ése era el más anticomunista que teníamos en las filas nuestras?». Y Guevara le responde: «Bueno, Fidel, pero las cosas no hay que hacerlas tan así. Hay que hacerlas poco a poco». «Bueno, resuelve eso del Capitán Rodríguez. O lo fusilas, o lo mandas al exilio o lo haces que se pudra en La Cabaña». Guevara tomó la decisión de sacarlo del país. Al llegar el Capitán Rodríguez al Aeropuerto de La Guardia en Nueva York se pegó un tiro. Antes había escrito una carta –creo que alguien se la escribió porque Rodríguez era semianalfabeto– explicando por qué se mataba».

9- PLANTEAMIENTO DEL MDC AL GOBIERNO REVOLUCIONARIO

Desde su creación el MDC había mantenido una firme actitud ante el régimen castrista. El 9 de marzo de 1960 el Movimiento Demócrata Cristiano demanda del gobierno *«elecciones libres y honradas, como único camino que permitirá la consolidación definitiva de todas las conquistas revolucionarias».* No hubo respuesta al serio y razonado documento. El borrador de aquel documento fue discutido por los dirigentes de la organización y, luego, con destacadas figuras del partido COPEI de Venezuela.

Varias semanas habían transcurrido entre la redacción del documento y su planeada publicación. Existía una honda preocupación en algunos dirigentes de la institución sobre las consecuencias que para ellos –en sus profesiones, en su vida diaria– pudiera tener la divulgación del mismo. La publicación del documento calzada con las firmas de todos los dirigentes del MDC podría conllevar para ellos sanciones de todo tipo, incluyendo el riesgo de su privación de libertad.

Se plantearon tres alternativas. La primera fue la de publicar el enjuiciamiento con la firma de todos los dirigentes que lo habían aprobado. La segunda, la de publicarlo tan solo con la firma del Presidente del MDC haciendo constar que el MDC dejaba de funcionar y, de hecho, cesar toda actividad como grupo. La tercera opción fue la de publicarla con la firma de Rasco y, días después dar a conocer otro documento, aún más severo, indicando que el MDC cesaba en sus actividades. Pero una estructura clandestina entraría a funcionar tan pronto fuese publicado ese segundo documento. Esta última proposición fue la aprobada con un solo cambio: Enrique Villarreal, Secretario General del MDC, también firmaría el primer enjuiciamiento. Fue el propio Villarreal quien así lo solicitó.

La publicación de este señalamiento de la Democracia Cristiana Cubana, forzó a mantenerse oculto a José Ignacio Rasco y Enrique Villarreal.

Cuatro miembros del MDC Público, Enrique Ros, Manuel Guillot, Segundo Miranda y Rafael Bergolla quedaron responsabilizados con estructurar el aparato clandestino de la organización, correspondiéndole al primero la Coordinación Nacional del Movimiento.

Ros tenía amplia experiencia en la actividad clandestina. Durante muchos meses le había ofrecido refugio a una conocida figura política del régimen depuesto[55] y había asistido a los grupos universitarios en su lucha por defender la autonomía universitaria. En febrero de aquel año, cuando el incidente de Anastas Mikoyán frente a la estatua de José Martí en el Parque Central, Ros había establecido contacto con los líderes universitarios que organizaron aquel acto y a quienes ofreció una casa de seguridad.

El 13 de abril se hace público el pronunciamiento del Movimiento Demócrata Cristiano:

«El Movimiento Demócrata Cristiano considera un deber ineludible fijar su punto de vista respecto al momento actual y su orientación en cuanto al futuro», más adelante afirmaba, *«La democracia y la libertad son conceptos precisos y bien definidos en las instituciones de un Estado de Derecho, al que ineludiblemente la Revolución debe ir, cuanto antes mejor, por ser uno de sus objetivos primarios y una de las más apremiantes necesidades para su consolidación y estabilidad».*

Se emplaza al gobierno a ponerle fin a su provisionalidad:

«El Movimiento Demócrata Cristiano le pide formalmente al Gobierno Revolucionario que fije ya el término de su provisionalidad y al hacerlo piensa tanto en el porvenir de la vida nacional que, nece-

---

[55] Dr. Antonio Alonso Ávila, sublíder cameral del Partido Acción Progresista, el principal grupo político que respaldaba al gobierno del Presidente Fulgencio Batista. Alonso Ávila había sido también Sub-Secretario de Hacienda.

sariamente, ha de ordenarse por los cauces de un régimen democrático permanente, como en la salud y estabilidad de la ciudadanía».

Pide el Movimiento Demócrata Cristiano la vigencia total de un régimen constitucional *«sin adulteracione». y el señalamiento de la fecha de futuras elecciones. En otras palabras, el restablecimiento total de la Constitución de 1940».*

En uno de sus últimos párrafos hace una enérgica denuncia de la penetración de la extrema izquierda: *«No cabe duda que los comunistas avanzan a paso de carga y todos sabemos hasta donde pueden llegar si no se les detiene. Advertimos a la opinión pública de este peligro porque la República puede llegar a verse traicionada por quienes en todas las situaciones solo perciben su propio fin».*

La reacción del gobierno no se hace esperar. En distintas comparecencias radiales sus voceros califican al MDC de ser un organismo contrarrevolucionario al servicio de intereses anti-cubanos. Los dirigentes democristianos prudentemente tratan de distanciarse de la decisión tomada por Rasco pero reafirman con vigor el derecho de la organización a discrepar y *«a señalar lo que estimamos facetas negativas de algunas proyecciones del gobierno».* Firman el documento Luis Aguilar León, Carlos Busot, J. Manuel Guillot, Valentín Arenas, Rogelio Helú y Manuel J. Hidalgo.

Cesa, así, la actividad pública del Movimiento Demócrata Cristiano.

10- EL MDC CLANDESTINO

Asilados ya Rasco y Villarreal, el Coordinador Nacional del MDC Clandestino, Enrique Ros, junto con Segundo Miranda, que asume la posición de Sub-Coordinador Nacional, Guillot y Bergolla, intensifica su actividad para incorporar a otras figuras en todas las provincias y de distintos sectores.

De inmediato el MDC Clandestino comenzó editando periódicamente «Boletines", su primer órgano de publicidad que se repartía entre maestros, contadores, abogados y otros sectores; lo editaba en el mimeógrafo adquirido por Mario López Callejas y en el apartamento alquilado en Miramar.

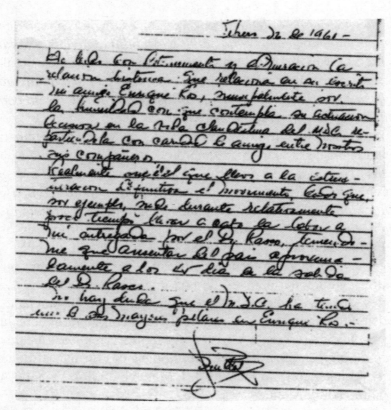

TESTIMONIO DE MANUEL GUILLOT CASTELLANOS

Febrero 26 de 1961

He leído con detenimiento y admiración la relación histórica que relaciona en su escrito mi amigo Enrique Ros, principalmente por la humildad con que contempla su actuación decisiva en la vida clandestina del M.D.C., repartiéndola con caridad de amigo entre sus compañeros.

Relamente fue él el que llevó a la estructuración definitiva el Movimiento, dado que, por ejemplo, pude durante relativamente poco tiempo llevar a cabo la labor a mi entregada por el Dr. Rasco, teniéndome que ausentar del país aproximadamente a los 45 días de la salida del Dr. rasco.

No hay duda que el M.D.C. ha tenido uno de sus mayores pilares en Enrique Ros.

Manuel Guillot

(Manolito Guillot morirá fusilado el 30 de agosto de 1962)

Una de las primeras tareas de la Coordinación Nacional fue la de vertebrar la Sección Estudiantil del Movimiento. En aquel momento los estudiantes se encontraban unidos, más o menos efectivamente, al S.A.C. (Salve a Cuba), a la Triple A y al M.R.R. y no existía en la Universidad de La Habana, ni en la de Villanueva, una Sección Demócrata Cristiana. Se entrevista el Coordinador Nacional con Johnny Clark, Mario López Callejas, Lilia Groso, Alberto Muller, J. Petit, July Hernández y otros. Y éste último se hizo cargo de la dirección nacional estudiantil. July Hernández recién había conocido a José Ignacio Rasco en una visita a casa de Ros días antes del asilo de Rasco.

De inmediato, mientras se esperaba el receso oficial del MDC Público, se comenzaron a designar responsables estudiantiles en cada facultad y en cada centro de enseñanza y se imprimieron –en el mimeógrafo obtenido por López Callejas– cientos de panfletos alertando al estudiantado a defender su autonomía universitaria. Un eficiente compañero de esa etapa fue Conrado (Fermín) Gómez quien se hizo cargo de la distribución de la propaganda clandestina.

En La Habana el centro de actividad se ha desplazado del antiguo local del MDC Público en 9 y J en El Vedado, a los cuarteles de la incipiente organización clandestina[56].

Se unen a la Sección Estudiantil José M. Díaz Silveira –que luego llegará a ser Presidente de la Juventud Demócrata Cristiana de Cuba– J. Petit Cardoso, José A. Marcos (Marquitos), Clarita de León, Enrique Chao, Eduardo Arias, Armando Martínez, Lilia Groso, Luis Mart?ínez, Sixto Calvo, Isabel Pérez y otros.

Se establecieron contactos con el Padre Testé, el Padre Villaverde, Monseñor Boza Masvidal y otras figuras de la Iglesia Católica.

A través de July Hernández, Coordinador Nacional Estudiantil del MDC, se mantiene contacto permanente con los otros grupos universitarios. Era July la persona más indicada para hacerse cargo de aquella actividad:

---

[56] «La casa de Ros -recuerda años después Bergolla- era el punto diario de reunión cuando se fue a la clandestinidad. Allí estaba el cuartel general». En forma similar se expresa Lucas: «En aquella casa siempre había un paquete de gente. No había una casa en toda La Habana con mayor actividad».

«Yo mantenía contacto con un pequeño grupo que empezó a organizarse en la universidad alrededor de unos cuantos amigos relacionados mayormente por vínculos de la Acción Católica del colegio. En mi caso, de Guanabacoa, y cuando se me dio la responsabilidad de constituir la Sección Estudiantil del MDC esos muchachos fueron de los primeros en incorporarse».

«El grupito fue creciendo, sobre todo después de la circular de los obispos del año 60. Se habían hecho varios intentos a finales del año 59 pero fue a principios del 60 que estructuramos toda la juventud del MDC a través de toda la isla». recuerda July Hernández[57].

Pasa primero por Cienfuegos. Sigue a Camaguey y contacta al Dr.Ramón Boza. *«Donde más creció la democracia cristiana fue en Camaguey, y lo hizo a través de la figura de Boza. Luego pasamos a Oriente, a casa de Laureano Garrote, y allí conocí a Jorge Mas Canosa y a Pepín Fernández Badué que, tiempo después, habrá de sustituirte en la Coordinación Nacional del Movimiento».*

Fue importante el trabajo realizado por July en la provincia oriental. *«El trabajo que se hizo en la casa de Vista Alegre, de Laureanito Garrote, fue un trabajo fuerte porque vinieron de la Acción Católica de la provincia muchos muchachos combativos. Yo diría que Camaguey y Oriente fueron los que mejor se estructuraron».*

11- MANOLO GUILLOT Y SEGUNDO MIRANDA PILARES DEL MDC CLANDESTINO

De los valiosos militantes que participaron en el movimiento clandestino o en la Brigada 2506, pocos arriesgaron sus vidas en ambas actividades. Uno de ellos es Segundo (Frank) Miranda. Lo expresa así el Sub Coordinador Nacional del Movimiento Demócrata Cristiano, uno de los expedicionarios de la Brigada 2506 que desembarcara en Playa Girón:

«Yo tengo la dualidad de haber estado dentro de la Democracia Cristiana y, después, en el exilio de participar de la Brigada 2506, pero los recuerdos que yo tengo de la clandestinidad, de como se formó esa clandestinidad, como se sacrificaron los hombres, el

---

[57] Entrevista del autor con July Hernández, febrero 5, 2005.

Coordinador Nacional del MDC, y dirigentes como Rafael Bergolla y decenas de hombres que lo dieron todo, me hacen respetarlos hoy aún mucho más». [58].

«Me inicié dentro de la Democracia Cristiana a fines del año 59 a través de Manolito Guillot con quien compartía mi oficina de Corredor de Aduana en el edificio de la Lonja de Comercio. Recuerdo que una noche, la noche del 24 de diciembre del 59, fuimos a la Misa de Gallo en la Iglesia de Arroyo Arenas y Manolito me dice que la Democracia Cristiana iba a tomar otro camino, que definitivamente pasaría de la parte pública a la clandestinidad y que él (en aquel momento yo estaba recién casado y tenía una hija) no quería que yo participara en esa nueva etapa por lo peligroso y los problemas que vendrían. Pero yo le dije que, de todas maneras, con él o sin él, yo iba a meterme y que era mejor que nosotros, que nos conocíamos tan estrechamente, siguiéramos ya juntos. Y así lo empezamos a hacer» [59].

«En aquel preciso momento no estaba aún vertebrado el clandestinaje dentro de las filas del Movimiento Demócrata Cristiano pero, transcurridas varias semanas, Guillot me llevó a conocer la persona que, como Coordinador Nacional, estaría al frente del movimiento clandestino. No me mencionó su nombre, como era lógico, y nos dirigimos a ver esa persona en el Nuevo Vedado que resultó ser la casa de Enrique Ros que era quien dirigiría la operación clandestina».

Continúa Segundo Miranda –que llegará a ser el Sub-Coordinador Nacional del Movimiento Demócrata Cristiano– su narración:

«A partir de ese momento empezamos ya a coordinar algunas cosas. Fueron días de completa dedicación, días de 25 horas. Manolito, con ese gran coraje a que nos tenía acostumbrados, continuó escribiendo sus cartas, ya famosas, a los diarios en las que hacía las más severas críticas al régimen. Llegó a complicarse tanto su situación que tuvo que esconderse. Éramos, entonces, una pequeña célula».

Una de las primeras tareas que se le asignó a Segundo (Frank) Miranda fue la de ser el contacto con la Embajada Americana. Mi contacto, recuerda Frank, *«era un gran señor, Mr. Wechard, un hombre excepcional, un hombre que realmente sentía la causa de los*

---

[58] Entrevista de Segundo (Frank) Miranda con el autor, abril 6, 2005.
[59] Entrevista de Segundo Miranda con el autor, abril 6, 2005.

cubanos. Continuamos los planes organizativos. Se nos unió René Luis Pelli, como responsable de los profesionales, y July Hernández que se hizo cargo de organizar la Sección Estudiantil».

12- LOS ESTUDIANTES CHILENOS

En los primeros días de junio, y a través igualmente del Sub-Coordinador Nacional del MDC Segundo Miranda (Frank), se estableció contacto con un grupo de estudiantes chilenos que de regreso a su patria, procedentes de los Estados Unidos, estaban visitando La Habana bajo estrecha supervisión del régimen. La atención del continente se había fijado en ese grupo de estudiantes desde que, en los primeros días de marzo de 1960 en Santiago de Chile, habían hecho entrega al Presidente Eisenhower de un documento en que analizaban la política de los Estados Unidos hacia América Latina. Invitados por el Presidente Norteamericano a visitar los Estados Unidos, estaban ahora de paso por La Habana en su regreso a Chile. Durante dos meses y medio Patricio Fernández, Santiago Munita, Alejandro Fonley y los otros jóvenes chilenos habían captado el interés de la prensa internacional y, ahora, eran huéspedes del Gobierno Revolucionario.

El presidente Osvaldo Dorticós, en extensa carta de abril 10 –y ampliamente desplegada en la edición del periódico Revolución de abril 12– interfiere en el intercambio epistolar del mandatario norteamericano y los estudiantes chilenos. Expresaba Dorticós que *«en Cuba hay una democracia efectiva, con la participación real del pueblo en la edificación de su propio destino».* Calificando de «intervencionista». la carta del Presidente Eisenhower invitaba Dorticós a los estudiantes suramericanos a visitar Cuba para «conocer la realidad cubana». A eso venían los universitarios chilenos.

Era esencial para la ya pujante organización clandestina democristiana poderles hacer ver la verdadera realidad de la situación cubana.

El Presidente Eisenhower había sido víctima de varios actos de hostilidad en su viaje al Cono Sur y a la región del Caribe en febrero y marzo de ese año. Los estudiantes chilenos no participaron en las manifestaciones de violencia sino que le presentaron al mandatario norteamericano una extensa carta analizando los problemas existentes en la América hispana y solidarizándose con la revolución cubana.

Patricio Fernández, Presidente de la Federación de Estudiantes de Chile, en su carta al Presidente Eisenhower afirmaba que el sistema interamericano se basaba en establecer de una forma jurídicamente obligatoria la solidaridad de destino de América Latina con los Estados Unidos. Consideraba que era un sistema que descansaba en compromisos aceptados por los más débiles en favor del más fuerte. De los pobres en favor del rico. Era una repetición de los argumentos enarbolados en toda conferencia o encuentro hemisférico. Pero el documento, que en esos días tuvo tanta repercusión en Hispanoamérica, se refería también al problema cubano y expresaba, como era habitual, que *«la intervención norteamericana en Cuba no sólo sería un crimen, sino una inmensa estupidez».*

Una de las secciones de la carta entregada a Eisenhower se titulaba «Revolución y Autodeterminación en Cuba». La trama estaba orquestada pues, al día siguiente, la confrontación se tornaba violenta en Montevideo donde se produjo una lucha entre estudiantees y miembros de la fuerza pública que custodiaban la seguridad del Presidente Norteamericano. Esta vez, los estudiantes no entregaban documentos; tiraban piedras al Presidente Eisenhower y a su comitiva cuando éstos pasaban en automóviles descubiertos hacia la Casa de Gobierno.

En artículo publicado en Bohemia, Jorge Mañach, que aún no se había percatado del tinte totalitario que ya cubría al gobierno revolucionario, expresaba su sorpresa porque los periódicos *«al menos los que hablan por la Revolución, no hayan reproducido la carta que los estudiantes chilenos dirigieron al Presidente Eisenhower».* El filósofo y pensador cubano calificaba la misiva *«de un documento admirablemente maduro».* Fue, pues, Mañach quien, en el propio mes de marzo, había traído a la palestra pública cubana esa carta a la que tanta importancia se le concedió en Latinoamérica.

13- SU VISITA A CUBA

En mayo, cuando los universitarios chilenos respondieron –ahora en un documento público– la carta que el Presidente Dorticós les había enviado invitándolos a visitar Cuba, era obvio que el gobierno trataría de sacar el mayor provecho de esta conveniente visita para mostrarles el mejor rostro de la Revolución cubana. La Sección Estudiantil del MDC se preparó para ofrecerles una clara imagen de las medidas opresivas a que estaba siendo sometido el pueblo cubano.

Rompiendo la estrecha vigilancia, Frank Miranda, July Hernández y otros pudieron establecer contacto con Patricio Fernández, Presidente de la Federación Estudiantil y con otros de los jóvenes chilenos e informarlos de las continuas violaciones a la autonomía universitaria, de la intimidación ejercida en las últimas elecciones de la FEU, de la violencia desatada por los provocadores castristas en la Colina Universitaria y de la falta de garantías en toda la nación.

El primer cambio de impresiones se realizó a las 48 horas de su llegada en el propio hotel Habana Riviera donde se estaban hospedando. Fue José Venegas, Secretario de Relaciones Exteriores de la FEU quien interrumpió, junto con Carlos Olivares, el intercambio de ideas de July y Frank con los jóvenes chilenos.

Dos días después, antes de iniciarse la conferencia de prensa que tenían anunciada, Frank Miranda y July Hernández pudieron hacerles entrega del documento que los estudiantes habían solicitado y que se había preparado para ellos.

14- COMO LO RECUERDA SEGUNDO (FRANK) MIRANDA

«Se redacta una carta a los estudiantes chilenos exponiendo la realidad de lo que estaba pasando en Cuba. July maneja muy bien la carta que es apoyada por toda la dirección del grupo universitario de la Democracia Cristiana y se acordó que él y yo fuéramos a entregarla a los chilenos, que recuerdo que la ex-esposa de un gran amigo Jorge Marquet estaba de Gerente General, y ella me da un pitazo porque estaba la guardia de seguridad y si ese día, en ese momento, hubiéramos entregado la carta, hubiéramos caído presos».

«Empezamos a dar vueltas y notamos que uno de los estudiantes que resultó ser el que representaba la Comisión de Estudiantes, Patricio Fernández, se separa y va al baño. En ese momento July y yo lo seguimos, yo cierro la puerta, hablamos con él, le entregamos la carta y después nos citamos para el día siguiente. Al siguiente día

Segundo (Frank) Miranda, uno de los principales organizadores del aparato clandestino del Movimiento Demócrata Cristiano. Partirá luego a los campamentos y será uno de los expedicionarios de la Brigada 2506 que desmbacará en Playa Girón.

tuvimos una reunión con él, conversamos, y de inmediato se convirtió en noticia. Se le dió a esa carta mucha publicidad en Latinoamérica. Eso fue, yo creo, una de las cosas que les empezó a abrir los ojos a gran parte del estudiantado en Latinoamérica».

15- S.A.C. (SALVAR A CUBA)

Muchos jóvenes que habían participado activamente en la resistencia cívica frente al gobierno de Batista se van agrupando en una

85

incipiente organización que recibirá el nombre de S.A.C. (Salvar A Cuba). Forman las células iniciales Octavio Barroso, Pablo Palmieri, Tito Rodríguez Oltmans, Virgilio y Néstor Campanería, Ana María Castro, Ángela Cartún, Félix Oliva, Alfonso Villarao, Juan Castillo y muchos más.

Unos militaron antes en el Movimiento 26 de Julio, otros en el también recién creado M.R.R.; los más, sin previa militancia en organización alguna.

Pablo Palmieri había sido miembro del 26 de Julio. Fue uno de los organizadores de la huelga del 9 de abril. *«Mi primer distanciamiento con el gobierno fue cuando siendo Control de Tráfico Aéreo esas oficinas fueron ocupadas por comunistas algunos de los cuales yo los había invitado a participar en la huelga y a luchar contra el gobierno de Batista y se habían negado».*[60]. En los primeros meses del gobierno revolucionario, Palmieri era cadete de la Fuerza Aérea. *«Cuando lo de Huber Matos yo me dí de baja».*

Un titulado «Comité Revolucionario». trató de destituir la dirigencia del Colegio de Controladores del tráfico aéreo sustituyendo a la dirigencia que presidía Alfonso Villarao.

Alfonso Villarao, que era piloto, conspiraba con el grupo de los comandantes que llegarían a formar parte del M.R.R. Cuando se produjo la división del M.R.R., Villarao se quedó con el grupo de los «comandantes»: Lorié, Yabor y Nino Díaz.

Octavio Barroso es de los fundadores de S.A.C. Luego, con Rafael Díaz Hanscom y otros valiosos combatientes, integrará las filas de Unidad Revolucionaria. A sus actividades, su enjuiciamiento y muerte nos referiremos ampliamente en próximo capítulo.

Otro de los que se va a integrar en SAC, proveniente de actividades revolucionarias contra el gobierno de Batista es Tito Rodríguez Oltmans quien estuvo vinculado al Directorio Revolucionario 13 de Marzo pero, decepcionado del rumbo que tomaba la Revolución por la que él había luchado, se une a Félix Oliva, y, a través de él, a Octavio Barroso, Pablo Palmieri, Buttari, Virgilio Campanería y otros; junto con ellos, fundarán el SAC. Rodríguez Oltmans había

---

[60] Entrevista de Pablo Palmieri con el autor.

tenido antes contacto con miembros del Movimiento de Rescate Democrático (MRD) algunos de cuyos militantes estuvieron envueltos en lo que Castro calificó de «Conspiración Trujillista». y a la que nos referimos en el primer capítulo de este libro.

«Yo ayudé a Balbino Díaz Balboa que fue el que le hizo el atentado a Pardo Llada y que había salido absuelto en la causa de los trujillistas. El atentado iba a ser contra Rolando Cubela y lo realizarían Rosendo, que era del SAC y Prendes».[61].

Del SAC Rodríguez Oltmans pasará a Unidad Revolucionaria de la que es Coordinador Nacional Rafael Díaz Hanscom. Al caer éste preso el 18 de marzo la Coordinación Nacional pasa a Octavio Barroso que era el Coordinador de Acción y Sabotaje; esa posición la asume ahora Pablo Palmieri, y al ser éste arrestado asumirá ese cargo Tito Rodríguez Oltmans. Cuando en marzo de 1961 descienden infiltrados, en paracaídas, en Camaguey, Emilio Adolfo Rivero Caro, Adolfo Mendoza y Jorge García Rubio serán Barroso, Palmieri y Tito los que los recogerán en la finca de José Pujal en Camaguey y los traerán a La Habana. A esta operación nos referiremos en próximos capítulos.

Juan Castillo estaba conspirando. Su situación se hacía difícil y sus compañeros hicieron intentos de sacarlo del país. Pertenecía a las fuerzas armadas que, inesperadamente, lo enviaron a México a tomar un curso de fumigación. Allí constituyó la primera célula del S.A.C. en el país vecino. Palmieri, junto con Barroso y otros fundadores del S.A.C., pasará pronto a una nueva organización, Unidad Revolucionaria que ha constituido Rafael Díaz Hanscom, quien, hasta ese momento, era importante dirigente del M.R.R.

En el SAC trabajaba también Josefina Barbeiro, *«una muchacha ejemplar, que ayudó a salir al Gordo Salvat; por sus actividades la llevaron presa a la cárcel de mujeres de Guanabacoa. Le hicieron horrores. En el exilio me la encontré años después pero me dijo que no quería recordar nada de todo lo que había pasado».*[62].

---

[61] Entrevista del autor con Tito Rodríguez Oltmans, enero 12, 2005.
[62] Entrevista de Néstor Campanería con el autor.

Antonio (Tony) Sowers comienza a relacionarse con jóvenes de la Agrupación Católica: con Alberto Muller, con Ernestico Fernández Travieso. Tony era compañero de estudios de Virgilio Campanería en Villanueva pero no formó parte del SAC. Estuvo laborando con el Frente Revolucionario Democrático pero fue, realmente, ayudando a su hermano Alberto quien, en aquel momento no estaba en el M.R.R. sino en otra organización del Frente. Tony no pertenecía a ninguna organización pero estaba en contacto con los jóvenes de la universidad. Tenía en aquel momento 17 años. El 17 de abril lo sorprende en su casa y sus dos hermanos (Alberto y Eduardo) tienen que ausentarse de sus hogares.

«Mis hermanos tuvieron que ir a esconderse en distintos lugares. Uno de ellos en una finca».

16- LA TRIPLE A

Otros grupos se han ido organizando en la isla. Uno de ellos, activo antes en la lucha contra el gobierno de Batista, lo dirige Aureliano Sánchez Arango. Ha funcionado, desde los primeros meses del triunfo de la Revolución, en dos frentes distintos. La labor pública, y abierta confrontación al régimen, la están llevando a cabo Anastasio Martínez, por la provincia de Pinar del Río; Javier de la Vega, Leopoldo Morffi y Fernando Melo Fontanils en La Habana; Mario Villar por Matanzas; Roberto Calderín en Las Villas; Ernesto Botifoll, en Camaguey y Vicente Portuondo por Oriente. Junto a ellos, Miguel Zahonet, Ágeda Valdés, Agustín Capó, Julio Moré Felipe Donante, José R. Morel, Rolando Piñeda, Ramón Iglesias Vasallo, Jorge González y otros.

El aparato clandestino de la Triple A estaba dirigido por dos viejos revolucionarios, ambos ya fallecidos. El primero, Mario Escoto, que utilizaba el nombre de guerra de Tony. El segundo, Pepe Utrera, de vieja y reconocida presencia en las actividades revolucionarias y que había militado en las filas del Partido Comunista del que se había desvinculado años atrás[63].

---

[63] La unidad de la Triple A se quebró en septiembre de 1960, muy poco después que el Frente Revolucionario Democrático (FRD) optase por la designación de un Coordinador General y que fuese electo para esa posición Manuel Antonio de Varona.

17- EL MOVIMIENTO 30 DE NOVIEMBRE

El Movimiento 30 de Noviembre surge como consecuencia de la imposición, por Fidel Castro, de una dirigencia obrera en el X Congreso de la CTC en noviembre de 1959.

Aquel X Congreso había estado presidido por Conrado Bécquer, Conrado Rodríguez y Juan Taquechel. Junto a ellos aparecían figuras internacionales como Vicente Lombardo Toledano, Secretario General de la Confederación de Trabajadores de América Latina (CTAL), Antonio Acuña de la ORIT y otros representantes de la Federación Sindical Mundial (FSM).

Ocupaba la Secretaría General de la CTC, David Salvador.

El X Congreso señalaría la liquidación de la independencia que hasta ese momento, y a través de distintos gobiernos, había gozado el movimiento sindical cubano.

Cerca de 3,200 delegados participaron de aquel congreso. La votación primera mostró una arrolladora mayoría de los candidatos no comunistas. Para impedir aquel evidente resultado concurriría Fidel Castro esa misma noche a la sede del Congreso para que se respaldara una candidatura «de unidad». que le daba una mayor participación a dirigentes comunistas. David Salvador, aunque seguía ocupando la Secretaría General de la CTC, quedaba marginado.

Quedó sembrada la semilla que produciría el Movimiento 30 de Noviembre.

En los primeros meses de 1960, entre los que formarán aquel Movimiento se encuentran el propio David Salvador; Luis Moreno, prestigioso dirigente de los tabaqueros, que había formado parte de la Comisión Organizadora del X Congreso; Carlos Rodríguez Quesada; Hiram González; Jesús Brito; Jesús Fernández, Jaime Vega; Valle Galindo (ayudante del Comandante Juan Almeida); Gabriel Hernández Custodio; Luis Nibo, que había sido oficial del Ejército Rebelde; y Carlos Manuel Delgado. Aquel grupo designa a David Salvador como Coordinador Nacional y a Carlos Rodríguez Quesada como Organizador Nacional, quien habrá de viajar al interior del país para estructurar el Movimiento. La coordinación militar de la incipiente organización le corresponderá primero a Hiram

González[64] y luego a Jaime Vega, pasando Hiram a Jefe Nacional de Acción y Sabotaje.

La representación estudiantil la ostenta, junto a otros, Ricardo Vázquez que funcionará primero en Las Villas y luego en La Habana. Participará también en la labor clandestina Arturo González que va a ocupar la posición de Secretario de Abastecimiento.

«La primera reunión que tuvimos para crear el Movimiento 30 de Noviembre[65] el primero de mayo de 1960 fue con David Salvador, Manolo Ray, Richard Heredia, que luego fue Coordinador Nacional de la Juventud y gobernador de Oriente; Carlos Rodríguez Quesada, Hiram González se haría cargo de la cosa militar. Esa fue la reunión inicial. Luego hicimos otra con dirigentes de «plantas eléctricas». donde estuvieron William Le Santé, Orlidio Méndez, Piro Casielles, Armando Rodríguez Vizcaíno y otros. Con Vizcaíno, yo trabajaba en el departamento de Le Santé y meses después, pusimos las bombas", nos dice Jesús Fernández.

«Manolo Ray era un profesional como lo eran también muchos de los que lo acompañaban a él y todos tenían gran interés en hablar con nosotros que representábamos el sector obrero. Luego al 30 de Noviembre ingresaron varios profesionales y, sobre todo, algunos médicos».

Ya desde aquel primero de mayo de 1960 Jesús Fernández actuaba como dirigente del «30 de Noviembre». *«El 30 de noviembre de 1960 pusimos 14 bombas para dejar a oscuras La Habana».* William Le Santé conocía los soterrados de plantas eléctricas porque ese era su trabajo. Por eso pudo colocar bombas en los 14 puntos que dejaría sin electricidad a una amplia zona de La Habana. *«Yo conduje, nos dice Jesús Fernández, a Le Santé a esos puntos».*

Sobre el Movimiento 30 de Noviembre no tenía el Departamento de Seguridad del Estado en las etapas iniciales de aquella organización, detalles muy precisos.

---

[64] Hiram González, antiguo Teniente del Ejército Rebelde, había pertenecido muy joven al 26 de Julio. Fue de los primeros en incorporarse a la nueva organización.

[65] El nombre 30 de Noviembre se tomó para honrar la memoria de Frank País, el dirigente máximo y natural del Movimiento 26 de Julio que había muerto ese día en el año 1956, días antes de que Castro desembarcara en el Gramma.

El movimiento 30 de Noviembre surge como rechazo de la imposición por Fidel Castro de una dirigencia obrera en el X Congreso de la CTC en noviembre de 1959. En su lucha frontal contra el régimen se destacará, por su militante actuación, Javier Denis que caerá gravemente herido en un alzamiento en la Sierra Maestra.

Así lo vemos en el informe levantado por Seguridad del Estado en que se expresa lo siguiente:

«Uno de los gestores de esta organización... lo fue... David Salvador, actualmente detenido. Tras éste, el «30 de Noviembre». tuvo a varios dirigentes más como... Amauri Fraginal, junto al Dr. Anderson, que fue sucedido por otro individuo conocido por Dr. Castillo, hasta que, por último, quedó como Coordinador Nacional del Movimiento 30 de Noviembre un ciudadano nombrado Pedro Forcades Conesa, quien desde su llegada a la jefatura de esa organización contrarrevolucionaria, tuviera a su mando la misma en sus distintas actividades conspirativas que llegaron, desde la colocación de numerosísimas bombas en La Habana y otras localidades del interior de la república, el sabotaje de la tienda por departamentos El Encanto y otros centros de trabajo».[66].

Se avecina para este grupo su prueba de fuego: El Congreso de los Trabajadores de la Construcción en el que Castro señaló el nuevo papel de un dirigente sindical:

«Ahora el líder no es el que viene a demandar, no es el que viene a agitar demandas. Ahora el líder tiene el duro papel de pararse en una tribuna a decir...demandas, no!. Líder sindical es el que elige ahora aumento de la producción! Aumento de esfuerzos!».

Este Congreso tuvo especial importancia porque le costó a David Salvador perder la Secretaría General de la CTC. Por protestar sobre los planteamientos del Congreso y la amañada elección de su Secretario General, Carlos Rodríguez Quesada fue inhabilitado por 20 años para participar en labores sindicales[67]. El gobierno quiere imponer al movimiento obrero la nueva *«filosofía revolucionaria»*. La CTC sería el *«instrumento idóneo en el adoctrinamiento revolucionario de los trabajadores y de las masas».* según expresaba el 9 de junio Jesús Soto, Secretario de Organización de la CTC.

---

[66] Fabián Escalante. «The Secret War", Ocean Press, New York, 2004.
[67] Carlos Rodríguez Quesada saldrá de Cuba asaltando un barco camaronero en Dupont, Matanzas, el 24 de febrero de 1961. Vendrá junto a Luis Moreno, José Romero Sotolongo y Roberto Armas. La salida la organiza Arturo González.

Jesús Fernández, uno de los delegados que participaron en el *«Congreso de los Melones»*, era dirigente de la Federación de Plantas Eléctricas. Antes había sido delegado del Presidente Urrutia.

Junto con varios valiosos compañeros toma parte en una temeraria acción, ya mencionada: el apagón de La Habana el 30 de noviembre de 1960. Lo realizan William Le Sante, que morirá fusilado, Orlirio Méndez, Julio Casielles, Armando Rodríguez Vizcaíno, Jesús Fernández, Bebo Arnao, y Juan Francisco Collado. El 6 de diciembre puede Jesús Fernández conseguir un barco y salir clandestinamente de Cuba. Viene con Frank Alabau Trelles, hasta entonces miembro del Tribunal Supremo de Justicia, Bebo Arnao y otros. Estarían perdidos por 9 días hasta que el 15 de diciembre arriban a Miami.

Es octubre el mes en que regresa a Cuba Luis Torroella[68] y dos meses después morirán ante el paredón William Le Sante, Julio Casielles Amigó y Orlirio Méndez Pérez.

El jueves 1º de diciembre de 1960 el periódico Revolución ignora el apagón de la noche anterior en la ciudad de La Habana. Su primera plana destaca el recibimiento del *«líder del gran pueblo Chino Mao Tse Tung». al Comandante Ernesto Guevara, Presidente del Banco Nacional de Cuba en demostración de amistad entre la República Popular China, el Gobierno Revolucionario y el Pueblo de Cuba».* La otra noticia es *«los honores de héroe que tributa el pueblo al Comandante Piti Fajardo».*

El apagón había coincidido con la muerte del Comandante de las Fuerzas Armadas Revolucionarias Piti Fajardo, jefe de las operaciones en el Escambray. Enterrado con los más altos honores militares, su muerte originó la *«Primera Limpia».* que se inició el primero de enero de 1961.

El Comandante Fajardo había muerto al ser alcanzado por un disparo –dice la prensa oficial– *«originado en la intersección de las*

---

[68]Luis Torroella, joven profesional, de formación religiosa, educado en los Estados Unidos, residía en Santiago de Cuba. Fue pronto acusado de organizar y coordinar «las bandas contrarrevolucionarias que operaban en la provincia de Oriente». Será pronto arrestado, juzgado y fusilado. Nos referiremos a esta mártir de la causa democrática cubana en próximos capítulos.

carreteras de Trinidad y Tope de Collantes a donde se había trasladado en cumplimiento de su deber».

Pocos meses después el Movimiento 30 de Noviembre se alza en la Sierra Maestra. Uno de los dirigentes del alzamiento es Javier Denis que cae mal herido. Veamos el testimonio de una de sus compañeras de lucha:

«Regresamos a Santiago porque teníamos noticias de que Javier Denis había sido herido en el alzamiento y estaba en el hospital. Cuando llegamos nos encontramos que tenía una escolta en la puerta. Pudimos verlo por unos breves minutos; estaba en una cama, paralítico. Javier nos contó que cuando sintió que lo habían herido pero no pudo moverse porque los tiros le interesaron los pulmones y la columna vertebral, quedando paralizado. Lo dieron por muerto y no lo recogieron con los heridos, sino que lo dejaron con los cadáveres. Allí pasó la noche, inmóvil, mientras las ratas le comían la parte de la pierna sin siquiera poder espantarlas. Al día siguiente lo encontraron y lo arrestaron. Eventualmente salió. Es un hombre excepcional. Su valor es incalculable. Es un hombre lindo de espíritu, lleno de amor a su patria. Después de largos años logró caminar de nuevo. (Mary Martínez Ibarra, de la Sección Juvenil del 30 de Noviembre. «Todo lo dieron por Cuba»).

Condenada a 20 años, Mary Martínez sufrió cárcel por la delación de Manolo Hevia, sobrino de Carlos Hevia una figura respetable en la historia de Cuba.

18- MOVIMIENTO DEMÓCRATA MARTIANO

Bernardo Corrales había combatido al gobierno de Batista y al triunfo de la Revolución formó parte del Ejército Rebelde con el grado de capitán. Como muchos jóvenes de su generación pronto se percató del rumbo que tomaba aquel gobierno en el que tanta ilusión había depositado. Su inconformidad se hizo manifiesta. Junto con otros jóvenes que habían servido en el Ejército Rebelde, en el llano, no en la Sierra, y con algunos civiles fundan, en la clandestinidad, el Movimiento Demócrata Martiano cuyo primer Coordinador Nacional será Ramón González, padre del combatiente Raúl González Jerez.

Muchos jóvenes se van incorporando a aquel movimiento. Uno de ellos, Ángel de Fana, quien recién salido de la adolescencia sintió simpatía hacia los hombres que, como Bernardo Corrales, se enfrentaban al gobierno de Batista, aunque no militaba en ninguna organización. Su tío, dirigente sindical de la industria del calzado, militaba en el Movimiento 26 de Julio y se enfrentaría a grupos comunistas defendiendo la posición de David Salvador en el X Congreso Obrero de 1959. La presión, militar y política, que Castro ejerció sobre el sec-

Fundado por el Capitán Bernardo Corrales con jóvenes procedentes de una de la secciones del MRR, el Movimiento Demócrata Martiano se convirtió pronto en una de las más aguerridas organización que enfrentaron al régimen castrista. En la foto, Ángel de Fana que, junto con Ramón González, Armando Ardaín, Jesús Silva y otros, fué una de los principales dirigentes de aquella organización.

tor obrero, en el que también Ángel se desenvolvía, le hizo comprender a éste que la Revolución en la que durante unos pocos meses había confiado era una falacia. Comenzará para Ángel de Fana su activa militancia en una organización revolucionaria. Veámosla en sus propias palabras.

«Ya en esta situación viene a verme mi amigo Armando Ardain que militaba en el Movimiento Demócrata Martiano –un movimiento que venía de las raíces de la fracción del MRR que dirigían «los comandantes»–, que habían formado Bernardo Corrales, el Gallego Méndez, que era un dirigente sindical, y en el que militaban Jesús Silva y Peralta (el Nino) que encabezaba el grupo de acción al que yo me vinculé. Lo que hacíamos en aquella época era sabotaje».

«Una de las primeras acciones en que yo participo –cuando Bernardo Corrales había hecho la carta denuncia–, era una proclama contra Castro y la infiltración comunista. Y vamos al cine Atlas en Luyanó y cuando los de nuestro grupo que estaban sentados arriba en el cine lanzaron un coctel Molotov nosotros lanzamos las proclamas y aquello hizo que terminara la función pero ninguno caímos presos (uno de los que había tirado los cocteles Molotov en la parte de arriba era el propio Bernardo Corrales)».

«Luego pusimos algunas bombas, más de ruido que mortíferas; una en el Hilton. Me senté con el Niño y otro en la barra, al lado nuestro habían varios oficiales del Ejército Rebelde con los que estuvimos conversando. Yo me levanté en un momento, fui al baño, dejé allí una petaca y regresé a seguir conversando. A los pocos minutos explotó aquella bomba con un ruido enorme, salieron disparados los oficiales que no sospecharon que era yo quien la había colocado. Era una petaca de hacer ruido, no tenía metralla. Otra acción iba a ser cuando estrenaron el night club Balalaika, en la Rampa. Íbamos a colocar allí también otra petaca explosiva pero consideramos que había mucha gente y podía producir heridos al salir la gente precipitadamente y no la pusimos. (Eso fue a fines del 60). Eso lo hicimos Armandito Ardaín y yo».

Al día siguiente –recuerda de Fana– había un baile en el Club San Carlos, que estaba en Correa entre San Leonardo y Serrano, en Santos Suárez, del que Ángel era directivo. Fué con Adolfo Herrera quien puso la bomba en el baño y se acabó el baile. Los llevan como sospechosos a la Oncena Estación pero los directivos del San Carlos, de cuya directiva de Fana formaba parte, fueron allí a hablar en su favor. Un teniente que estaba allí, les dijo al poco rato, *«ustedes pueden irse».* Supo luego, tiempo después, que aquel teniente estaba conspirando y fue luego fusilado.

«Después de esa etapa, en enero del 61, uno de los dirigentes del movimiento era Dick Freser, que había caído preso, y Jesús Silva. Una noche el grupo nuestro de Santos Suárez nos dividimos en varios grupos y pusimos ese tipo de bomba en distintos lugares, en los Comités de Defensa y en comercios de gente que sabíamos que formaba parte del gobierno. Cuando caen presos esos compañeros, incluyendo Bernardo Corrales[69], me llaman y me pasan de la Sección de Acción en que yo participaba para hacerme cargo de la sección de finanzas del movimiento; entonces dejé la sección de acción y me convertí en parte de la Dirección Nacional».

«Nosotros ayudábamos a los alzados de Matanzas y de Guines; les conseguíamos armamentos, medicinas. Una de las cosas que se hacía para ayudarlos, porque a fines del 60 estaban desprovistos de muchas cosas. Teníamos un representante en el exilio que era Diego Paneque, que se portó muy mal con nosotros, nunca nos envió nada».

---

[69] Al triunfo de la Revolución, luego de dirigir la toma de la Quinta Estación de la Policía en la ciudad de La Habana, fue despojado de su jefatura y enviado a Bahía Honda, al conocerse su posición anticomunista. Allí creó el Bloque de Combatientes, paso previo a la fundación del Movimiento Demócrata Martiano. En los primeros meses de 1961 Corrales está alzado en la cordillera de los Órganos, en Pinar del Río. Su contacto con el movimiento clandestino será Doris Delgado «Japón». Meses después Doris, que utiliza dos nombres de guerra, es detenida.

En el juicio en la Cabaña, en la Causa 538 del 61 que llamaron de «Unidad». porque incluyeron gente de varios grupos de acción: el MRR, el MRP y otros, condenaron a 30 años a Dora Delgado como «La Japonesa». Ese día, en Pinar del Río, la condenaron en ausencia a 20 años, identificada en aquella provincia como «Gina».

Tomás Fernández Travieso y Alberto Muller a los pocos días de llegar a Miami después de salir del presidio político en Cuba. A la derecha Juan Manuel Salvat.

Dirigentes del Directorio Revolucionario Estudiantil (DRE) con el autor de este libro,Enrique Ros, en Miami. De izquierda a derecha: Juan Manuel Salvat, Enrique Ros, P. Ernesto Fernández-Travieso, S.J. y Alberto Muller.

CAPÍTULO III
PASOS QUE CONDUJERON A LA FORMACIÓN DEL DIRECTORIO REVOLUCIONARIO ESTUDIANTIL (DRE)

1- PUGNA POR LA PRESIDENCIA DE LA FEU

El primero de enero de 1959 había triunfado la Revolución. Aquel mismo mes, militares del Directorio Revolucionario 13 de Marzo tomaban la universidad que había estado cerrada desde el 30 de noviembre de 1956.

Surgió, de inmediato, una pugna por la Presidencia de la Federación Estudiantil Universitaria (FEU) entre Elvira Díaz Vallina, Presidente de la Escuela de Pedagogía y miembro del M-26-7 y José Puente Blanco, Presidente de la Escuela de Derecho y militante del Directorio Revolucionario 13 de Marzo. El Consejo Universitario, a espaldas del estudiantado, se pronunció a favor de Puente Blanco.

Los estudiantes de la universidad, liderados por el Presidente de la Escuela de Ingeniería, Pedro Luis Boitel, impugnan aquella decisión. Plantean que se realicen elecciones libres, sin presión oficial alguna a celebrarse en septiembre de 1959 en todas y cada una de las trece escuelas. Ante este planteamiento el gobierno de Castro mostró una actitud de enfado. El Comandante Raúl Castro cita al Campamento Militar de Columbia a los dirigentes de cada escuela universitaria que respaldaban la candidatura de Pedro Luis Boitel, muchos de ellos representantes de la sección estudiantil anticomunista del Movimiento 26 de Julio. Con Raúl Castro se encontraban el Comandante José Piñeiro, el Capitán Osmani Cienfuegos, el Ministro de Edicación Armando Hart, el Director del Periódico Revolución, Carlos Franqui y el aspirante a la Presidencia de la FEU, Comandante Rolando Cubela, Sub-Secretario de Gobernación.

El planteamiento que Raúl Castro y su comitiva presentan a los seguidores de Pedro Luis Boitel era sencillo. Aceptar una candidatura única bajo la presidencia del Comandante Rolando Cubela. Por supuesto, la imposición no fue aceptada. Continúan las presiones. El Jefe de la Policía Nacional, Comandante Efigenio Ameijeiras, de nebulosos antecedentes incriminatorios, y el Capitán Manuel Carbonell, entran en el recinto universitario con gritos en favor de la candidatura de Cubela, al tanto que el Ministro de Agricultura, Comandante Pedro Miret, cita a su despacho a Boitel y a varios de sus partidarios para, primero insultarlos y, luego, insulto mayor, ofrecerles posiciones burocráticas para que dejen sus aspiraciones.

El día de las elecciones el propio Fidel Castro cita a Boitel para la redacción del periódico Revolución conminándolo a que renuncie a su aspiración, al tiempo que por las emisoras de radio, controladas por el gobierno, se propala, falsamente, la renuncia de Boitel a la Presidencia de la FEU. El estudiantado no se dejó engañar y concurre, masivamente, a sus respectivas escuelas a depositar su voto.

Ante aquella presión gubernamental se divulgan dos importantes documentos: una Declaración de Principios del Frente Nacional Democrático (Triple A) y un artículo en el periódico «Trinchera». firmado por Juan M. Salvat. Tres días después de celebradas las elecciones se da a conocer *«la victoria».* de la candidatura del Comandante Rolando Cubela que incomprensiblemente, había tenido el respaldo de algunos jóvenes que, seguramente, no conocían el sometimiento de Cubela a Fidel Castro[70].

En aquellas elecciones de Cubela frente a Boitel, Muller y Salvat respaldaron la candidatura de Cubela. *«Nosotros* −nos dice Manolo Salvat− *apoyamos a Cubela en aquel momento porque pensábamos que Pedro Luis, por ser del Movimiento 26 de Julio era el hombre de Castro frente a Cubela que era del Directorio Revolucionario».* Salvat sale electo Vice-Secretario de la Escuela de Ciencias Sociales; Luis Boza, Presi-

---

[70] Cuando Ernesto Ché Guevara, al frente de la Columna Ocho, llega a Las Villas, se encontraban alzados en aquella provincia hombres del Directorio Revolucionario 13 de Marzo que, hasta ese momento, actuaban con total independencia de Castro y del Movimiento 26 de Julio. En octubre de 1958 a espaldas de los que en Las Villas combatían, firma el Pacto de El Pedrero: por el Movimiento 26 de Julio! el Comandante Ernesto Ché Guevara y, por el Directorio Revolucionario 13 de Marzo, el Comandante Rolando Cubela. En el pacto hacen constar «la plena identificación que existe en la lucha contra la tiranía... y que es propósito de ambos movimientos mantener una perfecta coordinación». Desde ese entonces Cubela no sería más que una figura siempre utilizable por Castro. Para mayor información sobre «el Pacto de El Pedrero». ver «Ernesto Ché Guevara: Mito y Realidad», del autor.

dente de la Escuela de Ciencias; Juan Rodríguez Jomolca, Secretario General de la Escuela de Arquitectura, Alberto Muller en Derecho, Nelson Amaro en Filosofía, Dámaso Oliva en Pedagogía, Luis Fernández Rocha en Medicina, Joaquín Pérez en Agronomía; Alejandro González, Presidente de la Escuela de Veterinaria y otros más. *«Éramos un grupo de jóvenes de inspiración cristiana».*[71].

Posición distinta asume otro joven estudiante. Rafael García-Toledo había militado en el Directorio Revolucionario 13 de Marzo en la lucha contra el gobierno de Batista. Después del primero de enero de 1959 García-Toledo se envuelve en la pugna que surge por la presidencia de la FEU y, aunque proviene del Directorio Revolucionario, Rafael respalda la candidatura de Pedro Luis Boitel. Cuando Boitel renuncia a su aspiración, García-Toledo presenta también su renuncia a la posición que ocupaba en aquella candidatura.

Posteriormente ingresa en el MRR y comparte con Máximo Díaz –conocido como Pepe Iglesias en las filas de la organización clandestina en Cuba– la Delegación del MRR en Venezuela. Poco después será un factor importante en las operaciones que el MRR realizará desde la República Dominicana a las que nos referimos más adelante.

Han pasado cuatro meses del «triunfo». de Cubela cuando se producen los incidentes del Parque Central y la convocatoria, muy pocas veces destacada, de una asamblea general. En la Escuela de Ciencias Sociales se acordó la separación de sus cargos de Manolo Salvat, como Vice-Secretario General y de Ernesto Fernández Travieso como director del periódico universitario «Manicato».[72], órgano oficial de los estudiantes de aquella escuela. *«Manicato». fue un esfuerzo ecuménico. Colaboraba un muchacho protestante excelente y dos hermanas que les llamábamos «las consulitas». Esther y Lea, porque eran hijas del Cónsul de Israel, de apellido Kaplan. Estaba también Ady*

---

[71] Entrevista del autor con Manolo Salvat, junio 6, 2005.

[72] El periódico que había comenzado a circular con el nombre de «Manicato", como órgano oficial de la Escuela de Ciencias Sociales, que fue el utilizado por los dirigentes estudiantiles de la generación del 30 en la lucha contra el gobierno de Machado, luego de los sucesos del Parque Central, Cubela prohibió que «estos elementos contrarrevolucionarios». usaran ese nombre. Por eso tuvo que cambiarse a «Aldabonazo».

Pino», informa Fernández Travieso al autor en una de sus entrevistas. Acusando falsamente a Fernández Travieso de haber lanzado una estopa encendida a la oficina de la FEU, fue agredido por una turba en presencia de dirigentes de la FEU cuando fue defendido por los estudiantes Manuel Villanueva, Alfredo González (Baracoa) y otros. Eran los días en que al terminarse el Segundo Congreso Pro-Libertad y Democracia en Maracay, Venezuela, se agredía en el Aeropuerto de Rancho Boyeros a Aureliano Sánchez Arango.

2- LOS SUCESOS DEL PARQUE CENTRAL

Se hacía evidente para muchos la creciente influencia soviética sobre el gobierno de Castro que abiertamente se manifestaba en la Exposición Industrial que se presentaba en el Museo de Bellas Artes a pocas cuadras del Parque Central y con la visita del Vicepremier ruso Anastas Mikoyán que al llegar a La Habana depositó una corona con el emblema de la hoz y el martillo frente a la estatua de José Martí.

Esta provocativa afrenta provocó la reacción de los estudiantes cubanos que con Alberto Muller, Juan M. Salvat, Ernesto Fernández Travieso y otros muchos arrancaron la corona soviética y trataron de colocar una ofrenda con la bandera cubana.

La acción de los universitarios cubanos motivó una violenta reacción de la policía castrista que golpearon y arrastraron a muchos de los manifestantes.

Mientras los jóvenes estudiantes eran golpeados y detenidos por retirar la corona que ante la estatua de Martí depositara Anastas Mikoyán[73], los presidentes de las Corporaciones Económicas le rendían al Vice-Ministro soviético un homenaje en el Hotel Habana Rivera,

---

[73] Tras ser agredidos por la policía son detenidos varios estudiantes. El primero, Fernando Trespalacios Martínez que fue herido y atendido en el primer Centro de Socorros; René Pérez; José Antonio Ramy, José Enrique Álvarez, Jesús Permuy, Francisco Bernardino, Juan Koch, Guillermo Otón, Mario García y Armando Viego, todos de la Universidad de La Habana; y Ernesto Jiménez, Francisco Haded, Sergio Álvarez, Francisco Uriarte, Pedro González y la joven Julia Díaz, de la Universidad Católica de Villanueva. Antonio García Crews es señalado como estudiante de ambas universidades. Habían sido arrestados, también, Alberto Muller y Manolo Salvat. En la protesta frente a la estatua de Martí, en el Parque Central, participan también muchachas universitarias: Isabelita Alonso, Lula Santos, Gladys Abella, María Elena Rivero, Rosalina González Anleo y otras.

organizado por los presidentes de la Cámara de Comercio, Federación Nacional de la Industria Minera, el Presidente de la Asociación Nacional de Hacendados, el Presidente de la Asociación Nacional de Colonos, el Presidente de la Asociación Nacional de Industriales y otros representantes de las clases económicas[74].

Varios meses después aquellos jóvenes universitarios, junto a otros muchos que se van incorporando a la lucha contra el régimen constituirán el Directorio Revolucionario Estudiantil. Veamos los pasos que van a recorrerse.

3- FRENTE ESTUDIANTIL UNIVERSITARIO

Los estudiantes se han ido agrupando como Secciones Estudiantiles en las distintas organizaciones que se van constituyendo. Así, se irán incorporando jóvenes en la Sección Estudiantil del M.R.R.; otros formarán la Sección Estudiantil del MDC; la de Rescate, la de la Triple A; pero actúan separadamente. Será necesario reagruparlas dentro de una sola organización. Se hacía evidente que la misma labor de aglutinación debía realizarse con las organizaciones que, hasta ese momento, se mantienen distantes las unas de las otras.

La Sección Estudiantil del M.R.R. va creciendo los primeros meses del año 60. La Coordinación Nacional del Movimiento la ocupa Guillín Ros, pasa luego a Rogelio González Corso. Éste, de inmediato, pide a otro estudiante, a Jesús Permuy, que se ocupara de organizar 7 de las 13 escuelas de la Universidad de La Habana. Más adelante lo responsabilizan con la organización de las trece escuelas. Es en ese momento en que se decide separar del M.R.R. todo lo que fuese juventud estudiantil y pasarla al Directorio Revolucionario Estudiantil. *«Entonces es que me piden que yo pase a la Dirección Nacional del M.R.R., pero yo prefería trabajar con los estudiantes. Tuvimos serias discusiones pero finalmente pasé a la nacional y me convertí en Secretario Nacional de Seguridad del M.R.R.»*[75].

La Coordinación Nacional estaba compuesta por Rogelio, Lino Fernández (Ojeda), Pedrito Blanco, en Abastecimiento; Alfredo

---

[74]José Duarte Oropesa, Historiología Cubana, Página 193.
[75] Conversación de Jesús Permuy con Enrique Ros, febrero 22, 2005.

Quesada (Mala Cara), en Acción; Félix Romañach, Jajaja y Bebo Acosta[76].

Ya para el mes de abril –luego de las conversaciones iniciadas en el Segundo Congreso Pro Democracia y Libertad celebrado en Maracay– se han sentado las bases para agrupar a los movimientos que en Cuba luchan separadamente. Conociendo de aquellas gestiones, que aún no han cristalizado, Manolo Salvat publica, bajo su firma como Secretario General, el 2 de mayo, un documento del Frente Estudiantil Universitario Democrático.

La denuncia dice en una de sus partes:

«.En estos momentos trabajamos en la labor organizativa de nuestros cuadros. No queríamos producir nuevas declaraciones hasta estar perfectamente organizados y haber publicado nuestra Declaración de Principios. Pero los hechos se repiten y es necesario alertar a los estudiantes y al pueblo para prepararlos en la lucha que se hace necesaria».

«Sabemos darlo todo en defensa de la moral y la dignidad universitaria. Sabemos que un día amanecerá la justicia tan alta como las palmas cubanas. Por Cuba, por la Universidad, por los ideales de nuestros mártires».

Dentro de pocas semanas los estudiantes están de nuevo en la universidad para, a nombre de aquella nueva organización –el Frente Estudiantil Universitario Democrático– seguir luchando *«por el imperio absoluto de los principios de justicia, libertad y democracia».* y oponerse a las coacciones que quieren imponer. Rolando Cubela, Presidente de la FEU y el Comandante Ángel Quevedo, Secretario General.

Pertenecía Cubela al «Directorio Revolucionario 13 de Marzo». y ocupaba el cargo de Sub-Secretario del Ministerio de Gobernación. Ángel Quevedo, siempre opacado por Cubela, se limitaba a repetir las consignas del Presidente de la FEU que, a su vez, venían dictadas por los Castro.

---

[76] Pronto a Lino se le designa para que coordine el abastecimiento con los hombres del Escambray y Permuy pasa a ser Coordinador Civil. Después, al caer preso el 18 de marzo Rogelio González Corso, pasará Permuy a ocupar la Coordinación Nacional del M.R.R.

Ese paso inicial de unidad lo dan los estudiantes al crear el Frente Estudiantil Universitario Democrático. Han protestado por los injustos atropellos cometidos contra Luis Conte Agüero a quien le impiden comparecer en su programa de televisión de la CMQ y del acosamiento al periódico «Diario de la Marina». que tan corajudamente se enfrentaba, publicando la «Carta a Castro». de Manolito Guillot[77] en la que se emplazaba al Primer Ministro *a que defina, de una vez por todas, los destinos de Cuba».* porque *«el problema del comunismo y el justificado anticomunismo está dividiendo a las familias, a los amigos, a las agrupaciones, a la Revolución, a Cuba».* Ni los que mucho han perdido ni los que nunca han tenido bienes materiales que perder *«están dispuestos a perder algo intangible...nuestra moral cristiana».* No era la primera vez que Guillot criticaba públicamente al gobierno. Será su amigo y compañero Enrique Ros quien lleva al periódico aquella carta[78].

Son los días en que en la Universidad de La Habana se convoca por Rolando Cubela una asamblea que va a exigir la expulsión de Manolo Salvat, Alberto Muller, Tulio Díaz y otros estudiantes. Días después el periódico Diario de la Marina da a conocer, en su primera página, el documento en que el Movimiendo Demócrata Cristiano fija su posición contra el gobierno de Castro y publica el rotativo la impugnación que hace la Sección Universitaria del Frente Nacional Democrático Triple A del anteproyecto general de los estatutos de reforma universitaria calificándolo de*«insuficiente y reaccionario».* que lleva la firma de Emilio Llufrío, Secretario General y Julio Sánchez, Secretario de Cultura. A su vez la Comisión Estudiantil Nacional Auténtica condena a la FEU, presidida por los comandantes Cubela y Quevedo, por sus ataques a destacadas figuras que habían asistido al Congreso Pro-Democracia y Libertad recién celebrado en Caracas.

Este Frente Estudiantil fue precursor, por unas pocas semanas, del Frente Revolucionario Democrático Estudiantil, que, a su vez, meses después se convirtió en el Directorio Revolucionario Estudiantil.

---

[77] Marzo 25, 1960.

[78] Ya antes, el 6 de febrero (1960) ha publicado el Diario de la Marina otra de las cartas de Manolín Guillot condenando la agresión de la Policía Revolucionaria a los jóvenes estudiantes en el acto de desagravio a José Martí en el Parque Central.

4- CREACIÓN DEL FRENTE REVOLUCIONARIO DEMO-CRÁTICO (FRD)

En el mes de abril de 1960 se celebra en Maracay, Venezuela, como antes dijimos, el Segundo Congreso Interamericano Pro-Democracia y Libertad. Asistirán a ese imporante congreso las figuras más destacadas de la América Latina: Rómulo Betancourt, José Figueres, Carlos Llera Restrepo, Eduardo Frei Montalva, Galo Plaza, Víctor Paz Estenssoro, Rafael Caldera, Salvador Allende y otras personalidades de la América Latina.

También ha asistido un grupo de prestigiosos cubanos: Manuel Antonio de Varona, Aureliano Sánchez Arango, José Ignacio Rasco, Mario Llerena, Jorge Zayas, Justo Carrillo, Andrés Vargas Gómez y otros[79].

A su regreso a los Estados Unidos estas personalidades cubanas a las que se le incorporan Pedro Martínez Fraga y Ricardo Lorié, se reúnen en Nueva York con el norteamericano, Frank Bender, asistido por Willard Carr que hablaba español con gran fluidez[80].

En estas reuniones se fijaron las bases sobre las que descansarían las relaciones entre el gobierno norteamericano y las fuerzas opositoras al régimen de Castro. Estas bases pueden resumirse así:

El gobierno de Washington delega en la Agencia Central de Inteligencia (CIA), representada exclusivamente por Frank Bender (Gerry Droller), los poderes necesarios para llevar a efecto la cooperación prometida a los revolucionarios anticastristas.

Los participantes cubanos deberán crear un organismo central que tendría a su cargo la **preparación, dirección y realización** de la guerra contra el régimen de Castro[81].

---

[79] Manuel Artime, de viaje por Sur América dando a conocer el desvío de la Revolución Cubana, no asistirá a este Congreso pero mantendrá estrecho contacto con los líderes cubanos que participan en el trascendente evento.

[80] «Antes del Congreso Pro-Libertad y Democracia, Aureliano, Justo, Tony, Artime y yo nos habíamos reunido en La Habana en Línea y G, en El Jardín, ya habíamos hablado con gente de la CIA y luego nos volvimos a reunir en Jacksonville; en ésta no estuvo Artime porque estaba en viaje por Sur América. Estuvo en esa reunión Andrés Vargas Gómez y Pedro Martínez Fraga. Fue allí donde redactamos el documentos que se llamó «Pacto de Caballeros». que presentó Pedro Martínez Fraga». Entrevista de José Ignacio Rasco con el autor.

[81] Pedro Martínez Fraga «Examen de las Relaciones del Gobierno de Estados Unidos con el Consejo Revolucionario Cubano", noviembre 24, 1961.

El 6 y el 9 de junio de 1960 Pedro Martínez Fraga envía a Frank Bender dos memorándums; el primero titulado «Un Acuerdo de Caballeros». delineando las bases convenidas *inspiradas por el deseo de salvar a Cuba y a las Américas del muy real peligro comunista». y el segundo, «Algunas Observaciones»,* amplía los mismos conceptos. Éstos fueron respondidos por Bender el 16 del propio mes de junio de 1960.

Es decir, que quedó establecido desde un principio que el organismo creado por cubanos tendría a su cargo **la preparación, dirección y realización** de la guerra contra el régimen de Castro; desafortunadamente, no se cumplió aquel compromiso.

Ya había quedado, así, constituido una organización que habrá de recibir el nombre de **Frente Revolucionario Democrático (FRD)** que incluiría a los cinco movimientos organizados en la isla que actuaban, hasta ese momento, separadamente. Era esencial integrarlos a ese Frente.

Una mañana recibe Enrique Ros, Coordinador Nacional del MDC, instrucciones de viajar con urgencia a Miami.

Sale hacia allá el 13 de mayo. Habla con Rasco quien le da detalles de lo que se ha conversado en Caracas y en Nueva York y sobre la formación del FRD. Lo cita después Tony Varona que se interesa en conocer detalles de la lucha clandestina en la isla. Se entrevista, también separadamente, con Artime, Aureliano y Carrillo. No conoce Ros, hasta ese momento, el propósito de aquel viaje y de aquellas entrevistas. Al día siguiente queda enterado de los planes trazados en Estados Unidos. Los altos dirigentes le informan que han acordado proponerle a Ros que regrese a Cuba para coordinar, dentro del Frente Revolucionario Democrático, las organizaciones que ellos representan. Ros acepta y le ofrecen el nombre de guerra, la contraseña y el contacto del responsable nacional de cada una de aquellas organizaciones.

Regresa a la isla al día siguiente, mayo 15, y comienza de inmediato los contactos. Se entrevista primero con Francisco (Rogelio González Corso). Luego con Lomberto Díaz que está al frente de Rescate Revolucionario. Después con Eneas de la Organización

Montecristi. Más tarde con Tony (Mario Escoto) y Pepe Utrera, responsables de la Organización Triple A de Aureliano Sánchez Arango.

El 31 de mayo se produce la primera reunión de los coordinadores nacionales de las organizaciones que van a constituir en Cuba el Frente Revolucionario Democrático.

Se designa a Enrique Ros (Emilio) Coordinador Nacional del FRD en la isla. A Rogelio González Corso (Francisco) –que acaba de reemplazar a Guillín Ros en la dirección del M.R.R.– como Coordinador Militar del FRD. Las demás funciones se distribuyen entre los coordinadores nacionales de la Triple A, Montecristi y Rescate.

5- ¿QUÉ HABÍA MOTIVADO A LOS ESTADOS UNIDOS CALORIZAR UNA ORGANIZACIÓN COMO EL FRENTE REVOLUCIONARIO DEMOCRÁTICO?

La respuesta a esta interrogación la encontramos en el *«Grupo Especial»*. compuesto de funcionarios del Departamento de Estado, Pentágono, CIA y la Casa Blanca que se reunía periódicamente en 1960 para estudiar acciones que pudieran tomarse en el *«Caso Cuba»*.

Aquel grupo, conocido como Comité 5412, estudiaba ese año el **Programa de Acción Encubierta Contra el Régimen de Castro** que había sido aprobado por el Presidente Eisenhower el 17 de marzo de 1960. El Programa se basaba en la Resolución NSC 5412 que Allen Dulles, Director de la CIA, habrá de describir como uno de los documentos más secretos del gobierno de los Estados Unidos[82].

El Programa de Acción Encubierta Contra el Régimen de Castro constaba de cuatro partes o componentes, y constituía –sin que en esos momentos lo conocieran con claridad los dirigentes cubanos– la cartilla por la que se regirían *«los amigos»*. u oficiales de la CIA.

Los cuatro elementos eran:

a) La creación de una oposición a Castro unida, responsable, localizada fuera de Cuba.

b) El despliegue de una poderosa propaganda contra el régimen.

c) La creación de una organización activa dentro de Cuba que respondiera a la oposición en el exilio.

---

[82] Memorándum de abril 23, 1961 de la Comisión Taylor que tuvo a su cargo el estudio de las causas que motivaron la derrota de Playa Girón.

d) El desarrollo de una fuerza paramilitar, fuera de Cuba, para una futura lucha guerrillera.

Fue, ésta, la labor encomendada al Frente Revolucionario Democrático[83].

6- CREACIÓN DEL FRD ESTUDIANTIL

Son los primeros meses de 1960. Un grupo de estudiantes forman parte de las secciones estudiantiles de distintas organizaciones y, en junio, integrarán éstas el FRD Estudiantil[84]. Es ésta, repetimos, la simiente de lo que se convertirá en el Directorio Revolucionario Estudiantil (DRE) en noviembre de aquel año 1960. Nos referiremos a esta etapa en próximas páginas.

Redactado por July Hernández se elabora un llamado al estudiantado cubano que es firmado por las siguientes agrupaciones: Sección Estudiantil del Autenticismo Revolucionario (Abstencionista); Sección Estudiantil del Frente Nacional Revolucionario (Triple A), Sección Estudiantil del Movimiento Demócrata Cristiano y Directorio Estudiantil del Movimiento de Recuperación Revolucionaria.

Es éste un documento histórico porque, firmado el 25 de Junio de 1960 en la mencionada casa de seguridad de Nuevo Vedado, quedaba constituido el Frente Revolucionario Democrático Estudiantil (FRD Estudiantil)[85]. El texto de este documento es el siguiente:

«AL ESTUDIANTADO CUBANO:

Con motivo de haberse constituido el 22 de Junio de 1960 en la Ciudad de México el FRENTE REVOLUCIONARIO DEMOCRÁTICO por los representantes de las verdaderas organizaciones revolucionarias no copartícipes de la traición perpetrada a nuestra patria por el títere rojo Fidel Castro, nosotros, representantes estudiantiles nacionales de estas organizaciones, acordamos unirnos apoyando la actitud

---

[83] Para una más amplia información sobre este documento y las decisiones tomadas en aquellos días de 1960 ver «Girón: la verdadera historia», del autor.

[84] El Frente Revolucionario Democrático Estudiantil se constituye en La Habana el 25 de junio de 1960.

[85] Archivo personal de Enrique Ros.

asumida por los firmantes de dicho pacto y declaramos constituido, hoy día 25 de Junio de 1960, en la ciudad de La Habana, el FRENTE REVOLUCIONARIO DEMOCRÁTICO ESTUDIANTIL.

Unidad pide nuestra sufrida patria y en estos momentos en que nuevamente se ve sojuzgada, exhortamos al estudiantado cubano a unirse al Frente Revolucionario Democrático Estudiantil dejando a un lado todo partidarismo personal o de grupo para así rescatar los más puros ideales por los que murieron los compañeros estudiantes José Antonio Echeverría, Fructuoso Rodríguez y otros muchos.

Compañeros, el momento es de lucha. La patria nuevamente nos reclama; unidos triunfaremos. Busca tu contacto con alguna de las organizaciones del Frente. Es tu deber.

POR LA VERDADERA REVOLUCIÓN CUBANA
LIBERTAD O MUERTE

La Habana, 25 de Junio de 1960

Es éste un organismo que precede al Directorio Revolucionario Estudiantil (DRE) que será, este último, constituido por valiosos jóvenes que se encontraban, ya, en el exilio, pero que pronto regresarán a Cuba.

Semanas después de haberse firmado en La Habana el documento creando el Frente Revolucionario Democrático Estudiantil, se acuerda la formación del Directorio Revolucionario Estudiantil del Frente Revolucionario Democrático, que lleva la firma de prestigiosos dirigentes estudiantiles. Poco después éste asumirá solo el nombre de DRE eliminando su vinculación al Frente Revolucionario Democrático[86].

Es en esa etapa que los jóvenes que venían militando en las Secciones Estudiantiles de las distintas organizaciones: MRR, MDC, Triple A, Rescate Revolucionario y otras, se incorporan al Directorio Revolucionario Estudiantil (DRE). Este es el caso de Juan Valdés de Armas, que militaba en la Sección Estudiantil de Rescate Revo-

---

[86] Muchos datos están tomados del documento del Directorio Revolucionario FRD Estudiantil que «terminó de imprimirse clandestinamente en la ciudad de Camaguey a los 15 días del mes de diciembre de 1960».

lucionario que dirigía Carlitos Varona, el hijo de Tony Varona. Comenzará a trabajar con Julio Hernández Rojo, Manolo Salvat, Manuel Sabas Nicolaides (el Griego) y, poco después, con Hans Engler; figuras que habrán de sobresalir en la etapa posterior al 17 de abril y a la que nos referiremos en próximos capítulos.

Las incipientes organizaciones revolucionarias se van nutriendo de hombres, los más muy jóvenes, que provienen de distintos campos. Es este el caso de Bernabé Peña[87] que ha participado, junto con muchos otros estudiantes, en la lucha contra el gobierno de Batista.

7- SITUACIÓN DE LA UNIVERSIDAD DE LA HABANA

Unidos ya en forma orgánica los estudiants a través del Frente Revolucionario Democrático Estudiantil se hizo aún más intensa la lucha en la Universidad. La situación era propicia.

A fines de abril de 1960 el Claustro de Profesores de Ciencias Comerciales de la Universidad de La Habana había rechazado, por acuerdo unánime, el Proyecto de Reforma Universitaria propuesto por los miembros de la FEU, que creaba una Junta Superior. Este proyecto había sido elaborado, entre otros, por el Comandante Cubela, Presidente de la FEU; Ricardo Alarcón, Vicepresidente; el Comandante Quevedo, Secretario de este organismo; y José Rebellón, Presidente de la Asociación de Estudiantes de Ingeniería.

Días después el propio José Rebellón crea un desorden interrumpiendo un examen en una de las escuelas de ingeniería y pidiendo el traslado del examen para otra escuela. La Asociación de Estudiantes de la Escuela de Ingeniería –dominada por Rebellón, tomó el acuerdo de expulsar a estos profesores (Luis Núñez y Manuel F. Vera), medida que fue rechazada por el Consejo Universitario. En Julio 15 un grupo de estudiantes de la Facultad de Filosofía y Letras se reúne y acuerda la destitución del Consejo Universitario. También deciden constituir una Junta Superior de Gobierno integrada por cuatro profesores y cuatro alumnos. Los «alumnos». elegidos fueron el Co-

---

[87] Bernabé Peña era alumno de La Havana Military Academy dentro de la cual tenía organizada una célula del Movimiento 26 de Julio (Fuente: entrevista del autor con Bernabé Peña, abril 10, 2005).

mandante Rolando Cubela, el Comandante Quevedo, Ricardo Alarcón y José Venegas. Luego, el 4 de Agosto, se firma la ley #851 que pone fin a la autonomía universitaria colocando al gobierno y dirección de la Universidad de La Habana bajo la «Junta Superior de Gobierno». que responde a los intereses del gobierno de Castro. Este hecho provoca la renuncia de un gran número de profesores de la Facultad de Ingeniería, Derecho, Medicina, Ciencias Comerciales y Ciencias Sociales. Así terminó la Autonomía Universitaria.

8- PRIMER DIRIGENTE DE LA FEU QUE ROMPE CON EL RÉGIMEN

Orestes Guerra presidía la Escuela de Ciencias Comerciales, militando en la Sección Estudiantil del Movimiento Demócrata Cristiano Clandestino se convierte en el primero de los 13 miembros de la Federación Estudiantil Universitaria que romperá públicamente con Castro. Sale clandestinamente de Cuba en una operación organizada por el Coordinador Nacional cuyos preparativos estuvieron a cargo del subcoordinador Segundo (Frank) Miranda. Saldrá, junto a Orestes Guerra el Capitán Benjamín Camino, que llegará a formar parte del Estado Mayor del Frente Revolucionario Democrático, Josefina Prado dirigente de la organización Triple A, un miembro de Noticiero Nacional y otros en una embarcación «el Sábalo». ofrecida por Tomás Diego, y a cuya operación nos estaremos refiriendo en el capítulo III. En el exilio Orestes Guerra formará parte del ejecutivo de la sección estudiantil del MDC.

9- DESERCIÓN Y FUGA DEL PRIMER MIEMBRO DE LA FEU

En el mes de Julio el Secretario de Organización del Frente organiza también la salida por Puerto Antonio, Guanabo, del Comandante Benjamín Camino, de Orestes Guerra, de Josefina Prado y otros. Benjamín Camino era, también, oficial del Ejército Rebelde y, al llegar al exilio, llegaría a formar parte de lo que se conoció como el Estado Mayor del FRD. Orestes Guerra era uno de los 13 miembros de la FEU; presidía la Asociación de Estudiantes de Ciencias Comerciales y sería el primer miembro del más alto organismo estudiantil universitario que rompería públicamente con Castro; por eso, era tan importante lograr su defección[88]. Josefina Prado era una activa dirigente de la organización Triple A. Se fugaba también, un miembro del Noticiero Nacional. Los preparativos de esta salida clandestina estuvieron a cargo de Frank Miranda. La embarcación, «El Sábalo».[89], permanecía a varios metros de la orilla lo que hizo más difícil subir a bordo a uno de los jóvenes que no sabía nadar. En la travesía, al encarar en pocas horas mal tiempo y mar picado, Josefina Prado se haría cargo de timonear la embarcación hasta la Florida.

El punto de reunión para algunos de los que saldrían fue la casa, aislada y solitaria, en que radicaba el cuartel general del MDC clandestino. En este viaje estaba supuesto a salir también el Comandante Raúl Chibás quien, camino ya del punto de reunión decidió no incorporarse al grupo. Era la segunda vez que Raúl Chibás vacilaba en el minuto final. Días atrás, en una salida organizada por Rescate, Chibás decidiría quedarse en una casa de seguridad en Jaimanitas. (Luego de la salida preparada por el MDC, llegará Chibás a Miami, el dos de agosto, en otro barco).

---

[88] Uno de los objetivos era romper la aparente unidad de la FEU. A ese efecto se inició un acercamiento con Orestes Guerra, Presidente de la Asociación de Estudiantes de Ciencias Comerciales. Coincidente con estos contactos –pero totalmente independiente– la Escuela de Ciencias Comerciales de la Universidad de La Habana toma por voto unánime el acuerdo de rechazar el proyecto de reforma universitaria propuesto por la Federación Estudiantil Universitaria.

[89] Tomás Diego, propietario de la embarcación, había sido contactado por el MDC Clandestino a través de la joven Daisy Llovet, hija de un conocido abogado, y de Máximo Sorondo. Éste último llegaría a ser Delegado del Frente Revolucionario Democrático en Colombia, Chile y varios otros países de Sur América. Poco después, Tomás Diego conseguirá –a través de la organización clandestina democristiana– la documentación necesaria para salir del país con destino a México. El «Sábalo». será luego utilizado, antes y después del 17 de abril, en otras operaciones de infiltración. Una de ellas, realizada en Agosto de 1963 en la costa de Caibarién –cuando fue reabastecida de combustible por el barco Rex–, se hizo luego pública al ser apresados varios tripulantes de esta última embarcación y forzados a declarar ante la televisión. En ningún momento estos tripulantes, ni otros apresados en condiciones similares, mencionaron el nombre de los que se encontraban en Cuba. Sólo hacían referencia a nombres conocidos de personas que ya estaban en los Estados Unidos y de organizaciones cuya participación en estas actividades era de todos conocida.

10- LA UNIVERSIDAD DE ORIENTE

Fue también en Julio que el dirigente estudiantil Jorge Mas se vió obligado a salir del territorio nacional. Dos sacerdotes y la esposa de Fernández Badué (Lucas) lo acompañan hasta Bayamo. De allí sigue, por los canales clandestinos, hasta Matanzas donde es recogido, siguiendo instrucciones de Ros (Emilio), por Bergolla quien lo traslada a la ya mencionada casa de seguridad en el Nuevo Vedado. Allí se le consigue el pasaje hacia los Estados Unidos después de verificarse –por los medios con los que ya se contaba– que no aparecía aún en la lista de personas que serían detenidas al tratar de escapar.

Sustituyen provisionalmente a Jorge Más, en la dirección provincial de la juventud, Pepín Casal[90] y, a éste, Emiliano Antunes. Días después, en reunión celebrada en el Colegio Dolores, de Santiago de Cuba, nombran a Pedro Guerra (Guerrita)[91], Coordinador Provincial de la Juventud Demo-Cristiana. Como Vice-Coordinador se designa a Pepín Mustelier que será auxiliado por Julio Ramos. Viaja Guerrita[92] por todo Oriente. Trabaja con Guillermo Martínez (Ramiro) y con Celestino Palomo que es en ese momento el Coordinador Provincial. La juventud se hace cargo de acción y sabotaje. De inmediato se hace evidente para todos, la actividad de este grupo. En el sabotaje a la tienda El Encanto, de Santiago de Cuba, detienen a la joven Leidy Puente Fallat y le encuentran, entre otras cosas, evidencias que incriminarán a Guerrita.

---

[90] José (Pepín) Casal vendrá luego al exilio; pasará a los campamentos y participará en la invasión del 17 de abril.

[91] Pedro Guerra es detenido el 16 de Diciembre de 1961 y enviado a prisión sin ser sometido a juicio. Éste se celebrará cuatro años después en 1966. Puesto en libertad en 1971 volverá a caer preso ese mismo año y guardará prisión hasta 1979.

[92] En la lucha clandestina debemos distinguir tres valiosos estudiantes de apellido Guerra sin relación de parentesco entre ellos: Pedro Guerra, de Guantánamo, fundador del Movimiento Demócrata Cristiano, Coordinador Provincial de la Juventud de aquella organización en Oriente que cumplió 18 años de cárcel y al que en otras páginas nos referiremos. José (Cheo) Guerra, estudiante de la universidad respalda, en 1959, la candidatura de Pedro Luis Boitel a la Presidencia de la FEU. Junto a él aspira, también sin éxito, a la Presidencia de su Escuela de Agronomía. Y Orestes Guerra, Presidente de la Escuela de Ciencias Comerciales que fue el primer dirigente de la FEU que rompió con Castro y abandonó clandestinamente el país.

En La Habana la propaganda clandestina, elaborada en esos momentos en la modesta casa de Miramar es ampliamente distribuida. Precisamente a mediados de Julio tres soldados rebeldes tocan en la casa recién alquilada de Mario López Calleja cerca de Rancho Boyeros en busca del anterior inquilino. Aclarado el error, se retiran. Afortunadamente no registraron el viejo carro V-W que se encontraba lleno de literatura subversiva.

René Luis (Ignacio)[93] ya había estructurado un eficiente sector de profesionales y se encarga, junto con Frank Miranda, Mayito López Callejas, y July Hernández de la impresión y distribución de propaganda que se elabora en otra casa alquilada en el Reparto Querejeta.

Fermán Fleites (Cucho), Mike Cervera y otros se mantienen activos en el reclutamiento de jóvenes dispuestos a pasar a los campamentos.

Durante los meses de Junio y Julio se continúa estructurando y extendiendo el aparato clandestino del FRD y, en particular, el del MDC. Ros y Francisco, por afinidad ideológica y la natural vinculación que se producía entre el MRR y el MDC tanto en los sectores profesionales como en los estudiantiles, mantenían el más estrecho contacto. Francisco, como Coordinador Militar del FRD, era el encargado de recibir y distribuir las pocas armas que eran enviadas desde el exterior. Ros tenía a su cargo la vinculación de los distintos grupos que, en aquel momento, componían el Frente Revolucionario Democrático.

Unos se incorporan a la lucha contra el régimen viniendo de tierras lejanas. Este es el caso de Isidro (Chilo) Borja que habiéndose graduado en Canadá y trabajando en Cuba a principios del 58, se ha marchado a Inglaterra donde permaneció dos años. Conociendo por su primo Juan Antonio Muller el rumbo que estaba tomando la Revolución Cubana regresa a su patria a principios del 60. De inmediato interviene para defender, en la Plaza Cadenas, a Salvat y sus compañeros que estaban siendo atacados por una turba convocada por Rolando Cubela.

---

[93] René Luis, contador público, saldrá luego para el exilio y en la primera semana de Febrero de 1961 pasará a los Campamentos.

Sabían que habían algunas organizaciones, algunas incipientes como el M.R.R., otras de más larga tradición conspirativa como la Triple A, que se estaban estructurado para enfrentarse al gobierno que ya se veía influenciado por elementos comunistas y trataba de imponerse, por la fuerza, frente a toda oposición. Por eso se une a su primo Juan Antonio Muller, a Tony Copado, Fernando Salas y a Molina para coordinando un ataque, sin apenas tener armas, para tomar el cuartel de Bahía Honda. Pero –triste episodio que se repetirá entre las organizaciones que luchan contra Castro– el Movimiento es delatado por un infiltrado: Mori Ballenillas.

Todos, con excepción de Chilo que estaba en Yaguajay, son detenidos. A Juan Antonio lo condenan a siete años, a Tony Copado a 20 años, a Molina a 5. A Chilo Borja, en ausencia lo condenan a 30 años. Al fracasar el planeado ataque, Chilo se ve obligado a buscar asilo en la embajada de Costa Rica donde pasa dos meses, y de donde sale, ocasionalmente, dos o tres veces a establecer contacto con Luis Fernández Rocha (Luciano) que está al frente de la Sección Estudiantil del M.R.R.

No estará solo Borja en contacto con Luciano. También lo está Bernabé Peña. Al final puede salir Chilo de la embajada para llegar a Miami, donde hace contacto con Alberto Muller, el hermano menor de Juan Antonio, con el Gordo Salvat, Ernestico Fernández Travieso y, también, con Teresita Valdés Hurtado y Ady Pino (Ady Viera). Chilo, que ya era ingeniero, de inmediato se incorpora con estos estudiantes que tienen la idea de regresar a Cuba a crear, allá, el Directorio Revolucionario Estudiantil.

Han partido para Cuba varios de sus compañeros. Alberto Muller en noviembre; el Gordo Salvat y Miguelón, junto con Manolito Guillot en diciembre. Todos infiltrados clandestinamente. Chilo Borja, que había nacido en México, de padre mexicano y madre cubana, encontrará un método fácil para infiltrarse en la isla. A eso nos referiremos más adelante.

Ya han estado participando en aquellas primeras actividades de las distintas Secciones Estudiantiles y, luego, en el Directorio, jóvenes provenientes de las escuelas pre-universitarias y de la Universidad de La Habana, de la de Oriente y de Villanueva.

Uno de los estudiantes de esta última es Roberto Borbolla quien incorpora al Directorio a sus compañeros universitarios y a muchos de los pre-universitarios. Trabaja primero junto a Salvat y Fernández Travieso en propaganda. Luego partirá con Alberto Muller para preparar el alzamiento que están organizando en la Sierra Maestra. A esta operación nos referiremos en el Capítulo VI.

Luis Fernández Rocha y Berbabé Peña
poco antes de la infiltración en 1962.

Entre los más jóvenes integrantes del incipiente movimiento clandestino se encontraba Jorge Escala. Formará parte de la Sección Estudiantil del Movimiento Demócrta Cristiano y ascenderá hasta las más altas posiciones en aquella organización.

CAPÍTULO IV
JÓVENES QUE SE DISTANCIAN DEL GOBIERNO REVOLUCIONARIO

Muchos jóvenes habían tenido, antes del triunfo de la Revolución, una muy estrecha vinculación con figuras del Directorio Revolucionario 13 de Marzo. Este era el caso de Miguelón García Armengol que mantenía estrecha amistad con Gustavo Machín y Rolando Cubela a quienes les sirvió, con frecuencia, de correo entre La Habana y Miami en los últimos meses del gobierno de Batista *«Mi amistad con Gustavo Machín viene de la infancia, nuestras familias eran muy amigas; nos criamos juntos en el Miramar Yacht Club. También fui gran amigo de los gemelos de la Guardia (Tony y Patricio); éramos contemporáneos, siempre estábamos juntos realizando actividades deportivas, náuticas o mataperreando».*

Aquella vinculación se mantiene en los primeros meses de la Revolución. *«Lo mismo le manejaba el carro a Tavito que lo acompañaba, antes de que él tuviera la responsabilidad del ser el depurador del Ministerio de Hacienda. Pero pronto vi que estaban marginando a la gente del Directorio de Echeverría. Habían desarmado al Directorio 13 de Marzo. Ya, para entonces, mis relaciones de trato con Machín no eran tan frecuentes. Nos fuimos distanciando porque él estaba ya involucrado en las labores del Ministerio y yo estaba en mis estudios».*[94].

El padre de Miguelón, alto ejecutivo de la Compañía Cubana de Electricidad, es detenido arbitrariamente, por breve tiempo, por Raúl Castro. Al quedar libre sale hacia los Estados Unidos junto con Miguelón. Allí se encuentra éste con Fernando y Alelí Puig y conoce, a través de Ernestico Fernández Travieso, con quien se había graduado en el Colegio La Salle, al Gordo Salvat y a Alberto Muller. En septiembre de 1960 –constituido ya el Frente Estudiantil Universitario pero no, aún, el Directorio Revolucionario Estudiantil– estuvo en la manifestación gigantesca que se hizo en contra de Fidel Castro cuan-

---

[94] Entrevista del autor con Miguel (Miguelón) García Armengol, marzo 10, 2005.

do éste encabezó la delegación cubana a la Asamblea General de las Naciones Unidas[95].

A su regreso a Miami comienza a participar con otros jóvenes estudiantes, y exactamente un año después, en octubre de 1960, formará parte del grupo que concibe la idea de crear el Directorio Revolucionario Estudiantil e infiltrarse en Cuba para, desde allá, darlo a conocer. Miguelón lo realiza junto con el Gordo Salvat y Manolín Guillot. Nos referimos a este arriesgado episodio en próximo capítulo.

Son en esos días finales del año 60 que Laureano Pequeño –que tendrá una muy activa participación dentro del Directorio después del 17 de abril- da sus primeros pasos en aquella organización. Lo hará con su amigo Antonio Llanes. Una de sus primeras tareas sería la de comenzar a preparar el alzamiento que los estudiantes tenían planeado en la Sierra Maestra.

No sólo se agrupan jóvenes de La Habana. También de las distintas provincias. En la Universidad de Las Villas se encontraba Roberto Jiménez que era Presidente de la Escuela de Ingeniería Química cuando Porfirio Ramírez presidía la Federación Estudiantil de aquella universidad. Se hicieron grandes amigos. «*Yo era muy amigo, también, de otro grupo de estudiantes que eran, como yo, de la Juventud Católica y del Movimiento Revolucionario contra Batista. Este grupo estaba relacionado*».[96].

Para Roberto fue un proceso gradual. Venía, al igual que Porfirio Ramírez, de una intensa participación en la lucha revolucionaria contra el gobierno de Batista. «*Uno va viendo pequeños detalles, conversa, discute y, poco a poco, sin percatarte ya estás conspirando. Para el régimen de Castro, si no hay una incondicionalidad tú estás en contra. Y como uno no era incondicional, ipso facto comienzas tú a conspirar. Mis primeros contactos fueron con Porfirio y los alzados del Escambray. Después comencé a trabajar con el M.R.R. en la uni-*

<hr>

[95] Se encontraba en Nueva York, también, Nikita Kruschev. El 20 de septiembre de 1960 Castro y Kruschev se reúnen en el Hotel Theresa en Harlem. «Yo consideré que sería mucho mejor para mí visitarlo en un distrito Negro y así enfatizar nuestra solidaridad con Cuba». expresó Kruschev en sus memorias.

[96] Entrevista de Roberto Jiménez con Enrique Ros, marzo 21, 2005.

versidad. Mi contacto fue con Álvarez Cabarga que estuvo preso muchos años, y con Máximo Díaz. Allí conocí a Luciano (Luis Fernández Rocha) que era el dirigente estudiantil que recién había venido de los Estados Unidos y luego pasó al Directorio cuando los estudiantes del M.R.R. pasaron al DRE». informa al autor Roberto Jiménez.

Pronto este inquieto estudiante establecerá contacto con otra organización.

«Luego me contacté con el MRP que estaba surgiendo y que dirigía Reinol González y un grupo que yo conocía de la Juventud Católica. Quien me saca a mí de Santa Clara cuando fusilan a Porfirio –porque yo había tenido un problema allí, en la universidad–, fue Máximo Díaz del M.R.R. estábamos muy unidos el MRP y el M.R.R. por los vínculos personales y los principios que habíamos compartido en el 59 cuando tratamos de hacer una universidad ajena a todas las luchas políticas. Ahora, con las frecuentes visitas de Ernesto Guevara y Núñez Jiménez a la Universidad de Las Villas nos dimos cuenta que aquello no era lo que habíamos pensado llegar a ser».

Le correspondió a Roberto Jiménez organizar la Sección Nacional Estudiantil del MRP desde La Habana. Viajó por la isla y fue haciendo los contactos; unas veces con la gente del Directorio, provincia por provincia. Participó también en traslado de armas y, ya en los comienzos del 61, fue al Escambray para hablar con Osvaldo Ramírez y Carretero. Planeaba Roberto contactar a William Hodges, que era el presidente de la FEU de la Universidad de Oriente[97].

1- HACIA LOS CAMPAMENTOS

Uno de los cuatro puntos del Programa de Acción Encubierta Contra el Régimen de Castro era el desarrollo de una fuerza paramilitar entrenada fuera de Cuba, para una futura acción guerrillera.

Durante junio, julio y agosto empiezan a partir hacia el exterior un gran número de jóvenes que habrán de incorporarse a los campamen-

---

[97] Había tres federaciones estudiantiles universitarias: la de La Habana, la de Las Villas y la de Oriente.

tos militares. Entre los primeros, Juan Ramón López de la Cruz[98], Rafael Candia, que participará días antes de la invasión del 17 de abril en una operación militar en la costa norte de Oriente junto con dirigentes del MDC[99] –y que fue el primer democristiano en pasar a los campamentos–. Junto a ellos el manzanillero Ramón A. Cubeña y Francisco Puente.

Ya han llegado, primero a la Isla Useppa y, luego a los campamentos de Guatemala, jóvenes, muchos de ellos de la Agrupación Católica Universitaria, y casi todos militantes de la Sección Estudiantil del Movimiento de Recuperación Revolucionaria (MRR). A ellos: José (Pepe) Andreu, Antonino Díaz Pou, Vicente Blanco Capote, Javier Souto, Armando Acevedo y los demás, nos referiremos más adelante. Pronto llegan hombres más curtidos, algunos con amplia experiencia militar: Manolo Blanco Navarro –que dará un ejemplo de hidalguía y coraje en su labor clandestina–, José Pérez San Román, que ocupará la más alta posición en la Brigada que comienza a formarse; su hermano Roberto; Osvaldo Piedra Noguerela que perderá la vida el 17 de abril, Hugo Sueiro, Oscar Alfonso-Carol. Poco después, Jorge Rojas Castellanos que morirá por una delación, y Pedro Vera, quien, junto a Miguel Ángel Orozco, luego de infiltrarse en Cuba en 1962, quedará abandonado por nuestros poco confiables amigos.

Cuando se crea la sección estudiantil del M.R.R. –que formaría parte del Frente Revolucionario Estudiantil que, como dijimos, antecede a la formación del Directorio Revolucionario Estudiantil (DRE)– Berny Peña ingresa, de los primeros, en aquel grupo. Junto a él, en Cuba, se encontraban Luis Fernández Rocha (Luciano) y, por supuesto, Rogelio González Corso a quien conoció *«en la Casa de los Perros y, muy al principio, en la Agrupación Católica Universitaria».*

---

[98] Johnny López de la Cruz, luego de Girón, ingresará en las fuerzas armadas de los Estados Unidos, servirá dos veces en Vietnam, y se retirará aún muy joven, como Coronel del Ejército Estadounidense.

[99] Militantes del Movimiento Demócrata Cristiano y miembros de otras organizaciones toman parte de una fuerza diversionaria destinada a desembarcar cerca de Moa, en Oriente, una semana antes del desembarco de Playa Girón. Detalles de esta operación aparecen en el Capítulo VI.

Virgilio Campanería

Durante los meses de junio y julio se continúa estructurando y extendiendo el aparato clandestino del FRD, y, en particular, los del M.R.R. y el MDC.

En La Habana se están produciendo algunos acontecimientos. El 4 de julio se asila en la embajada de Argentina el Dr. José Miró Cardona. El 15 renuncia al decanato de la Facultad de Ciencias Comerciales el Dr. José Álvarez Díaz y, al día siguiente, el grupo pro-comunista acuerda destituir al Consejo Universitario y constituir una Junta Superior de Gobierno formada por cuatro profesores y cuatro estudiantes. Los cuatro alumnos designados fueron el Comandante Rolando Cubela, el Comandante Ángel Quevedo, Ricardo Alarcón y José Venegas. Comienza, en aquel momento, a imprimirse el periódico «Hoy». donde se editaba el periódico «Revolución». Luego, quien se asila es el Dr. Miguel Ángel Quevedo, Director y Propietario de *Bohemia*. Dentro del movimiento clandestino hay contactos importantes.

2- AGRESIÓN A AURELIANO SÁNCHEZ ARANGO

Se ha celebrado en Maracay, Venezuela, el Segundo Congreso Pro Libertad y Democracia al que asistieron personalidades cubanas que ya, antes, se habían acogido al asilo político o, por alguna otra razón, se encontraban fuera del territorio nacional. No así Aureliano Sánchez Arango que, al concluir el congreso, regresa a La Habana.

Dirigentes de la Triple A, que Aureliano preside, publican una invitación a la población para recibir en el Aeropuerto de Rancho Boyeros al prestigioso combatiente. Firmaron la comunicación Leopoldo Morffi, Mario Villar, Emilio Llufrío y otros. A su llegada, el 7 de mayo, se produjo un enfrentamiento a golpes y disparos entre los seguidores de Sánchez Arango y miembros de las fuerzas públicas. La agresión fue ampliamente recogida por el Diario de La Marina que no se dejó intimidar por las amenazas de clausura que a diario recibía. Tres días después el centenario rotativo es intervenido y el gobierno organiza el entierro simbólico del más antiguo periódico de Cuba. El 11 de mayo sale el periódico con esta aclaración:

«La Federación Nacional de Artes Gráficas y el Colegio Provincial de Periodistas de La Habana asume provisionalmente su dirección. Nuestra consigna es «Patria o Muerte».

Alberto Tapia Ruano

3- CLAUSURA DEL DIARIO DE LA MARINA Y DE PRENSA LIBRE

Fue su última edición. No vuelve a salir el periódico fundado en 1832. En la prensa controlada, y en la radio sometida, aparecen estas paletadas de fango contra el Diario de La Marina: *«La Marina murió porque estaba contra el pueblo. La Marina murió porque ésta es una Revolución de verdad».*

Aprovechan para lanzar una amenaza sobre Prensa Libre, otro periódico que mantiene una abierta oposición a la ya evidente dictadura:

«El destino de Prensa Libre dependerá de sí misma. De nadie más... en la Cuba de hoy no hay más que dos caminos: el de la Revolución y el de la contrarrevolución. Son dos caminos irreconciliables... en el camino de la contrarrevolución están los círculos imperialistas... es el camino de la traición, de la quinta columna...Prensa Libre sigue el camino de La Marina».

Prensa Libre no se amedrenta. En el número del viernes 13 publica su editorial «Los enterradores». denunciando que, *«en esos entierros vergonzosos de la libertad de expresión están enterrando los principios por los que nuestra sangre se ha derramado en nuestro suelo desde la Guerra de Independencia... estamos contra el empleo de la fuerza para acallar la voz de cualquier ciudadano sea periodista o no».*

El Coordinador Nacional del MDC clandestino logró obtener un original de la carta que José Ignacio Rivero dirigió a otros directores de periódicos (que nunca publicaron) y el editorial *«Cuba: Comparecemos Ante Tí».* en el que Humberto Medrano denunciaba la sumisión política del régimen de Castro a la Unión Soviética y cuyo editorial el gobierno no permitió publicar. Ambos trabajos –la carta de José Ignacio Rivero y el editorial de Prensa Libre– fueron profusamente repartidos por el incipiente movimiento clandestino democristiano[100].

4- ACTOS DE SABOTAJE EN SANTIAGO Y LA HABANA

Otros eran los planes del MDC Clandestino que Ros dirigía. Para *celebrar* el nuevo aniversario del Cuartel Moncada la ya vertebrada

---

[100] La carta de José Ignacio Rivero llega al MDC clandestino a través de Ambrosio González del Valle. El editorial de Prensa Libre se recibe de manos de Juan Navarrete.

organización democristiana, con los pocos medios físicos con los que en esos momentos contaba, se dio a la tarea de entorpecer dichas celebraciones. A ese efecto, Hilda Barrios se trasladó a La Habana para transportar a Santiago de Cuba fósforo vivo para producir en esa ciudad distintos incendios. El material le fue entregado en la casa del Nuevo Vedado, donde se planeaban y organizaban muchas de estas actividades[101]. Hilda y el grupo de acción de Santiago de Cuba hicieron uso efectivo de ese material. Más tarde siguió Hilda a la casa de Nené León en La Habana (que había sido representante a la Cámara por Oriente) en busca de otros materiales.

5- LA FUGA DEL MAGISTRADO ELIO ÁLVAREZ

Un día de abril de 1960 la opinión pública se conmocionaba con la noticia difundida por la radio de la espectacular fuga del magistrado Elio Álvarez del edificio de la Audiencia de La Habana.

De maniobra contrarrevolucionaria calificó el periódico «Revolución». la fuga del magistrado Álvarez denunciándola como parte de un plan contra la Revolución Cubana. Los cintillos del periódico castrista mostraban el estupor del régimen ante el dramático rescate: PERSONAJES DE LA TRAMA. EMPIEZA LA MANIOBRA. LA VISTA. LA ACTITUD DE LOS MAGISTRADOS. SURGE LA CONFUSIÓN. IRREGULAR PROCEDIMIENTO.

La extensión de su cobertura noticiosa confirmaba la importancia que Castro le concedió a esta acción.

El plan –ideado por Frank Alabau Trelles[102]– lo desarrolló y lo puso en práctica un grupo muy reducido de amigos de Elio, conscientes de los riesgos y de la responsabilidad que asumía.

El gobierno revolucionario tenía mucho interés en mantener privado de libertad a Elio Álvarez. El depuesto magistrado se encontraba guardando

---

[101] «Recuerdo aún como si fuera hoy –la botella de perfume en la que Amanda (Amanda Ros) metió el fósforo vivo y como lo cerró herméticamente"– dice Hilda en 1993 al narrar el episodio. «Dos milicianos que formaban parte de nuestra organización retiraron en Santiago la maleta. Cuando la abrimos, la ropa en que se había envuelto la botella estaba destrozada».

[102] Francisco Alabau Trelles, antiguo magistrado de la Audiencia de Santiago de Cuba y de La Habana había sido designado miembro de la Corte Suprema de Justicia al triunfo de la Revolución.

Noviembre 20 de 1993

Sr. Ernrique Ros
8420 NW 58 th Street
Miami, Florida   33166

Estimado amigo:

Sólo unas líneas para expresarte mi gran satisfacción al verte de nuevo el martes pasado y también compartir un rato con Ileana, quien se ha ganado rápidamente el respeto y la admiración de todos por el extraordinario trabajo que viene realizando en el Congreso de esta gran nación.

Como te expresé durante nuestro almuerzo, cuando recordábamos el trabajo clandestino que realizamos en Cuba antes de la invasión de Bahía de Cochinos, considero imposible que pueda escribirse la historia del proceso libertario sin tener presente las honorables páginas escritas por hombres que como tú, en el anonimato, arriesgaron sus vidas luchando contra el régimen despótico de los hermanos Castro.

Estoy plenamente convencido que muy pronto nos veremos nuevamente unidos para romper las cadenas comunistas que hoy esclavizan a nuestro pueblo y, después, contribuir al establecimiento de un sistema plenamente democrático en la Patria Cautiva.

Con un abrazo fraternal,

E. A. OLIVA
Major General (DC) Retired

prisión en La Cabaña desde el 23 de febrero de ese año por dos Causas: la Número 55, acusado de conspiración, y la Número 1736 de delación. El 20 de abril, pocos días antes de la espectacular fuga, el juez instructor Teniente Jorge Marbán dispuso su libertad por la Causa 55 de conspiración y fue trasladado por el propio Teniente Marbán de La Cabaña para el Príncipe, sujeto, ahora solo a la Causa 1736.

Frank Alabau había conseguido una certificación de la cárcel, enclavada en el Castillo del Príncipe, haciendo constar que Elio Álvarez ya no estaba sujeto a ninguna causa pendiente. Esta certificación la tenía el magistrado Manuel Gómez Calvo en su poder y era la que permitiría, desde el punto de vista legal, justificar que Elio *«había sido puesto en libertad».* en la misma Sala Quinta de la Audiencia, ya que las palabras de ritual eran: *«El detenido queda en libertad si no hay otra causa pendiente».*

Así se desarrollaron los hechos: cerca de las diez de la mañana llegó a la Audiencia Elio Álvarez conducido por la escolta del penal, permaneciendo en el salón contiguo al de los abogados y pasando, después, a los calabozos hasta el inicio de la vista del recurso de «habeas corpus». que había sido presentado por su abogado defensor Dr. Lázaro Ginebra ante el Magistrado Gómez Calvo.

Al iniciarse la vista, alguien con aspecto autoritario le dijo a los custodios: *«Desde este momento queda el detenido a la disposición de la Sala. La escolta puede retirarse».* Los custodios quedaron fuera de la Sala.

Elio conocía que se tenía planeado su secuestro de la Audiencia, pero ignoraba que día, en que momento y en que forma se haría. La oficina del Magistrado Gómez Calvo estaba al tanto de la trama. Elio Álvarez sale por la puerta del fondo donde lo esperaba un carro. Aún con traje de preso, escondido en el asiento de atrás, salió del edificio de la Audiencia hacia la casa de seguridad del Nuevo Vedado en la que tantos meses había permanecido oculto otro gran amigo, el Dr. Antonio Alonso Ávila.

Cerca de las dos de la tarde la escolta –a quien en forma repetida se le había dicho que el detenido quedaba a disposición de la Sala– pidió al Secretario Dr. Pedro Pablo Villanueva, que le diera una constancia escrita. El secretario hizo constar que *«el preso que-*

daba a la disposición de la Sala». Los custodios llamaron a la guarnición del Castillo del Príncipe informándole de la situación. Ya para entonces Elio Álvarez estaba muy lejos del edificio de la Audiencia de La Habana.

Irrumpen en la Secretaría de la Sala Quinta, alrededor de las cuatro de la tarde, varios oficiales del Ejército Rebelde y de la Policía, pertenecientes a la guarnición del Castillo del Príncipe. Increpan al Secretario Villanueva, lo detienen durante varias horas. Pero todo es inútil. Nada sabe del paradero de Elio Álvarez. La radio da a conocer la fuga. Los periódicos de la tarde la confirman. Tras la enérgica protesta del Magistrado Gómez Calvo[103] el Secretario Dr. Villanueva es puesto en libertad.

«Nunca, que se recuerde –reporta indignado «Revolución»– *y de ello pueden dar fe los que hayan ejercido la abogacía en la capital se había producido un hecho similar...señalamos que aquí el juzgado se hizo parte de la maniobra contrarrevolucionaria cuyo acto principal se pretende escenificar en los Estados Unidos donde denuncian supuestos maltratos a los presos en las cárceles cubanas».*

Jamás se había producido el hecho –repite irritado el periódico castrista– de *«que un acusado quedara en libertad en la propia Sala llevándose inclusive el traje de preso que vestía que es propiedad del estado».* Un nuevo cargo para Elio Álvarez: robo de una Propiedad del Estado!.

Elio Álvarez se encuentra ya en la casa de su amigo en el Nuevo Vedado. Se inician de inmediato los contactos con el embajador Chiriboga, de Ecuador, cuya sede diplomática está a pocas cuadras de la casa de seguridad y quien ya, antes, había facilitado el asilo político del Dr. Alonso Ávila, del Dr. José Ignacio Rasco y de Enrique

---

[103] No era la primera dificultad que el Magistrado Gómez Calvo encaraba con el Gobierno Revolucionario. Meses atrás, en junio de 1959, fue uno de los magistrados de la Audiencia de La Habana que ordenó la libertad del Dr. Enrique Ortiz Llaca a quien le querían negar el derecho de habeas corpus. El Dr. Francisco Alabau Trelles, como miembro del Tribunal Supremo intervino a favor del Dr. Gómez Calvo manifestando que «ni la Revolución, ni el Gobierno Revolucionario pueden desconocer el habeas corpus que había sido uno de los estandartes de la Revolución y que sólo los tiranos y los déspotas lo desestiman».

Villarreal. Ingresa Elio a la Embajada de Ecuador el 2 de mayo en calidad de huésped por el elevado número de asilados que se encontraban en ese momento en la embajada. En mayo 6 se consigue su traslado a la Embajada de El Salvador que estaba situada en la avenida Tercera de Miramar, cerca de las oficinas del G-2.

El Magistrado Álvarez sale de la casa de Enrique Ros el 2 de mayo y el 8 entra en ella Manolo Guillot. Manolito acababa de denunciar en la prensa la agresión del gobierno al Colegio de Corredores de Aduana del que él era dirigente distinguido. En su denuncia exige Guillot al régimen respeto a la Constitución y lo emplaza a la celebración de elecciones. El día anterior Ros había llevado la carta al Diario de La Marina y a otro periódico. La Marina la publicó; el otro periódico se negó a hacerlo diciendo que Guillot era un agitador y que servía a los intereses de Castro y de los comunistas!

Al igual que días antes con el Magistrado Elio Álvarez se tramita con la embajada el asilo político para el joven Guillot. Será Rafael Bergolla (Antonino) quien lleva a Guillot de la casa de Ros a la embajada.

6- EL MDC: CENTRO DE TRANSMISIÓN

Por la WRUL se transmitían desde Miami mensajes en clave que eran recibidos por Antonino (Rafael Bergolla) que los descifraba y los hacía llegar a las distintas organizaciones. Fueron los días en que en Cuba el MDC estaba circulando la Pastoral de Monseñor Pérez Serantes. No duró mucho tiempo aquella operación.

Pronto un agente del G-2 va a casa de Bergolla (Antonino) a buscarlo. Afortunadamente ese día había viajado con Fernández Badué (Lucas) a Matanzas en el carro del Coordinador Nacional del MDC. Avisado por un familiar no regresa a su casa.

Al día siguiente de ausentarse Antonino de su casa, vuelve el G-2 a buscarlo. Antonino se movía de una casa a otra. Un día en los Escolapios de Guanabacoa; otro, en la casa que el movimiento había alquilado en Miramar. El Profesor (Benigno Galnares) lo sacó de una de estas casas y lo pasó a la de Manuela Calvo desde donde pudo ingresar en la embajada de Ecuador. Ya se encontraban allí Paquito Rabal, muchacho universitario, y Mario López, de la Universidad de

Villanueva. Se mantendrá así hasta que el Movimiento le consigue embarcarlo para Haití con la ayuda del embajador de Ecuador[104].

En funciones de correo con el extranjero y contactos en Cuba se utilizaron con frecuencia a tres valiosas militantes: Ana Villarreal, Nieves Rodríguez y Blanca Rodríguez y cada semana se hacía llegar al Comité Ejecutivo en el exterior un informe de las actividades desarrolladas.

Ya están participando activamente en Oriente Hilda Barrios, Fermín Fleites, Neil Núñez, que llegará a ser Coordinador Militar en aquella provincia, Nando López y otros[105].

Neil Núñez será, luego, Coordinador Nacional de la Juventud. Junto a él laborarán Alcibíades y Papito Cano, Rodolfo Nápoles y Miguel Cervera de la JUDEC y, en otras secciones estarán Eulalio Vidal (fusilado en 1962), Rafael Sunet, Orlando Poello, Feliciano (Chano) Velásquez, Oscar Martínez Casanovas, Mario Hernández (fusilado en 1962), Elio Peña y muchos más.

En Guantánamo, en diversos sectores, Reubaldo Mirabal, Mario Cardona, Carlos Campos, que ocupará la Coordinación Municipal y morirá fusilado en diciembre de 1961. En Santiago de Cuba participan, entre otros, Celestino Perdomo, Agustín Gallego, Santiago Moisés y Felipito Rondón que morirá en Playa Girón.

Fritz Appel, el Reverendo Blanco, Ramón Boza, Raúl Rodríguez, que luego será Coordinador Provincial, Luis J. Perdomo que será fusilado, funcionan todos en Camaguey. Por la Juventud de aquella provincia trabajarán Acelo D'Alexander, David Castiñeira y Rafael Ángel Quevedo. En Ciego de Ávila se hace cargo de la organización Magno Moreno Melo quien ocupará, más tarde, la Coordinación Nacional del MDC. En Caibarién Fernández Badué y Bergolla contactan a Alfredo Parra (Parrita) y en Camaguey a Raúl Rodríguez y J. Perdomo que morirá fusilado. Reinaldo Gómez estará al frente de la labor organizativa en Morón. En San Luis (Oriente) Yeyo Otero, Roberto Fluxa, que había sido fundador del MDC Público; Manolo

---

[104] El embajador de Ecuador en La Habana era Don Miguel López Sa y el embajador de Ecuador en Haití era el Dr. Julio de la Torre.
[105] Al frente de la juventud en Guantánamo están Pedro Guerra con Manolito Hernández, Marie Prieto, Edgardo Velázquez, Ariel Guillén y muchos más.

Rivero, Dariel Morales, que más tarde será Coordinador Provincial y Eulogio Mojena. En Bayamo, junto a Eladio Armesto, Delfín Díaz. En Guantánamo, donde el movimiento clandestino surge de las filas universitarias, ya éste opera en diversos sectores con Reinaldo Mirabal, Mario Cardona, Gastón Bueno, Antonio Arrieta, Emilita Mayo, Carlos Campos, que ocupará la Coordinación Municipal y morirá fusilado en diciembre 26 de 1961, y Cuqui Guitat, fundador del MDC, Manolito Martínez y Monguín Mora[106].

Ha quedado organizado en la isla el Movimiento Demócrata Cristiano Clandestino de Baracoa –donde cuenta con José Campo y Argeo Martínez, ambos capitanes del Ejército Rebelde, y Silvio Salvio Abella– hasta Pinar del Río.

Laureano Garrote había sido de los primeros, en Oriente, en incorporarse al Movimiento Demócrata Cristiano de Cuba en su etapa pública cuando, a través del Padre Félix Feliz, Rector del Colegio Dolores, es visitado por Laureano Batista Falla y Rafael Bergolla quienes lo invitan a incorporarse a la naciente organización política. Acepta Laureano Garrote la responsabilidad de organizar en Oriente la incipiente organización pública pero, como primer paso, viaja a La Habana para conocer a los dirigentes de la institución. En la capital conoce a Rasco, Villarreal, Valentín Arenas, a Segundo Miranda, a Manuel Guillot, Dámaso Pasalodos, a Lundy Aguilar León.

7- OTRAS ACTIVIDADES DEL MDC CLANDESTINO

El 30 de mayo de 1960 se incorporó al trabajo clandestino Jesús Angulo, a quien le correspondió la responsabilidad de la Coordinación Provincial de La Habana con la cooperación de Eduardo (Eddy) Carrera. El 31 de mayo Dámaso Pasalodos se hizo cargo de la Coordinación Nacional de Finanzas. Es, ese día, cuando se produce en Cuba la primera reunión de los coordinadores nacionales de las cinco organizaciones que integrarían el Frente Revolucionario Democrático. Para entonces Benigno Galnares (el Profesor), Otto, funcionaba como el coordinador de la ciudad de La Habana.

---

[106] Mayor información puede encontrarse en «Girón: la verdadera historia», obra citada.

En el mes de junio se dio a conocer, por iniciativa de Luis Manrara (Silvio), Coordinador de Finanzas, la consigna de «Miércoles, Día de Oración y Rechazo». y comienza el traslado hacia los Estados Unidos de los primeros democristianos que ingresarían en los campamentos: Juan Ramón López de la Cruz, Rafael Candia, Ramón A. Cubeñas, Francisco Fuentes y otros.

Desde algunos edificios –en la Rampa y en la Habana Vieja– se lanzaron proclamas y en varias calles de La Habana se pintaron letreros con las siglas FRD. Mientras el MDC acataba los acuerdos del FRD, una de las organizaciones solidarias del Frente realizaba con alguna frecuencia propaganda partidista.

En el mes de julio se editó «Colina Libre», órgano oficial del FRDE que circulaba profusamente en la universidad y se publicó, en una circular, copias de la renuncia de José Miró Cardona (3 de julio de 1960) a su cargo de Profesor Titular de Derecho Penal y de su carta al Presidente Osvaldo Dorticós y copia del Decreto 2739 de septiembre 13 de 1955 por el que el entonces presidente Fulgencio Batista ascendía a Oficial Clase Quinta al Dr. Osvaldo Dorticós Torralba. Días antes (junio 22 de 1960) se daba a conocer la constitución, en la ciudad de México, del Frente Revolucionario Democrático que ya estaba funcionando en la clandestinidad.

En Oriente los estudiantes democristianos comienzan a agruparse bajo la orientación de Jorge Mas en la Universidad de Oriente. Junto a él estarán Tony Calatayud, René Sagebién, Pepín Casal, Emiliano Antúnez, Pepín Mustelier, Celestino Palomo, Israel Manzano, Julio Antonio Ramos (que había sido Jefe de la Guardia Presidencial de Manuel Urrutia y que luego sería coordinador en Oriente de la JUDEC), Nemesio y Joaquín Viso y otros.

Entre los que participaron en las primeras actividades clandestinas de la Juventud Demócrata Cristiana (JUDEC) en Santiago de Cuba se encuentran, también, Humberto Blanco, Julio César Díaz, José Gil Sánchez, Maximino Casal (que será de los primeros en pasar a los Campamentos de Guatemala) Fernando (Pipi) Chacón, Israel Lozada, Leidis Fallat, Juan José Marín, María de los Ángeles Forja, Ramón Canales, Ariel y Freddy Clavijo.

El grupo había comenzado a estructurarse dentro de la vida pública del Movimiento: coinciden estos primeros pasos con el inicio del precurso de la universidad en el mes de mayo que lleva a Santiago a Pedro Guerra, estudiante de Guantánamo que en su ciudad se había vinculado a la democracia cristiana a través del Padre Pascual. Laureano Garrote puso en contacto a Guerrita con Jorge Más. Ambos organizarán, luego, el grupo clandestino[107].

Se reúnen Armando Gelpi y Vitti Gallinar, de Baracoa; Alcides Martínez, Ramiro (Manino) Gómez y José (Cheo) Quevedo (en cuya casa se constituye la primera célula de la juventud en Guantánamo). En esta ciudad se incorporan de inmediato al trabajo clandestino Gualfredo Corral, Luis Juárez; Pedro Iván Campos Mariño, Pedro Rivas, José L. Quijano (luego sacerdote que oficiará en Hialeah), Santiago Estévez, Urbano Álvarez, Migdalia Bueno, Nadia Mirabal y muchos más.

En Holguín organiza la JUDEC Hugo Pérez, que contaría con Tomasito Betancourt, Ino Guerra, Bonifacio Vega, Rafael Fornes entre otros. En Banes ya están trabajando Anabel Pérez, José Tioferrer y Pepín Solís; y en Sagua de Tánamo, Nicolasito Gómez y José Pimentería. Está Pedro Haber Nassif en Alto Cedro y Tomasito Vaquero (que será fusilado en 1962), en La Maya.

En Manzanillo es de los primeros Ramoncito Cubeñas Conde que será también de los primeros en pasar a los Campamentos de Guatemala y luego morirá en una de las misiones que con tanto arrojo realizaba. Junto a Cubeñas está Ricardo (que dejó de atender el comercio que había adquirido en la Plaza del Mercado para ocuparse de la Coordinación Municipal del MDC); y, Juan López de la Cruz (Johnny), que luego de Girón, llegará a ser alto oficial del Ejército de los Estados Unidos.

Se va estructurando la organización del MDC Clandestino en distintos sectores. De uno de ellos, los profesionales, la responsabilidad la asumirá René Luis (Ignacio González) que se había incorporado al MDC a través de Segundo Miranda (Frank) luego de haber trabajado durante pocas semanas con el M.R.R..

---

[107] Gran parte de esta información aparece en «Girón: la verdadera historia» del autor.

«Frank me llevó a tu casa –te conocí como Emilio– y empezamos a trabajar. Sacamos del país a muchos jóvenes que venían para los campamentos y a algunos ex-militares del Ejército Rebelde». recuerda René Luis Pelli en conversación con el autor.

«Entre los abogados pudimos captar prácticamente a todos mis compañeros de curso, con excepción de Ariel Picot que respondía a la línea de Castro. Para imprimir la propaganda iba con Frank a la oficina de los franciscanos para conseguir la tinta y el papel para el multilit. Luego alquilamos una casa en la Séptima Avenida de Miramar y desde allí operábamos la imprenta hasta un día en que las dos viejitas que vivían atrás nos esperaron y nos dijeron: «A nosotros no nos interesa saber lo que ustedes están haciendo, pero nos puede traer problemas; así es que les agradeceríamos que se mudaran». y tuvimos que recoger todo y trasladarnos a otro sitio».

«Después empezamos a incorporar gente del movimiento obrero: Entre ellos a Escandia, de la Federación de Comercio y Cabezas de la sección de finanzas de la CTC».

Sigue siendo Santiago punto de reunión de jóvenes democristianos. Llega allí, procedente de su natal Guantánamo el universitario Pedro Guerra que, pronto, lo dijimos antes, conocerá a Jorge Más Canosa que ya estaba organizando la sección juvenil del movimiento. *«Allí empezamos a mover toda la acción conspirativa hasta que Jorge tuvo que abandonar Santiago de Cuba porque el DIR (Departamento de Inteligencia Rebelde) precursor de la Seguridad del Estado no funcionaba aún con eficiencia pudo salir de Santiago hasta Bayamo y, desde allí hacia La Habana. Sé que llegó a tu casa y tras las averiguaciones que pudiste hacer en el aeropuerto, se le facilitó su salida a los Estados Unidos».*[108].

Desde el mes de junio –y a petición del Comité Ejecutivo que radicada en el exilio– la Coordinación Nacional del MDC, a través de Segundo Miranda, comenzó a organizar el traslado hacia el exterior de un número elevado de hombres con capacidad militar, a cuyo efecto funcionaban tres oficinas, –una en Ayestarán, otra en el Vedado y una tercera en la Habana Vieja– para tramitar los pasaportes y visas de muchos de ellos.

---

[108] Gran parte de esta información aparece en «Girón: la verdadera historia». del autor.

Cuando aún no se había recibido ayuda exterior, los hombres del MDC, con los pocos medios existentes, continuaban demostrando su organización pintando las siglas del FRD en las calles de La Habana, derramando fósforo en centros públicos y ampliando el número de las células de trabajo. En el mes de julio, en una concentración frente al Palacio Presidencial se realizó, por hombres y mujeres del MDC, el primer acto de sabotaje en un acto gubernamental lo que obligó al ocultamiento del Coordinador Nacional. A ese sabotaje se refirió el propio Fidel Castro durante el cautiverio de los combatientes de Playa Girón. En ese mes la Coordinación Nacional del MDC estableció contacto con el Comandante Benjamín Camino, el dirigente de la FEU Orestes Guerra y otros anticastristas perseguidos por el régimen, brindándoles protección y preparando y realizando su salida clandestina.

8- LOS PRIMEROS PASOS DE JORGE ESCALA

Cuando triunfó la Revolución Jorge Escala apenas tenía 16 años; recién había comenzado su bachillerato. A los pocos meses estaba vinculado con otros jóvenes que enfrentaban, con los pocos medios a su alcance, un gobierno que se les mostraba totalitario y abusivo.

«Comenzamos con lo que hacíamos algunos muchachos: repartir volantes, pintar letreros. Mi familia desconocía lo que yo hacía. Un día van a hacerle un registro a mi tía que tenía en su casa armas y explosivos. Mi familia, repito, no sabía en lo que yo andaba ni yo sabía que ellos estuviesen envueltos en alguna conspiración. Pero en aquella barahúnda tuvimos que sacar rápido las armas de la casa. Me quedé con parte de las cosas; entre ellas, algunos explosivos; con explosivos, me convertía en una figura importante pero yo no tenía experiencia alguna y no pasó mucho tiempo en que, tratando de inventar algo, o hacer un sabotaje, me explotó un detonador. Afortunadamente el material fuerte estaba a un lado, lejos y sólo explotó el detonador, que casi me lleva el dedo abriéndomelo hasta el hueso. Eso lo estaba haciendo en mi casa a las 3 ó 4 de la mañana. La explosión despertó a todo el mundo y a esa hora mi madre, luego de tener que admitirle lo que estaba yo haciendo, me llevó a una clínica en el Vedado cuyo médico era, nada menos, que un capitán de la Marina al

cual, varios años después, fusilaron. Él me hizo la cura inicial».
fueron estos los primeros pasos de aquel joven democristiano que ascenderá a la coordinación provincial la Juventud y luego a la nacional del MDC.

«Siendo atendido, nos dice Jorge Escala, por aquel médico amigo me alojaba, escondido, en casa del gallego Miguel García, del M.R.R. de Marianao donde, observé, que se celebraban reuniones». A través de Miguel García conoce a Fray Antonio Armielles de la Orden de los Salesianos, que era asesor financiero del MDC quien lo pone en contacto con Clarita de León y, poco después, con July Hernández y Petit.

Así comienza Escala su larga jornada en el Movimiento Demócrata Cristiano. Lo asignan a propaganda y habiendo conocido a otros jóvenes que laboraban en la revista «La Quincena», del Padre Biaín, se encargará de la distribución de la revista entre los estudiantes de bachillerato de las distintas escuelas; entre ellas las Escuelas Pías de La Habana. Conoce a Sixto Calvo, que era dirigente estudiantil en La Habana junto con Petit. Por su labor lo nombran Coordinador de Propaganda de la provincia de La Habana. Reparte algunos volantes e imprime lo que llega a sus manos en rústico mimeógrafo. Al salir Sixto Calvo asume Jorge la Coordinación Provincial de La Habana. Con esa posición va conociendo a dirigentes provinciales y algunos de la nacional del sector obrero, del sector femenino, de seguridad; todos dentro del MDC.

9- VIRGILIO CAMPANERÍA EN EL S.A.C.

Extensa es la familia de los Campanería: seis hermanos varones y una hermana. Uno, Raúl, murió muy joven. Los demás, todos, con inquietudes sociales y políticas, antes y después del 1º de enero de 1959.

Dos de ellos: Alberto y Virgilio conocerán, en los meses anteriores al triunfo de la Revolución, la dureza de la cárcel. Virgilio, que no militaba en organización alguna, había sido liberado días antes del 31 de diciembre. Alberto, miembro del 26 de Julio, quedó libre el 1º de enero y estaría, durante los dos primeros años, vinculado al Gobierno Revolucionario del que era funcionario en el Ministerio de Comunicaciones. Virgilio tuvo una más clara visión política, y, de regreso en la universidad, que había estado cerrada en los dos últimos años, fue de los primeros en percatarse de la penetración comunista en todos los niveles. *«Aquello creó un conflicto en nuestra familia porque mi hermano Alberto negaba que Castro tuviera vinculación comunista y consideraba que eso eran acusaciones sin fundamento».* expresaba Néstor, el hermano menor, en entrevista con el autor.

El joven Néstor se solidariza con su hermano Virgilio y, junto con Pablo Palmieri, Ana María Castro, Octavio Barroso, Ángela Cartún, esposa de Edmundo Padilla, Osmín del Pino y otros, comienzan la organización del movimiento que llamarán SAC (Salvar A Cuba) formado casi todo por estudiantes universitarios, de los institutos y colegios privados. Sería la primera organización fundamentalmente juvenil en la lucha contra el régimen castrista.

«No teníamos recursos, nos limitábamos única y exclusivamente, a la propaganda; imprimimos el Boletín SAC que lo repartíamos en los colegios y en la universidad. Esa era, entonces, básicamente nuestra labor. Va pasando el tiempo y se acordó una huelga el 8 de abril de 1960 con la consigna «caigan los libros hasta que caiga el tirano». Dimos a conocer la consigna. Distribuimos circulares y panfletos. Carecíamos de materiales, nos veríamos forzados Virgilio y yo, a limitarnos a esa labor de propaganda».[109]

La carestía de materiales no impedía a los jóvenes del S.A.C. realizar actos de protesta. Anticipándose unas horas a la concentración que se realizaría en la universidad para celebrar el 13 de marzo un nuevo aniversario del asalto a Palacio Pablo Palmieri, protegido por varios compañeros, sube por la escalinata de la universidad para colocar frente al Alma Máter una bandera del S.A.C. Poco duraría aquel símbolo de protesta estratégicamente colocado en medio de la Colina Universitaria.

Las milicias universitarias, con sus boinas rojas, las primeras en formarse, destruyen prontamente la provocadora bandera.

Cuando meses después, destituyen al Presidente Urrutia y designan a Osvaldo Dorticós los jóvenes del S.A.C. distribuyen panfletos en distintas escuelas universitarias donde mostraban el nombra-

---

[109] Néstor Campanería. Entrevista con Enrique Ros.

miento de Corticós como un «botellero». en el gobierno de Batista. Unas pocas armas consiguieron a través de Villarao que le hicieron llegar, a principios del 60, a los que ya estaban alzados en el Escambray.

Un día llega Virgilio a la casa y le informa a su hermano Néstor que había hecho contacto con la gente del Directorio Revolucionario Estudiantil (DRE) y que Ernestico Fernández Travieso le propone trabajar con el Directorio porque tienen materiales y mayor alcance en sus acciones. Discute Virgilio la proposición con varios de sus compañeros. Unos impugnan la idea. Otros la consideran conveniente. Virgilio y Néstor deciden incorporarse al Directorio. Virgilio en Suministro y Néstor, por ser mucho menor, en la Sección Estudiantil de bachillerato junto con Pedrito Imperial, pero prefiere trabajar con su hermano Virgilio en explosivos para hacer sabotaje y ruido.

10-VIRGILIO CAMPANERÍA SE INCORPORA AL DIRECTORIO

«Fíjate bien, había una cosa muy importante, nuestra mentalidad no era hacer daño, no era terrorismo; tanto es así que al principio, en una oportunidad, se pusieron ciento y tantas bombas en La Habana mientras hablaba Cubela, quien viendo la poca potencia de esas bombas dijo: «Dejen algunas para cuando hable el Comandante». Era que nosotros las colocábamos en una petaca a la que se le metía el explosivo y se le ponía un detonador y se tiraba en un matorral donde no iba a hacer daño a ninguna persona».

«Otras organizaciones se sentían frustradas con esta modalidad. Consideraban que no era una forma de hacer una revolución».

«Pero también se planearon y realizaron acciones de verdadero sabotaje. Hasta en los días de la explosión de La Couvre todas las noches explotaban bombas, todas las noches había un incendio, todas las noches había un sabotaje».

Virgilio era jefe de suministro del Directorio. *«Fue ampliando su territorio; Julito Hernández Rojo empezó a trabajar como el segundo de Virgilio, para entonces Virgilio tenía todo lo que es La Habana y debía suministrarle materiales a otras personas. A principio del año 61 ya aquello estaba tan bien organizado. Pero, de un momento a otro, todo se nos iba a ir de las manos».[110].*

11- ¿FUÉ DELATADO VIRGILIO CAMPANERÍA?

Virgilio estaba preparando unas mochilas en la casa de seguridad de Manola donde vivía también Orlando Carballo, líder sindical de la Compañía Eléctrica[111].

Virgilio con Tommy Fernández Travieso preparaba las mochilas que iba a llevar cada hombre en el alzamiento que se estaba planeando en la Sierra de Manzanillo para el 7 u 8 de abril. Camino de aquella casa de seguridad se encuentran a Alberto Tapia Ruano en un garage arreglando su carro. Tapita les pregunta: ¿Y ustedes para donde van? Tenemos que hacer un trabajo. ¿Quieren que los ayude? Bueno, si quieres venir, sí. Tapia Ruano va con ellos a la casa de Manola. Cuando llegan los está esperando Seguridad del Estado.

Sospechas sobre quien pudo haber delatado a Virgilio Campanería recaen, también sobre otras personas. Una de ellas, Charles Mori *«que se infiltró en varias organizaciones porque fue recomendado por Raúl Chibás y algunos de nosotros pensamos que también había chivateado a Julito Hernández Rojo. Resultó ser que este Charles Mori era comandante del Ejército y pertenecía al G-2. Recuerdo que Julito me comentó a mí que en una oportunidad este Mori, con uniforme del Ejército y con botas de charol, lo había golpeado».[112].*

En el juicio Virgilio asume toda la responsabilidad tratando de salvar la vida de los otros. Tapia se condenó a sí mismo porque Ramiro Valdés, jefe del G-2, lo está interrogando severamente ofendiéndolo personalmente. En un momento Ramiro Valdés le dice: «Tú eres un hp», y Tapita se levantó y le metió un gaznatón a Ramiro. Éste le dijo: *«Acabas de firmar tu sentencia de muerte».* Y así fue. Aquella noche fusilaron a 8 valiosos cubanos.

---

[110]   Néstor Campanería. Entrevista con Enrique Ros.

[111]   Entrevista de Néstor Campanería con el autor, abril 5, 2005.

[112]   Aquel dirigente sindical eléctrico «salió para México y allá, Juan Manuel, mi hermano mayor se reunió con él y éste le admitió que había sido él quien había delatado a Virgilio. Poco después vino para Estados Unidos...»

12- LOS OCHO FUSILADOS

«El sol se ponía cuando salíamos del juicio. Luis Fernández Caubí fue el único abogado que se atrevió a defender nuestra causa. El juicio demoró sólo 20 minutos; lo interrumpió varias veces el ruido de los tanques de guerra de La Cabaña corriendo hacia Playa Girón: era el 17 de abril de 1961».

Así comienza Tomás Fernández Travieso su testimonio titulado «Los Ocho Fusilados». en que describe el juicio y el inmediato fusilamiento de aquellos ocho mártires: Virgilio Campanería, Alberto Tapia Ruano, Lázaro Reyes Benítez, Filiberto Rodríguez Ravelo, José Calderín, Carlos Cabo Martínez, Efrén Rodríguez López y Carlos Rodríguez Cabo.

Tommy Fernández Travieso había sido también condenado a la pena capital pero en los últimos minutos, estando ya en Capilla, le conmutan la pena por 30 años de prisión. Será testigo excepcional de aquéllos que con valor y fe cristiana marcharán hacia el paredón.

«Pasaron horas. No sé. Ahí no existe el tiempo. Rezamos el rosario, todos teníamos rosario».

«Por fin las tres cerraduras crujieron y pasos de botas resonaron en la capilla. El Sargento Moreno llamó el primer nombre: «Carlos Rodríguez Cao». «Presente", gritó con voz firme. Dos guardias con fusiles lo escoltaron hacia la puerta de nuestra celda. Nos abrazamos a través de los barrotes. Me dejó una sortija para su esposa diciéndome: Ánimo, que tengas suerte».

«Al rato el sonido de los fusiles FAL llenó la capilla, seguido de un tiro de pistola».

«Las tres cerraduras se abrieron otra vez, ahora para Efrén. «Presente"; también me dio ánimo, me encomendó a su hija, le dejaba su fosforera».

«Los FAL sonaron más cerca, seguidos de un tiro de gracia».

«El tercero fue Virgilio. En el último abrazo me dijo: Tommy, voy a gritar un Viva Cristo Rey, Viva Cuba Libre, Viva el Directorio, que le va a traquetear».

«Alberto Tapia, Tapita, se abrazó a mí: «Ojalá que yo vaya después. Abrazados escuchamos a Virgilio cumpliendo su promesa; sonaron los FAL y después tres tiros de gracia «Alberto Tapia

Ruano", llamó Moreno. «La Virgencita me oyó ", dijo Tapita con alegría. Salió rápido».

«El quinto fue Filiberto, quien,... salió cantando el Himno Nacional. Le dieron dos tiros de gracia».

«Lázaro Reyes Benítez». «Presente». Me abrazó y salió. «José Calderín». «Presente». El penúltimo abrazo y salió. Carlitos Calvo fue el último. Ya yo conocía toda su vida. Antes de que abrieran las rejas me pidió «cuenta mis tiros de gracia y me lo dices allá arriba».

«Fueron ocho en La Cabaña, hace 30 años».[113].

Eran hombres superiores.

13- ENEIDO OLIVA SE INCORPORA A LA LUCHA

No sólo son jóvenes estudiantes los invitados a pasar a los Estados Unidos para, luego, incorporarse a los campamentos.

También, con las precauciones necesarias, se establecen contactos militares. Es a mediados de junio que Ros, como Coordinador Nacional del FRD y Secretario de Organización del organismo en Cuba, se entrevista por primera vez con el Teniente Eneido Oliva[114] la entrevista se realiza en la casa de seguridad del Nuevo Vedado. La conversación es larga y en ella el que iba a llegar a ser uno de los más altos jefes militares de la Brigada 2506 expone sus lógicas preocupaciones ante la riesgosa invitación.

Quiere Oliva cerciorarse de la seriedad del planteamiento. Expone las dificultades que encontrará para salir del territorio nacional. Le preocupa que la operación que se le ha explicado pudiera no contar con el respaldo oficial que se menciona. Ros le ofrece toda la información necesaria –sin comprometer la seguridad de la operación clandestina– para calmar sus comprensibles inquietudes. En aquella

---

[113] El Nuevo Herald, 17 de marzo de 1991.
[114] El historiador Haynes Johnson en su libro «The Bay of Pigs». menciona en su libro que Oliva le dice: «Dos miembros del clandestinaje me contactaron en La Habana al comenzar el verano de 1960. Ellos me dijeron que iba a haber una invasión y que estaban preparando tropas en campos de Latinoamérica, que contaban con una oficina de reclutamiento en los Estados Unidos y que deseaban que yo me uniese a ellos». Fue para Oliva una decisión difícil. Graduado de la Escuela de Cadetes prestaba en esos momentos sus servicios como Inspector de la Reforma Agraria (páginas 41 y 42 de The Bay of Pigs).

conversación Oliva no se compromete definitivamente con el Coordinador Nacional del FRD a dar el paso aún, pero queda acordada una segunda entrevista para semanas después.

La salida del territorio nacional se realizaba por dos vías distintas. Para aquellos que no eran figuras conocidas se les facilitaba los documentos necesarios para su salida de Cuba y entrada en los Estados Unidos así como el pasaje y el necesario contacto a su llegada a Miami. Para aquellos que –por su condición de militares, dirigentes estudiantiles o sindicales, o figuras prominentes– el gobierno les impedía su salida, se organizan salidas clandestinas.

«En aquellos días de verano de 1960, cuando en La Habana hablaba contigo, yo estaba sumamente preocupado porque, como militar, ocupaba una posición de inspector del INRA». dice Oliva, ahora General Retirado, al recordar con Ros aquel trascendente momento. *«Fue un norteamericano quien me puso en contacto contigo. Cuando finalmente tomé la decisión de salir de Cuba fue impresionante la forma eficiente en que todo funcionó. En cuestión de horas ya tenía todos los papeles necesarios y el asiento reservado, bajo otro nombre, en el avión. No podré olvidar tampoco, a Bergolla, que tanto me ayudó».*

Se produce la segunda entrevista de Ros con Eneido Oliva quien acepta pasar a Estados Unidos para incorporarse a la fuerza invasora que se estaba organizando. Se consideran dos alternativas: a) la salida clandestina por uno de los distintos barcos con que ya se funcionaba b) su salida normal una vez que presentase su baja del ejército.

El oficial Oliva opta por la segunda alternativa. Presenta poco después su dimisión al ejército pero no le es aceptada. Esto le lleva a una tercera solución que antes no se había considerado. Conseguir por los medios que la organización clandestina ya tenía desarrollados documentación bajo otro nombre que le permitiese salir del país. Así se realiza y es Bergolla (Antonino) quien lo recoge en la Calzada de Columbia y lo lleva a donde habrían de preparar la documentación necesaria para su salida. Recibe, también, el pasaje emitido con el nombre ficticio. Días después, el 16 de agosto, estaba en Miami quien iba a ser segundo jefe militar de la Brigada 2506.

El 28 de agosto, junto con otros cuatro militares, varios jóvenes estudiantes, el Capitán Eduardo Ferrer y algunos pilotos, salió Oliva hacia los campamentos. Van en este grupo Segundo Borges (que luego formará parte de uno de los primeros equipos de infiltración), Gilberto Carmona, militante democristiano, Miguelito Chardiet, Modesto Castañer, Arturo Comas, y un pequeño grupo que se había enrolado en Nueva York (Rodolfo Bartelemy, Miguel J. Battle, Rafael de Jesús Bolívar, Antonio Gómez Cendales, Fausto García Menocal, Marcos D. Hernández, Nicolás Molina, Reinaldo Ramos y Ángel Rodríguez); Elino García Puyada y otros.

Con el arribo de este grupo ya ascienden a 187 los jóvenes voluntarios que forman el Ejército de Liberación

FECHA	GRUPO	VOLUNTARIOS
Julio 1º	1.0	31
Julio 31	2-0	29
Agosto 1º	G 1	33
Agosto 1º	G-2	47
Agosto 28	G-3	8
Agosto 30	G-4	39

14- JÓVENES DEL M.R.R. HACIA LOS CAMPAMENTOS

El primero de julio ya marchaban hacia los campamentos de Guatemala los primeros jóvenes que habían iniciado su entrenamiento en Useppa Island y, luego, en Panamá. Pronto los clasifican; unos irán como radiotelegrafistas, otros serán entrenados para ser cadres; es decir, hombres capaces de formar grupos guerrilleros en Cuba. Pasarán primero por Useppa Island. Formarán el primer grupo de diez: José Andreu, José Antonino Díaz Pou, Vicente José Blanco Capote, Javier Souto Álvarez, Armando Acevedo Arencibia, Carlos Rodríguez Santana, Enrique Casuso Pérez, Ramón Machado Vidal y Humberto Solís Jurado.

Los que, originalmente, van a integrar lo que habrá de ser meses después la Brigada 2506, se someten en la Isla Useppa a exámenes físicos y sicológicos y quedan divididos en dos grupos:

1) El que tendría a su cargo la labor de entrenamiento militar, de las comunicaciones y la administración. Este grupo fue enviado a Fort Gullick, Panamá y, después de 14 semanas de preparación en «fuerzas especiales, infiltración, sabotaje y capacitación ejecutiva». fueron trasladados a Guatemala donde se designó a Oscar Alfonso Carol como jefe de todo el grupo.

2) Los que recibieron instrucciones como telegrafistas y comunicaciones en general, también llegaron al campamento principal de Guatemala para completar su preparación junto a los restantes compañeros. De inmediato se inició la construcción del campamento denominado Trax, en las montañas guatemaltecas, y la ampliación de la base aérea en[115] Retalhuleu[116].

No todos los que llegan en aquellas primeras semanas a los campamentos de Guatemala han pasado por la isla Useppa. Manuel (Cawy) Comella había sido contactado en La Habana –cree recordar que por su amigo Edgar Sopo– para venir a Miami. Aquí, tras distintos trámites, el suyo es el segundo grupo que llega a Guatemala. *«En diciembre,* nos dice Cawy, *dividen lo que va a ser la Brigada en dos grupos: 80 hombres de infiltración y lo que será la propia Brigada. Al cambiar los planes me llevan a Panamá».* En enero sale para Miami para preparar su infiltración en Cuba. A sus pasos en la isla nos referiremos en próximos capítulos.

Julio es un mes importante para la lucha clandestina y la política nacional.

Los jóvenes, de la Sección Juvenil del M.R.R., mientras esperan pasar a los campamentos se alojan en la casa que tenían en Brickell Avenue cerca de la Calle 18. Allí estuvo, entre otros, desde mediados de abril del 60 hasta, casualmente el 20 de mayo, Armando Acevedo

---

[115] Será el 10 de noviembre que se cambia el tipo de entrenamiento y se comienzan a preparar las compañías y batallones necesarios para una guerra convencional. Ya no sería una operación de guerrillas en Cuba.

[116] Vicente Blanco Capote «Aportes a la Historia de la Brigada 2506", revista «Girón».

que había comenzado a trabajar dentro del M.R.R. en una célula organizada por Carlos Rodríguez Santana. Es precisamente el 20 de mayo cuando Acevedo formará parte del primer grupo de diez que llegan a la Isla Useppa.

«Allí nos sentaron y empezaron a llamarnos y darnos números. Al primero que llaman es a Pepito Andreu que se convertirá en el 2501, después, Antonino Díaz Pou que será el 2502, Vicente Blanco es el 03; Javier Souto el 2504, yo seré el 05 y Carlos Rodríguez Carlay el 2506[117]».

José (Pepito) Andreu recién regresaba de España donde se había graduado de abogado. Haciendo sus estudios en la Universidad de Villanueva para revalidar su título comienza a escribir en la revista «Quibú». del centro universitario. Participa, junto con Javier Souto, en los sucesos del Parque Central durante la visita de Mikoyán y, poco después, a través de personas de su amistad, le pidieron que se traslade a los Estados Unidos «a participar en algo importante». Días después estará en la Isla Useppa. Será el brigadista 2501.

Antonino Díaz Pou, el brigadista 2502, fue de los primeros en infiltrarse en Cuba. Al igual que los otros se esfuerza en realizar las labores a él encomendadas. Tras el descalabro de Girón, aislado, busca protección en la embajada de Venezuela; temerariamente la abandona y continúa su actividad clandestina[118]. En noviembre, se va a intentar una operación de exfiltración en la que Antonino, tras un breve enfrentamiento, caerá preso. En diciembre será fusilado. Nos referiremos a esta exfiltración en próximas páginas.

El 2503 será Vicente Blanco Capote, el más joven de los integrantes de aquel primer grupo de diez que llega a Useppa Island. Apenas con 16 años, aspirando a ingresar en la Agrupación Católica Universitaria, participa en los sucesos del Parque Central cuando

---

[117] Entrevista de Armando G. Acevedo con el autor, marzo 28, 2005.

[118] Antonino Díaz Pou nació el 11 de diciembre de 1935. Su niñez se desenvolvió en el área de Santa Cruz del Norte. En los primeros meses del año 61 se infiltró en Cuba y comenzó su labor clandestina en la provincia de Oriente. Cuando el fracaso de Bahía de Cochinos se asila en la embajada de Venezuela en La Habana y pasadas varias semanas renuncia a aquel derecho y a la seguridad y se envuelve de nuevo en la clandestinidad. En una operación de exfiltración cayó preso tras un breve enfrentamiento. En diciembre de aquel año será fusilado en la ciudad de Matanzas.

Mikoyán deposita una corona ante la estatua de José Martí. Detenido por varias horas, los padres deciden enviarlo a los Estados Unidos. Llega a Miami el 6 de mayo. Establece contacto con antiguos agrupados y, con varios de ellos, pasará a la isla Useppa el 18 de aquel mes. Comenzará su agitada vida de radiotelegrafista en la Fuerza Aérea de la Brigada 2506.

Proveniente también de las filas católicas viene a Miami el espirituano Javier Souto. A los pocos días ya está en Useppa. Pronto, tras comenzar allí su entrenamiento como radio-operador, se encontrará en Guatemala y, tras tres intentos fallidos, se infiltrará en Cuba Javier Souto, el brigadista 2504 que transmitiendo desde Santa Clara donde tuvo que crear su propia red de colaboradores, lo sorprenderá –como a todos– la invasión de Girón.

Armando Acevedo formaba parte, con Carlos Rodríguez Santana, de una de las células iniciales del recién constituido en Cuba Movimiento de Recuperación Revolucionaria (M.R.R.). Allá le indicaron que viniese a los Estados Unidos para ingresar en los campamentos, cuya ubicación, por supuesto, desconocía. Llega a Miami y el 20 de Mayo del 60 ya está, junto con otros 9 jóvenes, recibiendo su entrenamiento como el brigadista 2505. Será telegrafista y pasará a Guatemala y tendrá, como todos los demás, que construir las propias barracas en que se alojarán. Pero su infiltración en Cuba será muy distinta a la de sus otros compañeros. Lo veremos en próximas páginas.

Carlos Rodríguez Santana (Carlay)[119] le dará su número, 2506, a la Brigada en la va a militar. Carlay tiene un mérito extraordinario, pocas veces reconocido. Fue uno de los fundadores del M.R.R.. Su trabajo, como visitador médico, le facilitó recorrer la isla, una y otra vez, estableciendo los contactos necesarios para estructurar en todo el territorio los primeros cuadros del M.R.R. en el que ocupó las más altas posiciones. Sobre Rodríguez Santana hablaremos en extenso en este libro, porque lo merece este pionero de la lucha contra el régimen de Castro.

---

[119] Carlos Rodríguez Santana (Carlay) nace en La Habana el 21 de julio de 1938. Muere en los campamentos el 7 de septiembre de 1960.

Enrique Casuso fue el brigadista 2507. Asignado al grupo de Alberto Muller con quien subió a la Sierra, estuvo preso como 15 años.

Ramón Machado, brigadista 2508. La misión original de Machado fue alzarse en la Sierra Maestra. Después de estar alzado y de varias escaramuzas, Machado fue el único que recibió un dropping de armamento originado en la base Rayo de Guatemala. Lo recibió de casualidad, pues se había desplazado del sitio original del dropping porque el ejército se estaba acercando, y a los pocos días un guajiro les notificó que había encontrado unas cajas, y eran las armas. Luego Machado regresó a la base de Guantánamo y empezó a entrenar a un grupo para preparar el desembarco en la zona de Imías (donde desembarcaría Nino Díaz).

Ramón Machado, proveniente de la Escuela de Belén pronto formará parte de los teams de infiltración. Se infiltrará a través de la Base Naval[120] por sus estrechas relaciones con el Teniente Feeney, Jefe de Inteligencia de la Base.

Alzado en la Sierra le explota un detonador y queda gravemente herido. Luego se reintegra nuevamente a la lucha. Estando herido vio pasar por la Base Naval de Guantánamo a Antonino Díaz Pou. También al Padre Francisco (Paco) Guzmán.

José Antonio Raffo Barrera será el brigadista 2509. De extracción católica como sus primeros compañeros, y luego de haber realizado en Cuba sus funciones de radio-operador, al producirse el fracaso de Playa Girón partirá hacia Italia donde ocupará la presidencia de los estudiantes de la Universidad Gregoriana de Roma. En aquella ciudad, por sus amplias relaciones, Raffo les facilitará a Manolo Artime y a Nilo Messer las gestiones que, entre otras, están realizando para conseguir que a Monseñor Boza Masvidal se le concedan mayores facilitades para viajar a los Estados Unidos y actuar como obispo auxiliar para ayudar a los cubanos de Miami.

A Humberto Solís Jurado le corresponderá el número 2510. Fue Jorge Gutiérrez Izaguirre su amigo y compañero del Colegio Belén quien lo

---

[120] No todos entraban en la Base por mar o brincando la cerca. Algunos, como Ramón Machado, llegaron vistiendo uniforme de oficial de la Marina (Narración de Harold Feeney, Jefe de Inteligencia de la Base de Guantánamo, a Vicente Blanco).

invita a marchar hacia los campamentos. Será entrenado como radio-telegrafista. Se infiltrará en La Habana. Luego del fracaso de Girón Humberto participa en acciones comandos sin respaldo oficial. En una de ellas –a la que nos referiremos más adelante- será detenido por las autoridades norteamericanas cuando, junto a otros compañeros iba a abordar un pequeño Beech Craft con el que tenían planeado atacar una refinería de petróleo en las afueras de La Habana.

Rodolfo Hernández Herrera (Seafury), brigadista 2554, aunque procedía de la Fuerza Aérea Cubana, fue seleccionado como cadre y formó parte de los equipos de infiltración, con el grupo del que formaba parte Ramón Machado. Machado, que antes había estado alzado en la Sierra, estaba entrenando a los que iban a recibir el desembarco en la zona de Imias cuando, accidentalmente, le explotó una caja de detonadores hiriéndolo a él y a varios de sus compañeros[121].

Para recibir entrenamiento en radio comunicación partían hacia la Isla Vieques el 20 de junio (1960) Emilio Martínez Venegas, José R. Andreu, Adolfo Mendoza, Jorge Rojas Castellanos, Pedro Acebo, Luis Soria, Frank Bernardino, Pepín López, Hugo Gómez, Pedro Vera y Manuel Fred.

También llegan a Useppa y a los campamentos hombres que provienen de otras filas.

Manolo Blanco Navarro, graduado en la Academia Militar de Managua, en Cuba, se había enfrentado a Castro en la Sierra Maestra bajo el mando del Coronel Sánchez Mosquera. Su coraje le ganó el respeto de sus compañeros y adversarios. A la caída del régimen de Batista se encuentra Blanco Navarro en Miami y el 21 de julio, formando el tercer grupo de diez, llega a la Isla Useppa y para iniciar, como el brigadista 2530, su entrenamiento para formar parte de los equipos de infiltración.

Armando Acevedo es uno de los jóvenes que comienza su actividad frente al régimen en una de las primeras células que crea en La Habana la Sección Estudiantil del M.R.R.. Lo contacta, como antes dijimos, Carlos Rodríguez Santana (Carlay). *«Estuve trabajando con esa célula hasta que a principio del 60 me dijeron que tenía que venir para Estados Unidos para integrarme en los campos de entrenamien-*

---
[121] Fuente: Vicente Blanco Capote (2503).

to. Mi primer estadía fue en la casa que el M.R.R. tenía en la Avenida Brickell y la Calle 18». Será el Brigadista 2505. Será entrenado como telegrafista. *«Y el 4 de julio salimos de allí y nos llevaron para Guatemala donde comenzó el entrenamiento[122]. Allí, como éramos miembros del M.R.R. teníamos nuestras pequeñas celulitas en cuyas minicélulas participábamos, entre otros, Jorge Gutiérrez Izaguirre y Humberto Colindres».*

Estando en los campamentos participa en el levantamiento de Puerto Barrios cuando se produjo una rebelión contra el gobierno del Presidente Idígoras Fuentes que fue aplastada, principalmente, por soldados leales y miembros de la incipiente Brigada 2506[123].

En febrero 11 de 1961 Armando Acevedo se infiltra en Cuba en un vuelo comercial. Comienza su labor de radio operador junto con Bernabé Peña, José (Gugú) Basulto, Gabriel Durán, Manuel Reyes y otros. Trabajará, también, con Isidro (Chilo) Borja, Miguelón García Armengol, Enrique Casuso, Roberto Bustillo y muchos más. En el capítulo V mencionaremos el trabajo realizado por este grupo.

Dos días antes se ha infiltrado el Cawy Comella[124]; como misión lleva entrevistarse con Rogelio González Corso (Francisco) junto a quien trabaja su hermana María Comella. Funcionará, también, con Pedro Blanco, Carlos Bandín y Rafael Tremols (el Fósforo). A las pocas semanas, junto con sobresalientes figuras del MRP y otras organizaciones, comenzará a preparar el Plan de Abril 9 que se frustará al no recibirse las armas y suministros ofrecidos y al que nos referiremos en el Capítulo VI.

Otro de los que entró por el aeropuerto fue: M. Penton #2597, que no era de los de Useppa, pero fue del primer grupo en llegar a Gua-

---

[122] Entrevista del autor con Armando Acevedo, marzo 28, 2005.
[123] El 13 de noviembre de 1960 un grupo de oficiales del ejército guatemalteco se levantó en armas contra el gobierno del Presidente Miguel Idígoras Fuentes tomando Puerto Barrios y Zacapa. Entre los jóvenes oficiales se encontraban Luis Turcios Lima y Marco Antonio Yon Sosa. Serán, luego, figuras importantes de las fuerzas de izquierda de Guatemala. Turcios Lima utilizado hasta el final de su vida por Fidel Castro, y Yon Sosa execrado por el gobernante cubano luego de que, anteriormente, lo había ensalzado.
[124] Manue(Cawy) Comella será el Brigadista 2637 y, como los demás, luego de pasar por la Isla Useppa recibirá su entrenamiento

temala después de los telegrafistas y ayudaron a hacer la base. Estuvo en el grupo de Javier Souto y se le escapó al G-2 de la cárcel, en Cienfuegos.

Sigue, en la etapa previa a Playa Girón, activo el M.R.R. Manuel Villanueva, oriundo de Santiago de Cuba su vida transcurre entre Santiago y Sagua de Tánamo. Graduado de bachiller en Guantánamo y se traslada a La Habana. Participa, en unión de Daniel Nieves, José Guerra y otros en la Sección Estudiantil del M.R.R. bajo la dirección, en Cuba, de Luis Fernández Rocha (Luciano) *«diría que la persona más importante que se quedó en Cuba y que organizó el Directorio, se llama Luis Fernández Rocha, conocido por nosotros como Luciano».*[125].

«Yo empecé haciendo contacto en la universidad con los que estaban descontentos con el camino que estaba tomando la Revolución. Estaban Muller, Salvat y muchos que eran de la ACU (Agrupación Católica Universitaria). Cuando vino la elección a la presidencia de la FEU yo estaba con Pedro Luis Boitel. Quisieron que yo aspirara a la presidencia de mi escuela (Agronomía) pero salió mi adversario».[126].

Los jóvenes se agrupaban primero como la Sección Estudiantil del MRR pero luego ingresaron en el DRE, nos dice Cheo Guerra que, aunque no participó en lo del Parque Central cuando lo de Mikoyán, se integra en el Directorio, y comienza la lucha. Empezó con Daniel Nieves que era de su pueblo, Jovellanos. En Acción estaba Manuel Villanueva, René de Armas. Trabajó con Miguelón, recién infiltrado. Estamos hablando de fines del año 60.

«Yo caí preso el 12 de diciembre del 60. Me habían designado Jefe de Acción a principios de noviembre del 60. Caí preso porque había venido de Ciego de Ávila, Lorenzo Gonzalo que estaba en una casa de seguridad en Ayestarán donde teníamos armas. Cuando fuimos allí nos estaba esperando el G-2. Caímos presos Lorenzo, Villanueva y yo. Daniel había caído antes. Alfredo González cayó después, como un año después. Nos cogieron con petacas de C-3, no C-4».

---

[125] Entrevista de Manuel Villanueva Martínez, marzo 31, 2005.
[126] Entrevista de Ernesto (Cheo) Guerra conel autor, abril 9, 2005.

Fueron condenados Cheo Guerra y Villanueva a 30 años. Antes había llevado armas a la guerrilla comandada por Erelio Peña en la provincia de Matanzas. Nos dice Cheo Guerra: «*Nosotros caímos presos por un chivatazo, no por alguien infiltrado; para mí comienza mi labor clandestina con mi amigo de Jovellanos, Daniel Nieves quien participó en la sección de acción del M.R.R. junto a Manuel Villanueva y René de Armas*». En noviembre de 1960 es jefe de acción de aquella organización. Es detenido el 12 de diciembre de 1960 «*porque había venido de Ciego de Ávila, Lorenzo González que estaba en una casa de seguridad en Ayestarán donde teníamos armas. Cuando fuimos allí nos estaba esperando el G-2. Les habían dado un chivatazo. Caímos presos Lorenzo, Villanueva y yo. Daniel Nieves había caído antes. Nosotros caímos presos por un chivatazo, no por alguien infiltrado*». nos dice Cheo Guerra en la entrevista de abril 4 de 2005.

15- LA AGRUPACIÓN CATÓLICA UNIVERSITARIA: «FUENTE PRIMARIA DE LA CONTRARREVOLUCIÓN».

No están desacertados los voceros y escritores del régimen de Castro al afirmar que «*la Agrupación Católica Universitaria (ACU) fue la fuente primaria del movimiento contrarrevolucionario*».[127] y que «*en especial sirvió de base al Movimiento de Recuperación Revolucionaria (MRR)*», la primera y más importante de las organizaciones «*contrarrevolucionarias de la derecha católica*». También –afirma el escritor Jesús Arboleya– «*de la ACU surgieron el Movimiento Demócrata Cristiano (MDC) que agrupó al sector más conservador y económicamente más poderoso... y el Directorio Revolucionario Estudiantil (DRE) que representaba al estudiantado...*» Con, para muchos, el derogativo calificativo de «contrarrevolucionario»... se esfuerza Arboleya, como los demás voceros castristas, en identificar a la oposición al régimen dictatorial, controlado ya por los comunistas.

---

[127] Jesús Arboleya, «La Contrarrevolución Cubana», Editorial de Ciencias Sociales, La Habana, 1997.

Tienen los jóvenes de la ACU, desde que empiezan a dar sus primeros pasos, el respaldo de muchachas de otras congregaciones religiosas. De las primeras en cerrar filas con ellos están Rosalía González Anleo, Isabelita Alonso, Lula Santos, Gladys Abella, María Elena Rivero, Ady Pino y Teresita Valdés Hurtado, de la Congregación de la Rosa Mística.

Nos dice Ady Pino, que provenía de la Escuela Baldor, que *«con quien más estrechas relaciones tuve fue con Ernesto Fernández Travieso. Yo estudiaba Derecho Civil y Diplomático pero compartía con Ernesto las clases de Ciencias Sociales. Escribíamos en «Trinchera». y «Aldabonazo». y repartíamos propaganda. Recuerdo cuando muchos del Directorio fuimos a la CMQ para protestar del atropello que estaban cometiendo contra Luis Conte Agüero, y el día que Mayato me invitó a ir con él y otros a poner una bomba en la Plaza Cadenas a lo que yo, por supuesto, me negué, aunque eran bombas de ruido y no de metrallas».*

Han pasado los sucesos de Mikoyán en el Parque Central, la exposición de artículos soviéticos, la explosión de la Coubre y las asambleas ordenadas por Cubela para expulsar a Muller, Salvat y Fernández Travieso. La situación se va haciendo cada vez más difícil para los jóvenes estudiantes. Salen éstos de Cuba en agosto.

16- COMO LOGRAR UNA VISA

El siguiente mes saldrán Ady Pino y Teresita Valdés Hurtado tras conseguir sus visas con el asesoramiento de su amigo Juanito Azel:

«Lleguen a la embajada, díganle a la recepcionista que tienen una cita con Mr. Smith en el quinto piso y sigan derecho hasta el elevador...»

Así lo hicieron. Hablaron con «Mr. Smith». que resultó ser el luego, muy lamentablemente conocido Wayne Smith, recién promovido a la Sección Política, quien tras algunas preguntas de rutina las remitió a ver a Mr. Sutock en la Sección de Visas. Éste les exigió a cada una presentar un «affidavit». de $50,000. Sus familiares los consiguieron. A los pocos días estaban de vuelta ante Mr. Sutock quien les presenta algunas objeciones. Una de ellas bien válida: «Ustedes son jóvenes. ¿Quién las va a sostener en los Estados Unidos?. Ady no

EL DIRECTORIO REVOLUCIONARIO ESTUDIANTIL

Al constituirse el Directorio Revolucionario Estudiantil, Juan Manuel Salvat, que había participado activamente en los sucesos del Parque Central, ocupará la secretaría de propaganda del DRE y, posteriormente dirigirá el ataque al hotel Rosita de Hornedo donde se alojaban diplomáticos y militares soviéticos.

Distintos medios utilizaba el Directorio Revolucionario Estudiantil para recabar fondos que le permitieran realizar sus arriesgadas actividades, entre ellas las contribuciones de sectores amigos y la amplia distribución de bonos con la imagen de José Antonio Echeverría.

vaciló en la respuesta. Sin saber exactamente lo que esas palabras significaban dijo con gran naturalidad: «La CIA se va a ocupar de nosotras». Las visas les fueron otorgadas de inmediato[128]. El 8 de septiembre ya estaban en Miami.

Otros, que formarán parte de la Sección Estudiantil del M.R.R. comienzan también, desde temprano, sus actividades frente al ya despótico régimen. Este es el caso de Alfredo González (Baracoa) que interviene junto con Manolito Villanueva, para impedir que el grupo que respondía a Rolando Cubela, entonces recién designado Presidente de la FEU, continuara agrediendo a Ernesto Fernández Travieso, su compañero de la Agrupación Católica Universitaria (ACU). Fue éste su primer paso para integrarse, casi de inmediato, a una célula de la Sección Estudiantil del M.R.R..

Alberto Muller, Salvat y Ernesto Fernández Travieso, bajo la protección de la embajada de Brasil, salen poco después de los sucesos del Parque Central para el exilio. Será el 19 de agosto (1960) que los estudiantes se acogen al asilo en la ciudad de Miami. Pronto la Agencia Central de Inteligencia comenzará a establecer contacto con ellos.

En Cuba quedó Luis Fernández Rocha como Secretario General junto con José María Lasa, Bernabé Peña y otros. Tony García había salido al extranjero pero fue el primero en regresar a Cuba (después cayó preso cuando ayudaba en la organización de los alzamientos del Escambray, (entrevista de Manolo Salvat).

Ya para el 4 de agosto (1960) cesa, de hecho, la autonomía universitaria cuando el gobierno pone la dirección de la universidad en manos de la Junta Superior de Gobierno[129].

El 8 de agosto (1960) se leyó en todas las iglesias una pastoral firmada por el Cardenal Arteaga y los obispos que integran el episcopado cubano en la que se afirmaba que el catolicismo y el comunismo respondían a dos concepciones del hombre y del mundo totalmente opuestas.

Se prepara por figuras del gobierno hacerle un «cerco a las Tres Ardillas». que era como nos llamaban a nosotros, arrestarnos y acu-

---

[128] Testimonio de Ady Pino, octubre 18, 2005.
[129] Ley 859 de esa fecha.

sarnos de haber colocado una bomba. El MRR que era el Movimiento al que los tres (Muller, Salvat y yo) pertenecíamos, decidió que debíamos salir del país. Creo que estuvimos escondidos como en 18 lugares distintos. Uno de ellos en el Convento de Los Franciscanos que era del Padre aquel, que no estaba muy claro todavía, el Padre Biain, de «La Quincena» en la casa de Alberto Alejo, de la Cerveza Polar; precisamente allí había estado José Ignacio Rivero, porque semanas antes había ocurrido el ataque y confiscación del «Diario de la Marina».

Esa casa, por el fondo, era colindante con la Embajada de Perú, que tenía dificultades en aquellos momentos para otorgar asilo. Así que el embajador contactó al embajador Vasco Leytao de la embajada del Brasil quien nos acompañó en un carro con bandera brasileña hasta el avión, nos sigue narrando Ernesto Fernández Travieso.

CAPÍTULO V

LA LUCHA EN EL ESCAMBRAY

1- SE INICIA LUCHA EN EL ESCAMBRAY

Poco antes –mayo de 1960– muchos hombres de campo y desilusionados miembros del Ejército Rebelde se han alzado en la Sierra del Escambray. ¿Cómo había surgido aquel movimiento?

A su paso por Las Villas, al frente de la Columna Ocho, Ernesto Guevara había establecido vínculos con figuras del Movimiento 26 de Julio y del Partido Comunista en aquella provincia central. Entre ellos el autonombrado Comandante Félix Torres, el Capitán Calixto Morales, el Comandante René Rodríguez, el médico Guillermo Rodríguez (Gallo Ronco)[131] a quienes, a su llegada a La Habana los nombrará en posiciones importantes. Pronto comenzarán sus abusos y atropellos y, con Félix Torres, los crímenes.

En octubre de 1959, Orlando Bosch, que, como Coordinador Provincial del Movimiento 26 de Julio había sido designado gobernador de la provincia (sustituyendo a Calixto Morales), ante los abusos que se estaban cometiendo discute con un antiguo compañero de lucha: el Comandante Diego (Víctor Paneque) la evidente penetración comunista en las filas del gobierno. Coinciden en que deben organizarse guerrillas y regresar a la lucha clandestina contra la incipiente tiranía. Se reúnen con Gervelio Gutiérrez (Mimo), Eliecer Grave de Peralta[132], Sandalio Cárdenas, Plinio Prieto y Sinesio Walsh.

Los oficiales del Ejército Rebelde, Joaquín Membibre, Diosdado Mesa y Vicente Méndez se habían sublevado tomando el Cuartel de Camajuaní pasando luego al Escambray. Llegan en junio Justo Hernández Moya (Guerrita) y Eusebio Peñalver. Pronto se producirán múltiples alzamientos en aquella zona montañosa en que sobresaldrán las figuras de Osvaldo Ramírez, Plinio Prieto, Edel Montiel, Víctor (Chiche) Gómez. Así se constituyó el Movimiento Insurreccional de

---

[130] Entrevista de Ernesto Fernández Travieso con Enrique Ros.
[131] Hoy general y suegro de Raúl Castro. Fuente: Orlando Bosch. «Cuarenta Años de Lucha. Cuarenta años de Razón».

Recuperación Revolucionaria (MIRR) del que será Bosch el Coordinador General. Todos forman un *«Frente Guerrillero Anticastrista».* del que era Sinesio Walsh el comandante en jefe.

En octubre de 1960 caen presos y serán fusilados Sinesio Walsh, Porfirio Ramírez y Plinio Prieto (a Plinio Prieto lo sustituirá Evelio Duque).

Pena de muerte por fusilamiento pide el Tribunal Revolucionario de Santa Clara a Plinio[133], Porfirio, Sinesio, José Palomino y Ángel Ramírez el 11 de octubre (1960), que es la pena pedida por el Fiscal Juan Escalona Reguera[134], y los vocales José Ferrer Brito, Ibrahim Machado, José Galván Ríos y Leonel Torres. El juicio cuenta con testigos acusadores: Los comandantes Manuel Fajardo y Félix Torres, y los agentes del G-2 Enio Hevia, Aníbal de los Suárez y Manuel Torres Morales. Uno de los abogados defensores será José Asencio. Es la Causa 829 del 60 radicada por delito Contra los Poderes del Estado. Se apela la sentencia y uno de los integrantes del Tribunal Superior Revolucionario de Las Villas será Víctor Dreke[135], que se distinguirá por su crueldad en los campos de trabajo forzado de la UMAP.

El juicio celebrado en Santa Clara contra 152 acusados de *«actividades contrarrevolucionarias».* terminaba el 12 de octubre con la sentencia a muerte a Plinio Prieto, Sinesio Walsh, Porfirio Ramírez, José Palomino, Ángel Rodríguez del Sol y Armando Rodríguez.

El Presidente de la Federación Estudiantil Universitaria de la Universidad de Las Villas escribe una conmovedora carta instando a la lucha a todos los estudiantes:

«Quiero aprovechar estos postreros instantes de mi vida para hacer un lamamiento a todos mis compañeros...a todos los estudian-

---

[132] Eliecer Grave de Peralta, oficial del Ejército Rebelde, sirvió en la Columna Dos bajo las órdenes de Camilo Cienfuefos, primero en Oriente y luego en Las Villas, participando en la batalla de Santa Clara. Desengañado de la Revolución conspiró con el Comandante Víctor Paneque y lo acompañó en su viaje a los Estados Unidos.

[133] Según la madre de Plinio Prieto su hijo fue capturado por la traición de Félix Hurtado, oficial de la guerrilla de Plinio en quien él confiaba.

[134] El Tribunal Revolucionario está presidido por el Teniente Claudio López Cardet.

[135] Víctor Dreke encabezará en mayo de 1965 la expedición de soldados cubanos que, junto con Ernesto Guevara, pelearán, y serán derrotados, combatiendo al régimen de Kasavubu y Mobutu, en el Congo.

Porfilio Remberto Ramirez, capitán de las guerrillas del Escambray en la lucha contra Batista. Fue elegido presidente de la Federación Estudiantil Universitaria de la Universidad Central de Las Villas. Tomó las armas, de nuevo, en las montañas del Escambray, contra la tiranía castrista, siendo capturado y fusilado. Mártir del Directorio Revolucionario Estudiantil (DRE).

tes de Cuba y de América para que estrechen filas en contra del «monstruo rojo». del Caribe...sé que voy a morir dentro de pocas horas; no tengo miedo. Sé que mi muerte no ha sido en vano...estudiantes y pueblo de Cuba, la Patria necesita de ustedes hoy más que nunca, la América también».

Pero poco antes se había producido el primer combate en el Escambray que se libró en un área llamada Sitio de Juana cuando el grupo de Osvaldo Ramírez apenas lo componían 18 hombres[136].

En el Naranjal, pelean Edel Montiel, Zacarías López y los hermanos Tardío (Camilo, Blas y Benjamín que mueren fusilados, y Lupe que muere en acción); de estos hermanos sólo sobrevivirá Genaro[137].

En Mataguá, el sanguinario Torres detiene, en octubre de 1960, a Gloria Argudín[138], la amenaza con fusilarla para amedrentarla, sin éxito, y que hablara y denunciara a sus compañeros. Recordará después, Gloria Argudín de Moreno, el largo y doloroso peregrinaje de tantas presas políticas cubanas: Topes de Collantes, el G-2, Guanajay, Baracoa. Heroico camino verídicamente descrito por Pilar Mora Morales en «El Presidio Político de Mujeres».

Otra mujer, Vivian de Castro, popular actriz de radio y televisión pudo subir a El Escambray el 3 de octubre de 1960 y entrevistarse con Osvaldo Ramírez. El grupo es emboscado, los alzados se desbandan y muchos son capturados. Cinco serán fusilados.Vivian será condenada a 15 años.

La guerrilla de Evelio Duque estaba infiltrada. Años después Seguridad del Estado da a conocer que Orlando Hernández Lema había sido el primer agente de los órganos de la Seguridad del Estado en infiltrar la banda de Evelio Duque. Otras son infiltradas después. Lo mismo sucedió con la guerrilla de Osvaldo Ramírez en la que Reinerio Perdomo se infiltró y mantuvo informado de los movimientos a los órganos de represión del gobierno.

---

[136] Dato de Guillermo Pérez Calzada, –que había formado parte del Segundo Frente del Escambray en la lucha contra Batista– a Enrique Encinosa que lo recoge en su obra «Cuba. The Unfinished Revolution».

[137] Enrique Encinosa. Cuba: The Unfinished Revolution.

[138] El de Gloria S. Argudín de Moreno es uno de los varios testimonios relatados por las presas políticas cubanas y recogidas en la obra «El Presidio Político de Mujeres en Cuba Castrista». de Pilar Mora Morales.

Pronto comenzarán a establecerse relaciones entre las organizaciones clandestinas urbanas y, principalmente, los alzados en Matanzas y el Escambray. En Matanzas una de las figuras principales era Juan José «el Pichi». Catalá. A esa estrecha relación nos referiremos en los próximos capítulos.

2- MOVIMIENTO DE RECUPERACIÓN REVOLUCIONARIA (M.R.R.)

El M.R.R. iba robusteciéndose. Se le van incorporando jóvenes procedentes de todas las provincias. Uno de ellos Alfredo González, nacido en Baracoa que pasa sus primeros años en Guantánamo y otros pueblos de Oriente antes de pasar a La Habana donde ingresa en 1959 en la Escuela de Ciencias Sociales de la Universidad Nacional. Un día cualquiera él y su amigo Manolito Villanueva ven que están maltratando a un joven estudiante, compañero de ellos de la ACU (Asociación Católica Universitaria). Intervienen para evitar aquel atropello. El agredido era Ernesto Fernández Travieso.

Surgió de aquel incidente una vinculación que los llevó a Alfredo y a Manolito Villanueva a repartir unos panfletos *(«ni siquiera sabíamos lo que decían»)* en la Escuela de Ciencias. Así comenzó la actividad revolucionaria de aquellos jóvenes. *«Ya estábamos comprometidos y empezamos a participar en la Sección Estudiantil del M.R.R."*[139]. *«Un día nos dijeron «Ya no seremos el M.R.R.; ahora empezaremos a funcionar como Directorio Revolucionario Estudiantil».* Poco después estarán cooperando con el levantamiento de estudiantes que se está preparando para hacerlo en la Sierra Maestra, en las inmediaciones de Manzanillo. No se realizó al producirse, sin previo aviso al movimiento clandestino, la invasión del 17 de abril.

El camino de Manuel Villanueva es parecido. Oriundo de Santiago de Cuba transcurre su vida entre Santiago y Sagua de Tánamo. Graduado de bachiller en Guantánamo pasa después a La Habana. Comienza a participar en la Sección Estudiantil del M.R.R. que ya, meses antes de Girón, se ha integrado en el Directorio Revolucionario Estudiantil (DRE).

---

[139] Paso previo a su incorporación al DRE.

«*De hecho, el que se quedó en Cuba y organizó el Directorio Revolucionario Estudiantil fue Luis Fernández Rocha que nosotros conocíamos como Luciano. Cuando Muller llegó a Cuba ya el Directorio estaba organizado, desde Pinar del Río hasta Oriente*».[140]. «*Yo era parte de la Sección de Acción del Directorio, compartiendo los riesgos en acciones de sabotaje con compañeros de Matanzas, como Daniel Nieves y José Guerra que hicieron contacto con los alzados en aquella provincia a los que le llevaron las pocas armas que tenía el Directorio. Allá, con ellos, estuvo Campitos. De hecho comenzamos a trabajar con el M.R.R. de Matanzas cuyo coordinador era Erelio Peña. Yo no tuve contacto con Campitos. No sé si Daniel lo tuvo*».

En noviembre de 1960 Villanueva y otros miembros del Directorio –al mes de conmemorarse el fusilamiento en Santa Clara de Porfirio Ramírez, Plinio Prieto y Nelson Orta– detonaron una bomba a la entrada de la universidad, donde habían colocado un busto de Mella. «*Después yo me enteré, estando preso, que la gente de Seguridad del Estado habían culpado de esto a otros, que también eran universitarios*»; *poco después Daniel Nieves cayó preso por poner un disco contrarrevolucionario en una estación de radio*».

Las instrucciones las recibía de Luciano (Fernández Rocha) que era Secretario General del Directorio. «*El fue quien nos organizó de una punta a la otra. Nosotros lo mirábamos como si fuese la continuación de Manzanita (José Antonio Echeverría). Después vino Girón*».

3- SE ORGANIZA EL M.R.R. EN ORIENTE Y MATANZAS

Uno de los primeros en incorporarse al M.R.R. es Ernestino Abreu que había estudiado la carrera de Ingeniería Agrónoma junto a Rogelio González Corso. Luego, ambos trabajaron en la Productora de Super Fosfatos.

Manolo Artime en los últimos meses de 1959 fundó Legión Acción Revolucionaria con la que tenían estrechas relaciones muchos jóvenes que, al constituirse el M.R.R., formarían la Sección Estudiantil de esta organización.

---

[140] Entrevista de Manuel Villanueva Martínez con el autor, marzo, 2005.

Desde enero de 1960 Ernestino estaba en contacto con Guillín Ros y el Capitán de la Fuerza Aérea, Abel Hera. Ellos han organizado Acción Revolucionaria (AR) en Manzanillo. Ya, para entonces, el M.R.R. ha comenzado a funcionar en La Habana. Para no chocar con Nino Díaz, Ernestino se encarga de organizar la parte occidental de Oriente.

«Cuando se está organizando el M.R.R. en La Habana yo estoy al tanto por mi amistad con Rogelio y por Guillín Ros, y Rogelio me pide que organice la parte occidental de Oriente: Manzanillo, Victoria de las Tunas, Holguín, Puerto Padre (Manolo Rodríguez, que ya murió era coordinador muy eficiente). En Bayamo el Coordinador era el Gerente del Banco Continental. En Manzanillo la coordinació estaba en manos de Amado León. Yo tuve a mi cargo organizar Campechuela y Niquero; en total siete municipios».[141].

Ernestino se ve obligado a salir de Oriente en el mes de agosto.

«Ya estaba la división andando[142] y el Dr. Oscar Salas y yo fuimos a hablar con Manolín Bilbao en Santiago de Cuba. Manolín era el Coordinador; el hombre de confianza de Nino Díaz. Hablamos y le planteamos que hablase con Nino para tratar de llegar a un acercamiento; no llegamos a nada"; recuerda Ernestino Abreu. *«No tuve contacto con Lorié porque se fue temprano. El hecho era que Guillín Ros iba a sustituir a Lorié. Cuando pasé a La Habana le informé a Francisco lo que había realizado en Oriente y me pidió que lo ayudara en Matanzas.*

En Matanzas ya estaba trabajando por el MRR Acevedo[143], dueño de una tienda y representante de las máquinas Singer, y Abel Socarrás. Se les une el abogado Mario Tápanes que, colaborando con Abreu, se hace cargo de la ciudad de Matanzas y los municipios cercanos. En Colón asume la responsabilidad Daniel Gómez. Y en Jaguey Grande, uno de los municipios mejor organizados, el trabajo clandestino quedará en manos de Roberto Delgado, mientras que en

---

[141] Entrevista del autor con Ernestino Abreu, marzo 23, 2005.
[142] La División del M.R.R. comenzó a hacerse pública a fines de junio y principios de julio de 1960.
[143] Era el padre de Armando Acevedo uno de los miembros de los teams de infiltración.

Jovellanos esa responsabilidad la asumirá el ingeniero Guillermo Domínguez. El Coordinador del Municipio de Cárdenas era Juan Argüelles que vivía en Varadero. Argüelles caerá preso y será condenado a 20 años.

Uno de los primeros en incorporarse al MRR en Matanzas es Daniel Nieves, quien como tantos, procedía de las filas del 26 de Julio. Al triunfo de la Revolución ingresa, como Teniente, en el Ejército Rebelde. Pronto se decepciona del rumbo que está tomando el gobierno y comienza a conspirar. Trabaja junto a Ernestino Abreu en distintos municipios de la provincia pero al producirse la ruptura del MRR se une al Directorio Revolucionario Estudiantil al frente de la Sección de Acción y Sabotaje vinculándose más estrechamente con Luis Fernández Rocha (Luciano). Su segundo al mando de aquella sección era José (Cheo) Guerra.

«Las primeras armas que les llegan a Pichí Catalá se las llevamos Cheo y yo desde La Habana. Las llevamos primero a Matanzas y, de allí, a Jovellanos».[144].

Mantiene Daniel Nieves las más estrechas relaciones con Erelio Peña, provinciano y, como él, procedente del 26 de Julio y oficial del Ejército Rebelde. Ambos se incorporan al MRR junto con Isauro Ramos, el Negro Vicente y Amado Tanquero.

Daniel cae preso el 4 de noviembre de 1960. *«Tomamos una estación de radio en Luyanó (Radio Éxito) con Luciano. Pusimos un disco con una arenga que salió al aire. Esa noche teníamos una reunión del Ejecutivo del Directorio. Cuando fui a recoger mi carro que lo había dejado al costado de la universidad fui detenido por una patrulla (aparentemente la chapa del automóvil la había informado alguien que estaba cerca de la estación de radio). Les dije que estaban equivocados y les mostré mi carnet de Teniente del Ejército. Ya los tenía convencidos cuando por el radio de la patrulla les llega en la voz del propio Efigenio Ameijeiras, Jefe de la Policía, la orden de que me lleven arrestado».*

Será procesado Daniel Nieves en la Causa 547 de 1960.

Cuando llega Castro al poder Generoso Bringas estaba alzado en Pinar del Río. Se encontraba con Clodomiro Miranda. Luego del pri-

---

[144] Entrevista de Daniel Nieves con el autor, octubre 27, 2005.

mero de enero regresó a su pueblo, Jovellanos. Erelio Peña era el capitán del cuartel de Jaguey Grande y Generoso, primer teniente. Pronto se percataron que los comunistas estaban tomando todas las posiciones:

«En el pueblo nuestro los comunistas convocaban a distintas reuniones y nosotros tratábamos de impedirlas. A veces nos detenían pero, como éramos del Ejército Rebelde, en seguida nos dejaban en libertad. Y pronto comenzamos a funcionar un grupo de amigos como M.R.R. Me llevaron, antes, como oficial del Ejército Rebelde, a una academia para entrenarme y uno de los instructores era el Coronel Alberto Bayo. Sin saberlo ellos, y luego, también al G-5 en La Habana con el Comandante Castilla. Regresé, ya licenciado, a mi pueblo trabajando en Obras Públicas y visitaba distintos pueblos de la provincia. Fue en ese momento que Erelio Peña se alzó en la finca Manuelita y todos procedíamos del 26 de Julio. Creo que la primera reunión para constituir el M.R.R. se realizó en enero o febrero en Sancti Spiritus. En el momento en que se estaba formando el M.R.R. con Manuel Artime, Yabor, Lorié. Yo era el enlace entre las distintas poblaciones».

En aquella época Generoso no conocía a Ernestino Abreu. Él vino a organizar la provincia de Matanzas, y sólo lo conocía por su nombre de guerra, Juan José.

«Una noche, nos dice Generoso Bringas, yo tenía que estar en una reunión en La Habana, pero el ejército había hecho un cerco. Yo estaba en una finca cercana cuando se llevaron presos a mi padre, a mi madre y a mis hermanas, y el ambiente del pueblo se puso muy tenso. En Jovellanos estaba precisamente la comandancia y el comandante del pueblo dio órdenes de que soltaran a nuestra familia. Entonces fui a una reunión que había en Varadero que se iba a celebrar dentro de unos tres días y de allí me fui para la guerrilla. El Pichi estaba en la zona de Pedro Betancourt, me designó su segundo jefe y me envió a la zona norte, zona de Carlos Rojas. En aquellos momentos teníamos cinco o seis guerrillas en Matanzas. Teníamos que estarnos moviendo de un lado para otro. Un día Pichi me mandó a buscar porque venía gente de La Habana. Quien llegaba era Alfredo Hernández, que cumplió un gran número de años de cárcel, y lo que venían a decirnos era

que uno de los nuestros tenía que ir a los Estados Unidos a recibir un entrenamiento. A los pocos días me llevaron al Punto Fundora para salir de Cuba. Salí por el Punto Fundora el 29 de marzo. A los pocos días debía regresar a Cuba. Iba con Ricardo Chávez, el Mexicano, pero no pudimos infiltrarnos».[145].

En el tiempo que transcurre entre el 11 de agosto a octubre quedaron organizados para el M.R.R. los 22 términos de la provincia de Matanzas. Por su cercanía, Abreu organiza también Aguada de Pasajeros y Rodas; del que será Coordinador Sergio Novoa. Pero en octubre se le asigna una nueva responsabilidad. Así lo recuerda Ernestino:

«Por el mes de octubre se me apareció el Capitán Erelio Peña a quien habían nombrado jefe del cuartel de Jaguey Grande y había desertado. Yo no lo conocía a él pero venía acompañado de su tío Panchito y su primo Pichí Hernández. Me hablan de Juan José Catala (el Pichi), que está alzado en Pedro Betancourt. Puestos de acuerdo, mi hermano Wilfredo se encargó de organizar una guerrilla al sur de Matanzas en la finca «Manuelita", en el sitio conocido por «La Montaña».

Los primeros seis hombres los llevó el propio Ernestino el 20 de diciembre de 1960 a esa finca. Entre estos seis hombres estaba Erelio, el Pichi, Pizarro e Inzuazo. Pero la guerrilla de Erelio y el Pichi había crecido mucho y hubo que dividirla. El Pichi pasó a otra zona entre Jaguey Grande y Agramonte. En «La Montaña». se quedó Erelio Peña.

4- LOS QUE SE INCORPORAN AL M.R.R. Y, LUEGO, AL DIRECTORIO

Es en esa etapa cuando se incorpora a la Sección Estudiantil del M.R.R. otro joven procedente de las filas católicas. José Antonio González Lanusa era estudiante de la Universidad de La Salle, recién fundada en 1956. Preocupado, como tantos, por el rumbo que tomaba la Revolución comienza, con varios amigos, a dar sus primeros pasos para confrontarlo. *«Hubo grupos católicos que se reunieron en ciertos sitios. Mi primera reunión conspirativa fue en el Arzobispado*

---

[145] Generoso Bringas no pudo regresar a Cuba. Participó en los campamentos que se formaron en Centroamérica.

sin que el propio Arzobispo conociera del motivo de aquellas reuniones», le informa José Antonio al autor[146]. Luego conocerá a Luis Fernández Rocha «Luciano». y comienza a trabajar activamente en aquella sección estudiantil. *«Éramos muy pocos: Fernández Rocha, Salvat, Ernestico Fernández Travieso (compañero mío del Colegio La Salle), José María Lasa, Martín Morúa, Raúl García Menocal (que murió en Playa Girón), Jorge Sonvil y algunos más». La actividad en aquel momento porque carecíamos de otros materiales, era redactar boletines del MRR o de la Sección Estudiantil y lanzar esos panfletos desde las azoteas o balcones de edificios de La Habana Vieja».*

Otro de los que forman parte de la Sección Estudiantil del MRR y pasa al Directorio es José González Silva (Puchi), estudiante de la Escuela de Ingeniería Mecánica[147] de la Universidad Marta Abreu, de Santa Clara. Así lo recuerda este activo dirigente:

«Antonio García Crews[148], que se había reunido en Miami con Muller y otros dirigentes estudiantiles vino a Las Villas y nos planteó la conveniencia de que la sección del MRR se integrase en el Directorio. Me designaron Coordinador Provincial».

El primer paso de Puchi fue dividir la provincia en cinco regiones: Santa Clara, Cienfuegos, Sanct Spiritus, Sagua y Camajuaní. ¿Quiénes fueron los primeros coordinadores de Directorio de aquellas regiones?:

En Santa Clara: J. A. Albertini, asistido por Pablo Méndez

En Cienfuegos: Nido Tejera

En Sancti Spiritus: los hermanos Orizondo

En Sagua la Grande: Rafael Marques

En Camajuaní: Juan Gallo

Su próximo paso será viajar a Oriente en compañía de Jorge Malván (el Pico). Radicándose en Bayamo visitará Manzanillo, Holguín,

---

[146] Entrevista de septiembre 9, 2005.

[147] Será compañero universitario de Roberto Jiménez que estudia Ingeniería Química cuando Porfirio Ramírez presidía la FEU de Santa Clara. Su amistad y colaboración se mantendrá cuando ambos se trasladan a La Habana. Puchi en el Directorio y Roberto Jiménez en el MRP.

[148] Delatado por el traidor Benigno Balsa Batista, de Acción Católica, de Cienfuegos, fue arrestado, juzgado y condenado. Fuente: Eduardo Crews.

Victoria de las Tunas, Santiago, haciendo los necesarios contactos para el planificado alzamiento de Alberto Muller en la Sierra Maestra. Ya antes, con Malván y otros ha localizado los puntos en los que se iban a tirar las armas ofrecidas. En camino hacia Oriente ha buscado la colaboración de Gustavo Caballero el Coordinador Provincial de Camagüey.

Recién se ha constituido el M.R.R. cuando, a través de Margot Roselló, se incorpora Cary Roque a la organización. Cary, estudiante de periodismo en la Universidad de La Habana y locutora de la CMQ, se vincula con Máximo Díaz Delgado, Coordinador Provincial del MRR en La Habana y Jefe de Acción en la capital. Así lo recuerda esta militante que cumplirá tantos años de cárcel:

«Máximo Díaz era un hombre muy valiente, tenaz, con un gran sentido de liderazgo. Un hombre que luchaba por un ideal».

Era Francisco el Coordinador Nacional cuando muchos de aquellos jóvenes universitarios militaban en la Sección Estudiantil de la organización antes de constituirse el Directorio. Una de las primeras tareas de Cary Roque fue la de asistir a los alzados en el Escambray; labor que realizó con Margot Roselló y Roger, el radiotelegrafista que les asignaron. Eran los días en que las milicias estaban buscando a Raymundo Torres, Mundito, uno de los estudiantes universitarios de Cumanayagua que había participado en una protesta masiva por el fusilamiento de Porfirio Ramírez.

Roberto Quintairos terminaba en 1960 su bachillerato en La Salle. Sería la última promoción del prestigioso colegio. Miembro de Acción Católica ingresa en la universidad donde hace contacto con Quique Baloira. *«Y allí empezamos a hacer los primeros pininos. Me había matriculado en Ingeniería Civil cuyo presidente era Riverón que, por supuesto, respondía al gobierno. Baloira y yo comenzamos a distribuir propaganda, y a tirar panfletos. Tuvimos varios encuentros allí y aquello se puso muy malo. Recuerdo que convocaron una asamblea general en la escuela y amenazaron con botar a toda la gente que estaba alborotando en contra del gobierno. Pero ese mismo día llenamos el Patio Central con panfletos».* recuerda Roberto Quintairos en conversación con el autor[149].

«Aún no estaba constituido el Directorio Estudiantil. Eran los días en que se declaró la consigna de: «Caigan los libros hasta que caiga el tirano». y nos fuimos todos de la universidad. Yo era miembro de la Sección Estudiantil del M.R.R. que, luego, se incorpora al Directorio en los días en que se está preparando el levantamiento de estudiantes en la Sierra. Yo ayudé y acompañé a algunos de los que se fueron para la Sierra. Días después viene lo de Girón. Se va Salvat, cae preso Miguelón y tenemos que decidir qué íbamos a hacer. Juanín Pereira se queda como Coordinador Nacional del Directorio».

De Bobby Quintairos y Cheo Guerra, como de otros muchos compañeros, tiene Fernández Rocha el más alto concepto:

«Roberto Quintairos era parte del grupo de Acción que dirigía Miguelón. Tres de las personas que más estaban en Acción era Miguelón, Ismael Pérez, que murió, y Mariano Loret de Mola. Con Bobby Quintairos nos conocíamos pero no tuve una relación estrecha».

«Con Cheo Guerra sí tuve una estrecha relación. Cheo era un individuo sin miedo, un colaborador de mil por mil. Una de las personas más transparentes que yo he conocido. Tengo un recuerdo extraordinario de Cheo Guerra».

«A Manolito Villanueva yo lo conocí en Cuba pero no puedo recordar cosas específicas y lo vine a conocer más aquí en Miami. Kike Beloira era más joven que nosotros».

«Con Enrique Casuso tengo casi 60 años de amistad. Sale de Cuba, se hace telegrafista y regresa y va con Alberto a la Sierra».

«A Julito Hernández Rojo lo conocí en Cuba muy superficialmente porque yo trataba de conocer a la menor cantidad de personas posible. Conocía su nombre. Pero nuestra estrecha vinculación comienza cuando nos infiltramos el 20 de mayo del 62. Hicimos inmediato contacto con Nicolás Pérez y, posteriormente, con Mongo Medina Bringuier (que resultó ser un infiltrado)».

«Se suponía que el plan consistiría en una serie de levantamientos urbanos acoplados con la invasión. La invasión no la esperábamos

---

[149] Entrevista de marzo 27 de 2005.

nosotros tan temprano porque el clandestinaje estaba desarmado y se consideraba que, al producirse un levantamiento armado nosotros íbamos a tener los efectivos necesarios. El 17 de abril tuve que pasar a varias casas... las armas nunca llegaron».

Días antes había hablado Fernández Rocha con su viejo amigo Rogelio González Corso:

«Yo tuve una reunnión con Rogelio (Francisco) la semana antes de caer preso, a principios de marzo. No fue una reunión cordial. Él y yo nos queríamos mucho, pero la discusión no fue cordial. Yo le dije que, sencillamente, si la invasión venía iba a ser un fracaso; que la guerrilla urbana y el clandestinaje estaban descoordinados. Él me discutía que no, que las cosas iban a cambiar. Después yo me enteré que él pensaba como yo pero que no quería desalentarme. Sé que nos despedimos fríamente. Él y yo que nos queríamos tanto».

Mariano Loret de Mola era el Secretario Estudiantil del MRR en la Universidad de La Habana cuando aquella sección se integró en el Directorio. Funcionará, entonces, en el grupo de acción de la ciudad de La Habana del que Miguelón García Armengol era jefe nacional. Junto a Loret de Mola participarán Israel Pérez de la Peña, Aldo Jacobo Mesulán y Chilo Borja que estará a cargo de Abastecimientos. Antes, la posición la había ocupado Guillermo Otón que se había visto obligado a salir del país. Pronto se crea un Buró Militar que lo integrarán, además de los nombrados, Virgilio Campanería y Julio Hernández Rojo[150]. Mientras realizan distintas acciones trazan, confiados en las armas ofrecidas, un ambicioso plan: Tomar, el 9 de abril, la ciudad de La Habana. A cada uno se le asigna un objetivo: Miguelón, con sus hombres, tomará la Universidad; a Loret de Mola se le asigna otra responsabilidad, pero las armas ofrecidas, los prometidos pero casi inexistentes «dropping», brillarán por su ausencia aquel 9 de abril.

---

[150] Entrevista de Mariano Loret de Mola con el autor, septiembre 6, 2005.

Jorge Fundora, uno de los principales dirigentes de la clandestinidad.
Fusilado el 12 de octubre de 1961.

5- LLEGAN ARMAS A CUBA

Otros están activos tratando de enviar armas a los grupos que en la isla se enfrentan al régimen. El 30 de octubre de 1960 entra por Sagua el primer cargamento de armas. Lo realiza el grupo con el que está trabajando Alberto Beguiristaín.

El 30 de octubre, entrega Alberto, que viene con Fabio Ramos (Ortega), las armas a Campitos en la Playa Ganusa, junto a la Sierra Morena, en la provincia central. El punto de desembarco había sido un sitio con el que estaba Beguiristaín perfectamente familiarizado: junto a la playa La Panchita, cerca de Sagua la Grande, punto que sería utilizado con frecuencia por la Triple A.

«Después de eso me quedé trabajando en el clandestinaje con Francisco y Máximo Díaz, del M.R.R., que era el jefe mío en comunicaciones hasta que caigo preso el 12 de abril de 1961 –días antes de la invasión– en La Habana[151]».

¿Qué había sucedido? Como segundo en comunicaciones de Máximo Díaz, Beguiristaín tenía unas actas del M.R.R. para conseguir las firmas de todos los miembros. Se dirige a casa de Teresita Rodríguez a buscar su firma pero ya ella había sido detenida:

«Allí caigo yo preso. Me llevan al G-2 de Quinta y Catorce. Me interrogan el 14 por la noche. Al día siguiente, el 15, se produce el bombardeo de La Habana y caen presos muchos más. Días después tienen aún más detenidos por el desembarco del 17 de abril. Estoy allí hasta el 5 de mayo, que me trasladan a Pinar del Río porque a Teresita la habían detenido por una conspiración que llamaban «la conspiración del Capitán Bermúdez». que era un miembro del Ejército que reclutaba gente. Lo hizo así: le daba un carnet con fotos para que cuando triunfara la Revolución contra Castro se supiera que ellos habían participado. Cuando tuvo a bastante gente en esas condiciones, los cogió presos a todos. Resultó que él era del G-2», recuerda Alberto Beguiristaín en conversación con el autor.

---

[151] Entrevista de Alberto Beguiristaín con el autor. enero 12, 1995

[152] El 18 de marzo del 61 Rogelio González Corso (Francisco) es arrestado. Lo sustituye Jesús Permuy como Coordinador Nacional del M.R.R. Días después del 17 de abril será Carlos Bandín el nuevo dirigente nacional.

Para entonces ya Carlos Bandín era el Coordinador Nacional del M.R.R.[152], pero tendrá la oposición de Fabio Ramos «Ortega». a la que nos referiremos más adelante.

7- LA LUCHA EN OTROS FRENTES

Se organizan otros grupos armados contra Castro. En octubre (1960), desembarcan cerca de la Bahía de Navas, en la costa naorte de Oriente entre Moa y Baracoa, más de una veintena de hombres. Son perseguidos e inmediatamente capturados muchos de ellos. El 11 de octubre el Tribunal Revolucionario de Oriente en la Causa 284 de 1960 condena a muerte por fusilamiento a ocho de aquellos cubanos. Otros doce recibirán condenas que fluctúan de diez a treinta años. El Tribunal lo componen Senén Casas Regueiro, Luis Fariñas, Fernando Ruiz Bravo, Félix Mendoza y Agustín Rumbalt. El fiscal lo sería el Teniente David Díaz de la Rocha.

En este primer desembarco que hubo en Cuba junto a Armentino Feria (el Indio Feria) participó Bobby Fuller; que había nacido en Holguín y sus amigos lo llamaban Roberto. Cuando desembarcan ya Daniel Nieves estaba preso. *«A mí me pidieron pena de muerte pero había en aquellos momentos todavía relaciones entre Cuba y los Estados Unidos y como estaban también arrestados dos norteamericanos y uno de ellos era Austin Jones, Allan Thonpson de Indianápolis, que tenía, supe después, relaciones con la CIA, conmutaron la pena por varios años de cárcel. Cuando Jones salió de la prisión, aunque vivía en Miami, lo llevaron a Maine. Ya murió».*[153].

El 15 de octubre de 1960 son capturados los otros combatientes que habían desembarcado por Navas. Dos de ellos son norteamericanos: Allan Thompson y Robert Fuller; los otros dos, Juan González González y Ángel María Rivero Sánchez, cubanos. Los dos norteamericanos serán fusilados el 17 de aquel mes. Los dos cubanos sufrirán prisión y trabajo forzado.

Daniel Nieves conoció a William Morgan a quien vio varias veces en su casa. *«Pero yo nunca confié en él ni en Gutiérrez Menoyo. Yo estuve huyendo, clandestino, desde el mes de marzo cuando había caído preso. En aquella época era muy fácil escapar porque no tení-*

---

[153] Entrevista del autor con Daniel Nieves.

an todavía la preparación que luego tuvieron y se detenían un día en un sitio y te liberaban y tres días después te volvían a detener, no tenían la segunda vez la información de tu primera detención. Cuando yo subí a la montaña yo era un escapado».

Nieves no conoció al Cabo Lara cuando estaba alzado en Pinar del Río porque su guerrilla quedaba muy distante de su grupo. A su grupo lo apresaron el 23 de septiembre. En la primera detención fueron mantenidos en el regimiento militar y luego trasladados a Cinco y Medio.

Fue fundador de las primeras organizaciones, y cuatro veces detenido en La Habana antes de alzarse en la Cordillera de los Órganos en Pinar del Río.

Miembro del Movimiento de Recuperación Democrática (MRD) trabajó, también, con militantes de la Rosa Blanca. El MRD es lo que Fidel calificó de «conspiración trujillista». Daniel Nieves se alzó en el mes de agosto cuando se dio a conocer la detención de los que estaban participando en aquella conspiración. Al llegar a la Cordillera de los Órganos ya se encontraban militares de la Legión Democrática Cubana dirigida por Fernando Pruna Bertot y de la que era jefe militar el norteamericano Austin Jones. Daniel uno de los tres últimos en ser arrestado, cayó preso el 23 de septiembre,. Es procesado en la Causa #1 de 1959 de los Tribunales Revolucionarios de Pinar del Río porque, hasta ese momento, de acuerdo a la Constitución de 1940, estaban funcionando todavía los tribunales civiles en los que imponían penas más leves y había una sentencia de 2, 3, 6 y un máximo de 11 años y fue primeramente un día antes de ser Nieves juzgado que se eliminaron los tribunales civiles y se constituyeron los Tribunales Revolucionarios. Él estaba antes procesado en la Causa #352 de los tribunales civiles.

8- SIGUEN LAS ACCIONES, LAS CONSPIRACIONES Y LOS ALZAMIENTOS

Ramón Montenegro, antiguo soldado del Ejército Constitucional, empezó a luchar a finales de 1961 en la provincia de Matanzas. Estuvo combatiendo más de 18 meses hasta que, el 8 de abril de 1963, cuando iba a salir clandestinamente del país por el Puente de Chapelín, cerca de Varadero es sorprendido. Se había alzado Montenegro en los mismos meses en que lo hacía también Perico Sánchez (Pedro A. Sánchez González) vinculado estrechamente con el Pichi Catalá y Erelio Peña. Fue cercado y muere en mayo de 1963 en Guira de Melena en la provincia de La Habana. Nos referiremos en extenso a Perico Sánchez en el Capítulo X.

En octubre de 1961 Delio Almeida Martínez, conocido por muchos como «Rolando González». se alza bajo las órdenes de Juan José (el Pichi) Catalá. Estará combatiendo durante más de año y medio en la zona de Manguito hasta que fue capturado el 16 de mayo de 1963.

Grupos guerrilleros estuvieron actuando en la provincia de Oriente en 1962 y parte del 63. Pablo Pupo Cruz, «Tuto». alzado en la zona de Playuelas, cerca del central Manatí formó parte del FAL, mientras que otro grupo dirigido por Prisco Rafael Hadop Martínez, antiguo oficial del Ejército Rebelde se alzó en noviembre de 1962 en la región de Baracoa moviéndose luego a la provincia de Chibirico, en la Sierra Maestra. Meses antes se habían alzado en la vertiente sur de la Sierra Maestra los hermanos Pascual y Alcibíades Macías Mendoza quienes formaban parte de los grupos de la FAL. El 27 de julio de 1962 los hermanos Macías fueron capturados.

Una cuarta guerrilla estaba en la zona de Yatera, dirigida por José Rodríguez Peña.

El 24 de noviembre de 1960 el Tribunal Revolucionario de la Fortaleza de la Cabaña sanciona por delito Contra los Poderes del Estado, en la Causa 316, a Justo y Alberto Camejo Alfaro, Juan Camejo Márquez y José Francisco Díaz Quintal.

Al día siguiente son sancionados por el mismo tribunal, en la Causa 549 otros veinte cubanos. En ambos juicios actúa como fiscal Armando Torres Santrayll[154].

Por la costa se escapan de la isla cubanos combatientes. En el barco Voodoo llegan a la Florida Clemente Inclán, Alfonso Gómez Mena y Tony Calatayud el 7 de diciembre de 1960. No tuvo igual

---

[154] Armando Torres, buen orador en el campo estudiantil será miembro de la Juventud Auténtica, muy militante del PRC. Es designado Secretario de Justicia en el gobierno revolucionario. Se convertiría en implacable fiscal de los tribunales revolucionarios.

suerte aquel grupo de cubanos que el 30 de noviembre había realizado con éxito un sabotaje al tendido eléctrico en La Habana dejando a oscuras la capital. William Le Santé, Julio Casielles, Armando Rodríguez y Rick Méndez fueron capturados cuando su embarcación zozobró.

9- EL DIRECTORIO REVOLUCIONARIO ESTUDIANTIL EN LA ISLA

Mientras, Muller que se había infiltrado en la Isla el 6 de Noviembre, va organizando en Cuba el Directorio Revolucionario Estudiantil utilizando los contactos que ya tenía de su activa y agitada vida universitaria.

También se vincula con otros jóvenes con los que comienza a trabajar. Allí conoce a los Orizondo en Sancti Spiritus; a Pintado, en Oriente; a Gustavo Caballero, en Camagüey. Resultarán muy útiles los contactos adquiridos en la formación de los Comandos Rurales[155] junto a Artime y otros jóvenes de la Agrupación Católica. Esto le pemitirá ir situando en la Sierra Maestra a jóvenes. Muchos de ellos campesinos, con los que posteriormente se alzará.

Va a recorrer dos veces la isla, de Pinar del Río a Guantánamo nombrando jefes provinciales y responsables de actividades.

Cuando llegan, primero Alberto Muller y, luego Manolo Salvat, lo primero que hacen es ponerse en contacto con el grupo de estudiantes que habían permanecido en Cuba y que estaba liderado por Luis Fernández Rocha como Secretario General, José María Lasa y Tony García que aunque había salido de Cuba había regresado mucho antes (Poco después caería preso en los alzamientos del Escambray). Junto a ellos funcionaba Piti Ramos que, luego, se casó con una hija de German Pinelli. Por allí vino su acercamiento con el régimen. Era del mismo curso del Colegio de Belén que Aruca.

Algunos han formado parte de otras organizaciones antes de integrarse en el Directorio. Este es el caso de Raúl Cay. *«En los primeros*

---

[155] Los Comandos Rurales, compuestos principalmente por jóvenes universitarios y organizados por Manuel Artime, fueron constituidos en los primeros días del triunfo de la Revolución. Su propósito era mejorar el nivel de vida del campesino. Trabajaron en las regiones más aisladas de la Sierra Maestra.

meses del año 60 yo conspiraba en distintas organizacionews: con el
30 de Noviembre, con el MRP, con el Directorio. Mi primera acción
con el MRP fue con unas ampolletas que hicieron unos técnicos de la
Universidad de Villanueva que utilizamos para destruir grandes anun-
cios que el gobierno desplegaba para promover «Lenín en Octubre",
la primera película soviética que se exhibía en Cuba. Eran ampolletas
que tirábamos con «tiraflechas». cuyo líquido, al estrellarse contra el
cartel, lo ennegrecía totalmente al darle el sol».

Es en esos días que se integra Cay al Directorio. Así nos lo explica: *«Un día llegó un grupo de 6 o 7 personas y uno de ellos, al que*
llamaba Guillermo, resultó ser Miguel García Armengol (Miguelón),
mi amigo desde la niñez en Miramar. Miguelón me pidió que siguie-
ra trabajando con él. En ese momento me incorporé al Directorio».

«Cuando se está constituyendo el Directorio en La Habana dos
muchachas trabajaron en eso activamente: Teresita Valdés Hurtado y
Ady Pino (Ady Viera». nos dice Chilo Borja.

Ya, de hecho ha quedado constituido el Directorio, sólo quedará la
formalidad de la redacción de un documento que se firmará el próximo mes. Forma parte ya de la organización Antonio Llanes, quien con
un nuevo militante, Laureano Pequeño estará al frente del Plan Ivor
que prepara un alzamiento en la costa norte de Las Villas, por
Mayagigua y Yaguajay, que servirá como fuerza diversionaria del que
producirá Alberto Muller en la Sierra Maestra. El plan tuvo la oposición de Pequeño. *«Aquello, si se producía, iba a ocasionar la muerte*
de no menos de 150 campesinos y no teníamos la seguridad de con-
tar con las armas necesarias». No estaba Laureano equivocado en su
apreciación. Tres meses después, Muller quedaba solo, con un puña-
do de hombres, esperando por las armas prometidas. A ello nos referiremos más adelante.

July Hernández, que días atrás había llegado a Miami luego de una
efectiva labor entre los estudiantes universitarios de La Habana, es
enviado al Congreso Estudiantil Latinoamericano que se celebra en
Brasil y al que el Comandante Cubela se niega a asistir. Se realiza allá
el Congreso dejando vacía –como testimonio de su ausencia– la silla
asignada a Cubela. Los estudiantes brasileños se unen a la causa de la
Cuba democrática repudiando públicamente a la FEU de Cubela.

El 15 de diciembre, lo que había sido el Frente Revolucionario Democrático Estudiantil se convierte en Directorio Revolucionario Estudiantil en el Exilio cuyo ejecutivo lo componían Alberto Muller, Abel de Varona, Jorge Mas, Ernesto Fernández Travieso y otros.

Es doble el propósito de esta conversión. El primero, mostrar el respaldo de todos los organismos estudiantiles al recién creado Directorio que en Cuba funciona. La segunda razón, al designar a Muller como integrante de la organización «en el exilio», era darle una conveniente cobertura a su presencia, clandestina, en la isla.

10- SE INFILTRAN EN CUBA LOS RADIOPERADORES

Por distintas vías y en distintos momentos se van infiltrando en la isla los radioperadores. Ya se ha constituido, desde mayo de 1960, el Frente Revolucionario Democrático (FRD) al que, de acuerdo al *«Pacto de Caballeros».* firmado en aquel momento le correspondería tener a su cargo ***«la preparación, dirección y realización»*** de la guerra contra el régimen de Castro. Los radioperadores son, prácticamente sin excepción, miembros de algunas de las organizaciones que componen el FRD, pero no será a los dirigentes nacionales de esos movimientos ni a la figura militar que ellos designasen, a quienes estos valiosos radiotelegrafistas dirigirán sus informes. Comienza la Agencia Central de Inteligencia –sin que nadie se percate–, a ignorar al aparato civil, cubano, que, de acuerdo a lo pactado, debía dirigir la lucha. Quedará convertido el Frente Revolucionario Democrático –sin que en los primeros meses así se perciba– en una pantalla que, solo aparentemente, dirigirá la lucha que ahora en forma organizada, comienza.

En la isla serán los cubanos, comenzando con los propios radioperadores, y los dirigentes y militantes de los movimientos clandestinos, los que arriesgarán su seguridad y su vida. Pero será la CIA –para vergüenza de todos– la que moverá, a su antojo, a espaldas de la dirigencia nacional cubana– a esos valerosos compatriotas.

A finales del año 60, cuando recién se constituía el DRE comienza Laureano Pequeño a participar en el Directorio Revolucionario Estudiantil; lo hizo a través de Antonio Llanes, que había entrado en Cuba clandestino. Su primera tarea fue tomar parte en la preparación del alzamiento que se iba a realizar en la Sierra Maestra. En esta etapa, fue muy breve su actividad. Pero será extensa y valiosa en los meses posteriores.

En diciembre de 1960 regresan a Cuba Manolo Salvat y Miguelón García Armengol junto con Manolín Guillot. Cuando se crea el Directorio, con dos secretarías generales, se nombra a José María Lasa como Secretario de Organización; Isidro (Chilo) Borja en Abastecimiento. Miguelón en Acción, y Salvat en Propaganda.

Después del regreso de Salvat a Cuba, vuelven también July Hernández, Ernesto Fernández Travieso y José Antonio González Lanusa.

Ya, para enero de 1961, el Directorio estaba bien organizado. Se había llegado al acuerdo de designar a los dos: Luis Fernández Rocha, que era el jefe de la Sección Estudiantil del MRR y a Alberto Muller, que venía con la idea de crear el Directorio, como Secretario General del Directorio. Chilo Borja será Jefe de Abastecimiento y Suministro.

El 11 de febrero de 1961 –ya había tomado posesión el nuevo presidente Kennedy– llega a La Habana Armando Acevedo que iba a telegrafiar a las guerrillas de Matanzas.

Su contacto al llegar a La Habana será con una joven a quien no conocía. La llama por teléfono. Se ponen de acuerdo para verse al otro día en Kasalta. Veamos el encuentro: *«Yo llego a Kasalta ese día a las tres de la tarde y no había un alma. Y fui derechito para el bar y pedí un trago. Estoy allí y veo que entra esa muchacha, muy bonita, atraviesa el salón, se asoma en el bar y mira. Cuando la veo le digo, yo sin conocerla: 'Anita'; me responde: «Ay, Armando, que flaco estás, no te conocía». Era como si dos viejos amigos se vieran de nuevo tras muchos años».* recuerda así el Chino Acevedo su encuentro con aquella bella muchacha, Anita Díaz Silveira, quien lo llevó, de inmediato, a ver a Alberto Muller. Pronto, se pusieron de acuerdo.

Muller le dio a conocer cuales serían sus tareas. «Vas a trabajar principalmente con el Chino Menéndez, con Chilo Borja y con Bernabé Peña (Anselmo)».

Pero Acevedo no podría funcionar con la guerrilla de Matanzas porque su identificación era ya conocida en aquella ciudad.

Comienza a telegrafiar desde la casa de Pedro Duquesne, donde coincide con «Anselmo». cuya cara le era familiar pero no lo identificaba. Hasta que, tras muchas negativas de «Anselmo», se percata de que era Bernabé Peña.

La Agencia había enfatizado a todos los radioperadores las medidas de seguridad que debían tomar. Entre ellas que nunca se reuniesen y que cambiasen de localización con frecuencia. Aquellas reglas a diario se quebraban. Uno de estos casos lo narra Armando Acevedo:

«A los dos o tres días de estar yo en La Habana el que me manejaba el carro por la avenida Kohly me dice: *«Armando, no te pongas nervioso, pero un carro que se cruzó con nosotros acaba de hacer una vuelta en U y viene detrás de nosotros. Sólo hay un solo tipo dentro del carro»*. En ese momento el otro automóvil se empareja y era Gugú Basulto que se había infiltrado, al igual que yo. Gugú me grita «bájate, bájate». Nos bajamos y nos quedamos conversando en la esquina los dos telegrafistas, los dos infiltrados, rompiendo todas las reglas de seguridad». Luego pasan a casa de Gugú cuyo padre los invita, con sus respectivas novias, al American Club. Invitan –tercera violación de las reglas de seguridad–, a Gabriel Durán, que era otro telegrafista infiltrado para salir las tres parejas. Era demasiado. En definitiva las novias se fueron con el padre de Basulto a cenar al American Club mientras Durán, Basulto y Acevedo se fueron a comer al Carmelo en la Calle 23, haciendo añicos las reglas de seguridad en las que tanto les habían insistido.

Pocos días después entraba infiltrado Enrique Casuso para telegrafiar, también, por el Directorio, pero luego de un cambio de impresiones se decide que Casuso se fuese con Alberto Muller para Oriente y Acevedo se quedase en La Habana. Así llegó para aquellos jóvenes telegrafistas el bombardeo del 15 de abril. Cuando los sorprende a todos, sin previo aviso, la invasión del 17 queda Acevedo sin contacto alguno. A los dos días un amigo le facilita su ingreso en la Nunciatura. Al día siguiente entró el Gordo Salvat con su pelo pintado, la mitad de la cabeza rubia y la otra mitad roja; estaba allí Néstor Campanería, el hermano de Virgilio, Ramón Amor y Rodríguez Lombillo, que funcionaba con el M.R.R. *«Así estuvimos varios días hasta una noche que el Gordo, muy discretamente, se salió de la Nunciatura por la cerca de atrás».*

El Secretario del Nuncio era Monseñor Sachi *«de quien no tengo buenos recuerdos». nos dice* Acevedo. *«Fui a ver a Sachi y le digo: «Yo fui de los dos primeros que entraron aquí (Rodríguez Lombillo y yo). Ya a Lombillo y Ramón Amor los asilaron en la embajada. Yo quiero saber cuando ustedes me van a conseguir el asilo a mí».* Su respuesta fue cortante: *«Puede ser de aquí a dos días, de aquí a dos meses o de aquí a dos años. Llénese de paciencia porque no hay otra alternativa».* Ya llevaba más de dos o tres meses. Hice mi maleta, fui a ver a Monseñor Sachi y le dije: *«Sr. Sachi, estoy muy agradecido por todo pero yo me voy».* Pero no le fue fácil su salida. Le envían muy tarde los datos que necesitaba para salir de la isla. *«Rafael Quintero me envió un mensaje para entrar en la Base de Guantánamo en que me decía que estuviera en tal lado, en Guantánamo tal día pero el mensaje me llegó el día antes del señalado; por eso yo no pude entrar en Guantánamo cuando entró Rafael».*

El Directorio tuvo la suerte de encontrarse un experto en electrónica, Mario Albert, hebreo. El contacto se había establecido a través de Rodolfo Vidal, «Pancho el Rápido». Albert tenía una planta que podía interferir las ondas de la televisión. No sólo interferirlas sino, con frecuencia, capaz de poder mostrar imágenes. A ese efecto cuenta Eduardo Crews (quien nos habló del personaje sin mencionar su nombre) que ellos, en el Directorio, distribuían panfletos dando a conocer la hora que en un canal determinado podrían ver las imágenes que ellos transmitían. La planta, que consistía en tres distintos aparatos, la movía de un sitio para otro y, así, evitar su localización y sólo transmitía por breves minutos. Nos dice Chilo Borja: *«Si llegábamos suficientemente cerca a la antena reproductora de la estación cubana podía oírse la voz».* Con frecuencia transmitían desde una casa muy alta[156] en el reparto Kohly del banquero Núñez. Primero se hacía una grabación en una casa de seguridad comenzando con el himno invasor, una arenga en la voz del Gordo Salvat o de Muller y, con frecuencia, con grabaciones de José Antonio Echeverría.

---

[156] Entrevista de Eduardo Crews con el autor, septiembre 16 y diciembre 30, 2005.

Rogelio González Corso «Francisco»

El control de las transmisiones las realizaban Eduardo Crews y Miguel Lazo, a quien le decían Fabián y muchos lo conocían como «el Gago Lazo».

Sobre esto tiene Chilo una simpática anécdota: *«Estaba yo en casa de Luis Sáenz, allí en Columbia, esperando a Miguel porque íbamos a hacer una transmisión y le digo al Gordo Miguelón: «Mira, ya que estás aquí, hazme un favor, espérate a que llegue Fabián, tú le abres la puerta mientras nosotros subimos allá al último piso a preparar las cosas». Pero me dice Miguelón: «Es que yo no conozco a Fabián». y le digo: «No te preocupes el tipo es gago; tú te vas a dar cuenta». Efectivamente tocan la puerta. ¿Quién es? Y se oye del otro lado, gagueando, «Fa, fa, fa, fa». La palabra Fabián no le salía. Miguelón sabía que era la persona que estaba esperando».*

Se dificultaban, y se hacían peligrosas las transmisiones de los radio operadores. Miguel Lazo (Fabián) recién había transmitido desde Wajay, y regresaba a La Habana en un pequeño carro portando una pistola 45 cuando, en una curva, aparecen dos milicianos. Se acercó a ellos disminuyendo la velocidad y, al tenerlos cerca, les dispara y acelera entonces su marcha. Más adelante sale una segunda posta y empiezan a tirarle. Lo hieren y, sangrando, pasa por la casa de Fernando García Chacón a quien le pide que lo siga para recogerlo donde va a dejar el carro que está todo perforado. Llegan a la rotonda del Yacht Club y abandonan allí el carro agujereado.

Los jóvenes del Directorio querían dañar las torres eléctricas.

«Una vez Miguelón, Chilo y yo teníamos una operación para tumbar una serie de torres eléctricas. Salimos los tres, ellos dos vestidos de milicianos y yo iba atrás inspeccionando algunos de los lugares que nuestra gente habían señalado porque queríamos hacerlo bien coordinado. Miguelón se adelanta y cuando regresa nos dice: «todo está bien. Me dieron la contraseña; no hay problema». Pero al día siguiente nos dimos cuenta que en aquella operación sólo se había volado una torre. Empezamos a investigar y, aparentemente el que le dió la contraseña a Miguelón era un agente que estaba allí; o sea que no era de la gente nuestra. Nos percatamos que algo andaba mal. Había una infiltración el Directorio»; nos dice Bernabé Peña.

Algunos alijos de armas no llegaban a las manos a que estaban destinados. Otros se localizaban accidentalmente. Este es el caso que nos narra Bernabé Peña:

«Un día nos dice el Padre Arroyo, uno de los curas principales de Belén en La Habana, que había un exalumno de ellos que le había dicho que, buceando, al lado de la Vía Blanca, frente a un campamento militar, había encontrado una serie de paquetes de armas que venían con inscripciones en inglés. Entonces me dijo el Padre: Bernabé ¿tú crees que ustedes pueden recoger esas armas?». Le pregunté si podría confiar en ese exalumno, y el cura me afirmó que era confiable. Fuimos con el muchacho, Carlos, Julito Hernández Rojo y yo y, efectivamente, en cuando nos tiramos allí estaban las armas».

Parece que fue un cargamento que «sembraron». y se quedó allí. Era en la zona después de Guanabo. Lo primero que hicieron fue comprar varias langostas y trasladarse a ese lugar. Allí permanecieron como si estuvieran pescando y, de vez en cuando, sacaban la langosta como si la hubieran pescado mientras que, buceando, iban acercando las cajas hacia la orilla, le amarraban una pita y la pita la ataban a una roca. *«Por la noche regresábamos como si viniéramos a pescar y, si no veíamos movimiento, las trasladábamos y las montábamos en los carros. Así sacamos como 30 bultos y los llevamos para La Habana».* (Fuente: Bernabé Peña).

Chilo Borja da fe de este episodio cuando, a través de los curas de Belén, conoce que un agrupado, que es buzo, y le gusta la pesca submarina, había encontrado un número de bultos. Allí fueron y efectivamente encontraron una cadena de bultos amarrados. Eran como cuarenta. *«Yo abrí uno de esos bultos que contenía pistolas 45 y me dije: «Bueno, este es el tesoro de la Sierra Madre». Hicimos un plan, volvimos al día siguiente; sacamos bulto por bulto, los traemos a la costa, amarramos 3 ó 4 y por la noche fuimos sacando. Venían Virgilio, Tapita, a veces Bernabé, tomaban todo aquello y lo montaban en el carro y se iban para La Habana. Eran ellos los que corrían un gran riesgo porque nosotros, en el mar, aparecíamos como si estuviéramos pescando. **De allí sacó el Directorio su único caché de armas que recibió en toda su historia».***

El 80 por ciento de esas armas son las que encuentran en manos de Virgilio Campanería cuando éste cae preso junto con Tapita y Tommy Fernández Travieso.

Otras organizaciones tuvieron igual experiencia. Por el mes de julio o agosto la Sección de Acción del MRP conoció que en las proximidades del río Quibu, cerca del Náutico, se encontraba, sumergido, un cargamento de armas. Juan Miguel Izquierdo, experto nadador y un grupo de jóvenes buzos localizaron las cajas y en sacos donde ya habían metido algunos pescados para ocultar algo lo que iban a sacar pudieron retirar el material, mientras Veciana, desde un lugar cercano pasó a recogerlo, le dice al autor Juan Manuel Izquierdo.

Las funciones de Fernando Valverde eran otras. Al incorporarse al Directorio utiliza sus relaciones con personas acomodadas, como Pepín Bosch, el médico Rufino Moreno y otras, para recaudar fondos que le permitieran movilizarse y funcionar al grupo estudiantil. *«Yo recaudaba dinero para el Directorio para que ellos pudieran moverse».* A veces, por otros caminos, llegaba dinero comprometedor. *«La CIA metió dinero falso para destruir la economía de Cuba. Ese dinero falso lo recibía Ceneral Fatjó, que iba a mi casa con frecuencia».*

No sólo se ocupaba Valverde de obtener fondos para el organismo estudiantil, también buscaba casas de seguridad para sus dirigentes. Una de ellas la obtiene a través del Dr. Rufino Moreno. *«El Dr. Moreno vivía en la Calle Ocho entre 15 y 17 en el Vedado, y me ofreció su propia casa donde permaneció el Gordo Salvat cuando, el 17 de abril lo detienen pero queda libre de inmediato al presentar su falsa identificación»,* recuerda Fernando Valverde en entrevista con el autor.

Realizan, así, los jóvenes del MRR y del Directorio múltiples actividades pero las armas no llegaban. Poco podían hacer en La Habana y otras ciudades los jóvenes del Directorio. Es, entonces –nos dice Chilo Borja– que Muller plantea la idea de alzarse en la Sierra. No hay discrepancias. Hay una decisión unánime. Luis Fernández Rocha y varios más no respaldan la idea pero la acatan. No existían dos facciones sino, sencillamente, dos ideas.

Lo confirma, en reciente entrevista, el propio Fernández Rocha (Luciano):

«Mi participación en todo esto no fue política. Yo siempre traté de darle a Alberto lo más posible. En lo que yo me esforzaba era en la organización, en levantar cosas. Francamente hubo un momento en que la gente que estaba en la Sección Estudiantil resintió un poco la idea del Directorio y, para evitar problemas, se aceptó la idea de dos Secretarios Generales. No hubo, jamás, una pugna».[157]

Va primero Muller[158], con el «Negro». Casuso de radiotelegrafista. Sólo cuentan con tres pistolas y cincuenta balas. Había partido también, para hacer los contactos necesarios en la zona, Miguelón García Armengol y, poco después, Chilo Borja y el Gallego Garrido, miembros de la ACU, que llegan a Santiago de Cuba el 13 de abril y hacen contacto con los del Directorio que se encuentran en Oriente: Juan Marcelo Fiol, Benito Clark y otros. Días después, el 15 de abril, se realiza el bombardeo a los aeropuertos y comienzan los arrestos en masa. El 17 se produce la invasión y, con ella, el caos en la isla.

El 19 parte Isidro Borja de Santiago para La Habana, vestido de miliciano y con falsa identificación; la excusa para seguir avanzando ante las postas que encontraba en el camino era: *«compañero, yo tengo que volver a mi brigada en La Habana porque me están llamando».* Invocaba el nombre de Osmani Cienfuegos. Contaba con una carta, apócrifa, firmada por Osmani. Luego su pasaporte mexicano, que había dejado en manos de un familiar, le servirá para salir de Cuba. A las dificultades que encontró –similares a las de July Hernández– nos referiremos en próximo capítulo.

Luego del 17 de abril Chilo Borja permanece en Cuba. Trabaja junto con Juan Falcón que ha quedado como Coordinador Nacional

---

[157] Entrevista de septiembre 24, 2005.

[158] Al mes partirán Manolo Salvat, Miguelón García Armengol y Manolito Guillot en riesgosa infiltración que describiremos en próximas páginas. Sus compañeros obligan a Ernestico Fernández Travieso a permanecer en los Estados Unidos para representar a lo que va a ser el Directorio Revolucionario Estudiantil ante las organizaciones integradas en el Frente Revolucionario Democrático dirigido por Manuel Antonio de Varona y que se convertirá en Consejo Revolucionario presidido por José Miró Cardona.

del M.R.R. Luego de la detención y fusilamiento de Rogelio González Corso, había ocupado la Coordinación Nacional Jesús Permuy que es sustituido por Carlos Bandín cuya labor será cubierta en el capítulo.

11- GERARDO FUNDORA

Gerardo Fundora[159] se alzó en las lomas de Madruga el 10 de octubre de 1960 en nombre del Frente Revolucionario Democrático. El 20 de octubre es sorprendido por la delación de los agentes del G-2 que se encontraban en sus filas. Cercado por gruesas columnas de tropas es hecho prisionero y trasladado a la ciudad de Matanzas donde fue sometido a un Tribunal Revolucionario y sentenciado a pena de muerte por fusilamiento que se cumplió esa misma noche, en el campo de tiro de Limonar, Matanzas. En la misma causa fueron condenados a 20 años Jesús Díaz Díaz, Heriberto Bacallao Acosta, Rolando López, Julio Muñoz y Alberto Lazo Pastrana.

Es evidente que tanto Gerardo Fundora en Madruga, como Osvaldo Ramírez[160], Sinesio Walsh, Porfirio Ramírez, Evelio Duque y los demás alzados en Las Villas, así como aquéllos que lo hicieron en Oriente en esa época, carecieron del avituallamiento necesario.

En honor de Gerardo Fundora Núñez mencionaremos aquí varios de los párrafos del manifiesto que publicó poco antes de tomar esa determinación:

«En Matanzas, la Atenas de Cuba, un grupo de cubanos nos proponemos –en nombre del Frente Revolucionario Democrático– abrir un Tercer Frente de Batalla, contra la horda de comunistas y traidores que se han apoderado del Gobierno de nuestra nación en el rejuego de la estafa política y revolucionaria más grande de nuestra historia».

---

[159] Gerardo Fundora nació el 10. de Abril de 1924 e hizo sus primeros estudios en la escuela "Asilo Casals" en la ciudad de Matanzas. Dirigente textilero, se incorpora a las filas clandestinas del MDC.
[160] Osvaldo Ramírez pudo evadir los distintos cercos organizados por Castro para sofocar los alzamientos en esa zona. Sobrevivió la Gran Ofensiva de 1961. Murió combatiendo en Abril 16, 1962.

«*Al tomar esta decisión, la única que ciertamente habrá de liberar a nuestro pueblo de la ignominia que lo oprime queremos expresar a los matanceros y a nuestros compañeros de trabajo, que estamos seguros de rendir con nuestro ejemplo, el mejor homenaje a la memoria de nuestros inolvidable líderes henequeneros Alemán y Verdalle...*"

«*Luchamos porque no queremos ser ateos, ni esclavos, ni vivir amordazados. Queremos disfrutar de la libertad y la democracia que nos lograron nuestros libertadores en la gloriosa Manigua. Queremos que se respete la DIGNIDAD HUMANA y que Cuba sea de los cubanos*».

«*Confiamos en la noble idea de redención y libertad que nos inspiran. Esa y nuestra fe en Dios, serán las fuentes más poderosas en que contamos. Nuestra devoción en la causa, nos garantiza el triunfo final...*»

La actividad guerrillera de mayor envergadura en esta etapa se desarrolló en el Escambray culminando con lo que se ha llamado la Primera Limpia del Escambray, o la Gran Ofensiva.

El mismo día en que se alza en Madruga Gerardo Fundora, caen presos en Manicaragua Plinio Prieto, Sinesio Walsh[161], Porfirio Ramírez, José Palomino, Ángel Rodríguez del Sol, que se habían mantenido peleando en las Lomas del Escambray; Vivian Fernández y Gloria Argudín, Los cinco hombres fueron condenados a pena de muerte por fusilamiento, sentencia que fue ejecutada el 12 de octubre.

Habían sido sometidos a juicio en la Causa 829 por «Delitos Contra los Poderes del Estado». los antes mencionados, junto con Giordano Hernández, Aroldo José Borges, Andrés Betancourt Sánchez, Elio Escandón, Armando Zaldívar, Diógenes Blanco, Carlos Manuel Marrero y otros, condenados a 30 años; Alejandro Crespo, Rafael Gerada Iser, Rodolfo Quirós Medina, y otros a 15 años; Salvador Esteva Lora, Lauro Blanco, Jorge Caos y otra veintena de revolucionarios fueron condenados a 20 años de reclusión en el pre-

---

[161] El 31 de Agosto, desde la misma Sierra Escambray, Víctor M. Paneque (Comandante Diego) y Sinesio Walsh, como Coordinador Nacional y Jefe del Ejército Revolucionario del MIRR, respectivamente, habían designado a Orlando Bosch como Delegado del Gobierno Revolucionario en Armas del MIRR para que asumieera su máxima representación en el extranjero.

sidio de Isla de Pinos. Del centenar de cubanos procesados en esta causa sólo siete fueron absueltos.

Algunos forman una guerrilla con cuatro o cinco amigos. Este es el caso de Nicolás Pérez Díaz-Arguelles que, a principios del 60, se alza en la zona del Escambray con Arturo y Roberto Lonza, y Enrique Torres. Era una guerrilla de cuatro personas. Arturo Lonza cayó preso enseguida. *«Nosotros nos quedamos sin saber qué hacer».* dice Nicolás Pérez. *«Vengo a los Estados Unidos y me inscribo para ir a los campamentos».*[162].

12- ENTREVISTAS Y ACCIÓN

En julio, Rogelio González Corso y Ros celebran dos entrevistas con una importante figura del movimiento obrero católico: Reinol González. Tratan de incorporarlo a la lucha clandestina pero no tienen éxito. La primera reunión se produce en la casa de Ros en el Nuevo Vedado, alrededor del 22 de julio de 1960. Reinol admite que está ya totalmente desilusionado con la Revolución pero que aún no está decidido a participar activamente frente a ella, y le aclara a Ros y Francisco que dentro de unos días él estará, por compromisos previos, participando de las festividades con que se celebrará en la Sierra Maestra el 26 de Julio.

Se había celebrado en La Habana el Primer Congreso Latinoamericano de la Juventud; uno de los primeros pasos del régimen de Castro para exportar la Revolución Cubana. Terminado el Congreso muchos de aquellos jóvenes permanecieron en Cuba durante varios meses recibiendo entrenamiento para la subversión a sus países de origen[163] junto con un indoctrinamiento marxista-leninista. No eran sólo jovenes izquierdistas los que visitaban la isla. Aquel año, mediados de 1960, habían llegado a la isla dirigentes de extrema izquierda continental: Lázaro Cárdenas, Lombardo Toledano, Salvador Allende, Jacobo Arbenz, Cheddie Jagán, Janio Quadro, Francisco Juliáo (presidente de las Ligas Campesinas del Noreste de Brasil), entre otros.

---

[162] Entrevista de Nicolás Pérez Díaz-Arguelles con el autor.
[163] Tad Szulc «Exportando la Revolución Cubana», publicado en «Cuba y los Estados Unidos. Perspectiva de Largo Alcance». The Brookings Institution, 1967.

Aquel Primer Congreso Latinoamericano de Juventud coincidía con la Pastoral firmada por el Cardenal Arteaga y los Obispos del Episcopado cuya lectura produjo la violenta agresión a los cientos de feligreses que se habían congregado en la catedral para escucharla.

A la siguiente semana, el 31 de julio, vuelven Francisco y Ros a entrevistarse con Reinol para tratar de incorporarlo a la lucha activa frente a Castro. La gestión vuelve a resultar infructuosa. Conversaciones similares se tuvieron en esos días con Manolo Ray, en Ayestarán, con igual negativo resultado.

13- LA LUCHA EN EL ESCAMBRAY

Es esta la etapa en la que ya se luchaba abiertamente en el Escambray Producto de los esfuerzos de Osvaldo Ramírez, ex-capitán del Ejército Rebelde; Sinesio Walsh, Joaquín Membibre, Porfirio Ramírez, Plinio Prieto y tantos otros se constituye la Alianza por la Liberación Cubana que agrupará a cuatro organizaciones anticastristas: el MRR (I), la Organización Auténtica (OA), Cruzada Constitucional y el Frente Anticomunista Cubano. Tiene como coordinador del movimiento insurreccional al Comandante Diego (Víctor M. Paneque). Simultáneamente el Movimiento Insurreccional de Recuperación Revolucionaria (MIRR) designa a Orlando Bosch como su Delegado General en los Estados Unidos con la misión de lograr armas y equipos para los alzados en aquella zona. Aquel nombramiento lo firman, el 31 de agosto, Sinesio Walsh Ríos y el propio Víctor Paneque. Junto a ellos está Giordano Hernández que, meses después, apresado junto a Aroldo Hernández y Salvador Muñiz en Guamayara, será condenado a 30 años en la Causa 829 de 1960 en la que serán también procesados Plinio Prieto, Porfirio Ramírez, Sinesio y otros.

Dos meses después, el 10 de octubre de 1960 Gerardo Fundora, dirigente textilero y miembro de las filas clandestinas del Movimiento Demócrata Cristiano, como hemos narrado, se alza en las lomas de Madruga en nombre del Frente Revolucionario Democrático.

El fusilamiento de Porfirio Ramírez, Presidente de la Federación Estudiantil de la Universidad de Las Villas, conmovió la conciencia de muchos jóvenes estudiantes. Uno de ellos, también villareño, Luis González Infante[164], recuerda su reacción.

«Esa misma noche dí yo mis primeros pasos en la lucha contra Castro. Había habido la Huelga Nacional para que no lo fusilaran, la huelga de los institutos y comencé a conspirar haciendo primero contacto con algunas organizaciones como el Directorio y el MRR. Alrededor de 1961 nombran al Congo Pacheco[165], que estaba alzado en Charco Azul, jefe militar del MRP y a través del delegado del llano que se llamaba Ricardo Valladares le enviábamos armas a las lomas que estudiaba en la escuela de nosotros; así comenzó mi conexión con el MRP (Valladares murió hace poco aquí). Pacheco fue delatado, lo hirieron y lo fusilaron. Aquí hay un muchacho que estuvo con él Rubén Morales Izquierdo. Hubo otra persona que le llevó armas a Pacheco y que está aquí en Miami. Francisco Tápanes de la Fuente».

Cayó preso Luis González Infante el 28 de abril de 1964 en la Causa #315 de aquel año, como miembro del MRP en la provincia de Las Villa. Fue condenado a 20 años de los cuales cumplió 16. La Causa se radicó en la provincia de Las Villas. *«Se nos llamó la Causa «del Lápiz». porque todos éramos estudiantes. Fue como la llamó el Currito Lucena cuando vio que todos éramos estudiantes. Pero también era conocida como la Causa del Inpud (Industria Nacional Productora de Utensilios Domésticos) porque muchos de los que caímos en esa Causa estábamos trabajando allí que fue donde, aquel año, el MRP tomó fuerza porque lo establecimos, realmente, en aquella escuela. Muchos nos habíamos graduado y fuimos a trabajar en el Ministerio de Industria en Santa Clara. Realmente había aumentado la presión sobre el grupo porque en ese momento el Jefe del MRP, Manolo Ray, había declarado en el exterior que el 20 de Mayo vendría a sembrar el arbolito y la Seguridad del Estado comenzó a tomar presos a todos los que sospechaba que estaban en el MRP considerando que Ray intentaba desembarcar en Cuba».*

---

[164] González Infante cumplió 16 años y salió en el año 1979.
[165] El Congo Pacheco, ex-teniente del Ejército Rebelde, formó parte del Ejército de Liberación Nacional, que unió a los disstintos grupos guerrilleros bajo el mando del Comandante Osvaldo Ramírez, fue herido en abril de 1962 y fusilado días después.

Volvamos a los meses finales de 1960 y los primeros de 1961. Coinciden estos hechos con la infiltración en Cuba, el 6 de noviembre, de Alberto Muller que convertirá lo que era el Frente Revolucionario Estudiantil en Directorio Revolucionario Estudiantil. Realizará una valiosa labor en la clandestinidad, que en sus primeros tiempos se caracterizará por la valentía de sus miembros y la desorganización del movimiento originada, principalmente, por elementos infiltrados que llegarán a las más altas posiciones del Directorio. Entre ellos, se destacará, lamentablemente, Jorge (Mongo) Medina Bringuier.

Son los días en que se está constituyendo en Cuba el aparato clandestino del Movimiento Revolucionario del Pueblo (MRP) algunos de cuyos miembros se incorporarán luego, al Directorio. Este es el caso de Nicolás Pérez Díaz Arguelles.

Nicolás es designado por el MRP Vicecoordinador de Matanzas con Fernando Rojas Penichet que está al frente de Cárdenas. Está con el MRP hasta la invasión de Playa Girón. «A mí se me dio Varadero y trabaja conmigo Ged Delgado, que era jefe de las milicias y teníamos acceso a las armas. Podíamos haber tomado Varadero». nos dice Nicolás. Pero luego de Girón el MRP se desmantela en la provincia.

Pasa Nicolás a trabajar con el Directorio. Hace contacto con Bobby Quintairos, *«un muchacho excelente, que es el que tomará el control de la operación al morir Juanín Pereira en Pinar del Río en diciembre de 1961»*.

14- NUEVO COORDINADOR NACIONAL DEL MDC

El 31 de julio el Coordinador Nacional citó a una reunión del Ejecutivo Nacional del Movimiento Clandestino compuesto de: Enrique Ros (Emilio), Segundo Miranda (Frank), José Fernández Badué (Lucas), Benigno Ganares (el Profesor), Luis Manrara (Silvio), Rafael Bergolla (Antonino), Jesús Angulo (Carlos), Dámaso Pasalodos (Andrés), Fritz Appel (Arturo), y Laureano Garrote (Eulogio).

Se les informó la salida hacia el exterior del Coordinador y del Sub-Coordinador Nacional. Ros les comunicó que había designado a José Fernández Badué y a Benigno Galnares para que compartieran la Coordinación Nacional. Quien, de hecho, la desarrolló con gran éxito, fue Fernández Badué (Lucas). Días antes Ros había puesto en contacto a estos dos compañeros con los coordinadores nacionales de los distintos movimientos.

Con José Fernández Badué (Lucas) el MDC se fortalece en todas las provincias. Seguirá siendo uno de los cinco movimientos más vigorosos y bajo el liderazgo de Lucas se incorporan nuevas figuras a la organización democristiana.

15- EL SEGUNDO FRENTE DEL ESCAMBRAY

Cuando el 19 de enero de 1961, tres meses antes de la invasión de Playa Girón salen de Cuba conocidos dirigentes del Segundo Frente del Escambray[166] a Coordinación Nacional del movimiento quedó, primero, en manos de Aurelio Nazario Sargén y pasa, de inmediato, a las de Diego Medina. Apenas un mes después, el 15 de febrero de 1961 se reúnen Aurelio Nazario Sargén, Enrique Ung, José Manuel Aguiar, Orlando Díaz Padilla y Diego Medina. Quedaba, así, estructurada, la organización en una nueva estrategia de lucha que los conducirá, antes de cuatro meses, a la creación de Alfa 66.

Diego Medina funciona en contacto con otras organizaciones. Una de ellas, Rescate Revolucionario cuyo enlace es Joaquín Banciella. Ya, antes, había participado en un plan de fuga para sacar a Humberto Sorí Marín que había sido herido la tarde que en Miramar habían detenido a Rogelio González Corso, Rafael Díaz Hanscom y otros. Sorí Marín estaba ingresado en el piso superior del Hospital Militar Carlos J. Finlay, del que era médico Diego Medina. Diego y Humberto eran amigos, relación surgida en Zaza del Medio. De acuerdo con el plan, Sorí Marín se quejaría de un dolor que le sería diagnosticado por el médico Diego Medina como cálculo que requeriría tomarle una placa. Lo trasladarían al Departamento de Rayos X que se encontraba en el extremo opuesto del hospital cerca de una puerta de salida donde estaría un carro, manejado por un oficial del G-2 que estaba en la conspiración. Por allí sacarían al enfermo. No se pudo lle-

---

[166] Armando Fleites, Andrés Nazario Sargén, Lázaro Asencio, Eusebio Ojeda, Ángel Ruiz de Zárate, Jesús de la Rosa, Eloy Gutiérrez Menoyo, Kiko Perna, Ángel del Baño, Domingo Ortega, Teniente Jesús de la Rosa, Gustavo Porta y Max Lesnick (Fuente: Entrevistas con Lázaro Asencio, Andrés Nazario Sargén y Diego Medina en el primer semestre, 1995).

var a cabo el plan porque la madre de Humberto Sorí Marín creyó en la palabra de Fidel Castro, que le había asegurado que su hijo no sería fusilado. La familia, en el último momento, no dio el consentimiento para efectuar el plan de fuga .

Diego se mantiene activo. Está en continua comunicación con Osvaldo Ramírez, el Congo Pacheco, Tomás San Gil, Adolfo Sargén, Medardo Salas y Elio Balmaceda, alzados todos en el Escambray. Varios serán hechos prisioneros y fusilados.

Como toda organización revolucionaria, ésta es infiltrada. El doble agente, de acuerdo a la profusa información que poseía, en el momento de nuestra entrevista, Diego Medina, era Enrique Ojeda, cuyo nombre de guerra era Raúl. Medina sabe, a través de fuentes fidedignas, la finca en que se encuentran –cerca de la Base de San Julián– apreciables cantidades de armas. Verifican, a través de Marcelo Díaz, Capitán del Ejército Rebelde del Segundo Frente, y personas de absoluta confianza, la existencia y localización exacta de las armas. Como sacarlas y transportarlas al Escambray era el problema que ahora enfrentaba el joven dirigente. Recomendado a través de otras personas confiables del Movimiento, establece contacto con Enrique Ojeda, oficial del Ejército Rebelde, que se compromete a organizar el traslado de las armas. Efectivamente, las mueve hacia La Habana.

Una persona de confianza, Abelardo Castro, cuñado del Dr. Jiménez Malgrat, verifica que las armas se encuentran ya en una casa en un reparto de La Habana. Pero Raúl (Enrique Ojeda) antes de entregarlas, quiere reunirse con varios miembros de la organización a quienes cita para, nada menos, la casa de Humboldt 7[168]. Se produce una tensa conversación y una nueva cita ya que, desconfiado, Diego sólo lleva a esa reunión en Humboldt 7 a los miembros de la organización que ya Raúl conoce. No lleva a nadie nuevo. Días después el doble agente es desenmascarado ante los miembros de Alfa 66[169]. Des-

---

[167] Entrevista del autor con Diego Medina, 1995.

[168] Humbolt 7 era la casa donde fueron asesinados Fructuoso Rodríguez, Joe Westbrook y Pedro Carbó Serviá en Abril de 1957 acusados de haber participado en el asalto al palacio presidencial del 13 de marzo.

[169] Enrique Ojeda (Raúl) se infiltra después en una conspiración que se está incubando en la Gran Logia Masónica de Cuba, en Carlos Tercero. A los pocos meses caerán presos muchos de los masones que conspiraban.

cubierto Diego Medina se asila, junto con Alberto Castro, en la embajada del Ecuador, de cuyo embajador el Dr. Jiménez Malgrat era amigo y médico. Al llegar encontrará allí, ya asiladas, más de doscientas personas.

16- OPERACIONES DE INFILTRACIÓN

Los intentos de infiltración de miembros del Directorio y de otras organizaciones se malogran con frecuencia. El de Abelito Varona, Nelson Amaro y José Antonio González Lanuza terminó, como tantos, en un fracaso. Habían salido en un barco llamado «Anno». que casi se hunde antes de llegar a la costa norte al este de Tarará. Era una embarcación muy alta que se usaba para transmitir por onda larga y, en esta ocasión, la Agencia de Inteligencia la utilizó y la cargó con explosivos y armas que los estudiantes iban a «sembrar», es decir llevarían este material en cajas amarradas unas a otras tirándolas al agua cerca de la playa. De esta forma el equipo que funcionaba en Cuba para la recepción retiraría esas cajas. El Directorio contaba, para esa difícil y arriesgada operación con Carlos («Tripa») Artecona[170].

Si aquella operación de infiltración fracasó, tendría éxito la próxima de González Lanuza, cuando, junto con July Hernández y Ernestico Fernández Travieso, parte hacia Tarará en un barco capitaneado por Kikio Llansó y tripulado por Rolando Martínez, Musculito. No fue nada fácil aquella infiltración. Nos la narra el propio González Lanuza:

«Nos dieron todas las señales equivocadas. Teníamos un «walkie talkie». y los de Cuba, otro. Estaban, se supone, arregladas las señales luminosas que haríamos y las que nos responderían al acercarnos a la costa. Cuando estábamos cerca de Tarará comienzan a sacar una luz con unos reflectores. Todos nos tiramos en el fondo del barco cuando el reflector nos empieza a iluminar, y el único que mantuvo su sangre fría fue Rolando Martínez, Musculito, que con toda tranquili-

---

[170] Carlos Artecona era un consumado buzo. Un día cuando la planta con la que el Directorio interfería transmisiones de televisión del gobierno necesitó cristales, el Tripa Artecona, con otros compañeros salió en el «Juanín». y pudo retirar los «cristales». de un avión caza que meses atrás se había hundido a unas 20 millas de las costas. (Fuente: Eduardo Crews, uno de los operadores de aquella planta).

dad, tomó una vara de pescar, caminó hacia la proa y la lanza como si estuviera pescando. El reflector seguía iluminando nuestr lancha hasta que, a los pocos minutos, creyendo que éramos un barco de gente que estaba pescando, dejó de iluminarnos. Rolando Martínez, con su ecuanimidad, salvó aquel desembarco».

No fue esa la única complicación de aquella operación de infiltración. Cuando, alejándose de Tarará, se acercan aún más a la costa no reciben las señales acordadas. Era que, sin ellos saberlo, el equipo que los iba a recibir, que estaría dirigido por Chilo Borja (Daniel) se encontraba esa noche fuera de Miami y quienes a última hora fueron designados para recibirlos (Luis Fernández Rocha, Julio Hernández Rojo, Bernabé Peña y José María Lasa) no conocían aquellas señales acordadas. A gritos, rompiendo todas las reglas de seguridad, comenzaron a tratar de comunicarse con el grupo que veían en la costa cuando se percataron que eran sus compañeros del Directorio.

Surge otro problema. Veámoslo en palabras de José Antonio:

«El grupo que fue a recibirnos no tenía las armas adecuadas para protegernos. Sólo tenían pistolas, y por Selimar estaban haciendo registros. Ya habían bajado las armas. Ven en la playa un hombre, que con su familia, está pescando. Fernández Rocha se le acerca y le dice: «Yo soy Luciano, Secretario General del Directorio; allí hay un barco, si usted quiere irse a los Estados Unidos, se puede montar e ir». El hombre le responde: «No. Pero yo tengo un pariente mío que es del Directorio y los ayudó a ustedes». y aquel hombre fue el que más nos ayudó a bajar las armas y los explosivos, que estaban amarrados en sacos de yute, y esconderlos entre los manglares y el «diente de perro».

Toman una decisión sumamente riesgosa para uno de los miembros del equipo de recepción. Le dan a Bernabé Peña las armas que portaban y el dinero que habían traído en el barco, confiando que no lo detuvieran en el camino hacia La Habana. Si lo hubieran detenido todos sabían lo que hubiera sucedido. *«El resto de nosotros, todos embarrados de agua salada, sudados, sucios, tomamos el otro carro para avanzar por la carretera y pasar por el túnel fingiéndonos borrachos, cantando las canciones de moda y tocando el claxon como si estuviéramos del fiesta, y cuando veíamos a un miliciano lo salu-*

dábamos con gritos. Así pudimos pasar sin que nos pararan». recuerda González Lanuza.

Veamos como recuerda Bernabé Peña aquel episodio:

«Cuando Chilo llegó a Cuba empezamos a organizar lo que era el Abastecimiento y a buscar puntos en la costa para entregar las armas que la CIA nos daba. Uno de esos puntos estaba entre Tarará y Selimar. Un día de la Semana Santa, me acuerdo que Chilo me dice: «Berni, yo me voy a Varadero a casa de unos amigos durante este fin de semana porque no hay nada que hacer aquí en estos días». Yo estoy en misa con José María Lasa y Armando Acevedo, que era el telegrafista cuando Luis (Fernández Rocha) me dice: «Viene un barco con tres hombres (Ernestico Fernández Travieso, July Hernández y José Antonio González Lanuza) y dos toneladas de armas y explosivos. Tenemos que organizar, de inmediato, un equipo para recibirlos"; les dije a Luis y a José María ¿quieren acompañarme?. Tendremos que entrar por Selimar y entonces en la costa ya veremos que hacemos». Fuimos a casa de Julito Hernández Rojo y en dos carros llegamos hasta Selimar. Recuerdo que cuando llegamos allí vimos un camión con una familia, un matrimonio y dos hijos y Luis Fernández Rocha explica al señor la situación y el señor nos ayudó a desembarcar todo el material que llegaba».

«El material lo traíamos lo más cerca posible a la costa en balsas. Ellos venían remando y nosotros, después, los halábamos a tierra. En el cuarto viaje me dice José María Lasa «dice el capitán (Kikio Llansó) que nos apuremos porque están tres fragatas allá afuera». Yo le respondí «dile al capitán que nosotros corremos el mismo riesgo que ellos están corriendo». Cuando terminamos aquella operación le dije a Luis: Luis, «ustedes seis váyanse limpios. Denme a mí las cajas con el material y yo me voy solo en un carro con los paquetes estos de armas y el dinero; los billetes aparentemente, eran falsificados. Se nos desteñían al tocarlos». Pude pasar sin que me registraran. En La Habana dejé el carro parqueado, porque como estaba en casa de los Cardona no quería comprometerlos». recuerda Berni Peña.

Así lo recuerda Acevedo:

Armando Acevedo, en entrevista separada con el autor, confirma este episodio «mis contactos eran Berny Peña, Chilo Borja y Mi-

guelón. Una vez recibo un mensaje que llegaba un cargamento con tres hombres y dos toneladas de armas por Tarará. Y nadie sabía nada. Voy a misa de cinco, que siempre nosotros íbamos a misa allí en San Agustín y veo a Berny Peña, le doy la noticia. Me dice «¿y cuando llega?" «Esta noche». le digo «Vamos tú y yo a buscarlo». y Benny me dice: «Si yo no encuentro a más nadie, vamos; pero yo prefiero que tú no vayas porque tú eres infiltrado y a tí te pueden sacar más que a nosotros, pero yo te aviso». Todo el mundo estaba fuera de La Habana porque no había nada. Después me llamó Bernabé y me dice: «Armando, olvídate, yo tengo con quien ir; quédate tranquilo, por favor, no vengas por mí». y llegaron las dos toneladas de armas«[171].

Se repiten los incidentes riesgosos que son pruebas del coraje y la determinación de aquellos jóvenes. Van en un carro, el 15 de abril, el día del bombardeo de tres aeropuertos cubanos, Armando Acevedo, Bernabé Peña cuando un carro patrullero los detiene. *«Yo llevaba las claves con las que tenía que telegrafiar cuando nos paran en Quince y 84 frente a una casa de milicianos. Nos piden que bajemos del carro. Cuando me bajo, dejo caer el papel con las claves, y le doy una patada por debajo del carro. Nos registraron el carro. No encontraron nada y nos dejaron ir».*

«Llegamos a casa de Roberto Bustillo, que vivía cerca de allí y le comentamos el susto que habíamos pasado explicándole que yo no podía transmitir por el resto del mes porque la clave del mes la tuve que tirar debajo del carro. Roberto Bustillo nos dice «déjame pegarme un par de tragos y déjenme tranquilo». Al poco rato dice: «Ahora vuelvo». Una hora después vuelve Roberto con el papel de la clave. Había pasado por aquel sitio, localizó el papel de las claves, siguió para la casa de un amigo de la Escuela de Arquitectura, le pidió una revista y vino leyéndola, la dejó caer y al recogerla, recogió el papel de la clave. Demostró Bustillo su inteligencia y su valor». entrevista de Armando Acevedo con el autor.

---

[171] Entrevista de Armando Acevedo con el autor.

17- JORGE FUNDORA (PATRICIO)

En diciembre, Jorge Fundora[172], como muchos jóvenes anticomunistas de formación cristiana, forma parte del Movimiento Demócrata Cristiano (MDC) y del Movimiento de Recuperación Revolucionaria (MRR), como Delegado del Frente Revolucionario Democrático en Tampa[173]. Pero Rogelio González Corso (Francisco) quiere la presencia de Jorge Fundora en La Habana porque, con el conocimiento que éste tiene de la costa de Matanzas, podrá determinar los mejores puntos para la recepción de armas que tanto necesita el movimiento clandestino en aquel momento.

«El 6 de enero de 1961, sábado, –nos dice Ernestino Abreu– me entró una llamada. Era Jorge Fundora. Para vernos nos citamos en 12 y 23, en La Habana. Dijo que venía de Miami y traía un mensaje de Artime: Que podía conseguir armas y traerlas por el área de Canasí. Nos citamos para el día siguiente en Varadero. Hablamos. Efectivamente, no habían pasado 18 días y ya estábamos recibiendo armas. Fundora se convirtió en el Jefe de Abastecimiento de la provincia. Iba personalmente con el grupo a recoger las armas por el «Punto Fundora». en Canasí. Con él se destacaron el Gallego Álvaro y Erazo Martínez. Uno de los hombres de confianza de Jorge era Elvidio Santana Pino de Canasí».

---

[172] Al hablar de Jorge Fundora «un cubano que no ha muerto, porque los buenos nunca mueren». y de las guerrillas de Matanzas, un glorioso cubano desaparecido prematuramente, el Dr. Luis Fernández Caubí al referirse a las armas que llegaban por el Punto Fundora expresaba:

«Eran las armas para mantener con vida unas guerrillas que peleaban contra toda esperanza. Porque se concibe la guerrilla de Fidel Castro subsistiendo en la Sierra porque no se le perseguía, se explican los comunistas de Tito y los partisanos de la Draja Mihalovitch burlando los cercos que le tendían los alemanes en las alturas nevada de Croacia y Servia o la de Mao Tse Tung en los desiertos inaccesibles de Sin Kiang. Pero guerrillas en una región llana, o con lomas muy pequeñas, cara a cara frente a un gobierno despótico con aviones y helicópteros y capacidad para peinar el territorio con miles de milicianos es algo que va más allá de lo racional para ingresar en el mundo de la epopeya». Decía Fernández Caubí que la lucha de aquella guerrilla matancera y «el rosario de muertes llena de gloria, no sólo a la provincia de Matanzas sino a toda Cuba y a su historia».

[173] Enrique Ros. Archivo personal.

Jorge Fundora pronto establece, también, efectivos contactos con Rafael Díaz Hanscom[174] y otros hombres de Unidad Revolucionaria, organización que ya realiza continuos viajes de infiltración y exfiltración. El punto de desembarco será conocido por «Punto Fundora». El transporte de las armas se hace, fundamentalmente, en el Tejana, de Alberto Fernández Hecheverría.

18- GUERRILLAS DE MATANZAS

Bajo el nombre de guerra de «Patricio», Jorge Fundora, como militante del MRR, se empeña en riesgosas labores subversivas hasta que es apresado el 25 de abril de 1961, días después del fracaso de Playa Girón. Procesado en la Causa 1108 es condenado a muerte por fusilamiento, sentencia que se cumplía el 12 de octubre de ese año. Por la misma Causa son procesados y condenados a 30 años de prisión cerca de 30 militantes[175].

«El 19 de marzo de 1961 cercaron a la guerrilla de Peña. Se dividieron en dos grupos. El grupo que iba con mi hermano Wilfredo se salvó. El otro cayó preso. Allí murieron Rey Hernández, Raúl Figueroa (de Jovellanos) y Osvaldo Rivas, de Canasí", nos dice Ernestino Abreu.

Parte del equipo de infiltración dirigido por Jorge Rojas y compuesto por Jorge Gutiérrez (el Sheriff) como radioperador, Abel Pérez

---

[174] Rafael Díaz Hanscom, había sido Secretario de Inteligencia del MRR. Se distanció de esta organización y comenzó a trabajar en Unidad Revolucionaria donde llegaría a ocupar una de las más altas posiciones. Detenido junto a sus compañeros aquí mencionados sufre la misma condena.

[175] Son condenados a 30 años José Enrique Balceiro, Diego Hans Arguelles, Juan Antonio Montes de Oca, Elbidio Santana, Rigoberto Salazar, Claudio Lázaro Rivero, Rubén Fernández, Oziel Ramírez, José León, Plutarco Armenteros, Víctor Piloto, Alberto Tenrreiro, Abigail Alonso y José Valdés Hernández. Otros fueron sancionados a distintas condenas de cárcel. Un tercer grupo, formado por Ernestino Abreu, Jorge López Oña, Erasmo Martínez y Erelio Peña, calificados de «espías y agentes de la CIA». fue considerado como «prófugos». y, junto con Juventino Pérez, Enrique Casado, Luis Fernández, Oscar Ruiz, José Arias, Alfredo Caicedo y Marcos Naranjo fueron «procesados en rebeldía».

Martín, Jorge Recarey y José Regalado, es emboscado ese 19 de marzo en la finca «Manuelita» de Prendes, en Calimete, Matanzas[176].

Al Sheriff, por salvar los equipos de telegrafía, lo hirieron.

«Un conocedor de la zona era Perico Sánchez, de Jaguey Grande. Un hombre muy valiente que abastecía a la guerrilla del Pichi. A él lo mataron y el 7 de abril muere su hijo Pedrito. Dos días después le mataron a su hijo Raúl y el día 20 de mayo lo mataron a él».[177].

«Teníamos otra guerrilla en el triángulo entre Perico y Agramonte que era de los Boitel... el padre Juan José y los hijos Daniel, Evaristo y Eliodoro, eran de Agramonte. Cuatro gigantes!»

«Los Rivero: once de la familia Rivero muertos en Corralillo».

Pronto, a otros como a todos, los sorprenderá el 17 de abril.

---

[177]El 19 de marzo (1961) Rojas Castellanos y Jorge Gutiérrez, junto con otros compañeros son cercados por cientos de tropas fidelistas. El Sheriff es herido gravemente pero Jorge Rojas logra evadir el cerco y llega a La Habana hasta que en las grandes recogidas que hacen el 17 de abril es identificado y delatado por el traidor Benigno Pérez.

178 Información detallada sobre este trascendente episodio pueden encontrarla en «Girón: La Verdadera Historia», del autor.

CAPÍTULO VI

CRISIS EN EL FRENTE REVOLUCIONARIO DEMOCRÁTICO (FRD)

1- DIVERGENCIAS EN EL FRENTE

Se ha creado una crisis en el Frente Revolucionario Democrático en Miami[178]. Para resolverla, los *«sectores aliados»*. recurren al mismo procedimiento que habían utilizado para solventar la revuelta producida en los Campamentos. Para sofocar aquella situación habían traído a Artime de Panamá. Para superar la crisis política del Frente traen de Cuba a Fernández Badué (Lucas) que había sustituido a Enrique Ros como Coordinador Nacional del MDC.

El 18 de febrero el Coordinador Nacional *clandestino* del MDC de Cuba está ya en Miami. Viene Lucas en vuelo comercial vía Venezuela. Es alojado, con todos los gastos pagos, en el hotel Dankers bajo el nombre de Dr. L. Sánchez.

Le han hecho creer que la sacrosanta institución del Frente está en peligro en las manos herejes de algunos de sus díscolos miembros. La misión que se le había encomendado al recién llegado era clara: hacerle conocer a los «amigos», léase CIA, que «Cuba». estaba insatisfecha con la denuncia que se había formulado el 28 de enero. El que en Cuba nadie supiera una palabra de esta crisis no tenía la menor importancia. Había que colocar en su sitio a uno de los instigadores del cisma.

En extensa conversación con Ros, el propio Fernández Badué confirma la directa participación de la CIA en su viaje a Miami *«para arreglar todo ese pastel»,* al tiempo que expresa sus profundas diferencias con Rasco. *«La CIA en La Habana me facilitó los pasajes vía Venezuela, y los americanos arreglaron mi entrada en los Estados Unidos avisando a la Embajada en Venezuela».* dice Lucas, quien relata su posterior entrevista con Tony Varona, Miró Cardona, Manuel Artime, Antonio Maceo, Sergio Carbó y otros *«en casa,* dice Fernández Badué*, de Alberto Fernández».*

CRISIS EN EL FRENTE REVOLUCIONARIO
DEMOCRÁTICO

La marginación, por los sectores aliados, del aparato civil del Fresnte Revolucionario Democrático produjo en los días finales de enero de 1961 una crisis ya que se le negaba a ese organismo participar en la preparación, dirección y realización de la guerra contra el régimen de Castro. El Coordinador Nacional del FRD perdió el respaldo de cuatro de las seis organizaciones que la componían. La situación fue superada al ingresar en el FRD varias otras organizaciones disolviendo el Frente Revolucionario Democrático y creando el Consejo Revolucionario Cubano bajo la presidencia de José Miró Cardona. En la foto los cuatro miembros que, bajo la denominada «Tesis Generacional», demandaban una mayor participación cubana en la dirección de la lucha: José Iganacio Rasco (MDC), Ricardo Rafael Sardiña (BOAC, MID, MAR y CLC), Manuel Cobo (Triple A) y Manolín Hernández (MRR).

Lucas se muestra orgulloso de su papel en la formación del Consejo Revolucionario, probablemente identificando incorrectamente una reunión que dio origen a la ampliación del Frente (marzo 15) con la posterior realizada en el Skyways Motel (Marzo 21) en la que –como siempre, por instrucciones emanadas en Washington– se constituyó el Consejo Revolucionario, presidido por Miró Cardona. Cumplida su misión, Lucas regresa, también en vuelo comercial, vía Venezuela.

Días antes había hecho contacto con Unidad Revolucionaria para que lo llevaran a Cuba. *«Vino con otros, recuerda Alberto Fernández de Hechevarría, en dos carros, cargado con muchos paquetes nítidamente envueltos. Había mal tiempo y no pudimos salir por dos o tres días. Cuando ya íbamos a zarpar, no quiso hacer el viaje. Se marchó. Los oficiales del Tejana decidieron abrir los paquetes. Contenían sólo manifiestos... Ni una bala, ni un rifle, ni un pedazo de plástico! Ahí mismo los tiramos al mar!".*

No todos los dirigentes de la clandestinidad vienen a Miami por razones políticas. Algunos llegan *«para llevar pertrechos a los que en Cuba están organizados».* explica Alberto Fernández[179]. Sorí Marín y González Corso vienen, por separado, clandestinamente a los Estados Unidos.

Unidad se ha convertido en una poderosa fuerza revolucionaria, no por su mayor o menor membresía sino por su trabajo organizado, serio, constante. Abnegado. Llegó a ser una sombrilla que cubría a distintas organizaciones. En el Tejana hacían los hombres de Unidad viajes casi semanales a Paredón Grande (en Camagüey) y Puerto Padre.

2- SE ESTÁ VERTEBRANDO UNA NECESARIA UNIDAD

Por varias semanas hay serias tensiones dentro del MRR. Francisco conoce que Rafael Díaz Hanscom, Jefe de Inteligencia de la organización ha estado en conversaciones con los «sectores aliados». sin

---

[179] Alberto Fernández Hechevarría había sido Director del Instituto del Azúcar. Como hemos explicado, compartía con Sorí Marín y Rafael Díaz Hanscom la dirección de Unidad Revolucionaria. En su barco Tejana realiza varios viajes a Cuba llevando armas e infiltrando y sacando combatientes.

informarle a él. Se produce una natural desconfianza que pronto hará crisis. Para clarificar aquella situación vendrá Francisco a Miami.

Antes de, éste, su penúltimo viaje, Rogelio González Corso (Francisco) ha dado precisas instrucciones a María Comella, la persona responsable de establecer todos sus contactos con otras organizaciones y personas envueltas en la actividad clandestina. Las instrucciones son terminantes y María Comella así las recuerda[180]:

«Francisco viene a mi casa y me dice: «Tómame esto taquigráficamente: «Me voy a ausentar por varios días y en mi ausencia no puedes darle nombres, ni direcciones, ni contactos a ninguna persona que pertenezca al Frente. Nada más se las puedes dar a Andrés Cao y, en segundo lugar, a Lino Bernabé Fernández. A nadie más». Y para estar más seguro me dice: «Léeme lo que has escrito». «Ni siquiera tú vas a saber donde voy. Nadie en mi ausencia te puede dar órdenes ni preguntarte nada. Ya lo sabes: Los únicos que te pueden dar órdenes son Cao y Lino».

Ya, para ese momento se sospechaba de la autoseparación de Rafael Díaz Hanscom del MRR. A la media hora de aquella conversación llega Díaz Hanscom a casa de María Comella a quien conocía estrechamente porque por largos meses había sido el Jefe de Inteligencia del MRR y le dice, nos cuenta María:

«Óyeme, convoca para el Frente». Le dije: «¿Cómo que convoque para el Frente? Yo no tengo los contactos». «¿Cómo que tú no tienes los contactos?». «No, yo no tengo los contactos. Ésos los tiene sólo Francisco y los tiene en su cabeza». Se fue Rafael bien molesto conmigo. Y a los pocos minutos llega Cao, muy agitado y me dice: «Oye, convoca al Frente». y le digo «Acaba de venir Díaz Hanscom y me pidió lo mismo». «Y tú ¿qué hiciste?" «Le dije que yo no tenía esos contactos». Cao me respondió: «Bien hecho. Convoca al Frente en seguida». Y así lo hice».[181].

En Cuba se está fraguando la coordinación de esfuerzos entre Unidad Revolucionaria (dirigida por Rafael Díaz Hanscom y

---

[180] Estas conversaciones se produjeron en el viaje a Miami anterior al realizado por Francisco en los primeros días de marzo de 1961.

[181] Entrevista del autor con María Comella. Diciembre 2005.

Humberto Sorí Marín), y el MRR cuya dirección ostenta Rogelio González Corso (Francisco), aunque los contactos se realizan más fácilmente con Jorge Fundora (Patricio) que, recién regresado a Cuba, está al frente de la recepción de armas.

En medio de aquellas tensiones había llegado a La Habana el Cawy Comella con instrucciones de trabajar con Francisco[182].

Francisco a la llegada de Comella lo había asignado a Acción y Sabotaje autorizándolo para que trabajase con otras organizaciones, en paricular, a petición del recién incorporado, con el MRP y se establecen nuevos contactos para zanjar discrepancias y celos existentes. Coincide la labor unitaria de Comella con el viaje a tierras norteamericanas de los dirigentes nacionales de dos de las más importantes organizaciones.

Para resolver las diferencias que han separado Unidad Revolucionaria del MRR y, para lograr pertrechos a los que en Cuba están organizados vienen a Estados Unidos, separados, clandestinamente, Sorí Marín y González Corso. Sorí Marín es recibido por Joaquín Powell, el Capitán José Pérez (Bayo), Alfredo Mil y Luis Centín[183]. Lo ha ido a buscar, en el Tejana, Tony Cuesta. Llegará a Cayo Hueso el 3 de marzo. En el barco viene, para quedarse después de una intensa actividad clandestina, Hilda Barrios.

Díaz Hanscom había sido Secretario de Inteligencia del MRR, bajo la coordinación nacional de González Corso. Distanciado de éste, Díaz Hanscom crea, con otros, Unidad Revolucionaria y recibe de los «sectores aliados», el avituallamiento necesario.

No permitió Francisco que la incorporación de Díaz Hanscom a Unidad Revolucionaria afectara las necesarias relaciones de cooperación entre ambas organizaciones; por ello acepta, aunque dolido en lo personal, participar en el plan unitario elaborado en las más altas esferas. Lo importante para los dirigentes de ambas organizaciones es consolidar una unidad efectiva que conduzca al pronto derrumbe de la dictadura castrista.

---

[182] Los «amigos». conocían la conexión de mi hermana María con Francisco, explica Manuel (Cawy) Comella al autor.

[183] Manuel J. Mariñas. «Cuba Insurreccional y Playa Girón", Diario las Américas, abril, 1991.

En este momento, marzo de 1961, aunque militan en grupos distintos, González Corso y Díaz Hanscom se mantienen unidos en la acción. Lo muestra así la carta manuscrita que el 12 de marzo, tan sólo 6 días antes de caer preso, le envía Francisco a su amigo de confianza Bebo Acosta:

«En estos días hablé con Rafael, que me estaba buscando...los amigos lo mandaron para Cuba, después de un curso allí..., y le han ofrecido material... otro que se le unió es Sorí Marín con el que estoy en conversaciones...en estos días aclararé todo con ellos...lo del embarque de armas es lo vital...recuerda que mientras más material entre, más fuertes somos».

Lo esencial, para Francisco, era el suministro de armas por donde viniera: por el Frente, por Unidad, por el MRR.

Ya antes el 9 de marzo le habla de la preocupación que tiene con otros compañeros que no conoce, en ese momento, si están trabajando con Rafael Díaz Hanscom o con Manolo Ray. Conoce, y le preocupa que Díaz Hanscom esté trabajando con Ray.

Desde antes ha ido informando Francisco a su buen amigo Bebo Acosta la situación que está enfrentando en esos primeros días del mes de marzo de 1961. En la carta de marzo 9 le dice *«te ruego me informes si Horacio e Hilario trabajan con Manolo Ray o con Rafael (Díaz Hanscom). Si Rafael está combinado con Ray. Aquí hubo cambios en la nacional ya que botamos a Jajaja y se cubrieron otros puestos. Mandé una lista para que Luis Bueno las vea y las condiciones que ponen».*

Aquel magnífico combatiente que era Rogelio González Corso se preocupaba antes de su arresto de que se mantuviese la unidad en el movimiento. Así se lo comunicaba al amigo en quien más confiaba Bebo Acosta en una de sus comunicaciones: *«Dime si viste al Dr. Dausá (José Enrique); trata que no haya problemas entre miembros del exilio».*

Le informa que han separado a Jajaja[184]. Conoce que ha habido contactos entre Eufemio Fernández y Sorí Marín. Dice así en un párrafo de su carta:

---

[184] Aparentemente se refería a Salvador García Moller que era amigo personal de Rafael Díaz Hanscom y a quien un pequeño grupo de amigos íntimos lo mencionaban como «Ja, ja, ja».

«Sé que Sorí Marín se va a reunir con Eufemio. Son gente conocida».

En otra carta, de extraordinario valor histórico, Rogelio González Corso (Francisco) sigue dando a conocer a Bebo Acosta los pasos que está dando:

«Sabes que mandé a llamar a Roberto de Varona y Luis Bueno. Roberto puede ayudarme en lo militar y Luis puede ayudar mucho en la estructura del M.R.R.. Espero que esto no los perjudique a ustedes en lo del embarque de armas, ya que es lo vital. Recuerda que mientras más material entre más fuertes somos. Tu hermano Francisco».

3- VIAJES CLANDESTINOS DE FRANCISCO Y SORÍ MARÍN[185]

Llega Sorí Marín en éste, su último viaje, a bordo del barco de Alberto Fernández. Se entrevista con Pedro Luis Díaz Lans, Jorge Sotús y otros combatientes. Alberto Fernández, que salía en esos días de viaje y no estaría presente en esas conversaciones, le concertó entrevistas con Miró, Tony Varona y sectores norteamericanos. «Oye y no hables», recuerda Alberto que le dijo a Sorí. *«Cuando regresé, me encontré a Sorí espantado». «Que razón tenías, me dijo».*

Luego de varios días regresa por la costa norte de La Habana, con gran alijo de armas.

Sorí Marín, como otros muchos revolucionarios, abrigaba serios temores sobre la conveniencia de realizar la invasión en la fecha que –sin conocerse con exactitud– se consideraba inminente. Deseaba una mejor coordinación. Ignoraba que ya en Washington funcionarios de alto rango fijaban una fecha tope para realizar la invasión.

Mientras, en Cuba, se fragua la coordinación de esfuerzos entre Unida Revolucionaria (dirigida por Rafael Díaz Hanscom y Humberto Sorí Marín) y el MRR cuya dirección ostenta Rogelio González Corso (Francisco), aunque los contactos se realizan más fácilmente con Jorge Fundora (Patricio) que está al frente de la recepción de armas por el sitio que había de conocerse como Punto

---

[185] Tomado de «Girón: La Verdadera Historia», del autor.

17-3-61

(Bebo)

Querido Hermano:

En estos días hablé con Rafael que me está buscando, él ha formado un movimiento que se llama Unidad que agrupa a todos los movimientos de bolsillo y les cogió la firma a todo ellos. Con eso se fué a E.U. y le dijo a los amigos que él era el que podía unir a todo el mundo. Parece que resultó y los amigos lo mandrán para Cuba, después de un curso allí, para que siguiera en esa labor y le han ofrecido material. Hasta e Hilario están con él, pero todo ellos están contra Vay. Otro que se les unió es José Marín con el que estoy en conversaciones. José está para lo militar. En estos días aclararé todo con ellos y ya te informaré.

Cualquier noticias que tenga me la mandes ya que eso me puede ayudar a tomar decisiones.

Sabrás que mandé a llamar a

Roberto de Varona y Luis Bueno. Al primero creo me pueda ayudar en lo militar y a Luis puede ayudar mucho en la Estructura del MRR.

Espero esto no les perjudique a Uds en lo de embarque de armas ya que no es lo vital. Recuerda que mientras más material entre más fuertes somos.

Recuerdos a todos de mi parte y tú recibe un abrazo de tu hermano

Francisco

ÚLTIMAS CARTAS DE
ROGELIO GONZÁLEZ CORSO (FRANCISCO)

Pocos días antes de caer preso el 18 de marzo de 1961 Francisco escribe a su amigo y compañero Orlando (Bebo) Acosta informándole gestiones que realiza para mantener la indiad dl movimiento clandestino.

Fundora, en la playa, cercana, como hecho dicho, al Punto Unidad que es el utilizado por Díaz Hanscom.

4- DESARTICULACIÓN DEL MOVIMIENTO CLANDESTINO. LA QUINCENA TRÁGICA[186]

Mientras en Nueva York y Washington continúan las conversaciones y las presiones, en Cuba se producen alarmantes acontecimientos. En marzo 23 llegan informes –en esos momentos aún no confirmados– de que Humberto Sorí Marín[187] –que había sido Comandante del Ejército Rebelde y antiguo Ministro de Agricultura en el gobierno de Fidel Castro– había sido detenido, después de regresar subrepticiamente de los Estados Unidos. Al día siguiente se confirmó la noticia, que era aún mucho más trágica para la lucha contra el régimen castrista. No era sólo Sorí Marín.

El 18 de marzo habían sido apresados, también, Rogelio González Corso (Francisco), que en un principio había sido encarcelado como Harold Bove Castillo; Gaspar Domingo (Mingo) Trueba, Manuel Lorenzo (Ñongo) Puig[188], Nemesio Rodríguez Navarrete y Rafael Díaz Hanscom[189] que constituían la columna

---

[186] Tomado de «Girón: La Verdadera Historia», del autor.

[187] Humberto Sorí Marín, Comandante del Ejército Rebelde fue designado en enero de 1959 Jefe de Auditoría de las Fuerzas Armadas y Ministro de Agricultura. Presenta un proyecto de reforma agraria que –según Manuel Mariñas, su amigo y defensor– fue desestimado en el Consejo de Ministros en favor de uno presentado por Carlos Rafael Rodríguez (que ni siquiera era Ministro en aquel momento). Renuncia a su cargo de Ministro de Agricultura y comienza a conspirar con otros oficiales del Ejército Rebelde. Sin pruebas concretas en su contra se le impone una condena de detención domiciliaria, despojándolo de su mando y grado militar. Se fuga e inicia su actividad clandestina.

[188] Manuel Lorenzo (Ñongo) Puig Miyar había partido hacia los campamentos el 2 de noviembre de 1960. Recibe entrenamiento de radioperador y forma parte de los equipos de infiltración. Va con Sorí Marín hacia Cuba el 13 de marzo. Cinco días después son detenidos. Al mes, Ñongo Puig, junto a los demás, es encausado, sometido a juicio, condenado, rechazada su apelación y fusilado en un proceso que durará 24 horas.

[189] Rafael Díaz Hanscom, había sido Secretario de Inteligencia del MRR. Se distanció de esta organización y comenzó a trabjar en Unidad Revolucionaria donde llegaría a ocupar una de las más altas posiciones. Detenido junto a sus compañeros aquí mencionados sufre la misma condena.

vertebral de la organización clandestina en Cuba[190]. Habían sido, señala Mario Lazo en su obra «Daga en el Corazón", «traicionados por un agente castrista».

Se menciona también la detención de Eufemio Fernández[191], noticia que luego quedará confirmada, aunque posteriores testimonios de valiosos revolucionarios parecen demostrar que su detención se había producido tiempo atrás y que fue incluido en la Causa 152 con el propósito de poderlo condenar a muerte y vengar Castro viejos agravios. Aparecen como detenidos en la casa de Oscar y Berta Echegaray, en Miramar, cerca del Comodoro. (Una de las detenidas en esta casa –y que fue procesada y condenada a 15 años de prisión– le confirmó luego al Dr. Mariñas que Eufemio no fue detenido en ese lugar). Se había vertebrado una unidad de las más activas fuerzas del clandestinaje, y en el momento de su detención Humberto Sorí Marín iba a ser designado Coordinador Militar de Unidad Revolucionaria.

Fabián Escalante[192], entonces Vice Ministro del Interior (MININT) resume así el nombre y descripción de las personas detenidas: *«Documentos que se encontraron mostraban que el llamado Frente de*

---

[190] Junto a ellos –que serán fusilados el 20 de Abril– son apresados Gabriel Enrique Riaño, Eduardo Lemus, Orestes Frías, Juan A. Picallo, Narciso Peralta, Felipe Dopazo, Pedro de Céspedes, Ernesto Rivero de la Torre, Eulalia de Céspedes, Dionisio Acosta, Cuba León, Margarita de León, Georgina González Pando, Iluminada Fernández Ortega, María Caridad Gutiérrez, Juan Castillo Crespo, Lester Álvarez, Yolanda Álvarez Bargaza, Berta Echegaray, Ofelia Arango, Ramón Font y Marta Godínez.

[191] Eufemio Fernández Ortega era revolucionario, respetado por muchos y temido por algunos. Entre éstos últimos estaba Fidel Castro que nunca olvidó que fue abofeteado por Eufemio en la expedición de Cayo Confite. Eufemio Fernández fue amigo de Mario Salabarría, Manolo Castro y Rolando Masferrer, manteniendo cordiales relaciones con Policarpo Soler, Orlando León Lemus (el Colorado) y otras conocidas figuras de la época conocida como del «gatillo alegre». Cuando, en el gobierno de Grau, dirigentes de la FEU (entre los que se encontraba Fidel Castro), se convirtieron en guardianes de la Campana de La Demajagua, Eufemio Fernández los puso en ridículo al «secuestrarles». la Campana. Fidel Castro no olvidó estos agravios.

[192] Fabián Escalante Font, General de División del Ministerio del Interior y miembro del Comité Central del Partido Comunista. Escalante se integró por primera vez al Ministerio del Interior en 1960, ascendiendo rangos rápidamente. Justo antes de

Unidad Revolucionaria estaría compuesta de 28 organizaciones y su líder era Rafael Díaz Hanscom, como Coordinador; Sorí Marín, Jefe Militar; Rogelio González Corso, Delegado del Frente Revolucionario Democrático; Marcial Arufe, a cargo de Suministro; Salvador García, Gerente de Finanzas; con Bebo Borrón y Antonio Díaz en los sectores de Propaganda; y Manuel Puig, Manuel Reyes Reyes y otros radioperadores controlando las comunicaciones».[193].

Fueron todos procesados en la Causa 152, acusados de estar «*realizando una serie de hechos tendientes a promover un alzamiento de gente armada para derrocar por medio de la violencia al Gobierno Revolucionario*». El auto de procesamiento del Juez Instructor, Segundo Teniente Vicente Álvarez Crespo, emitido en La Cabaña el 18 de abril (a las 24 horas de haberse producido la invasión) expresa que «*Sorí Marín, en unión de algunos de los otros acusados, con fecha 13 de marzo último desembarcaron ilegalmente en una playa cercana de la ciudad de La Habana, trayendo consigo una gran cantidad de materias explosivas e inflamables, armas y parque*».

En las conclusiones provisionales formuladas el mismo día por el fiscal Fernando Flores Ibarra ya aparece identificado «Bove Castillo». como Rogelio González Corso.

En la sentencia dictada sólo horas después, se describe a Francisco como «*individuo de conocida y extrema peligrosidad contrarrevolucionaria*», que ha «*tomado parte activamente en distintos lugares del país en la promoción de alzamientos armados, actos de terrorismo y sabotajes*». (Datos tomados de copias originales del Archivo Personal del Dr. Manuel G. Mariñas, abogado defensor del Comandante Hum-

---

la Crisis de los Cohetes, Escalante trabajó para la contrainteligencia cubana en Guatemala, reportando a La Habana sobre el entrenamiento de los exiliados cubanos quienes eventualmente participarán de la invasión de Bahía de Cochinos. Durante la Crisis de los Misiles trabajó en contrainteligencia en Cuba. Fue nombrado Teniente Coronel en 1979 y Brigadier General en 1984. Llegó a ser bien conocido primeramente en el extranjero cuando Fidel Castro lo nombró uno de dos jueces en el juicio militar al General Arnaldo Ochoa en junio de 1989, como resultado del cual Ochoa, el héroe de guerra que más condecoraciones recibió del gobierno cubano y Ex-Jefe de las Fuerzas Cubanas en Angola, fue sentenciado a muerte.

[193] «*La Guerra Secreta. Operaciones de la CIA Contra Cuba 1959-62*».

berto Sorí Marín). Calixto Masó se hará cargo de la defensa de Eufemio Fernández y de su hermana Iluminada; Enrique Arango (el padre de Eddy Arango) se ocupa de la defensa de su hija Ofelia Arango y de Ñongo Puig al no poder llegar desde Las Villas –por estar interrumpidas las carreteras con motivo del desembarco en Girón- su abogado López Deusá. Enrique Hernández Millares asume la defensa de Francisco; Antonio Cabreco, la de Rodríguez Navarrete. A Rafael Díaz Hanscom lo defenderá Jorge Luis Carro (que años después será Decano de la Facultad de Derecho de la Universidad de Cincinnati).

Días después quedan detenidos Virgilio Campanería, Alberto Tapia Ruano, Ramón Puig[194] y Tommy Fernández Travieso. *«Una fábrica de bombas y un arsenal de armas».* les fueron ocupadas a los jóvenes revolucionarios el 28 de marzo. *«Bombas, granadas, dinamita, mechas, rifles, ametralla doras, pistolas, peines, espoletas, fulminantes, cananas... y abundante parque».* Se hace pública la noticia de su detención y de la gigantesca ocupación de armas y pertrechos.

Tan sólo 24 horas antes de partir hacia Cuba, para unirse a sus compañeros del Directorio, conoce Ernesto Fernández Travieso la detención de Tommy, su hermano menor. La noticia no lo amilana ni le hace cambiar los planes ni los compromisos contraídos. Al día siguiente ya ha ingresado, infiltrado, en la isla. Conocerá que, para él, la situación es aún más grave: Su madre y su hermano mayor han sido también arrestados y que pedían pena de muerte para Tommy.

Pero debe cumplir la misión que le habían asignado: Unirse a sus compañeros que han planeado un alzamiento en la Sierra Maestra, cerca de Manzanillo. Parte hacia allá; al llegar encuentra que han sido detenidos los campesinos que les servirían de guías. Tiene que regresar a La Habana. Allí le sorprende el 17 de abril.

Virgilio, «Tapita». y Tommy son del Directorio Revolucionario Estudiantil. En la cárcel se encontrarán con Efrén Rodríguez López y Carlos Calvo, que militaban en Rescate Revolucionario.

---

[194] Serán fusilados el 18 de abril junto a Carlos Rodríguez Cabo, Efrén Rodríguez López, Filiberto Rodríguez Ravelo, Lázaro Reyes Benítez y Carlos Calvo Martínez. En Camagüey son apresados Rafael Iglesias R. y Rafael Lorenzo Reyes Ramírez por posesión de material inflamable. (Serán fusilados, también, el 20 de Abril).

La defensa de Virgilio ante los tribunales revolucionarios la asumirá Luis Fernández Caubí, que se había impuesto a sí mismo la difícil tarea de defender a los miembros del Directorio Estudiantil, del MRR, del MDC y de otras organizaciones afines.

Días antes, el 21 de marzo, los guardafronteras capturan en Herraduras, Cabañas, a cuatro expedicionarios. Les ocupan garands, rifles M-1, una planta de transmisión y otros pertrechos. Se hace, también, pública la detención y ocupación de armas. Nadie puede llamarse a engaño, mucho menos las agencias de «inteligencia». de los Estados Unidos. Castro (por cómplices que algún día otros investigadores habrán de descubrir y exponer) ha penetrado profundamente el movimiento clandestino y va destruyéndolo.

Antes de terminar marzo, hombres de distintas organizaciones habrán de caer. El 29, Alfredo Sánchez Echevarría (el hijo de Aureliano Sánchez Arango) es apresado, junto con Pedro Fuentes Cid, y acusado de haber realizado *«distintos hechos de sabotaje y terrorismo y de promover alzamientos armados, y planear atentados personales a figuras del gobierno Revolucionario»*. Les ocupan ametralladoras, carabinas, escopetas y parque.

Las detenciones continúan. Les corresponden ahora a *«mercenarios acaudillados por Tony Varona»*. El propio día (marzo 29) agentes del G2 sorprenden, en la calle San Rafael 966, a Carlos Antonio Rodríguez Cabo, a Roberto Herrera Rial; Efrén Rodríguez López y José Solís Marín. Junto a ellos, caen presos Roberto Cantera Fernández, Carlos Mendigutía Regalado, Joaquín Chanquin González, Clara Alonso y Nivia Ruiz. A Rodríguez Cabo (El Gallego) lo acusan *«de ser miembro de la Agencia Central de Inteligencia de Washington»*. A todos se les imputa de *«reclutar contrarrevolucionarios miembros de las Milicias Revolucionarias... y ayudar a los alzados en El Escambray que habían sido capturados»*.

Inmutables, en Washington, los planeadores –de espaldas a lo que en Cuba estaba ocurriendo– continuaban sus planes. El 23 de marzo, como hemos visto, estudia el Presidente las distintas opciones paramilitares preparadas por el Estado Mayor Conjunto. Dos días antes habían apresado a los de «Herradura»; ese día, detienen a Sorí Marín, Díaz Hanscom (de Unidad Revolucionaria), González Corso (del

MRR), y los demás. Nada cambia. El 29 de marzo se decide en la Casa Blanca que la invasión, *«que contará con un levantamiento popular»*, se realice el 17 de abril. Es el 29 que caen presos los de San Rafael 966, de Rescate Revolucionario; y el hijo de Aureliano de la Triple A. El día anterior eran los del Directorio los que habían sido apresados.

Poco les importó a los que desde Washington dirigían aquella lucha, la desarticulación del movimiento clandestino. No comprendieron –o no les importó– que la invasión que ellos habían ordenado estaría condenada al fracaso con aquellas detenciones y los cambios que, con total irresponsabilidad, impondría el Presidente Kennedy horas antes del desembarco.

El sábado primero de abril continúa el aniquilamiento del aparato clandestino. Mario Escoto –que en representación de la Triple A había sido fundador en Cuba del Frente Revolucionario Democrático– es detenido junto con cinco compañeros, acusados de *«actos de sabotaje y terrorismo en la capital»*. Lo identifican como jefe del grupo *«dirigido desde el extranjero por el traidor Aureliano Sánchez Arango, al amparo del imperialismo y de la Agencia Central de Inteligencia»*.

Los órganos represivos acusan a Mario Escoto cuyo nombre de guerra era Tony, de haber planeado, junto con Alfredo Sánchez Echevarría (hijo de Aureliano Sánchez Arango) un atentado al embajador de la Unión Soviética en Cuba. Lo encausan, también, por el incendio de la Colchonería O.K. y la bomba de la torre del tendido eléctrico en Alta-Habana. Acusan a Ernesto Francisco Botifol Ventura (David) de ser uno de los organizadores de la Triple A y de haber venido a los Estados Unidos a ser entrenado en la técnica de sabotaje y haber transmitido estos conocimientos a los miembros de su organización *«a los que ha enseñado el uso y manipulación del fósforo vivo, de la dinamita maleable o plástica y el uso y colocación de diferente tipo de detonadores»*.

Presos están, Ernesto Botifoll Ventura; Carolina Peña Albizu (Lula); Nidia Rosa Armada Cabrera (Teresita); Elier Rodríguez Amaro (el negrito Elier) y Esther García Lorenzo. Los acusan, a ellos también, del incendio de la Colchonería O.K.; del sabotaje a las torres de electricidad de Alta Habana, de intentar sabotear el servicio telefónico de Cojimar, de trasiego de armas y materiales explosivos. A los dos días el G-2 arresta a Filiberto Rodríguez Ravelo y a Lázaro Reyes Benítez, junto con Alberto Hernández Otero; los dos primeros serán fusilados por tenencia de bombas gelatinosas, fulminantes, balas, fósforo vivo y «*proclamas contrarrevolucionarias*».

Casi simultáneamente el equipo de infiltración encabezado por Jorge Rojas y del que forman parte Jorge Gutiérrez Izaguirre como radioperador; Abel Pérez Martín, Jorge Recarey y José Regalado, es cercado el 19 de marzo en la finca Manuelita de Prendes, en Calimete, Matanzas.

Ha sido una quincena trágica. Del 18 de marzo al 3 de abril el movimiento clandestino ha quedado descabezado, aplastado. En los meses anteriores, de intensa labor clandestina, pocas operaciones habían sido detectadas. El Tejana, el Dolores II, el Sábalo y las distintas embarcaciones utilizadas en el trasiego de armas realizaban sus misiones con relativa seguridad. Algo ha sucedido, después de marzo 15, que ha hecho vulnerable la labor de infiltración y de la actividad clandestina. Castro sabe que ha quebrado, en esta quincena trágica, la espina dorsal del clandestinaje. Por eso, va a la televisión nacional el viernes 7 de abril y pregona ostentosamente: **«La bandas están aniquiladas».**

Sólo quedan pequeños grupos que serán pronto apresados. Días después, el 13 de abril, ocho toneladas de armamentos son ocupadas por el G-2 del MINFAR en la costa norte de Pinar del Río. Es detenido con ellas Howard Anderson, que vivía en el Reparto Siboney, en Miramar, a quien de inmediato se le acusa de ser agente del Servicio de Inteligencia de los Estados Unidos. Junto a Anderson son apresados 14 cubanos. El grupo, comandado por el Teniente Joaquín del Cueto, está formado por Sergio Manuel Valdés, Luis Rodríguez Ochoa, Manuel Villanueva Barroto, Marcos Díaz Menéndez, Juan Ramón Leal, Aris Lara Marques, Jesús Borges Guerra, Ángel Aramís Lara, Valerio Ordaz, Alejandro Goznaga, Manuel Rivero, Marco Antonio Santos y Maximino Díaz Hernández.

5- CAMBIOS TRAZADOS EN LA CASA BLANCA A ESPALDAS DE LOS CUBANOS

Quedaba así desarticulado el aparato clandestino en Cuba en los momentos en que se daban los pasos finales para la Invasión.

Se suspenden, «en forma reprensible, casi criminal", ataques aéreos antes aprobados. Se reduce con censurable ligereza, también a última hora, el número de aviones que habrán de participar en los ataques aéreos. Se cambia, también, repetidamente, la fecha del desembarco.

Todo cambia. Lo que no varía es la insensibilidad hacia la vida de los hombres que han confiado en esos planeadores que se aislan en las frías oficinas de la capital.

Pocas horas antes, en la primaveral mañana del 12 de abril, el Presidente aprueba el plan que él mismo ha ideado: Se harán ataques aéreos el sábado 15 simulando que han sido efectuados por pilotos castristas desertores.

El 12 de abril se celebra esa importante reunión en la Casa Blanca. Participan el Presidente, el Secretario de Estado, el Estado Mayor Conjunto (EMC), oficiales del Consejo Nacional de Seguridad y de la Agencia Central de Inteligencia. Es Richard Bissell, Director de Planes de la CIA, quien presenta los últimos cambios al plan de operaciones sugeridos por la Casa Blanca y el Departamento de Estado. Tres días antes había llegado a los campamentos la orden de movilización.

De espaldas a los cubanos se realizan los planes de una operación que va a decidir el futuro de la patria de los que son excluidos. Uno de los fatídicos cambios que ordena el presidente fue el de realizar, dos días antes del desembarco, ataques limitados a tres aeropuertos cubanos en el momento en que estaba reunido el Consejo de Seguridad de las Naciones Unidas. Ningún cubano conoce del inminente desembarco. Ni el Consejo Revolucionario, que preside Miró Cardona, ni los radiotelegrafistas entrenados y enviados por la CIA; mucho menos, los dirigentes y militantes de la heroica clandestinidad. A todos sorprende el 17 de abril.

En Nueva York, Berle, Schlesinger y Plank transmiten a Miró, en forma poco convincente, el mensaje de Kennedy de que los Estados Unidos no estarán envueltos en la operación cuya fecha, medios y forma de realizarla, Miró totalmente ignora. En Puerto Cabezas, donde pocas horas antes han llegado, los pilotos cubanos –ignorantes aún de los cambios de planes y, por supuesto, de la desarticulación del aparato clandestino– esperan por las instrucciones finales que les llegarán en horas de la tarde. En los muelles de Puerto Cabezas, Pepe San Román y Oliva ven, por primera vez, los herrumbrosos y viejos barcos que transportarán a la Brigada al sitio de desembarco todavía para ellos desconocido.

El movimiento clandestino había sido desvertebrado con la detención de sus principales dirigentes. No obstante, la Casa Blanca y sus asesores continúan con un plan que considera *«el levantamiento popular esencial para el éxito de la operación».*[195]. Una semana antes de este duro golpe sufrido en Cuba por el clandestinaje, nada menos que los Jefes del Estado Mayor Conjunto de las Fuerzas Armadas de los Estados Unidos aprobaban el plan de invasión con esta observación al Secretario de Defensa: *«El éxito final dependerá de que el asalto inicial sirva como catalizador de acciones de los elementos anti-castristas dentro de Cuba».*[196]. Estimaba el CIA en abril 3 que de *«2500 a 3000 personas respaldadas por 20,000 simpalizantes estaban activamente trabajando en la resistencia en Cuba».*

La criminal decisión la sintetiza así Manuel G. Mariñas: *«A pesar del apresamiento de la dirección de Unidad Revolucionaria (y otras organizaciones), los barcos de la invasión fueron enviados cruelmente, sin el conocimiento de las jefaturas de relevo del clandestinaje».*[197]

6- OPERACIONES MILITARES DIVERSIONARIAS

Para desviar la atención de las fuerzas militares del Gobierno Revolucionario, la Agencia Central de Inteligencia, sin informarles detalles de los planes a los que en ellos tomarán parte, organiza fuerzas diversionarias que habrán de partir hacia Cuba varios días antes del

---

[195] Declaraciones de Dean Rusk en Mayo 4, 1961 ante miembros del Comité Investigador presidido por el Gral. Maxwell Taylor.

[196] Palabras de Allen Dulles y Richard Bissell respondiendo en Abril 3, 1961, preguntas formuladas en una de las reuniones del Grupo Especial. A. Schlesinger. *Obra citada.*

[197] Manuel G. Mariñas. "Cuba Insurreccional y Playa Girón", Diario Las Américas, Abril, 1991.

17 de abril que es la fecha –que todos ignoran– en la que la Brigada 2506 habrá de desembarcar en Playa Girón. La primera de aquellas fuerzas diversionarias, que es la más conocida, estaría al mando del Comandante Nino Díaz y se suponía que desembarcaría por el sur de la provincia de Oriente. La segunda, menos conocida, estaba comandada por el Comandante Pedro Luis Díaz Lans, Laureano Batista Falla y Jorge Sotús, en la que participarían miembros del Movimiento Demócrata Cristiano, del MRR que se había distanciado de Artime, y hombres de Rescate Revolucionario, y desembarcaría por el Puerto de Moa, cerca de Gibara[198].

Fue en la mañana de marzo 29 que el Presidente aplazó el desembarco para el 10 de abril.

A fines de marzo, cuando la invasión se había programado para el día 10, mandos inferiores a la Agencia Central de Inteligencia facilitaron la preparación de una pequeña fuerza diversionaria que desembarcaría en Moa en la costa norte de Oriente el 8 de abril. Se le ofreció a la expedición toda la cooperación que antes le habían negado a muchos de sus participantes. Se les facilitó armas y pertrechos. ¿Quienes formaban esta fuerza de la que nada se ha escrito? ¿Qué motivó a agentes de la CIA a ofrecer tan «generosa ayuda»? ¿Qué posibilidades de éxito tenía esta operación? ¿Existía una intención siniestra? Veamos los hechos.

El plan, aunque probablemente no fue consultado con sus superiores, contaría con la aprobación de éstos ya que se basaba en la idea desarrollada por Dick Bissell, en su informe de marzo 11, de producir un desembarco diversionario. Bissell tenía en mente lo que sería la fuerza que comandaría Nino Díaz. Los subalternos del Director de Planes de la CIA crearon su propia versión. Muy probablemente, se aprovecharon de ese plan para armar por su cuenta otra fuerza diversionaria que, al mismo tiempo, les permitiría salir de algunos elementos que habían resultado indeseables para la Agencia. Todo ahora se hace fácil. Aparecen en abundancia armas, pertrechos, equipos, municiones. Nada ni nadie estorba los preparativos que se realizan. Llega el día de la partida.

---

[198] Información detallada de esta operación puede encontrarse en «Girón: La Verdadera Historia» antes citada.

El 4 de abril, cerca de la desembocadura del Río Miami, están atracados dos barcos: el Patoño y el Marna. En otro punto, se encuentran ese martes otras dos embarcaciones: el Phillys y el Cacique.

El Patoño es el más grande de los barcos. Tiene 65 pies de largo. Era una P.C., lo que en la Segunda Guerra llamaban «Crash Boat». utilizada para rescatar a los aviadores que caían al mar. Al Patoño se le había montado un cañón de 20mm., otro de mayor calibre, varias ametralladoras 30 y un mortero. El piso está lleno de armas; en cajas y sueltas.

El Phillys era un Cris Craft de 48 pies, muy rápido; hacía 40 nudos y era el único equipado con radar. El Marna tenía 36 pies y, como el Phillys, podía hacer 40 nudos. El Cacique serviría para el abastecimiento de combustible de los otros barcos y transporte de armas y municiones.

Va cayendo la noche del 4 de abril. Hay movimiento en los alrededores, en el muelle y a bordo. Se va a salir por el mismo Río Miami.Se espera por la última carga que llega a las once. Eran los detonadores. Zarpa primero el Patoño con Alfonso Gómez Mena de piloto y Mente Inclán de navegante. Luego el Marna y, después, desde otros punto, el Phillys y el Cacique. No se conoce aún el sitio de desembarco ni ha habido, hasta ese momento, una mayor identificación entre los hombres que van en las distintas embarcaciones.

Al dejar atrás el río se va conociendo quienes vienen a bordo. Se encuentran en el Patoño, Jorge Sotús, Pepín López, Rafael Candia que había formado parte de la juventud democristiana. Viene también Marcos (Marquitos), que había luchado en la Columna Dos de la Sierra Maestra y se había licenciado como teniente del Ejército Rebelde meses después del triunfo de la Revolución; está también Manolo Pérez, que había peleado en el Escambray (Manolo meses después fue herido de dos balazos en un enfrentamiento con Marquitos por asuntos ajenos a la lucha). Está en el Patoño Juan Mesa, hombre de «los amigos», Jorge Mantilla, que tanto había participado en las actividades del MDC en el exilio. Juan Carlos, el Portugués[199]. Se encuentra a bordo

---

[199] Juan Carlos Jiménez, joven cubano de descendencia portuguesa, se había incorporado desde agosto del pasado año al MDC en el Exilio. En un desembarco posterior a Girón cayó preso, fue sometido a juicio y fusilado. En próximos capítulos hablaremos extensamente sobre «Juan Carlos», el Portugués.

Cuéllar que había venido de Chicago, y ahora funciona como radioperador[200]. También Tito Mesa, Dake Ruiz y el guajiro Ruiz Guevara quienes, meses atrás, habían sacado por Caibarién a distintos militantes del movimiento clandestino. Está José Ignacio Rasco a quien los planeadores no le habían permitido acceso a los campamentos de Guatemala[201]. Se encuentran Nelson, Enrique Ros y Rafael Curbelo (Bulldog) que luego permanecerá casi todo el tiempo en el Marna junto a Laureano Batista que había mantenido los contactos iniciales con los agents que ahora propiciaban esta expedición.

En el Phillys va Pedro Luis Díaz Lanz, su hermano Marcos, Dámaso Pasalodos, Lundy Aguilar y otros. Lomberto Díaz y Tony Santiago vienen en el Cacique que era conocido como «el barco del jamaiquino». Parten las cuatro embarcaciones hacia Cayo Verde donde se reabastecen de combustible. Se reagrupan los hombres en los distintos barcos. Era el 7 de abril. A las 4:00 PM parte el Marna hacia las costas de Cuba con Jorge Sotús, Pepín López, Candia, Nelson, Laureano Batista, Mente Inclán, Alfonsito y dos o tres más. Es la vanguardia. Cinco minutos después, sigue el Cris Craft (Phillys) con Rasco, Díaz Lanz y otros. Se quedan en Cayo Verde Dake, Tito con dos o tres. Avanza la noche sin noticias. Se acercan el Marna y el Phillys a la Bahía de Moa. Se ve la luz del faro. Ya se está cerca de los arrecifes de coral.

A la una de la madrugada del sábado 8 llega un radiograma del Phillys: «Estamos siendo perseguidos; necesitamos ayuda urgente». Se pasó a la base esta comunicación. Se recibió esta respuesta: «Concéntrense en el Cayo. No pierdan contacto entre ustedes. Perma-

---

[200] Hablaremos en extenso sobre Pedro Cuéllar Alonso en el capítulo dedicado a Unidad Revolucionaria y el equipo de infiltración de Rojas Castellanos.

[201] «Cuando fuimos a la expedición del Patoño para desembarcar cerca de Moa yo tuve que entrar en el barco en forma clandestina porque la CIA no quería permitir que yo fuese en aquella expedición (era la CIA quien había facilitado las armas a Laureano y aquella operación se hizo con pleno conocimiento de la Agencia Central de Inteligencia). Ya en alta mar salgo del camarote en que estaba oculto, el radiotelegrafista que llevábamos, creo que era de apellido Cuéllar, al verme dijo: «¿Que hace éste aquí?. Vamos a tirarlo al mar. Y en esa discusión oímos, al poco rato, a Castro diciendo por radio 'Sabemos que allí viene Rasco también'. Era claro que este radiotelegrafista le informaba todo a Cuba». (Testimonio de José Ignacio Rasco al autor).

225

EXPEDICIÓN DIVERSIONARIA

Juan Carlos Jiménez, el Portugués, y el telegrafista Cuéllar, que en expediciones posteriores serán apresados y morirán fusilados.

nezcan fuera de las aguas territoriales a no ser que sean objeto de fuego enemigo». Cuando se da la alerta de ester perseguidos por una fragata, el Phyllis está a 7 millas de la costa. El Phyllis puede ver con claridad a la fragata castrista por la alta calidad de su radar. Se oye el tableteo de ametralladoras y se ve, en la oscuridad de la noche, el destello de las balas trazadoras. La fragata cubana en mar abierto hace cómodamente 20 nudos, pero el Cris Craft (Phyllys) –cargado como iba– no podía avanzar con suficiente rapidez. El Phyllis era un fácil blanco para la fragata que tiene un cañón 50. La distancia se acorta. Pedro Luis dió la orden de botar las armas más pesadas comenzando con el C-4. El Phyllis comienza a echar al mar su cargamento.

La expedición había sido delatada.

7- DIRIGENTES DEL MRP SALEN DE CUBA

Comienza el año 61, ya se ha constituido el Movimiento Revolucionario del Pueblo (MRP).

Cuando en el verano de 1960 Manolo Ray abandona Cuba, sin previa aprobación de la dirección del movimiento, se produce la salida de la isla de varios altos dirigentes del MRP. Al salir Ray queda Rogelio Cisneros al frente de aquel movimiento. Y éste le da un gran impulso a la organización clandestina.

En septiembre de 1960 viene a Miami, en labor conspirativa, Reinol González que perteneciendo a la dirección nacional del movimiento ocupaba, entonces, el cargo de Secretario General de su Sección Sindical. En Miami se entrevista con Manolo Artime, del Movimiento de Recuperación Revolucionaria, con José Ignacio Rasco, del Movimiento Demócrata Cristiano y otros. Está de incógnito en Miami en ese viaje arreglado por James O'Mailia, profesor de lenguas de la Universidad de Villanueva, que trabajaba con las «agencias norteamericanas y preparó mi entrevista con un alto funcionario del gobierno».[202]. *«En el hotel fui sorprendido con una llamada telefónica procedente de Washington, la que aunque sorprendente, me resultó agradable y útil.*

---

[202] Entrevista de Reinol González con el autor, diciembre 2, 2005.

Olga Pando, con quien yo había trabajado por muchos años en un banco en Cuba, en ese momento uno de los cuadros del MRR de Artime, me explicó con lujo de detalles e inteligentes análisis la situación política general. Regresé a Cuba preocupado».[203].

A su regreso a Cuba participa Reinol de una reunión con importantes dirigentes de otras organizaciones clandestinas: Julio Hernández Rojo por el Directorio Revolucionario Estudiantil; Pedro Forcade por el Movimiento 30 de Noviembre; Alberto Cruz por Rescate Revolucionario y Juan Falcón del MRR; buscaban una unidad que solo podía lograrse si recibían armas, parques, C-4 y petacas incendiarias. Bajo la dirección de Rogelio Cisneros, se dirige al Escambray Roberto Jiménez, de la Dirección Nacional del MRP para coordinar la recepción por aire de alijos de armas.

En enero de 1961 Cisneros (Eugenio) parte hacia los Estados Unidos por vía clandestina desde la Playa de Varadero. Había prometido regresar una vez que se entrevistase con Manolo Ray. No regresó. Quedó Reinol González como Coordinador General en Cuba del MRP. Contaría con la colaboración de Antonio Veciana, Fernando Rojas Penichet, Raúl Fernández Rivero, Roberto Jiménez, Héctor René López, Roberto Torres, Heriberto Fernández (Telesforo), María de los Ángeles Habach, y también con Juan Manuel Izquierdo, Mario Pombo, y Arturo Martínez Pagalday. Estos dos últimos, Pombo y Martínez Pagalday, eran miembros del Sector Obrero, pero no pertenecían a la Dirección Nacional del MRP.

Poco antes de la constitución del MRP se había formado «Acción Democrática Revolucionaria». de la que formarán parte Antonio Fernández Nuevo, Amalio Fiallo, Reinol González, Andrés Valdespino y otros que semanas después engrosarán las filas de la nueva organización. El MRP estaría constituido por el ingeniero Manuel Ray, que había sido jefe de la Resistencia Cívica frente al gobierno anterior y, en estos momentos, ocupaba el cargo de Ministro de Obras Públicas; Andrés Valdespino, conocido dirigente católico y Vice Ministro de Hacienda en el Gobierno Revolucionario del 1º de enero; Rufo López

---

[203] Reinol González: Entrevista con el autor y mencionado en «Y Fidel Creó el Punto X».

Fresquet que había sido Ministro de Hacienda del Gobierno de Castro; Raúl Chibás, comandante rebelde y hermano del líder ortodoxo Eduardo Chibás; la Dra. Elena Mederos, Ministro de Bienestar Social, Antonio Fernández Nuevo conocido líder católico que, al triunfo de la Revolución, se dedicó a funciones administrativas dentro de la iglesia católica; y Felipe Pazos, economista de prestigio, que había sido designado el primero de enero Presidente del Banco Nacional de Cuba.

Varios pasos tomados por Castro fueron distanciando a estas figuras –hombres y mujeres– del gobierno al que tanto, aún antes de constituirse, habían ellos contribuido. Uno de aquéllos, el más desmoralizante, fue la imposición de una candidatura única a los tres mil delegados que se habían reunido en el X Congreso de la CTC que se había celebrado la semana del 18 al 24 de noviembre de 1959, al que nos referimos, en detalle, en páginas anteriores.

Mantiene esta organización estrechos contactos con altos funcionarios de la embajada norteamericana en La Habana. En enero de 1961, cuando el recién electo presidente está organizando su pequeño grupo de trabajo, Manolo Ray y Felipe Pazos se entrevistan en Washington con Adolf Berle, que es la persona que John F. Kennedy ha designado para atender los asuntos latinoamericanos[204]. En ese mismo mes de enero, dirigentes del MRP que se encontraban dispersos en distintas ciudades de los Estados Unidos comienzan a reagruparse. A fines de ese mes se reunieron en Miami Manuel Ray, Rufo López Fresquet, Felipe Pazos, Julio Duarte, Andrés Valdespino, el Coronel Ramón Barquín, Ernesto Betancourt, José M (Pepe) Illán, Jorge Beruff, Emilio Guedes, Napoleón Bécquer y José Estévez. Este último ocupará, después, la posición de Representante del MRP en los Estados Unidos.

Se realizan distintos esfuerzos, ya bajo la administración del Presidente Kennedy, para incorporar al MRP al Frente Revolucionario Democrático que dirige Manuel Antonio de Varona.

---

[204] Adolf Berle ha ocupado muy altas posiciones en países de Hispanoamérica y en Washington. Dominaba perfectamente el idioma español.

La intención de incorporar al MRP al Frente respondía a dos claros propósitos:

Satisfacer la creciente presión de funcionarios del Departamento de Estado que exigían una efectiva participación del Movimiento Revolucionario del Pueblo (MRP) en la fuerza que estaba siendo organizada para producir un cambio en Cuba.

Darle –a través del MRP y de otras instituciones y personalidades que también se integrarían al Frente– una base más amplia al Coordinador General del FRD, que había perdido el respaldo mayoritario de los integrantes del Frente como consecuencia de un planteamiento público que recibió el nombre de Tesis Generacional.

Elementos conservadores cubanos se oponen a la incorporación del MRP. Las objeciones provenían del rechazo al «fidelismo sin Fidel». que aparentaban representar muchos de los dirigentes de esa organización según afirmaban distintas personalidades como Pedro Martínez Fraga, Tulio Díaz Rivera, Agustín Goytisolo, Elio Álvarez, Arsenio Roa, Carlos M. Peláez, Armando León Sotolongo, José Julio Fernández y otros quienes el 13 de marzo hicieron pública su oposición a las negociaciones con el MRP[205]. Al final se produce una fusión de las dos organizaciones y otras más y se crea, en marzo 21 de 1961, el Consejo Revolucionario Cubano que presidirá José Miró Cardona. Tiempo suficiente para asumir, ante la historia, gran parte de la responsabilidad de la dolorosa derrota del 17 de abril.

Se ha producido el 17 de abril (1961) la derrota de Playa Girón[206]. El 24 de mayo el Coordinador General del MRP, Ingeniero Manuel Ray,

---

[205] Información más detallada sobre las diferencias entre el Movimiento Revolucionario del Pueblo (MRP) y el Frente Revolucionario Democrático (FRD) pueden encontrarse en la obra «Girón: La Verdadera Historia» del autor.

[206] Luego del desastre de Girón, muchos dirigentes de varias organizaciones se vieron forzados a ingresar en distintas embajadas o a salir, en alguna forma, del país. El MRP asistirá a militantes de distintos movimientos a conseguir asilo. El cónsul de Venezuela, Alfonso Turbarán, que mantenía en la sede diplomática en calidad de huésped al Comandante Evelio Duque solicitó del MRP que facilitara la salida de Cuba, clandestina, del Comandante Duque. Carmen Marth se ocupó de trasladar a Evelio Duque a la casa de Finita Rodríguez Bandujo y allí, por la Playa de Varadero, pasó el Comandante Duque a los Estados Unidos.

da a conocer que se separa del Consejo Revolucionario. Comienza así lo que llegará a ser un prolongado período de crisis para el MRP.

Tan solo una semana antes, Ray había firmado, junto con Miró, Tony Varona, Justo Carrillo, Dr. Antonio Maceo y Carlos Hevia, un extenso documento de crítica a «los profesores de Harvard». que asesoraban al Presidente Kennedy. El documento, publicado el 18 de mayo en el New York Times como «anuncio pagado», fue parcialmente censurado por el periódico.

8- EL INCENDIO DE «EL ENCANTO». LA CAUSA 255 DE 1961.

FUSILAMIENTO DE CARLOS GONZÁLEZ VIDAL

Días antes de la invasión del 17 de abril, pero sin vinculación alguna con ésta, se realiza, el 13 de aquel mes, uno de los más espectaculares sabotajes al quedar destruida, por un incendio, la tienda por departamentos «El Encanto». La acción la ejecuta con dos petacas incendiarias[207], colocadas entre prendas de vestir en el departamento de sastrería del establecimiento, el joven Carlos González Vidal.

Luego de realizado el hecho que causó expectación en toda la nación y profunda irritación en las esferas del gobierno y los organismos represivos, Carlos pasó a una casa de un familiar muy cercano en Santa Fe, cerca de la playa Baracoa, en la provincial de La Habana. Se producen, como repetidamente hemos mencionado, los ataques aéreos del 15 de abril y el desembarco del día 17. En los masivos registros e inspeccio-

---

[207] Las petacas, que estaban abandonadas en un solar yermo, fueron recogidas por Telesforo y Roberto Torres y limpiadas por técnicos. Fue Cawy Comella el que les había informado, en casa de Lino Pérez, financiero de la organización, a los dirigentes del MRP la localización de las dos petacas. Su intención había sido probar si el MRP era capaz de realizar aquel sabotaje. El Cawy Comella le afirma al autor que fue Rafael Tremols (el Fósforo) quien personalmente, le entregó las petacas a Carlos a quien el Cawy había estado entrenando. (Entrevista de enero 18, 2006).
Días antes, el 9 de febrero, Cawy Comella se había infiltrado y luego de tener organizado el Plan del 9 de Abril, viajará a Oriente para incorporarse al "Plan Bartolomé", que era el del alzamiento de Muller en la Sierra Maestra. Frustrado ése, regresa a La Habana y se ve forzado a asilarse a fines de abril en la embajada de Venezuela. Muchos de aquellos asilados podrán salir en septiembre de aquel año. Otros (Urrutia, Orta, el propio Comella y varios más) podrán salir del país en diciembre.

CAWY COMELLA, EL PLAN DEL 9 DE ABRIL Y LAS PETACAS DE «EL ENCANTO»

Cawy Comella es de los primeros en llegar a los campamentos de Guatemala antes de pasar por la Isla Useppa. Llega a Cuba con la misión de unir a distintos grupos revolucionarios y organizar el plan, frustado, del alzamiento del 9 de abril. Hará entrega de las petacas incendiarias que destruyen «El Encanto».

nes de casas que se efectúan esos días tocan en la puerta de aquel hogar un grupo de 5 milicianos que va a hacer una inspección de rutina. Desafortunadamente, quien está al frente, José Pena, identifica a Carlos González a quien conocía del centro de trabajo y de frecuentar ambos la Casa Club SEICA en el Paseo del Prado que era el centro de recreo de los empleados de ése y otros comercios similares. Arrestado, pasa Carlos González Vidal al G-2 de 5ta y 14 donde permanecerá por cuatro largos meses. Allí se reunirán varios compañeros de trabajo: Arturo Martínez Pagalday, Mario Pombo Matamoros, Humberto Eduardo López Fuentes, Ada González Gallo y otros antes mencionados (Telesforo Fernández Hernández, Roberto Torres García, Dalia Herrera Pérez e Hilda Herrera Pérez).

El 31 de agosto de 1961 ya la Oficina Jurídica del Departamento de Seguridad del Estado, del que era jefe el Primer Teniente Augusto Álvarez Lombardía, levantaba el Acta Número 3754 en la que hacía constar que habían ordenado al agente Fischer Richard Laguna que arrestara a elementos complicados en esas actividades. Fueron detenidos Mario Pombo Matamoros, principal organizador de dicho grupo; Telesforo Fernández Hernández, Dalia Herrera Pérez, Ada González Gallo, y Eduardo López Fuente.

A Mario Pombo lo considera Seguridad del Estado como el que planeó y dirigió el sabotaje que ocasionó el incendio de El Encanto utilizando a Carlos González Vidal[208]. A Dalia Herrera Pérez la acusan de haber mantenido en su domicilio materiales explosivos, con la ayuda de su hermana Hilda Herrera; y a Ana González la acusan de estar recibiendo cartas de Manolo Ray.

Serán todos, junto con José Calvo Lorenzo, Eduardo García Moure y Arnaldo Hernández Bousa, que *«hasta el presente no han sido habidos»*, procesados bajo la Causa 255 de 1961, con fecha 16 de septiembre de aquel año. El sumario, incoado por el Segundo Teniente Vicente Álvarez Crespo, hace constar que *«las acciones conspirativas de este grupo subversivo se efectuaban en la Casa Calle Paseo #156, en El*

---

[208] Serán Roberto Torres y Mary Habach los que, escogido el objetivo, se reúnen con Carlos González en la Cafetería Bambú, y le entregan las petacas, según afirma Reinol González.

Vedado, domicilio de las hermanas Dalia e Hilda Herrera Pérez». y que «el incendio fue provocado por el acusado Carlos González Vidal, utilizando para ello dos artefactos de los conocidos por «petacas", de fabricación norteamericana...de alto poder inflamable».

Piden pena de muerte por fusilamiento a Carlos, a Arturo Martínez Pagalday y Mario Pombo Matamoros. Para los demás, distintas condenas de prisión. Pero Carlos asume ante el tribunal la plena y total responsabilidad por el hecho cometido, con lo que logra, que es lo que este admirado combatiente persigue, la conmutación de la pena capital a sus dos compañeros de causa.

El 19 de septiembre de 1961, a unas pocas horas de ser ajusticiado escribe esta bella y tierna carta a sus padres:

Queridos padres:

Estas líneas que les hago quiero que les sirvan de consuelo. Yo moriré y no tengo miedo porque Dios está junto a mí en estos momentos.

Sólo quiero decirles que recen mucho que es el único medio de llegar a Dios. A Eloísa le digo que no sufra. Yo he encontrado a Dios y me siento satisfecho.

Adiós, padres y hermanos. Adiós, novia querida. Sé que aún después de muerto te seguiré queriendo

Carlos

Tres horas después estará, en el foso de La Cabaña, recibiendo la descarga del escuadrón de fusilamiento que destrozará el pecho de este joven mártir de 23 años.

9- 15 Y 17 DE ABRIL: DESCONCIERTO EN EL MOVIMIENTO CLANDESTINO.
BOMBARDEO DE ABRIL 15

Gran desconcierto es creado en el movimiento clandestino por la invasión realizada, sin previa información a los que, en la isla, conspiraban y actuaban contra el Gobierno Revolucionario.

Los ataques aéreos del 15 de abril y la invasión de Girón sorprende a Manolo Blanco Navarro, como a tantos otros miembros de los equipos de infiltración. Muchos se ven obligados a buscar refugio en distintas embajadas. Manolo Blanco prefiere correr el riesgo y mantenerse en la calle pero es identificado y delatado al pasar por Línea y B en el Vedado. ¿Quién lo delata? El profesor de Oseología de la Universidad de La Habana, Alexis Hernández quien, de acuerdo a Renaldo Blanco Navarro, hermano de Manolo, salió posteriormente de Cuba y, con una nueva identificación se encontraba años después de profesor de su especialidad en un centro universitario.

«Se produce el bombardeo del 15 de abril. Llega la invasión. A mí, nos dice Armando Acevedo- no me habían dicho absolutamente nada. Yo había telegrafiado el 15; había telegrafiado el 16 dos veces, el 17 de abril, por la mañana, el radio estaba escondido en casa de Gastón. Voy en guagua (porque yo trataba de no andar en carro), telegrafié, recibo el mensaje y cuando lo descifro decía: «Fuerza grande bien equipada deseembarca al sur de Las Villas. Grupos de ustedes tomen medidas; si pueden, vuelen puentes, vuelen caminos».

Ante esa información Armando Acevedo se reúne con Chilo Borja, Miguelón García Armengol y Bernabé Peña. Discuten los pasos que deben tomar.

«Miguelón considera que de acuerdo a un plan inicialmente trazado debíamos tomar la Universidad y dirigiéndose a mí me dice: «Tú, pide tirada de armas en la Plaza Cadenas». Le hago ver lo irrealizable de aquella idea «Tú estás loco? Como vamos a lograr una tirada de armas si en los últimos meses no nos ha llegado ninguna?. ¿Cómo van a hacer la primera tirada de armas en medio de la invasión si antes no lo hicieron?». Comenzaba el caos.

Para el 18 y el 19 de aquel trágico mes la situación era de total desconcierto. Castro había vencido la inesperada y mal planeada invasión.

¿Dónde se encuentran los hombres y mujeres que con riesgo de su libertad y de su vida habían estado activamente trabajando en la clandestinidad?, y ¿dónde los que desde semanas y meses antes se habían infiltrado y trabajaban, muchos, como radioperadores?. Veamos su situación y sus reacciones.

Isidro (Chilo) Borja se las agencia para buscar convenientes identificaciones. *«En el Ministerio de Obras Públicas trabajaba la hermana de Fernando García Chacón, que también era del Directorio, y ella me consiguió papel y cuños y yo me hice una carta nombrándome*

Delegado Rural del Ministerio en la zona de Oriente. Me vestí de miliciano. Y aquello funcionó».

Nos dice Isidro (Chilo) Borja: *«Yo llego a Santiago el 13 de abril y hago contacto con todos los que están en Oriente. Estaba Benito Clark, Juan Marcelo Fiol, Choco Somvil y dos o tres más. Probablemente Gugú Basulto estaría allí; no lo recuerdo. Y el día 15, por la mañana, se empiezan a oir los bombazos. Yo dije, coño, esto empezó ya. El ataque inesperado que cerraba todas las salidas de la ciudad, echaba por tierra el plan de unirnos a las fuerzas, junto a Alberto Muller, que estaban alzados en la Sierra cerca de Manzanillo».*

Dos días después conocen, por la radio del gobierno, de la invasión de Bahía de Cochinos. Nada se les había informado. Comienzan, en Santiago, los arrestos en masa. Tienen que dispersarse. Chilo, vestido de miliciano, con su identificación falsa, en una guagua, se va; se dirige hacia La Habana. En cuanto pueblo los detenían su excusa era: *«Compañeros, yo tengo que volver a mi brigada en La Habana porque me están llamando».* Donde más pesada se puso la cosa fue en Colón, por donde pasaban camiones y camiones llenos de milicianos. *«Allí no querían dejarme continuar mi viaje. Yo pedí que me trajeran al jefe de milicias y me trajeron a un teniente coronel a quien le mostré una carta (por supuesto falsificada) firmada por Osmani Cienfuegos. Así pude llegar a La Habana. Atrás se había quedado Alberto Muller colgado en la Sierra».*

A finales de marzo Néstor Campanería, el hermano de Virgilio, había partido con el grupo de Charles Fontanils y Silvio Padilla, para Santiago en un carro. Allá estaba Osmín del Pino que iba a tener un guía que los llevaría a Manzanillo donde se suponía que estaría el cuartel durante los primeros días del mes de abril. *«Al llegar a Manzanillo, por alguna razón hubo un tiroteo, alguno de los nuestros fueron arrestados. Yo parto hacia La Habana con Pipo; llamamos a Padilla; nos fue a recoger a la terminal. Tratamos de ponernos en contacto con los telegrafistas para que pidieran que nos tiraran armas. La respuesta que recibíamos era «no se preocupen, que todo está resuelto. No llamen más».*

Cuando se producen los bombardeos y, poco después, la invasión yo creí que mi hermano Virgilio se salvaría. Desde hacía días estaba preso. El 17, a las cinco de la mañana pongo el radio y ya estaban dando la noticia de los fusilados. Yo no sabía que hacer. Como a las nueve de la mañana llegó Julito Hernández Rojo con Madruga (que era el que iba a ocupar el cargo de Julito). En ese momento, acaban de fusilar a mi hermano, una señora de Buenavista cuyo esposo había caído preso, llamaba para decirnos que tenía un carro con dos toneladas de armas en la casa. Partimos Julito, Madruga y yo a la casa a recoger esas armas, sin saber lo que podíamos hacer con ellas, pero de las que no queríamos deshacernos. Las recogimos y al día siguiente las llevamos a otra casa».

10- LA INVASIÓN SORPRENDE AL CLANDESTINAJE

Así sorprende el 17 de abril a una joven del Directorio: «*Yo vivía en La Habana pero el 17 de abril me cogió presa porque unos días antes había ido a ver a María Oduardo, también del Directorio. A petición de Cecilia La Villa yo había ido días antes a La Cabaña a llevar a un sacerdote que iba a asistir espiritualmente a Aberlardito Aguiar y otros muchachos del Directorio, a quienes iban a fusilar. Cuando llego a ver a María Oduado los milicianos me detienen porque mi carro estaba circulado*». Así, presa, se encuentra el 17 de abril Anita Díaz Silveira.

A otra joven del Directorio, Cecilia Lavilla, la encuentra el 17 de abril pendiente de recibir alguna iinformación. Al día siguiente el Chino Menéndez le pide que lo acompañe al lugar donde estaban las plantas transmisoras. No las del Directorio que se encontraban en casa de Pedro Duquesne, sino las del MRP que estaban en casa de Marita Zulueta. Allí encuentran a miembros de las tres organizaciones (DRE, MRR y MRP) pero no pudieron comunicarse porque de Miami nadie respondía. Aparentemente,supone Cecilia, todos los radioperadores estaban «detenidos».

A Juan Manuel Izquierdo, del MRP, lo sorprende el 17 de abril en casa de un familiar. No tuvo activa participación en aquello.

Regresaba Miguelón García Armengol de Manzanillo donde había ido para coordinar el alzamiento de Alberto Muller, con Enrique Casuso, quien se encontraba en las inmediaciones de Manzanillo. Con aquel grupo, que se encontraba en Bayamo, estuvo una semana. Cuando regresa en una guagua, ve un titular de un periódico que está leyendo una persona que está delante de su asiento «Fábrica de Bombas en La Habana». *«Yo estoy leyendo por arriba del hombro del individuo pero no llego a los nombres. Cuando el tipo termina su periódico le dije: «¿Me puede prestar el periódico?» cuando leí de Virgilio dije: «Coño, ya se jodió esto». Al extremo que yo iba a llegar hasta la Terminal de Ómnibus de La Habana pero decidí quedarme en una parada para evitar que por casualidad, pudieran estar esperándome».*

Han detenido a Virgilio Campanería, a Tapia Ruano y a Tommy Fernández Travieso cuando Miguelón está regresando de Oriente. En La Habana encuentra a Chilo Borja a quien un amigo le había dejado la llave de su casa en Alta Habana. Rompiendo de nuevo las reglas de seguridad deciden los dos infiltrados usar aquella casa. Allí se encuentran a Rodolfo Vidal (Pancho Rápido). Pero no tenían muchas alternativas. No todas las casas amigas se abrían en aquellos días de detenciones masivas que comenzaron el mismo día 17.

Pasan varios días. *«El 17 de abril Chilo Borja, que era el que estaba a cargo de Suministro y yo estábamos juntos. El Chino Acevedo, que era el telegrafista que trabajaba con nosotros había hablado con la base el 16 por la noche y la base, que estaba en los Estados Unidos, nos dijo: «Stand By». A las cinco de la mañana viene uno de los contactos nuestros: «Oye, ya están desembarcando». ¿Cómo van a estar desembarcando si nosotros anoche hablamos a las once de la noche y nos dijeron que estaban en stand by?. Ponemos la Radio Nacional de Cuba y oímos los partes militares de Fidel Castro. Así conocimos nosotros,–a quienes nos habían enviado infiltrados a Cuba y los radiotelegrafistas–, la noticia del desembarco de Bahía de Cochinos».*

Johnny Koch se había trasladado desde La Habana a Santiago de Cuba para participar en el alzamiento que el Directorio preparaba en Oriente. Regresaba Chichi Lavín en un ómnibus de la Greyhound cuando conocen del bombardeo a los aeropuertos de Santiago, San Antonio de los Baños y Columbia. Se percataron que la invasión era inminente. El 17, carente de contactos, *«me encuentro en un apartamento del tercer piso de una casa vieja con un patio central. Esa noche llegan a registrar la casa. Para no comprometer a la gente que me había dado albergue voy al balcón del tercer piso, que da al patio central donde había una soga, me deslizo por ella y llego al piso de abajo. Allí había un soldado a quien le dije: «Óyeme, me dice el capitán que vayas allá, que quiere que ayudes a cargar una cosa que encontraron». Eran como la una de la madrugada, el soldado me creyó y yo pude escaparme».*

Esta es la narración de uno de los radioperadores:

«Recibo un mensaje: «Su amigo Francisco fue detenido. Mantenga máxima seguridad». Por ahí me enteré yo de la detención de González Corso. Pero seguimos nuestra labor. Yo transmitía desde una casa que me la facilitó el Movimiento Demócrata Cristiano. Yo estaba en casa de un señor llamado Diego Jiménez (cuyo hijo, supe después, venía en la Brigada 2506) y en el congelador que tenía yo guardaba las claves, pero transmitía desde otra casa llevando, como pretexto, libros y cuadernos de contabilidad que estaba estudiando. Dos o tres días antes de la invasión, haciendo un registro de rutina, encontraron la planta. Llegó la invasión y nuestro team de infiltración completo estaba sin comunicación».[209].

July Hernández se infiltró el 30 de marzo, 17 días antes de la invasión. *«Pero ya sabíamos que la invasión venía y que éste era nuestro último viaje. Llevábamos el armamento que siempre transportábamos y en ese día nos dieron dinero en efectivo para el clandestinaje. Resultó ser dinero falso».* Fue algo censurable. Una acción criminal, repudiable. En un futuro, cuando documentos que aún se mantienen en secreto se desclasifiquen, otros historiadores podrán señalar a los culpables. Veamos este episodio en las propias palabras de July Hernández:

«Nos cambiaron $10 mil dólares cuyo documento yo firmé por $50 mil pesos cubanos que yo recibí y también firmé por ellos. Pusieron ese dinero en un cinturón que me lo puse, pero al desembarcar yo me caigo al agua al hacer el transbordo del barco madre al más pequeño que nos llevaba a tierra. Al caer al agua, aquel dinero cubano se destiñó. Era dinero falso. Alguien había cambiado dinero americano bueno por dinero cubano falso. Al riesgo político, patriótico, que todos estábamos conscientes y dispuestos a asumir, nos agregaron el

---

[209] Emilio Martínez Venegas, entrevista con el autor.

riesgo de un hecho criminal que desconocíamos. Después me sor-
prende el 17 de abril en casa de Manolito Campos que era el segun-
do en el ministerio que dirigía Pastorita Núñez. Manolito Campos
estaba conspirando con nosotros los del Movimiento Demócrata
Cristiano».

La entrega de billetes falsos con los que ponían en mayor peligro
la seguridad y la vida de los jóvenes que en Cuba se infiltraban, se
repite una y otra vez. Isidro Borja, que aunque criado y educado en
Cuba había nacido en México, va a regresar a Cuba para unirse en la
isla al Directorio en un vuelo comercial con su pasaporte mexicano.
Ha hecho, como tantos, los contactos necesarios con «los amigos».
«Me acuerdo que me dieron una maleta de doble fondo como con
$130 mil pesos, billeticos Aguilera; cuando tú cogías el billete Agui-
lera de $100 pesos, te quedabas con la tinta en la mano». (Entrevista
de Isidro Borja, abril 19, 2005).

Fernando Valverde, miembro del Directorio, pero un poco mayor
que los estudiantes que lo componían, tenía, entre sus funciones, la de
recaudar fondos para la organización. Admite Valverde –en entrevista con el autor– que la CIA *«metió dinero falso para desestabilizar la*
economía de Castro». No parece nada convincente esta explicación
porque las cantidades que, ignorantes de la operación, introducían en
la isla los estudiantes que se infiltraban, eran de una cuantía insigni-
ficante para afectar la economía del país.

Muller, Roberto Borbolla y demás alzados se encuentran el 17 de
abril en la Sierra Maestra. En los primeros momentos –al conocer por
la radio la noticia del desembarco– consideran que éste tendrá éxito y
que, unido al movimiento clandestino que consideran de gran fortaleza, podrán vencer al régimen. Pronto se desengañan. No han llegado
las armas y recursos prometidos. Tienen que intentar desmovilizarse
rápidamente. El 21 son hechos prisioneros.

A María Comella la sorprende el 17 de abril en La Habana.
«Nos dedicamos entonces a buscarle asilo diplomático a cuantos
pudiéramos».

«Girón ocurre con un desconocimiento completo de los grupos
que estábamos en el clandestinaje. Girón fue un inmenso fracaso

para nosotros, una frustración completamente increíble", nos dice Roberto Quintairos.

Así recuerda Quintairos el 17 de abril: *«Habíamos formado unas escuadras con los grupos del Directorio Estudiantil para ayudar, cuando viniera la invasión, a crear problemas al gobierno en La Habana para que no pudiera movilizar tropas».* Vivía en una casa de seguridad donde tenían armas, a tres o cuatro cuadras de su casa. *«Pasé por la casa de seguridad, recogí una pistola y me puse a dar vueltas y hablar con el jefe de escuadras. Nadie sabía nada. Anduve en La Habana, todo ese primer día, el 17, armado, con una pistola en la cintura que se veía. Nadie me paró. Recuerdo que entré en La Moderna Poesía donde me había citado allí con alguien y había un miliciano en la puerta y me vio entrar y se volvió de espaldas. Yo ví en La Habana Vieja a la gente quitando de las puertas de sus casas los letreros del Comité de Defensa de la Revolución. Así pasó el 17».*

«Ya para el día 18 comenzó a cambiar aquello».

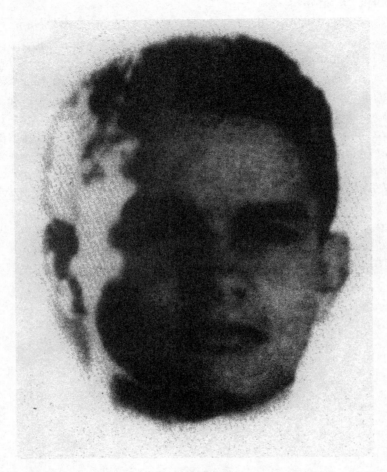

Juan Pereira Varela «Juanín», asesinado por tropas del gobierno de Castro en la costa norte de Pinar del Río en diciembre de 1961. Era entonces el Coordinador General del Directorio Revolucionario Estudiantil (DRE). Aquella noche esperaba a unos compañeros que volvían a Cuba. Todos los que lo conocieron lo recuerdan como una de las figuras más nobles y buenas del proceso de la lucha contra Castro.

CAPÍTULO VII
CONTINÚA LA LUCHA

1- VERANO DE 1961. CÁRCELES, FUSILAMIENTOS Y SALVOCONDUCTOS

El 22 de agosto de 1961 comparecerá Alberto Muller ante el Tribunal Revolucionario de Santiago de Cuba para responder al interrogatorio del fiscal en la Causa No. 127 de aquel año[210].

De entrada, asume la total responsabilidad del alzamiento que se preparaba en la Sierra Maestra; de haber mantenido un programa por Radio Swan y de ser el organizador de las actividades que se realizaron contra Mikoyán en el Parque Central. Sobre este último punto el fiscal le pregunta las razones que lo movieron a realizar aquellos actos. La respuesta es clara y beligerante:

«Porque creí que era una ofensa para nuestro Apóstol, que quien, como Mikoyán, había sido uno de los máximos responsables de ordenar que los tanques rusos marcharan hacia Budapest para asesinar a un pueblo que sólo cometía el delito de luchar por su libertad».

Admite Muller haber estado en el exilio y haber regresado a Cuba *«por vía clandestina para incorporarme a la lucha por la libertad de la Patria».*

El juicio, celebrado en Santiago de Cuba, es destacadamente reseñado por el periódico «Sierra Maestra», órgano oficial del Movimiento 26 de Julio, que en su edición de agosto 22 (1961) califica a Muller de «niño bitongo». y «familiar allegado del Arzobispo Auxiliar de La Habana». y en «conexión directa con el clero reaccionario y falangista representado por los sacerdores seculares Rojas Ceijas y Lebroc Martínez».

En sus conclusiones provisionales el Fiscal pide pena de 30 años de prisión para Muller y Enrique Casuso que fue «reducida» a 20 años, pena que también le es impuesta a José Luis Rojas Ceijas y

---

[210] El tribunal estará integrado por el Oficial de Fragata A. Rumbaut Fernández de Castro, el Capitán Félix Mendoza, el Segundo Teniente A. Somoza Rodríguez y el Segundo Teniente Armestoy Gómez, actuando Luis López Calleja como Sargento Taquígrafo. Actuará de Fiscal el Segundo Teniente David Díaz de la Rocha.

Reinerio Lebroc Martínez, y condena de 10 años a Gustavo Caballero, Juan Ferrer, José Ramón Varona, Roberto Borbolla y Reynaldo Grillo[211]. El tribunal presentó como únicos testigos al Capitán Méndez Cominchez, Gabriel Brul y Rogelio López Gómez, «todos miembros del Departamento de Seguridad del Estado».

2- EL MOVIMIENTO DE RECUPERACIÓN REVOLUCIONARIA (MRR) DESPUÉS DE PLAYA GIRÓN

La detención en masa de miles de cubanos a raíz de los incompletos bombardeos del 15 de abril y de la frustrada invasión de Bahía de Cochinos afectó los mandos internos del movimiento clandestino. Estas detenciones masivas se vieron agravadas dentro del MRR por la detención y posterior fusilamiento de su máximo dirigente nacional Rogelio González Corso.

Del 18 de marzo, fecha en que detienen a Francisco, al 18 de abril, es Jesús Permuy quien ocupa la Coordinación Nacional. Ya se han producido diversas detenciones. Teresita Rodríguez, Coordinadora Nacional de Finanzas, su esposo Rafael Molina Sabucedo y Alberto Beguiristaín[212] son arrestados el 12 de abril. Rafael (Chichi) Quintero y Manolín Guillot son detenidos el 18 sin ser identificados al mostrar documentos en los que aparecen con otros nombres[213]. Carlos Bandín, que había salido hacia Miami el día 9 regresa a La Habana el sábado 15. A Jorge Fundora y a Humberto Castellanos[214] –como a todo el clandestinaje– la invasión los ha sorprendido sin

---

[211] Cinco años les son impuestos a Carlos de Armas, C. Caicedo Caral, Lorenzo Verdecia, Luis Jane, Ladislao Verdecia, David Hurtado, Adilio Fragela, Víctor Rodríguez, René de Armas, Patrocinio Castillo y Julio Carvajal. Otros fueron condenados a penas menores.

[212] «Como Segundo en Comunicación fui el 12 a casa de Teresita a buscar su firma en un documento. Sin yo saberlo ella y su esposo acababan de ser detenidos. A mí me arrestaron allí mismo», informa Beguiristaín en entrevista con Enrique Ros.

[213] «Estábamos Manolín y yo en casa de Mario de Cárdenas, en el Vedado, y fuimos arrestados, como detuvieron a miles de cubanos ese día. Pero no nos identificaron», relata Chichi Quintero.

[214] La casa de Humberto Castellanos en Celimar le sirvió de Casa de Seguridad a Jorge Fundora cuando recién se había infiltrado en Cuba el 6 de enero de aquel año. Más tarde, allí enviaba Fundora a los guerrilleros del Escambray, heridos muchos de ellos, que debían salir clandestinamente de la isla.

Miembros del Directorio Revolucionario Estudiantil (1962), poco
después de llegar a Miami del clandestinaje en Cuba: Juan Manuel
Salvat, Ernesto Fernández-Travieso y Johnny Koch. Reportaje en el
periódico *Avance* del exilio.

previo aviso. Una semana después, el 25 de abril, es detenido Fundora.

Al asilarse Permuy, dos figuras, de extenso historial en esa organización dentro de Cuba, aparecían como las más indicadas para ocupar la honrosa, pero sumamente expuesta, posición de Coordinador Nacional: Fabio Ramos y Carlos Bandín.

Fabio Ramos, de Corralillo, Las Villas, cuyo nombre de guerra era «Ortega», se ocupó, inmediatamente después de Girón, de agrupar a militantes del MRR, del MDC, del 30 de Noviembre y de otras organizaciones que –ante el descalabro– se habían quedado desconectados de sus respectivos grupos. Era Fabio Ramos (Ortega) quien se había mantenido en frecuente contacto con Campitos[215] el ya legendario guerrillero que estuvo operando en el norte de Las Villas. Seis meses antes, el 30 de octubre de 1960, Ramos, junto con Alberto Beguiristaín[216] le había hecho entrega a Campitos de las primeras armas modernas (dos toneladas) con las que iba a operar el aguerrido combatiente. Las armas se le entregaron a Campos en la Playa Ganusa, junto a la Sierra Morena, en la provincial central[217]. El punto de desembarco había sido un sitio con el que estaba Beguiristaín perfectamente familiarizado. Junto a la Playa La Panchita, cerca de Sagua la Grande[218].

Carlos Bandín militó desde temprano, en las filas del MRR. Ocupaba la posición de Coordinador Provincial de La Habana cuando se produjo, a mediados de marzo de 1961, la detención de González Corso (Francisco). Su estrecha vinculación con distintos dirigentes clandestinos –dentro y fuera del MRR- hizo que muchos lo

---

[215] José Martín Campos había estado alzado en Las Villas contra el gobierno de Batista, y fue de los primeros en levantarse contra el régimen de Castro, aunque no militaba en organización alguna, en octubre de 1960.

[216] Alberto Beguiristaín que ocupó primero la posición de Jefe de Abastecimiento del Norte de Las Villas, habrá de ascender dentro del movimiento clandestino del MRR a Segundo Nacional de Comunicaciones bajo la dirección de Máximo Díaz. A los dos nos volveremos a referir.

[217] Por la entrega de estas armas se produjo una amistosa discrepancia entre los coordinadores nacional del MDC y el MRR.

[218] La Triple A, la organización que presidía Aureliano Sánchez Arango, utilizaría varias veces en el futuro ese punto.

consideraran como el nuevo Coordinador Nacional. Un gran número de los que aún estaban trabajando dentro de Cuba así lo acepta[219].

Junto a Bandín se mantienen Alfredo Quesada (Malacara)[220], que era el Jefe de Acción Nacional del MRR, luego de la salida de Héctor Febles; Luis David Rodríguez (El Maicero)[221], que habrá de morir a fines del año luchando en el clandestinaje; Enrique Murgado[222], que morirá fusilado; Víctor Rodríguez, Rolando Ravelo y Antonio Quesada[223]. También están César Baró; Octavio Ledón, de Las Villas; Manolín Gutiérrez, Juan Falcón (que posteriormente sustituirá a Bandín como Coordinador Nacional) y otros.

3- DETENCIÓN DE CARLOS BANDÍN

Bandín había sido Responsable de Abastecimiento trabajando en estrechocontacto con Pedro Blanco[224], Jorge Fundora y Erasmo. Las armas que llegaban por el Punto Fundora eran entregadas a Bandín y éste las distribuía.

Ya como Coordinador Nacional del MRR establece contacto con el Comandante de la Marina, Orlando Fernández Savorí. Funciona como

---

[219] Según relata Alberto Beguiristaín en extensa conversación con Enrique Ros, Ramos no aceptó en los primeros días la dirección de Bandín.

220 Alfredo Quesada había ocupado distintas posiciones dentro del MRR; al salir Héctor Febles del territorio nacional, se convierte Quesada (Malacara) en el Jefe de Acción hasta su asilo en la Embajada del Uruguay en enero de 1962.

[221] Luis David Rodríguez es detenido por una perseguidora, frente al Siglo XX en Belascoaín, en La Habana. Con un arma que lleva oculta da muerte a dos de sus custodios pero muere de los disparos efectuados por un segundo carro patrullero. Había participado en varios actos de sabotaje; entre ellos el realizado a Crusellas y Cía., en la Calzada de Buenos Aires.

[222] Enrique Murgado, toma parte junto con Luis David y los dos Malacara, en la explosión de la fábrica de Crusellas. Posteriormente es sorprendido, juzgado, y muere fusilado.

[223] Antonio Quesada (Joe Malacara) es hermano de Alfredo. Ocupa la posición de Jefe de Acción del MRR en La Habana. Toma parte en un incendio que se produce en el Capitolio Nacional (con Alicia Suárez), en los petardos colocados en el local del Partido Comunista de Carlos III y Marqués González (con Enrique Murgado), en los ataques a la Jefatura de Tráfico de la Policía (Cristina y Agua Dulce) y otros.

[224] Pedro Blanco era el Jefe de la Sección de Suministros del MRR. Todo el material lo tenían en un taller de mecánica en Luyano. Fuente: Manuel (Cawy) Comella.

radioperador Jorge García Rubio[225] y mantienen todos estrechos contactos con Alfredo Izaguirre que trata de que trabajen unidos los distintos grupos. La planta de radio la operan dentro del apartamento del Comandante Fernández Savorí quien cooperaba diligentemente con los conspiradores. Preparan un atentado a Fidel Castro.

Se va a realizar el propio 26 de julio en la Plaza de la Revolución. Cuentan con la cooperación de hombres de distintas organizaciones. Suben, con mil dificultades, una bazuka hasta el último piso del nuevo edificio de comunicaciones de la Plaza. El invitado de honor en la concentración de ese 26 de julio era el astronauta Yuri Gagarín. Todo está preparado para realizar el tiranicidio.

Pero todo se desploma, son delatados. El eficiente Comandante Fernández Savorí resultó ser, según le relata Bandín a Enrique Ros, un agente de Castro y el 20 de Julio de 1961, tres meses después de la invasión de Playa Girón, Bandín es arrestado y conducido, primero, al G-2; luego a «las Cabañitas», en el Country Club, cerca del Colegio Sagrado Corazón, junto a un campo de deportes.

Al llegar a «las Cabañitas». de la Seguridad del Estado, Bandín encuentra allí detenido, por distintas causas, al boxeador Puppy García; poco después, verá allí, también, a Alfredo Izaguirre[226] y Santiago Echemendía, con quienes había trabajado. Está también Octavio Barroso, de Unidad Revolucionaria. Se encuentra allí, en otra de las «Cabañitas». que no son otra cosa que refinados centros de tortura, José Pujals Mederos. Se producen careos inesperados. Con sadismo ponen a prueba los nuevos torquemadas la capacidad de resistencia del ser humano. Cuando estos tristes episodios sean parte de una historia bien pretérita otros investigadores habrán de analizar con la minuciosidad necesaria la perversidad de un sistema y la fragilidad humana. A Pujals lo mantendrán en «las Cabañitas». hasta el 29 de octubre, *tirado en el piso, sin bañarse, sin ropa, hecho una miseria humana».*[227].

---

[225] Jorge García-Rubio se había infiltrado en Cuba un mes antes, el 3 de marzo, lanzándose en paracaídas junto con Emilio Adolfo Rivero Caro y Adolfo González de Mendoza. Descenderán los tres en una finca de José Pujals Mederos en Camagüey.
[226] Alfredo Izaguirre de la Riva había sido detenido el 22 de julio cuando participaba en una operación ajena a la de Bandín. Nos referiremos a ella.
[227] Entrevista de José Pujals con Enrique Ros.

Bandín es interrogado repetidamente por el Comandante Manuel Piñeiro (Barba Roja). Tres veces le dicen que va a ser fusilado y lo llevan frente a un paredón; le disparan con balas de salva. Todos, Barroso, Pujals, Bandín, Izaguirre, son torturados. Unos resistirán con mayor entereza el tormento a que son sometidos. En pocos días son guiñapos humanos. Luego, 20 días después, Bandín es trasladado al local del G-2 en la Quinta Avenida y la Calle 14 en Miramar, frente a la casa del Dr. Ramón Grau San Martín.

Nada se informa a la ciudadanía. Las autoridades guardan absoluto silencio. Hasta el domiengo 24 de septiembre. Nos referiremos más adelante a este plan para liquidar físicamente a Castro y al proceso a que esta acción dió lugar.

4- LOS CAMINOS DE PUJALS, BARROSO Y BANDÍN

José Pujals[228] se había reunido en los primeros días de Julio, con Bandín, que ya ocupa la coordinación nacional del MRR luego del fusilamiento de González Corso; con Barroso, Coordinador General de Unidad, y con otros dirigentes nacionales. El local –un laboratorio médico en la Calle 27 del Vedado– lo facilita un dirigente del MRP. Va marchando la coordinación de las siete principales organizaciones revolucionarias.

Días después, por la delación del Comandante Fernández Savorí a la que ya hemos hecho referencia, Carlos Bandín es arrestado.

El martes 8 de agosto Tito Rodríguez Oltmans, está transmitiendo a Octavio Barroso, reunidos en la casa de Gorgonio A. Obregón[229], la petición de armas que el día anterior le ha formulado la organización Resistencia Agramonte . Poco después Barroso se retira porque debe asistir a otra reunión. No saben sus compañeros, Obregón y Tito, con

---

[228] José Pujals Mederos ha entrado y salido clandestinamente del país en diversas ocasiones. Su labor es la de coordinar la actividad de las distintas organizaciones revolucionarias. Había salido de Cuba, la última vez, el 12 de julio de 1961. Regresaría el 29 del propio mes. Cuando es detenido se le acusa de haber participado en el atentado contra Fidel Castro que se planeaba realizar el 26 de Julio. Fecha en la que Pujals ni siquiera se encontraba en Cuba.

[229] Gorgonio Alfredo Obregón, experto tirador, era miembro de Unidad Revolucionaria. Vivía en la calle 21 entre A y B, en el Vedado, era presidente de los empresarios cinematográficos de La Habana.

quien se va a reunir ni donde. Pero Octavio, que por razones de seguridad no estaba conduciendo carros esos días, no acepta la invitación de llevarlo que le ofrecen sus amigos. Se va a pie. Evidencia de que la reunión iba a celebrarse en un lugar cercano.

La reunión sería con José Pujals, tan solo a dos cuadras de donde antes se encontraba. El lugar, uno de los más riesgosos para un fugitivo: la casa de su propia madre en la calle 19 entre Paseo y A. Lamentable y costosísimo error.

Tocan a la puerta. Eran agentes del G-2. Venían a detener a Barroso. Fue una sorpresa para los miembros de Seguridad del Estado encontrar, allí, a José Pujals a quien consideraban fuera del país. Los dos son arrestados.

Comienza el largo tormento de Octavio Barroso y el prolongado calvario de José Pujals.

El Coordinador Nacional de Unidad pagará con su vida. Morirá en La Cabaña, ante el pelotón de fusilamiento, el 2 de febrero de 1962. Exactamente un año después de haber recogido «un tiro de armas». al sur de Candelaria. El 2 de febrero. Fecha aciaga.

«Barroso era mi hermano en ideales: Era un hombre especial. Extraordinario». expresa Pujals a Enrique Ros en extensa conversación en la que recuerda la abnegada labor de aquel callado pero decidido combatiente que resistió, sin quebrarse, las crueles torturas a que fue sometido.

5- RESCATE DE BANDÍN

Varios compañeros del MRR –Chelo Martores, Ricardo Chávez (el Mejicano), Néstor Fernández, Mario Méndez (El Chino) y Alberto Fernández de Castro, Gil, José Mercochini y otros– ponen en práctica un plan de rescate. Son 9 los complotados. Entran al G-2, Néstor Fernández con uniforme de capitán del Ejército Rebelde; Fernández

---

[230] Un grupo de exmilitares que había servido en el ejército durante el gobierno de Batista, ha constituido la Resistencia Agramonte. Se acerca a Tito Rodríguez Oltmans durante la primera semana de agosto. Algunos han sido oficiales de carrera que en competencias de tiros y eventos de esta naturaleza habían cimentado una sólida amistad con Rodríguez Oltmans que era, en aquel momento, instructor de tiro de la Policía Nacional Revolucionaria. Sabían de la actividad conspirativa de Tito y venían a pedir que Unidad les proveyese armas.

de Castro y Chelo Martoris como milicianos. Presentan, en tono autoritario una orden, en timbre oficial, con la aparente firma del Ché Guevara, para el traslado del preso. Lo logran. Era el 23 de agosto de 1961. Lo han rescatado.

Había terminado, dentro de Cuba la vida útil de Bandín. Es necesario sacarlo.

En ese momento se habían producido diferencias entre varios dirigentes del MRR en el exilio (Oscar Salas, César Baró y otros), y algunos destacados activistas de esa organización[231]. Estas discrepancias se reflejan más en las filas del MRR en Miami que en la organización dentro de Cuba.

El MRR desde su creación, a fines de 1959, había establecido en su reglamento que la Dirección Nacional en Cuba decidiría quién debía ostentar en el exilio la representación del Movimiento. Por eso había sido tan importante para Manolo Artime cuando su liderazgo fue disputado, en junio de 1960, por otros prestigiosos dirigentes[232], obtener el respaldo escrito de Rogelio González Corso (Francisco).

Varios antiguos militantes, que habían trabajado con él en la isla, deseaban que Carlos Bandín, reconocido ya, en Cuba, como el Coordinador Nacional de Movimiento, viniera clandestinamente a los Estados Unidos –como en varias ocasiones Francisco lo había hecho en el pasado– para dirimir la sensible pugna sobre quien debía ostentar en el exterior la Delegación del MRR.

José Enrique Dausá, viejo militante del MRR, que había sobrevivido la horrenda travesía del «Barco de la Muerte».[233], y Bebo Acosta[234] se ocupan, desde Miami de organizar la operación de exfiltración del Coordinador Nacional del MRR.

---

[231] Exponen al autor, separadamente, José Enrique Dausá, Orlando (Bebo) Acosta y Alberto Beguiristaín.

[232] Ricardo Lorié, Miguel Yabor, Nino Díaz y otros (Ver «Girón: La Verdadera Historia», del autor).

[233] José Enrique Dausá se incorporó al MRR en 1959, y trabajó en el movimiento clandestino. Salió de Cuba en diciembre de 1960. Pasó a los campamentos en los primeros días de enero de 1961.

[234] Bebo Acosta es de los fundadores del MRR. Tuvo a su cargo, junto a Dausá, la recepción de armas y de teams de infiltración. Funcionaba, principalmente, desde la zona residencial del Náutico de Marianao.

Bebo Saralegui les ofrece un barco. Primero tratan de sacar a Bandín por el Náutico de Marianao pero no se estableció el contacto. Hacen un segundo intento por Isabela de Sagua aprovechando el conocímiento del área y el interés que tiene el pescador Sordo Morejón en traer a su familia. Van en el barco, otros tres, cuyos apellidos nadie recuerda: Pepe Gatillo (el Flaco), Rogelito y Elías. Esta vez, tienen éxito. Pueden recogerlo y, ya de regreso, se ven obligados a dejarlo en Cayo Sal por defectos del motor.

Fueron otros los que trasladarían a Bandín en el trayecto final de Cayo Sal a Miami. Sería la siempre presente Agencia Central. Terminaba agosto de 1961.

Luego de varios días pasó Bandín, según recuerda Dausá, al University Inn frente a la Universidad de Miami, donde celebra extensas entrevistas. Participarán en ellas, también, Alberto Fernández de Castro, Santiago Babum, Dausá y Bebo Acosta, y, separadamente, Manolín Guillot, Rafael (Chichi) Quintero y otros.

Bandín, como Coordinador Nacional, reconoce en el Comité del que forma parte Oscar Salas, la Delegación en el Exterior del MRR. Los otros militantes se marginan, en sus próximas operaciones sobre Cuba, del Movimiento. Esta escisión, aunque profunda, no trascendió al conocimiento público. Ambas facciones siguieron trabajando, aunque por caminos distintos, por la liberación de Cuba.

6- EL ATENTADO A CARLOS RAFAEL RODRÍGUEZ

Se han dictado severas condenas a los hombres alzados en Pinar del Río, Matanzas, y Oriente.

Las fuertes penas no amedrentan a los combatientes. El grupo de acción del MRR prepara un atentado a la figura de mayor relieve del antiguo Partido Socialista Popular: Carlos Rafael Rodríguez. Han estudiado sus movimientos. Le siguen sus pasos. Era el 12 de septiembre de 1961.

Había asistido Carlos Rafael, que en aquel momento fungía como director del periódico Hoy, a una reunión de la ORI en el Teatro Sauto de la ciudad de Matanzas. Los hombres de acción lo sabían. A su regreso, por la carretera de la Vía Blanca, cerca de Jibacoa, en el límite de las provincias de La Habana y Matanzas, están apostados Néstor

Fernández, Chelo Martoris, el Chino Méndez, Matagás y otros. Abren fuego sobre el carro en que viene Carlos Rafael. El automóvil acelera y Chelo Martoris avanza hacia el centro de la carretera para lanzarle una granada. Da un traspiés y cae sobre la granada que explota bajo su cuerpo. La prensa oficial describe y denuncia el siguiente día la acción: *«Condena el pueblo el ataque al director de «Hoy", «el automóvil en que viajaba con su compañera María Antonia Hernández recibió varios impactos de bala pero ninguno de los ocupantes resultó herido».* Horas después Martoris, gravemente herido, fallece en el Hospital de Emergencias en Carlos III. La lucha continúa.

Cuba está alzada en armas. Los pelotones de fusilamiento siguen segando vidas. Pero crece, en esos meses finales de 1961, la rebeldía. La isla se convierte en extenso campo de batalla. El 30 «La Ley contra el Terror». la llamarán los voceros oficiales. Recuerda su redacción los «mandos». de Valeriano Weyler: *«Serán sancionados con la pena de muerte....los que formen parte de un grupo armado, los responsables de incendio...los que se infiltren en territorio nacional..."* Por supuesto, *«se derogan cuantas disposiciones legales se opongan a lo dispuesto en la presente Ley».* Como si cualquier precepto legal hubiese sido, antes, respetado.

Quienes no mueren combatiendo o frente al paredón sufrirán, en palabras de Martí, *«el dolor infinito del presidio».* El presidio político cubano, dirá un siglo después Alberto Fibla, *«está impregnado de sangre».*

7- UNIDAD REVOLUCIONARIA. LA INMOLACIÓN DE OCTAVIO BARROSO

Luego del arresto y posterior fusilamiento de Humberto Sorí Marín y Rafael Díaz Hanscom[235], ocupa Octavio Barroso la Coordinación Nacional de Unidad Revolucionaria. Antes había sido el Responsable de Acción y Sabotaje.

---

[235] Humberto Sorí Marín, Coordinador Militar Nacional de Unidad Revolucionaria, y Rafael Díaz Hanscom, Coordinador Nacional, son detenidos, el 18 de marzo de 1961 y fusilados el 20 de abril.

Barroso, en los inciertos y confusos meses que siguen al descalabro de Girón mantenía frecuentes contactos con los dirigentes de los dispersos grupos que, en tan crítica situación, se mostraban dispuestos a continuar y arreciar la lucha contra el régimen.

Pero Octavio ya era un hombre marcado. Cuando el 18 de marzo detienen a Sorí y Díaz Hanscom, los agentes de Seguridad del Estado ocupan el documento en el que se hacía constar que Humberto Sorí Marín ocupaba la Coordinación Militar de Unidad Revolucionaria[236]. Otros nombres también aparecen. Uno de ellos es el de «César». Es ése, aún no lo saben los del G-2, el nombre de guerra de Barroso[237].

Por eso el nuevo Coordinador Nacional de esta organización tiene que vivir clandestinamente, cambiando continuamente de refugio.

El 8 de agosto, como ya relatamos, tocan a la puerta del apartamento de la madre de Barroso donde, tan solo por pocas horas[238], Octavio se había guarecido. Es arrestado. Sufrirá con estoicismo las peores torturas. No se quebrará. El dos de febrero de 1962 morirá ante el pelotón de fusilamiento. Lo habían procesado bajo la Causa #20 de 1962.

8- EL LARGO CALVARIO DE JOSÉ PUJALS MEDEROS

Pujals es uno de los héroes anónimos de esta gloriosa gesta. Sin pertenecer a ninguna de las organizaciones revolucionarias que tesoneramente se enfrentan al régimen, ofrece Pujals Mederos su valiosa colaboración a todas ellas. Algunos lo vinculan a Unidad (por su estrecha amistad con Octavio Barroso); otros al MRP (por ser sobrino de Elena Mederos); muchos, a la Agencia Central de Inteligencia (por sus estudios en los Estados Unidos y sus relaciones con funcionarios norteamericanos). Pujals trabaja con todos. Inclusiva con el Directorio Revolucionario Estudiantil; con el MRR (tanto con el grupo de Artime como con el de Lorié, Yabor y Nino Díaz); también con el MDC. Pujals es, básicamente, un organizador; un planeador.

---

[236] Pablo Palmieri en entrevista con Enrique Ros.
[237] Algunas personas conocedoras del proceso afirman que en la relación, Barroso aparece bajo su propio nombre.
[238] Relato de Pablo Palmieri al autor.

Ha entrado y salido de la isla repetidamente: antes y después de Girón.

En enero de 1961 el Departamento de Seguridad del Estado lo había involucrado en un traslado de pertrechos y explosivos en la finca de Capestany, en Cuatro Caminos. Es detenido su cuñado Juan Carlos Álvarez Aballi[239], «que no tenía que ver absolutamente nada con esto». y un militante del MRP, Carlos Manuel Matos García. Detenidos el 5 de enero, ya el 18 han sido juzgados y fusilados. Irónicamente, cuando el gobierno de Castro «*hace el anuncio oficial de que como un gesto conciliatorio a la nueva administración norteamericana del Presidente Kennedy, va a suspender los fusilamientos*»[240]. Pujals tiene que salir de Cuba. Pronto regresará.

Reingresa a la isla a las pocas semanas. Trata de agrupar, en un frente común a las organizaciones de lucha. Junto a Barroso, prepara nuevos alzamientos que pudieran controlar y en una zona que fuese posible mantener. Con Izaguirre ha mantenido contacto en la recepción de equipo y materiales. Son ésas, insiste Pujals, sus tareas; sus responsabilidades. No otras. Sale nuevamente del territorio nacional el 12 de julio de 1961 y vuelve a la isla el 29 de aquel mes.

El 8 de agosto –a los diez días de haber regresado– está reunido con Octavio Barroso, cuando, como antes hemos narrado, es detenido. Se inicia el largo calvario de José Pujals Mederos.

Lo envuelven no en una, sino en varias causas. Es el primero en la causa 20 en la que aparecen, también, su gran amigo Octavio Barroso, José Antonio Muiño, Alfredo Izaguirre y Pablo Palmieri. También procesan en la Causa 20 a Santiago Echemendía, médico estrechamente vinculado al MRR pero no a Pujals; a Raúl Alfonso que ha trabajado con el MIRR[241], al médico Ramón Ibarra cuya casa, en la calle Gervasio o Escobar, servía de centro de reunión de conspiradores que, entre otros, frecuentaba Jorge García-Rubio; y a Gilberto Gil, jefe de

---

[239] Expresa Pujals al autor en conversación del 2 de febrero de 1995.
[240] Ibid.
[241] Del Movimiento Insurreccional de Recuperación Revolucionaria (MIRR) forman parte Víctor Paneque (el Comandante Diego), y Orlando Bosch. Está Pujals íntimamente relacionado con el Movimiento Demócrata Martiano (MDM) que dirige en Cuba el Capitán Bernardo Corrales, fusilado el 15 de septiembre, 1961.

monteros de la finca de Pujals en Camagüey, por donde el 3 de marzo se habían infiltrado Emilio Adolfo Rivero Caro, Jorge García-Rubio y Adolfo Mendoza.

Luego de tres meses de total aislamiento sin ventanas, ni muebles, ni higiene, de los centros de tortura que llaman «las Cabañitas». del Country, y otros tres meses en el G-2 de 5ta y 14 y en La Cabaña, pesa una sentencia a pena de muerte sobre Barroso y Muiño, Izaguirre y Pujals. Se la aplican a los dos primeros, Barroso y Muiño; a Izaguirre se la conmutan por una condena de 30 años de prisión, y Pujals es pasado a otra causa: la 31. Palmieri es sentenciado a 30 años de cárcel y Echemendía y los demás a distintos términos carcelarios. El 2 de febrero era viernes.

El lunes 5 Pujals ya está siendo juzgado en la causa 31. Le han surgido –en este sangriento fin de semana– nuevos compañeros de causa. A ninguno conoce. Con ninguno ha estado unido, jamás. Poco importa. La sentencia ya es conocida: pena de muerte para José A. Pujals Mederos, Juan Manuel Izquierdo Díaz y Orlando García Plasencia. Años de prisión para Orlando Castro[242], Bernardo Paradela[243] y otros. Sólo se discute si se le permitirá a su esposa verlo unos minutos antes de la ejecución y la forma y momento en que la familia podrá disponer del cadáver. Pero, en el último momento le fue conmutada la pena capital por 30 años de cárcel[244].

Pujals mantuvo muy estrechas relaciones con los principales inculpados de la Causa 20, (Barroso, Izaguirre, Palmieri; no con Muiño que estuvo más vinculado a Francisco Crespo y a Palmieri) causa que, en los primeros meses del largo proceso, él encabezó. Pero no tiene relación personal alguna –absolutamente ninguna– con los implicados en la Causa 31 (Izquierdo, Díaz, Orlando Castro, Paradela), que son del MRP, Rescate y Liberación.

---

[242] Orlando Castro García, fue uno de los participantes en el ataque al Cuartel de Bayamo el 26 de Julio de 1953 junto con Raúl Martínez Ararás. Luego se separó de Fidel Castro.

[243] Bernardo Paradela, era el Jefe de Acción y Sabotaje de Rescate, la organización que dirigía Manuel Antonio de Varona.

[244] Pujals lo atribuye a una intervención del Presidente de México López Mateos por gestiones de Elena Mederos.

El Departamento de Seguridad del Estado ha pretendido, una y otra vez, responsabilizar a Pujals en distingos planes que tenían como objetivo la liquidación física de Castro. Pujals que, luego de cumplir 27 años de cárcel, habla con naturalidad de su participación en la recepción y traslado de armas y equipos y, muy principalmente, de sus esfuerzos por unificar a las distintas organizaciones revolucionarias, rechaza –con firmeza rayana en irritación– toda afirmación que lo una a esos planes.

En su habitual tejido de verdades y mentiras, el 4 de enero de 1991 el Gral Fabián Escalante[245] en la conferencia celebrada en Antigua afirmó que Pujals había regresado a Cuba en Julio de 1961 para reemplazar a Alfredo Izaguirre (que había sido arrestado), y hacerse cargo de la nueva operación «Liborio». entre cuyas acciones se encontraba «el asesinato de Fidel».

Pujals es enfático en negar su participación en esos atentados «No conozco la versión de Escalante». le responde al autor en una de sus recientes conversaciones. *«Pero puedo decirle que mi participación en esos planes es completamente falsa»*.

De la madeja de causas legales que enreda y devana a su antojo el régimen, varias se mantienen abiertas: la Causa 27 (en que implicarán a otros miembros del MRP), y la 238 que Castro abre y reabre, por meses y años, a su antojo y conveniencia. A la Causa 238, que llevó al paredón y a la cárcel a muchos héroes y a algunos traidores, nos referiremos en próximas páginas. Vuelve ahora ésta a abrirse, al tiempo que está concluyendo la Causa 20.

9- LA CAUSA 20 DE 1962

Durante meses, el Departamento de Seguridad del Estado ha venido apresando a cubanos desafectos al régimen. Muchos, los más, identificados antes con la Revolución que creían democrática y nacionalista. A este grupo que han ido arrestando desde la primavera del pasado año –privándolos de todo amparo legal- los procesan ahora, seis, ocho, diez meses después, bajo la causa #20 de 1962 *«a tenor de*

---

[245] Conferencia de Antigua, enero 4, 1991. James G. Blight ha recogido en una reciente obra aún no publicada, el texto completo de este intercambio de opiniones.

lo dispuesto en el artículo 70 de la Ley Procesar de Cuba en Armas... por un delito contra la integridad y estabilidad de la nación».[246]. Es el 2 de febrero de 1962. En menos de 24 horas se celebrará el juicio, se presentará y rechazará la apelación, y se aplicará la sentencia. Meses de torturas, aislamiento y prisión terminan, en estas pocas horas, en un sumarísimo juicio cuya sentencia ya todos conocían.

Los procesados son Octavio Barroso Gómez, Alfredo Izaguirre Rivas, José Antonio Muiño Gómez, Pablo Palmieri Elie, Santiago JuanEchemendía Orsini, Raúl Salomón Alfonso García, Ramón Ibarra Pérez, Gilberto Celedonio Gil, Pablo Carrero, Francisco Crespo, Jorge García-Rubio, Adolfo Mendoza y «un tal Quintero».[247]. Los últimos cinco, *«prófugos de la justicia revolucionaria».*

Los acusan de pertenecer «a las organizaciones contrarrevolucionarias». Movimiento 30 de Noviembre, MRP, Unidad, Liberación y «otras análogas».

¿Los cargos?: Haber prestado apoyo *«a la invasión armada del mes de abril del pasado año por Playa Girón",* participar en *«La Operación Patty que consistía en atentar contra las personas del Primer Ministro... Fidel Castro y de su hermano... Raúl Castro».*

A Alfredo Izaguirre, además, lo acusan de haberse trasladado a los Estados Unidos en los primeros días de Julio y celebrado *«entrevistas con distintos jefes de la CIA para introducir, como lo hicieron, en el territorio nacional, por la provincia de Camagüey, a varios individuos previamente entrenados en aquel país para poner en práctica los planes ya citados».* Los cargos eran novedosos. Izaguirre había ido *en Julio* a los Estados Unidos para encargarse de *introducir* en Cuba a quienes, desde antes, ya estaban en la isla. Cargos curiosos de la justicia revolucionaria.

El 22 de septiembre, en la Causa 238, han más condenas. Serán sentenciadas con años de prisión Cary Roque, Mercedes y Margot Roselló. En esta Causa serán sancionados hombres y mujeres que militan en distintas organizaciones y, también, aquéllos que no son miembros de organización alguna.

---

[246] Conclusiones Provisionales del Fiscal, de febrero 2 de 1962 (Enrique Ros, archivo personal).
[247] Rafael (Chichi) Quintero, del MRR.

10- LA CAUSA 238 DE SEPTIEMBRE 22 DE 1961

A las cuatro de la madrugada del viernes 22 de septiembre de 1961 son ejecutados en la fortaleza de La Cabaña cinco hombres. Cuatro de un inmaculado historial revolucionario; el quinto, Cuéllar Alonso, con la triste mancha de delator.

Habían sido procesados en la Causa 238 en la que actúa de Juez Instructor el Segundo Teniente Vicente Álvarez Crespo quien presentó el auto de procesamiento el 29 de Julio de 1961.

Los cargos son los habituales: delitos contra la estabilidad y seguridad de la nación; contra los poderes del estado, infracción de tales y más cuales preceptos, y tenencia de materiales explosivos. Por supuesto, en algunos casos, el de servir a una potencia extranjera.

Es larga la lista de los encausados. Algunos, miembros de las fuerzas armadas; otros, integrantes de Unidad Revolucionaria, el MRR u otras organizaciones; un tercer grupo formaba parte de los teams de infiltración. Entre los procesados, como siempre, la mujer cubana. Aparece, también, un ciudadano inglés. Por supuesto, en el sumario y en el juicio, combinarán la verdad con la mentira. En el auto de instrucción presentado, como hemos dicho, el 29 de Julio, se hace constar que uno de los acusados, Pedro Cuéllar, *«hasta el presente no ha sido habido»*. Falso.

Cuéllar sí «ha sido habido», y ha causado estragos en las filas de los teams de infiltración y en los cuadros de la clandestinidad. Había sido arrestado el mismo 17 de abril. De inmediato se convirtió en informante.

Mueren ante el paredón Manuel Blanco Navarro, Braulio Contreras Masó, Ángel Posada Gutiérrez y Jorge Rojas Castellanos. También, el ya mencionado Pedro Cuéllar. Pronto veremos por qué.

Minutos antes Manolo Blanco Navarro, con bella letra y firme pulso que revelan su temple y valor, había escrito a sus padres tiernas palabras de despedida:

Septiembre 22, 1961

Queridos padres:

Cuando reciban esta carta ya estaré muerto, comprenderán cuan difícil es para mí escribirla. Lo único que deseo es que estén convencidos que afronto esta difícil prueba con serenidad y valentía ya que

es la voluntad de Dios, porque es lo mejor para mí y estoy seguro que
Él me acogerá en su seno pues creo que me ha perdonado todos mis
pecados y muero en Gracia de Dios. No sufran por mí que estaré
mejor que ustedes y solo rueguen por la salvación de mi alma, tengan
presente que muero por mi Dios, por mi Patria y por mis seres queri-
dos y siéntanse orgullosos de mí.

Besos a Carmita, Jorge Luis, Nelson, Renaldo, Abuela y a mis tíos y
primos.

Los quiere su hijo,
Manolo

11- LAS DELACIONES DE PEDRO CUÉLLAR

Pedro Cuéllar, telegrafista, sin haber pertenecido a los teams de infiltración que habían recibido su entrenamiento en la isla de Vieques o en la zona del Canal de Panamá, formó parte de los equipos de infiltración y conocía a muchos de sus integrantes. Arrestado horas antes de la fracasada invasión del 17 de abril, se presta para delatar a sus antiguos compañeros.

El 9 de mayo de 1961, tres semanas después del fracaso de Girón, había sido detenido Miguel García Armengol (Miguelón), Jefe de Acción del Directorio Estudiantil. Es también apresado, en una acción separada, Francisco (Paquito) Almoína. Ambos son amigos pero no tienen, entre sí, lazos conspirativos. Están detenidos en la tétrica Seguridad del Estado en 5ta. y 14. Llega Pedro Cuéllar, con uniforme del Ejército Rebelde, en su extenso camino de delación, pero no puede identificarlos porque no los conoce. Jamás los había visto. Ni a Miguelón ni a Paquito.

Algunos que lo conocieron afirman que Seguridad del Estado aparentó depositar confianza en Cuéllar y lo incorporó al ejército y lo alienta en el sendero de la delación que se inicia con su detención y continúa hasta el mismo día del juicio el 22 de septiembre.

Aparentemente Cuéllar estuvo cooperando con Seguridad del Estado desde su detención el 17 de abril hasta fines del mes de Julio cuando se ocultó por varios días para tratar de introducirse y asilarse en la Base Naval de Guantánamo. Por eso el 29 de Julio se dice en el sumario de la Causa 238 que *«no ha sido habido»*. Días después es detenido en su intento e incluido en el proceso. Su doble traición le costará la vida.

Devuelto al patio de la prisión por las autoridades castristas a quienes, evidentemente, también trató de traicionar –y condenado por esto a la pena capital– fue duramente golpeado por los presos políticos. Refugiado en la capilla, pide perdón a uno de los condenados a muerte que espera por el pelotón de fusilamiento.

Recibe esta elevada respuesta: *«Que te perdone Dios. Ya yo te he perdonado».*[248].

Se les pidió también pena de muerte a Rafael García Rubio, Robert Morton Guedes, Gabriel Márquez, Gonzalo Miranda y Emilio Adolfo Rivero Caro. Pero Morton Guedes es ciudadano inglés.

Llegan cables del Papa, de la Reina y de otros jefes de estado pidiendo clemencia para el súbdito británico. Al juicio concurre el embajador de Inglaterra acompañado de otros diplomáticos. Aduciendo distintas razones (en el caso de García Rubio por ser menor de edad) se les conmuta le pena de muerte por una condena de 30 años.

A la pena de 30 años fueron condenados 13 de los acusados: Jorge Basulto Jover, Eduardo A. Betancourt Meneses, Oscar Fernández Lorente, Rafael E. García Rubio Rodríguez, José L. Lefrant Echevarría, Gabriel Márquez Mercado, Roberto Morton Guedes, Gonzalo Miranda García, Jesús Montalvo García, José G. Pérez Lizama, Gaspar A. Rapallo Valdés, Emilio A. Rivero Caro[249].

---

[248] Relata Emilio Adolfo Rivero Caro al autor. Otros testigos han ofrecido testimonios similares.

[249] A veinte años fueron sentenciadas las siguientes personas: Norma Albuerne González, Olga Romañach, Mario Aguado Morejón, Jacinto A. Abraham Saavedra, Alejandro Barrientos Fernández, Miguel Basulto Jover, Celestino Borrons Cameras, Luz María Borrero Ferras, Pascual Rafael Baltrons, Ricardo C. Armenteros, Félix Castro Guevara, Julián Caballero Martínez, Wilfredo Echevarría Alpuín, Ramón García Salcedo, Agustín Lanza Vendergueht, Ramón Ledesme Barbosa, Jesús Ledesme Barbosa, Luis A. Menchaca, Sergio Navarro Molina, Francisco Orlando Pérez Hernández, Félix Peña Rodríguez, Máximo F. Peláez Zabala, Roberto F. Pérez Rivas, Heliodoro Pérez Lizama, Ricardo Rangel Mendoza, Félix Cribeiro Ortega, Mercedes Roselló Blanco, Caridad Roque Pérez, Margot Roselló Blanco, Guillermo Rodríguez López, Nivio S. Lorenzo de la Rúa Batista Pau, José A. Sandoval Alonso, Mario Sánchez Cabrera, Salvador Subirats Turro,

Unos salen de las embajadas. Otros, que estaban en prisión, son fusilados. Muchos, en el Escambray, en campos y ciudades siguen combatiendo.

La derrota de Playa Girón no detiene a los cubanos en su incesante batallar contra la tiranía. Septiembre de 1961 será un mes bañado con la mejor sangre cubana.

El lunes 16 de septiembre (1961) seis son fusilados convictos de haber cometido actos contra la seguridad del estado. Dos de ellos acusados de haber tratado de secuestrar un avión cubano. Rafael Hevia Bravo y Roberto Fernández Toledo fueron fusilados por dirigir un grupo de 34 personas. Habían sido juzgados por haber atacado y dado muerte al piloto de un avión de la Compañía Cubana de Aviación en un frustrado intento de huir del país. El hecho había ocurrido el 9 de agosto. Otros cinco de los asaltantes fueron condenados a 30 años de prisión (Diario Las Américas, Cable UPI de septiembre 18, 1961).

El día siguiente es fusilado otro cubano, Nelson Figueras, acusado de actividades contrarrevolucionarias. El 19 de septiembre es apresado en Cuba Ismael García, «Titi», acusado de ser jefe de un grupo contrarrevolucionario que actuaba en la región de Artemisa. Junto con García fueron arrestados María Consuelo Pérez Sardiñas, Adolfo Echevarría Anayón y Adolfo Echevarría Balcárcel. No paran en Cuba los fusilamientos. El 20, condenados por terrorismo y «actividades contrarrevolucionarias», son fusilados Carlos González Vidal, por el incendio de El Encanto; Cecilio Delgado y Francisco Díaz Rodríguez que guardaban prisión en La Cabaña, en cuyos fosos fueron ejecutados.

El lunes 25 el gobierno anuncia el arresto de doce hombres acusados de *«conspirar contra la vida del Primer Ministro Fidel Castro por cuenta de la Agencia de la Central de Inteligencia de los Estados*

Rogelio Tajo Sánchez, Beremundo Vázquez Piloto, Ricardo Rodríguez Martínez, Raimundo Torres Parra, Manuel González Norman, Roberto Dana Silva.
A Nueve Años: José G. Brito Tortolo, Apolonio Figueroa Cabrera, José L. Hernández Maiques, Orestes Lara Romero, Emma Rodríguez Arias, Manuel Rivero Valdés, Rodolfo Valdés Torres, Antoni Valdés Rodríguez, Unanue y Raúl Villasuso.
Absuelto: El procesado Gilberto Betancourt Cáceres, defendido por el doctor Orestes Perdomo Navales fue declarado absuelto al no comprobarse que había participado en la conspiración.

Unidos».[250]. Uno de los detenidos es Alfredo Izaguirre Rivas, antiguo Director del periódico «El Crisol». Otro es Luis Torroella. De los 12, cuatro fueron detenidos en Las Villas, cinco en La Habana y tres en Oriente. Era amplia la conspiración.

El martes 26 de septiembre de 1961 se le entrega a la delegación argentina ante las Naciones Unidas 82 documentos sustraídos de la Embajada de Cuba en Buenos Aires. En estos documentos se confirman planes subversivos del gobierno cubano contra Argentina, Perú, Venezuela y Estados Unidos[251], En aquellos momentos Arturo Frondizi, presidente de la Argentina, era agasajado en la ciudad de Nueva York, donde condenaba, junto al Presidente Prado del Perú, la acción disolvente del comunismo internacional.

12- SALEN ASILADOS POLÍTICOS

Ante la lentitud de Castro para otorgar salvoconductos a los asilados en la embajada de Venezuela, el Encargado de Negocios de aquel país en la isla, Francisco Quijana, se vio obligado a regresar a La Habana con instrucciones de insistir ante el gobierno de Castro que le otorgue salvoconductos a los 64 asilados en aquella dependencia diplomática. Distinta la conducta de México. El mismo día, septiembre 22, el embajador de México en La Habana, Gilberto Bosques, negó asilo a 3 cubanos perseguidos por la Policía Secreta de Castro, según denunciaba en aquella ciudad uno de los cubanos, Enrique Sánchez, antes de partir hacia Miami[252]. No termina aquel sangriento mes cuando son fusilados , como ya narramos, otros cinco cubanos: un traidor y cuatro mártires: Pedro Cuéllar Alonso, Jorge Rojas Castellano, Ángel Posada Gutiérrez, Braulio Contreras Masó y Manuel Blanco Navarro.

El primero de septiembre de 1961 la agencia cablegráfica UPI informa, desde Bogotá, que se han extendido 60 salvoconductos a asilados en la embajada colombiana en La Habana[253].

---

[250] Cable UPI, Diario Las Américas, septiembre 26, 1961.
[251] Cable de septiembre 26, 1961, de UPI.
[252] Cable de la UPI, septiembre 22, 1961.
[253] Según datos extraoficiales en distintas embajadas había un total de 800 asilados.

Al día siguiente Venezuela acusa a Castro de no entregar salvo-conductos y de violar compromisos contraídos el 25 de agosto[254] por el Presidente Dorticós con el Cuerpo diplomático. No es sólo a los «contrarrevo-lucionarios». a quien Castro niega salvoconductos. También se lo niega a Manuel Urrutia Lleó a quien niegan también su salida del país.

El 3 de septiembre la Segunda Secretaria de la Embajada de Venezuela informa que el gobierno cubano ha concedido su salvoconducto a la mayoría de los ciudadanos cubanos asilados en la embajada venezolana (Cable UPI fechado en La Habana (septiembre 5, Diario Las Américas)). Costa Rica rompe con Fidel Castro el 10 de septiembre. El 13 llegan a Caracas 90 asilados de la sede venezolana en Cuba.

13- JUANÍN PEREIRA, NUEVO SECRETARIO GENERAL DEL DIRECTORIO

Alberto Muller está preso en Oriente. Fernández Rocha está asilado en la embajada de Venezuela. El Directorio ha perdido a sus dos Secretarios Generales. Es necesario tomar prontas medidas para reencausar la lucha. Muller, a través de contactos que aún funcionan, pide a Juanín Pereira que lo visite en la prisión de Boniato. Allí lo designa a la más alta posición del grupo estudiantil. Era, sin duda, la mejor selección.

Comenzará un período de abnegación y peligro, y de delaciones y traiciones, que culminará con la muerte, el 17 de diciembre de 1961, de aquel prestigioso, y, por todos, querido dirigente. Para la reestructuración del Directorio en sus viajes al interior del país contará con la asistencia de Raquel Lavilla. Juanín le concede gran importancia a encontrar y chequear puntos de la costa norte. Uno de ellos lo encuentra en la provincia de Matanzas. Cuando, meses después, acuerdans la infiltración del Gordo Salvat, la CIA decide no utilizar ese punto sino uno en Pinar del Río. Las instrucciones son, aún, más precisas. Así las narra Cecilia Lavilla, que con su hermana Raquel, mantiene las más estrechas relaciones con Juanín: *«Nos dice Juanín que la Agencia ha*

---

[254] Cable UPI fechado en Caracas, septiembre 3 de 1961 (Diario Las Américas, septiembre 3, 1961).

instruido que la operación debe hacerse a través de Ángel Hernández Rojo (hermano de Julito), que es el que va a organizar, absolutamente, esa entrada; esa operación».

Pero Juanín quiere ir. Sus amigos tratan de disuadirlo: «*Tú no eres de Acción; ni siquiera sabes manejar una pistola*». Su respuesta fue: «*Yo no tengo confianza en esta operación. Aquí hay algo muy extraño. Nosotros no hemos podido chequear ese punto ni tener acceso a los detalles. Todo esto se ha manejado a través de otras personas y yo no mando a ningún hombre a morir o a caer preso. Si algo pasa, ese voy a ser yo*». Y así mismo fue. «*Nosotros, como Directorio, ya antes me lo había dicho el propio Juanín, nada tenemos que ver con esa operación*».

La operación había sido vendida, delatada. Muchos, del Directorio sospechan de una persona pero, sin pruebas concretas, no exteriorizan su nombre.

Cecilia Lavilla cuenta este episodio».

«*Conrado Prendes, comandante de la Revolución, miembro de la Seguridad del Estado que estará en Angola y Nicaragua, estaba enamorado de mi hermana Raquel. Conrado había sido monaguillo. Visitaba con frecuencia mi casa. Allí conoció a Juanín. Juntos cantaban villancicos y cantos gregorianos. Conrado estaba en Pinar del Río cuando la operación de Juanín. Al principio, como no aparecían, creímos que el muerto era Carmelo y Juanín estaba preso. Tomó 3 ó 4 días conocer que era Juanín quien había muerto*».

Días después llega Conrado a mi casa y Raquel lo increpó: "*¿Cómo puedes venir aquí y volverme a hablar cuando en tu zona han matado a Juanín Pereira?*». Conrado le respondió: «*Raquel, ¿tú me estás hablando de la operación de una gente que se estaba yendo por Pinar del Río y hubo un muerto?*». «*Sí, y ese muerto fue Juanín*». Y aquel hombre le dio piñazos a la pared y le dijo a Raquel: «*A mí me mandaron a llamar de La Habana. Yo no estaba en Pinar del Río cuando eso pasó; pero esa operación, desde que comenzó, estaba vendida. Hasta ese momento yo no sabía que ese muerto era Juanín*».

Y termina Cecilia su testimonio al autor con estas palabras:

«Hay sospechas de quien vendió esa operación. Si me preguntas si creo quien fue, yo te diría: Sí, yo creo saber quien fue. Pero como no tengo las pruebas no quiero levantar un falso testimonio».

Uno de los potenciales exfiltrados era Emilio Martínez Venegas, fundador del MRR, miembro de la Agrupación Católica Universitaria; de los primeros brigadistas e integrantes de los equipos de infiltración. Es éste su relato de aquella operación que le costó la vida a una de las más limpias figuras del movimiento y sobre la que tantos mantienen un censurable silencio.

«La salida iba a ser por un lugar de Matanzas pero la gente del Directorio dice que «los americanos». consideran que ese punto estaba quemado. De hecho se hace por Pinar del Río y la organizó uno que eran dos hermanos (no recuerdo ahora el nombre). El hermano era de las Viviendas Campesinas de Pinar del Río y organizó la salida esa por Pinar del Río en una playa que se llama Nombre de Dios por las Minas de Matahambre. Un individuo del Ejército Rebelde, que trabajaba en el Capitolio, fue el que nos llevó». Tuvimos que desenterrar unas granadas que estaban todas oxidadas. Nos paró en una bodega. Les decíamos que debíamos apurarnos, pero nos decía que teníamos tiempo suficiente. Todo se demoraba».

«Juanín, a quien yo conocía de la Agrupación, iba con nosotros pero la operación la dirigía el otro. Por la noche llegamos. Organizamos el perímetro. Ahí estaba Luis González Marcilo, y Carmelo González del Castillo. Esos dos y yo éramos los que nos íbamos. En esa operación se suponía que venía el hermano de aquel que era del Directorio. Cuando vinimos a darnos cuenta estábamos rodeados de milicianos. El organizador de esto fue el único que se salvó».

No era, ésta, su primera riesgosa exfiltración, para Martínez Venegas. Uno de los fundadores del MRR que, luego de largo entrenamiento en los Estados Unidos llegará a Cuba como radiotelegrafista que operaría en la provincia de Camagüey. Semanas antes se había intentado sacarlo por Jibacoa. Estos fueron los pasos previos a la frustrada exfiltración por Jibacoa que le costó la vida a Antonio Díaz Pou:

«Yo tenía escondida la planta de transmisión en casa de Diego Jiménez nos dice Emilio Martínez Venegas, en abril de 1961 cuando nos sorprende el día 17. Ese día yo tenía un amigo en Camagüey que

estudió conmigo en la Universidad, Pedro Luis Lorenzo, que era mi contacto personal. Días antes habían arrestado a varios coordinadores provinciales que estaban reunidos. Raúl Rodríguez Fernández era el Coordinador del Partido Demócrata Cristiano. En el grupo teníamos a Luis Oria que era el que se reunía con los otros. El jefe de nuestro equipo era Oliverio Tomeu, que fue miembro del Ejército Rebelde en Camagüey. Yo era el telegrafista. Ellos fueron a esa reunión. Sorprendidos por el ejército, Oria sacó la pistola pero lo mataron. Detuvieron a Joaquín Meso, a William Patten a quien luego lo metieron en otra causa y lo fusilaron».

«Rafael Álvarez, del grupo nuestro, que estaba viviendo en otra casa, se pudo ir para La Habana. Yo me tuve que quedar varios días en una finca y decidí irme para La Habana donde yo tenía un tío. Tomé una guagua; todos con uniforme y yo con ropa de civil. Pero pude llegar. Allí el Padre Llorente, que estaba en la Nunciatura, al lado de la embajada de Honduras de la que se había hecho cargo la embajada de Venezuela, me facilitó la entrada. Estaba ya Antonino Díaz Pou, mi compañero de Belén. El MRR organizó nuestra exfiltración por Jibacoa.

Al morir Juanín, Ricardo Menéndez ocupará la Secretaría General, pero sólo por un mes al caer preso. Será, entonces, Bobby Quintairos, «pausado, sensato, con gran visión». quien ocupa ese cargo. «Fue impresionante descubrir las muchas cualidades de Bobby; la persona que más tuvo que ver con Manolín Guillot en aquellos días que tristemente terminarán en mayo».[255].

14- REINTEGRO A LA LUCHA DESPUÉS DE GIRÓN

Luego del desastre de Girón, y a pesar del ambiente de frustración y desengaño que reinaba, los cubanos se fueron, lentamente, reintegrando a la lucha. Unos, los menos, a través de las organizaciones revolucionarias a las que pertenecían. Otros, los más, trabajando directamente con la Agencia Central de Inteligencia. Un tercer grupo buscando, y en algunos casos aportando, sus propios recursos para la adquisición de armas, pertrechos y transportes. Todos, con la misma

---

[255] Entrevista del autor con Cecilia Lavilla, diciembre 27, 2005.

dedicación. Con el mismo propósito y la misma voluntad de esforzarse al máximo para contribuir a la pronta liberación de Cuba.

En aquella etapa del clandestinaje, gran parte de la actividad que se realizaba era recoger «las armas enterradas». que habían sido así escondidas por los equipos de infiltración. Tarea a la que se dedicarán muchos de los jóvenes del Directorio Revolucionario que comenzaban a reagruparse.

Días después del fracaso de la invasión, Ernesto Fernández Travieso busca refugio saltando la cerca de la Base Naval de Guantánamo. Otros llegarán también a la Base. A los dos meses serán enviados a Miami. Pero Fernández Travieso tras recibir un entrenamiento intensivo, parte de nuevo para infiltrarse en la isla por la costa norte de Pinar del Río. Será una operación de exfiltración y de infiltración pero, aparentemente, había sido delatada. Es la operación del 17 de diciembre de 1961 en que muere, en la playa, Juanín Pereira y a la que en páginas anteriores hicimos referencia.

«El desastre de Playa Girón produjo un desparramamiento. Después de Girón vino el caos. Fue cuando llegó Fernández Rocha, a quien conocíamos como Luciano. Fue Luciano realmente quien organizó el Directorio Revolucionario Estudiantil. Comienzo a trabajar con Luciano y con Nicolás Pérez Díaz-Argüelles; Nicolás fue el contacto que quedó después de Girón. Yo trabajé en la reorganización. Luego vino Chilo[256] que era estudiante de Medicina. También vino el Chino Menéndez (Ricardo) que era de La Habana y Julito Hernández Rojo (creo que vino en un viaje con Luciano). Fuimos juntos a Varadero y allí se continuó la lucha. Estábamos a mediados o finales del 61».[257]

En Oriente Alfredo González trabaja, entre otros, con Raúl Pintado que era el Coordinador de Santiago de Cuba, pero funciona más desde Guantánamo. Para entonces ya habían caído presos, desde mucho antes, Pedro Guerra y Alcides Martínez, ambos de Guantánamo. Muy brevemente actuó Alfredo González con Quintairos y con Raquel y Cecilia La Villa.

---

[256] Isidro (Chilo) Borja.
[257] Alfredo González. Entrevista con el autor, abril 10, 2005.

Mientras estuvo en La Habana Alfredo trabajó con Laureano Pequeño que era el que estaba al frente de acción y sabotaje. Cuando Laureano cayó preso, Alfredo González coincidió con él en la Cabaña y en Isla de Pinos.

Alfredo, que funcionaba con el nombre de Ricardo, en uno de sus viajes a Oriente, es comisionado para dejar una caja en Camaguey. Así lo hizo. Días después se produce el arresto de los distintos coordinadores de aquella provincia, cuando están reunidos en una casa cercana a la carretera, donde, impensadamente, tenían estacionados, visiblemente, un gran número de carros.

«Yo caí preso el 10 de diciembre de 1962 por un infiltrado. Eran los días en que se discutía el intercambio de medicinas por los prisioneros de Playa Girón. Yo creía que las infiltraciones vendrían desde abajo, desde las filas, pero este vino de arriba. Fue Medina Bringuier, el ya famoso Mongo».[258].

«Mongo era coordinador. Me mandaba para aquí, me mandaba para allá. Era muy activo. Parecía un gran organizador. Primero cayó Manolito Villanueva. Tiempo después caímos Felipe Valbuena y yo cuando llegamos a la casa de huéspedes en La Habana donde parábamos. Allí nos estaban esperando elementos de Seguridad del Estado».

¿Cómo y cuándo supo Alfredo González[259] que Mongo era un infiltrado?: En las propias dependencias de aquel organismo *«cuando traen de la Cabaña, donde está arrestado, a Julito Hernández Rojo y a otros compañeros y me dicen que Mongo tiene tres barras sobre los hombros. Que habían confirmado que Mongo era el delator».*

«Julito llegó a ser el Coordinador Nacional del Movimiento y me envió a mí a Oriente como Coordinador Provincial. Estando allí supe que había caído preso Hans Gengler; luego cayó Julito[260] (que ya

<hr>

[258] Entrevista de Alfredo González con el autor.
[259] Alfredo González, conocido en la cárcel como «Baracoa» utilizaba el nombre de «Ricardo» en la clandestinidad. Alfredo fue procesado en la Causa No.33 del año 63, el juicio se celebró en la Cabaña.
[260] Julito Hernández Rojo nació en La Habana en 1937. Estudiante de arquitectura en las universidades de La Habana y Villanueva, estudió pintura en la Escuela Nacional de Bellas Artes (San Alejandro), y cursó, también, estudios de oficial de cubierta en la Academia Naval de Mariel.

murió), *Mongo nos fue delatando a todos. Hizo un gran trabajo para Seguridad del Estado».*

Juanín siempre desconfió de Mongo Medina Bringuier. Cuando asume la dirección general del Directorio da la orden de que nadie mantenga contacto con Mongo.

El Griego es arrollado a fines de abril de 1962. En el hospital Mongo permanecía a todas horas a su lado. Cecilia Lavilla va a salir de Cuba, junto a su hermana Raquel, el 15 de mayo a las 3 de la tarde. Temprano pasa por el hospital para saludar a su amigo el Griego. Allí está Mongo quien le dice: *«Sé que te vas». «Sí». "¿Cuándo?». «No sé aún». «Esa noche –nos dice ella– el G-2 me fue a buscar a mi casa. Por supuesto, yo me había ido a las tres de la tarde».*

15- EL DIRECTORIO DESPUÉS DE LA INVASIÓN

No todos los infiltrados se asilan el 17 de abril. Muchos prefieren seguir siendo operacionales; es decir, seguir funcionando, en alguna forma, dentro del clandestinaje. A uno de ellos le habían arreglado por una cantidad en efectivo!! su asilo en una embajada pero rechaza aquella protección. Se trata de José Antonio González Lanuza que ofrece este testimonio:

«Yo no me asilé el 17 de abril. Me llegué a casa del Gallego Garrido, cerca de la casa donde había estado Francisco. Salí a pie a tomar un autobús y voy a casa de los Humara, cuyos hijos, que eran amigos míos, ya habían salido. Allí me di una ducha y me dieron una camisa de José Miguel y salí a ver a donde me iba. Un vecino de los Humara –José Manuel Álvarez Rionda– me localiza y me dice que ya tenía resuelto mi asilo en una embajada, que piden $3,000 dólares por asilarme y que ellos estaban dando ese dinero por mí. Yo me veo con las dos familias en la casa de los Humara, en el Country Club, para darles las gracias pero no les acepté el asilo político. Yo creía, aún, que

---

Detenido en septiembre de 1962 y acusado de ser el Coordinador Nacional del DRE fue condenado a muerte en la Causa 464 de 1963, pena que quedó conmutada por 30 años de prisión. Salió en libertad en 1976.
Su afición a la pintura le hizo más llevaderos sus años de condena en Isla de Pinos, donde compartió, su afición pictórica con otros presos políticos.

algo iba a suceder y quise mantenerme operacional. Pude pasar a casa de un familiar donde permanecí por varios meses hasta que, con una camisa en la que llevaba una foto de Lenín y una insignia de la hoz y el martillo, y una revista Verde Olivo bajo el brazo, voy a despedirme en Palatino de los hermanos La Salle cuando botan a los curas de Cuba. Cuando llegué allí, los dos milicianos que cuidaban la entrada se cuadraron para saludarme. Seguramente creyeron que yo era de la Seguridad del Estado».

González Lanuza había ido a Palatino a despedirse de sus antiguos profesores de la Universidad de La Salle. Éstos le ofrecen una posibilidad de salir de Cuba. Nos lo cuenta José Antonio:

«El hermano Bernardino, era nativo de Guantánamo y tenía allí un hermano que era dueño de una estación de gasolina. Me da una medallita partida y me pide que se la enseñe a su hermano que su hermano me dirá como asilarme».

Con un pretexto puede González Lanuza llegar a Santiago y de allí a Guantánamo y con una persona, muy hábil y bien relacionada, Manolito Martínez, que había sido delegado del 26 de Julio en Guantánamo puede, tras muchas dificultades, a través de un campesino dueño de una tierra colindante con la base, saltar la cerca y entrar en la base el día que Fidel anunciaba que aquella era una Revolución Socialista.

«Entré con un matrimonio Bacardí, que ella había trabajado con Nino Díaz recaudando fondos. El padre Paquito Guzmán (Escaparate), que estuvo en la Sierra con Fidel, y un abogado, Echevarría, que había estado con la Revolución y había participado, como fiscal, en los primeros fusilamientos que se hicieron en enero de 1959. Creo que el primero que salió por la Base de Guantánamo fue José Basulto. Yo fui el segundo».

Ante el desastre de Girón algunos militantes de las distintas organizaciones se esfuerzan en reorganizarlas y asumen posiciones de liderazgo. Así, el Griego Nicolaides, Hans Engler (el Alemán), junto con Laureano Pequeño, Juan Valdés de Armas y otros, se esfuerzan en reestructurar el Directorio. *«Yo diría que el Griego y Hans fueron los que reconstruyeron en Cuba el Directorio. Cuando llegaron*

Fernández Rocha y Julio Hernández Rojo ya estaba reestructura-do».[261].

16- LA MAFIA, EL G-2 Y FUNCIONARIOS MEXICANOS

Ante la imposibilidad de refugiarse en la Base de Guantánamo la madre de uno de los radiotelegrafistas le dice a Acevedo: *«Mira, hay una manera de salir; yo te voy a poner en contacto con la gente».* Lo puso en contacto con el Padre de Gabriel Durán quien le explicó que tenía una persona que le iba a pedir dinero: *«En esto están metidos la mafia, el G-2 y la embajada mexicana, pero ya Gabriel salió así y ya está en Miami».*

«Fui a ver a un señor que trabajaba con una agencia de pasajes y que era el intermediario y me dijo: *«Bueno, OK, mañana yo te voy a buscar y vamos a ver a la embajada mexicana».* Fui con el interme-diario a la embajada y vimos a Bosque, que era el Encargado de Negocios que me dice: *«Bueno, ¿por qué tú quieres irte en esta forma?».* *«Mire, estoy infiltrado aquí y yo no puedo salir legalmente porque, mal o bien, estoy quemado y yo no me puedo ir en otra forma».* *«OK, yo se lo presento al embajador; ven mañana por aquí y yo te digo».*

Al día siguiente veo a Bosque que me dice: «Mira, el embajador dice que mejor que no te vayas». «¿Cómo?». *«Ya lo hemos hecho con tres personas, él no quiere hacerlo otra vez».* Yo tomé un gran ries-go al decirle, «pues yo no salgo de aquí, estoy en territorio mexica-no». Me responde Bosque: *«Mira, muchachito, tú no te puedes haber atrevido a entrar aquí armado. Si yo se lo digo a los dos milicianos que están afuera que te agarren porque eres un infiltrado ¿quién va a decir que miento yo? Mejor te vas y no armes más problemas».* Al salir de la embajada me encuentro al intermediario y me dice: *«Vete para tu casa. Yo te aviso».* Efectivamente a los tres o cuatro días me llama y me dice: *«Llégate allá a la agencia de pasajes, te van a dar un ticket para Miami. Ponle la fecha de mañana y vete para el aero-*

---

[261] Entrevista de Juan Valdés de Armas con el autor, enero 24, 2006.

puerto». Le pregunto "¿no van a ir los mexicanos conmigo?" Me dice «no. Todo está arreglado. Dos mil pesos me pidieron».[262].

Era el 1º de julio de 1961. *«Llegué al aeropuerto con mi padre. Al llegar me encuentro con el intermediario que me pide los dos mil pesos. Se lo daríamos cuando mi avión estuviera ya en el aire».*

17- EL ESCAMBRAY DESPUÉS DEL 17 DE ABRIL

En julio de 1961, a los tres meses del fracaso de Playa Girón, Osvaldo Ramírez, Tomasito San Gil, el Congo Pacheco, Julio Emilio Carretero, los hermanos Tardío, Porfirio Guillén, y muchos más se reúnen en el *Cicatero* para constituir el Ejército de Liberación Nacional que unía a las distintas guerrillas. La organización quedaría al mando de Osvaldo Ramírez.

Ya en octubre atacan un cuartel de milicias en El Pajarito y asaltan camiones y autobuses. Se enfrentan a las tropas del régimen en Veguitas, el Potrero de Guinea, Guanayara, el Dátil, Yaraguza y otros puntos[263].

En la provincia de La Habana se mantiene activo el MRR. Durante los primeros meses de 1961 Gilberto Coto Gómez, conocido como el «Pipero», antiguo miembro del Ejército Rebelde, que operaba en la zona de Guines, Madruga, Melena del Sur, Nueva Paz y San Nicolás extiende sus operaciones a otras secciones de la provincia: Aguacate, Santiago de las Vegas, La Salud y los alrededores de la propia capital.

En un informe de abril de 1962 el G-2 se ve obligado a admitir que no ha podido, aún, golpear a esta guerrilla compuesta de 19 alzados que tienen Thompsons y parque abundante, calificando de primera, el estado de esa organización. Después Gilberto Coto se mueve hacia la vecina provincia de Matanzas, pero por una delación, es sorprendido y detectado en la zona cenagosa de Bolondrón, el 21 de agosto de 1962.

La tenaz lucha fuerza al gobierno a intensificar la Segunda Limpia del Escambray que culmina con la muerte del Congo Pacheco y Osvaldo Ramírez. A éste lo sustituirá Tomasito San Gil quien logró unir a las guerrillas de Matanzas, La Habana y Pinar del Río. En uno de los

---

[262] Entrevista de Armando Acevedo con el autor, marzo 28, 2005.
[263] Enrique Encinosa, «Escambray: la Guerra Olvidada».

muchos encuentros pierde la vida el legengado Tondike (Margarito Lanza Flores). Para entonces ya Castro había organizado las unidades especiales que serán conocidas como Lucha Contra Bandidos (LCB) al mando del comandante Raúl Menéndez Tomasevich.

18- HERNÁNDEZ ROJO, FERNÁNDEZ ROCHA Y BERNABÉ PEÑA REGRESAN A CUBA

Comienza, después de Girón, un proceso que termina con la muerte de Juanín Pereira en Pinar del Río el 17 de diciembre del 61.

A la muerte de Juanín comienza la etapa más oscura. Se queda Pequeño con Mongo, sobre quien ya hay sospechas de ser un infiltrado. (Muller está preso, Fernández Rocha ha salido asilado, Salvat no pudo entrar al frustrarse la operación de diciembre del 61). Planean Pequeño y Medina Bringuier (Mongo) colocar bastante C-4 en el carro de Juanín, dejarlo el 5 de enero en horas de la madrugada en Galiano y San Rafael y volarlo para destruir las vidrieras. Eran los días finales de diciembre. Pero Mongo, que es el que tiene el carro de Juanín, desaparece por varios días. Pequeño volverá a verlo el 9 de enero. Así nos describe Laureano los hechos de esos importantes días:

«Mongo había trabajado conmigo muco tiempo. Me lo había presentado el Chino Menéndez, el Coordinador Provincial de Las Villas, y habíamos hecho varias cosas juntos. Cuando a fines de diciembre Mongo desaparece, (Pequeño ha asumido luego, que había caído preso y fue forzado a colaborar con el régimen) vuelvo a verlo el 9 de enero; viene en un carro con el Chino Menéndez (el Coordinador de Las Villas). Tan pronto como el Mongo se baja, detienen al Chino Menéndez. Mongo empieza a decirme que ya no quiere seguir trabajando en el Movimiento; que quiere continuar sus estudios; que no se siente bien. Yo le digo que es libre de hacerlo; que nadie lo forzó a conspirar, etc.»

Es cuando se esperaba al Gordo Salvat y ya, para ese momento Tony Sowers formaba parte del Directorio en la sección de Seguridad y estaba esperando a Julito Hernández Rojo y a Fernández Rocha.

Para Laureano Pequeño, *«Juanín era diferente porque le gustaba hacer cosas»*. La época en la que yo estuve con Juanín fue el intervalo entre la invasión (el 17 de abril) y la muerte de Juanín (el 17 de *diciembre), cuando privaba el concepto de que ya no se podía hacer nada; realmente la mayor parte de la gente ya no quería nada ni tampoco encontraba nada que hacer. Se encontraban frustrados».*

En la Causa de Laureano Pequeño estuvieron Julito Hernández Rojo, Nicolás Pérez, Juanito de Armas, Rubiera, Raúl Cay, Juan Suárez, Roberto Torres y Lester García. *«Éramos nueve. Un muchacho, Roberto Torres, que era el gerente de la Empresa Cubana de Raíces, que después lo sacaron del juicio. Éramos nueve personas».*

«En febrero de 1962 Guillot -nos dice Tony Sowers- hace contacto con nosotros para que le consiguiéramos casas de seguridad y prácticamente nadie ni la gente del M.R.R. sabía que Roberto Quintairos y yo estábamos dándole seguridad a Rogelio (Guillot), Guillot estaba desconfiado de todas las organizaciones por las infiltraciones que todas tenían. Guillot me conocía de la Agrupación. Yo me reunía con Rogelio una vez a la semana en La Habana y lo llevaba a un punto determinado. Ya de allí él se las arreglaba en La Habana y en Guanabo y en los alrededores de La Habana. A mi juicio la mayor infiltración existía dentro del M.R.R. y era una infiltración muy sofisticada».

No sólo el MRR estaba infiltrado.

La infiltración de Mongo (Jorge Medina Bringuier) destruyó el Directorio.

19- SE INTENSIFICA LA DESCONFIANZA SOBRE JORGE MEDINA BRINGUIR

Varios miembros del Directorio comienzan a desconfiar de Jorge Medina Bringuier, el muy activo Mongo. Entre ellos, Laureano Pequeño, Bobby Quintairos y Nicolás Pérez Díaz-Arguelles.

En dos momentos distintos el Mongo tuvo intensas crisis nerviosas; nos narra Quintairos una de ellas:

«El Mongo había tenido un accidente en la Vía Blanca, yendo hacia Las Villas, manejando el carro. Llevaba al secretario nuestro de aquella provincia[264]. En una curva se le abrió la puerta y se salió del

---

[264] José González Silva (Puchi) que había sido el primer Coordinador Provincial de Las Villas afirma al autor que era Felipe Pérez, el nuevo Coordinador, quien viajaba con el Mongo. Concuerda con Quintairos en la descripción del accidente y el

automóvil. El carro se fue por un barranco con el Coordinador dentro, dando muchas vueltas y recibió muchos golpes, pero no se mató de milagro. Y el Mongo quedó todo arañado, raspados los muslos y gran parte del cuerpo pero no tuvo fracturas. A raíz de eso le vino una crisis nerviosa que le sirvió para que muchos de los compañeros siguieran confiando en él. A mi juicio ya, en ese momento el Mongo había sido arrestado por el G-2, lo habían apretado y comenzó a trabajar activamente con ellos».

Sigue Mongo funcionando, recibiendo la confianza de muchos de sus compañeros. Pero un día el Griego Sabas lo ve bajándose del carro de Polo Pantoja, sicario bien conocido de Seguridad del Estado. Pequeño lo incrimina diciéndole que el Griego lo había visto en el carro de Pantoja. Mongo se queja ante Hans Egler diciéndole que Laureano lo había amenazado.

Varios hechos se producen después de este accidente que irán ascendiendo al Mongo dentro del DRE. Veamos uno de ellos:

«A los pocos días de este accidente un carro, que se da a la fuga, arroya al Griego, que estaba en la acera, y éste queda muy mal herido y tiene que permanecer como un mes en el hospital. Junto a él, visitándolo casi diariamente permanecía el Mongo. Así, muchos se percataron después, iba conociendo a varios de los que integraban las células de trabajo del Directorio. El intento de eliminar al Griego había sido el poder sustituirlo con el propio Mongo».

¿Cómo «arrollan». al Griego?. Veámoslo en la descripción de otro estudiante que lo acompañaba:

«Íbamos en dos carros para recoger algunas cosas. Yo iba en el carro de alante. El Griego iba en el de atrás con dos muchachas, cuando se le ponchó un neumático. Se baja del auto junto a la acera y un carro, que seguramente nos venía siguiendo, lo arrolla y se da a la fuga».[265].

---

cambio que comenzó a observarse en la conducta de Medina Bringuier. En entrevista posterior (enero, 1006) con Felipe Pérez, éste le confirma al autor el extraño accidente. Junto a Mongo y Felipe viajaba Manolo Sánchez, Coordinador de Suministros de Las Villas.

[265] Juan Valdés de Armas en entrevista con el autor.

«A Hans Gengler, que mucho le llamábamos «el Alemán", y que era el jefe de Acción del Directorio en la provincia de La Habana lo delató uno que trabajaba con él, Pepe, que era administrador de un cine. En aquellos días ya había cierta desconfianza sobre él y uno de los nuestros fue a verlo y le hizo esta advertencia: «Dice Hans que tú eres un infiltrado, y si tú lo eres tú sabes que te mato». Esa noche Seguridad del Estado se llevó preso a Hans».

Fue el Griego quien, acompañado de Juanito de Armas, le transmitió al Mongo la amenaza de Hans. Así nos lo relata de Armas:

«En un momento el Mongo dijo que no iba a seguir conspirando y que se iba a retirar del Directorio. Hans tenía sospecha de que fuese un traidor. El Griego y yo fuimos a ver al Mongo en su casa de Calzada entre F y G. El Griego subió a hablar con él. Al poco rato bajaron los dos y me dijeron que el Mongo iba a seguir en el Directorio. Pero yo creo que, en ese momento, no era aún un infiltrado porque si lo hubiera sido no hubiera dicho que no quería seguir y hubiera continuado delatándonos».[266]

Todo eso se está produciendo antes de la llegada a Cuba de Julito Hernández Rojo y Luis Fernández Rocha. A pesar de todos estos antecedentes designan a Mongo Coordinador sustituyendo al Griego que sigue en el hospital.

«Yo me acuerdo que a mediados del 62 existía un poco de intranquilidad en el Directorio de Cuba. Julito Hernández Rojo, Luis Fernández Rocha y yo —nos dice Bernabé Peña— decidimos ir allá y nos fuimos en el «Juanín». Desembarcamos por Varadero donde no había nadie que nos esperara. Lo recuerdo bien porque era un 20 de Mayo. El capitán del barco era Mario Núñez pero yo era el jefe de la operación como representante del Directorio...a los diez minutos empieza un tiroteo. Mi primer pensamiento es que habían arrestado a Luis Fernández Rocha y a Julito Hernández Rojo. No fue así».

«La noche anterior de yo caer preso, que fue el 12 de mayo, fue la última vez que yo ví a Manolito Guillot. Yo lo había visto por la tarde. Yo caí preso en un lugar de Marianao cuando iba a pasarle un mensaje a la madre que no pude enviar».[267]

---

[266] Testimonio de Juan Valdés de Armas.
[267] Entrevista de Tony Sowers con el autor.

Cuando llegaron Luis Fernández Rocha y Julito Hernández Rojo, Luis regresó, pero Julito se quedó y entonces lo cogieron preso[268].

20- ALBERTINI REGRESA AL DIRECTORIO

Hay, con cierta frecuencia, diferentes posiciones en relación a los métodos de acción. Es lo que distancia, transitoriamente, a dos valientes militantes del Directorio.

Luego del fusilamiento de Porfirio Ramírez, Presidente de la FEU de Las Villas, aumenta en aquella provincia la represión del régimen. Se multiplican los fusilamientos, los encarcelamientos, los atropellos; muchos conocen quienes son los represores. Dirigentes del Directorio de Las Villas quieren venir a La Habana a buscar armas para ajusticiar a esos represores. A ver a estos dirigentes, en Santa Clara, llegan Juanín Pereira y Raquel La Villa y se entrevistan con José A. Albertini. Juanín se opone al plan –nos lo relata Albertini– porque sus principios religiosos no le permiten atentar contra la vida de alguien. Albertini le responde que entonces Juanín debía estar en un monasterio y no en un grupo revolucionario.

Aquella diferencia en los métodos de lucha hace que Albertini y Rafael Mariscal se separen del Directorio. Poco después muere el noble y valioso Juanín Pereira en diciembre de 1961 y a las pocas semanas regresarán a Cuba Julio Hernández Rojo y Luis Fernández Rocha. Vendrán, lamentablemente, acompañados de Mongo que era uno de los jefes de Abastecimiento. Vienen a pedirle a Albertini que se reintegre al Directorio. Éste acepta y se le designa Coordinador Provincial de Las Villas. Se decide en aquella reunión llevarle armas a Pichi Catalá pero por la intensa movilización de milicianos que hay en esos momentos en el área en que se encuentra el Pichi, se decide dejar la entrega de armas para más adelante. Es Mongo quien afirma, una y otra vez, que no es necesario demorar la entrega porque él puede hacerlo. Parte Mongo a ver a Pichi. Una semana después Catalá era emboscado y moría. El Mongo lo había entregado[269]. *«Luego el Mongo vino a vernos y, llorando, venía con las botas del Pichi».*

---

[268] Laureano Pequeño, entrevista con el autor, marzo 2005.
[269] Entrevista J. A. Albertini con el autor.

21- CUATRO INTENTOS DE INFILTRACIÓN. UN SENDERO DE SANGRE

Estamos en septiembre de 1961. Los últimos miembros del Directorio Estudiantil y del M.R.R. que se habían infiltrado en Cuba en los días anteriores al 17 de abril ya han salido clandestinamente (Luis Fernández Rocha, Ernesto Fernández Travieso, Manolo Salvat, Manolín Guillot y muchos más). Otros se encuentran asilados o encarcelados (Miguel García Armengol (Miguelón), Alberto Muller, Jesús Permuy).

Varios, temerariamente, han renunciado a su asilo político, abandonando las embajadas que les dan protección, y se han vuelto a incorporar a la lucha (Antonino Díaz Pou).

Otros han sido fusilados o han muerto combatiendo (Virgilio Campanería, Rogelio González Corso, Sorí Marín, Alberto Tapia Ruano).

Se considera necesario reorganizar dentro de Cuba los cuadros que están dispersos. Se toma la decisión (¿Por quién?. ¿Por la Agencia? ¿Por las organizaciones?) de enviar, a ese fin, hombres a la isla. Se selecciona para la peligrosa misión a Manolín Guillot y a otros miembros del Directorio. Parten en los primeros días de noviembre hacia el Punto Unidad, al lado del más conocido Punto Fundora (en la costa norte de Matanzas). Sería una operación de exfiltración e infiltración. Van a recoger a Antonino Díaz Pou, que había salido de la embajada de Venezuela y continuaba su labor clandestina, a Emilio Martínez Venegas (el Brigadista 2521) que tan destacada participación había tenido en el entrenamiento y la labor de los teams de infiltración, y a Ricardo Chávez (el Mexicano) que había participado en el temerario rescate de Carlos Bandín, entonces Coordinador Nacional del MRR y, entre otros, en el atentado a Carlos Rafael Rodríguezn en la Vía Blanca. Estaba planeado que se infiltrarían Manolín Guillot y sus compañeros.

Al acercarse la lancha, toda la costa se ilumina. Se oyen disparos de armas de distintos calibres. Cae herido, junto a la playa, Antonino Díaz Pou (el Brigadista 2502)[270]. Emilio y Chávez pueden

---

[270] Antonino Díaz Pou será luego procesado y morirá ante el paredón en diciembre de ese año.

escapar[271]. Se frustra la operación. La primera. Ha costado una vida. En diciembre Antonino será fusilado.

Pasan unos pocos días y vuelve a realizarse otra doble operación de exfiltración e infiltración. Saldría del territorio Emilio Martínez Venegas e ingresarían Guillot y Rafael Quintero. En tierra guía a Martínez Venegas un abnegado compañero, Juanín Pereira. El punto de desembarco será la Coloma, en Pinar del Río. Va de capitán del barco Manolín Gutiérrez. Se acerca la lancha. La luz del faro serviría de orientación. Hacia allá se dirige la embarcación, pero no era ese el faro convenido. Las autoridades cubanas habían cambiado las luces. El G-2, tenía rodeado el punto de desembarco. Identifican a Juanín Pereira como el responsable de la operación y allí, en la playa, le disparan y muere. Emilio Martínez Venegas es arrestado. Cumplirá bajo su nombre clandestino Ernesto Guerra, larga condena de cárcel. Nadie pudo infiltrarse. La segunda infiltración frustrada ha costado otra vida.

En los primeros días de diciembre se hace el tercer intento. Vuelven, como en las oportunidades anteriores a comunicarse con la clave de Manolito Reyes, el radioperador. Con el código acordado informan fecha, lugar y hora para realizar la operación. El barco, bien armado, lo capitanea Leslie Nóbregas. Al acercarse a la orilla, dos barcos castristas los interceptan. Nóbregas dispara las ametralladoras y paraliza las dos embarcaciones. Se ha malogrado el tercer intento de infiltración. ¿Qué ha pasado?.

---

[271] Emilio Martínez Venegas recuerda aquel episodio que le costó la vida a Antonino su amigo y compañero de estudios de Belén:

"Al llegar a la playa se formó un tiroteo y yo me tiro al piso. Otros corrieron hacia arriba. Yo no sabía donde estaba. Me quedé largo tiempo allí. Ví pasar camiones con milicianos y guaguas. Los milicianos empezaron a peinar la zona a una corta distancia uno de otro; se iban acercando al sitio en que yo me encontraba medio enterrado cuando no avanzaron más. Supe luego que habían herido a Antonino y se habían llevado preso a Ramón Alonso. Con los únicos 5 pesos que tenía me arriesgué, muchas horas después, a parar un ómnibus. La guagua no iba para Matanzas, iba al central Puerto. Me bajé allí. Y, en un paradero lleno de milicianos, pude sacar un pasaje para Matanzas, que era muy barato, porque yo quería ir en dirección contraria a La Habana que tenía menos vigilancia. Finalmente en Matanzas tomé otra guagua para La Habana. Así terminó mi frustrada exfiltración por Jibacoa».

Manolito Reyes había caído preso[272] semanas atrás y Seguridad del Estado conocía el código utilizado para transmitir y recibir mensajes. Se hacía ya imperativa la infiltración de Manolito Guillot. Se decide hacer «una operación en negro», es decir, ejecutar la infiltración sin que haya equipos de recepción. Parten, a fines de diciembre –¡era la cuarta intentona!– hacia Paredón Grande, al norte de Camaguey. Se realiza el desembarco, con éxito, por uno de los cayos cerca de la Laguna de la Leche. Llevan, también, dos toneladas y media de armas. Pasarán los infiltrados a Morón. De allí, a La Habana.

---

[272] Narración de Rafael (Chichi) Quintero a Enrique Ros (1995). Confirmada, con ligeras variaciones, separadamente, por Carlos Bandín y José Mercochini que militaban en el M.R.R. en tendencias opuestas a las de Quintero. Entrevistas de aquel año.

En agosto de 1962 una delegación del DRE fue a Helsinki donde se celebraba un congreso de juventudes controlado por los comunistas. En la primera foto Johny Koch y Enrique Baloyra extienden una tela donde se pide la libertad para los presos políticos cubanos. En la segunda miembros de la delegación del gobierno de Castro golpean a Manolo Salvat, otro miembro del DRE.

CAPÍTULO VIII

1962: ACCIONES COMANDOS. SABOTAJES. LUCHA CLANDESTINA

A mediados de 1962 va siendo visible la presencia soviética en Cuba. El Departamento de Estado califica de «técnicos». a los cinco mil soviéticos cuya presencia había sido reiteradamente denunciada por refugiados cubanos y personas debidamente informadas.

Paralelamente al incesante ingreso en Cuba de tropas soviéticas, aumentaba la lucha clandestina dentro de la isla. Las acciones de sabotaje se multiplican. En los depósitos de gasolina y petróleo del gobierno situados en Colón, provincia de Matanzas, se produce el lunes 14 de mayo *«un violento incendio»*. Así, escuetamente lo califica el periódico «Hoy». El incendio alcanzó tan gigantescas proporciones que *«los bomberos de Cárdenas, Abaunza, Innubaro, y otras poblaciones vecinas a Colón tuvieron que acudir al lugar del incendio».* narró la agencia noticiosa internacional.

Días atrás, el viernes 27 de abril, el fuego había destruido un depósito de fertilizante del INRA en El Cotorro. Horas después era en la Refinería Shell, en la Bahía de La Habana donde se producía otro incendio.

No cesan las manifestaciones de rebeldía. En Pinar del Río se repiten acciones temerarias. Se queman cañaverales, se atacan pequeños cuarteles. El 8 de mayo muere en combate, en las lomas de Candelaria, en Consolación del Sur, Francisco Robaina ("Machete") cuyo grupo venía operando en la provincia pinareña. Son capturados tres de sus compañeros[273]. El grupo, denominado «Cuba Libre». había sido constituido desde 1960 por Emilio Adolfo Rivero Caro y Elio Nardo Báez, según relata Rivero Caro al autor. *«Robaina era hombre de insólito valor personal».*[274] recuerda Emilio Adolfo.

Calificándolos de agentes de la CIA, el Tribunal Revolucionario de La Habana juzga y condena en la primera quincena de julio a varios

---

[273] Periódico «Hoy», marzo 7, 1962.
[274] Entrevista de Emilio Adolfo Rivero Caro con Enrique Ros, enero, 1995.

revolucionarios de la zona de Jaruco[275]. El 18 de agosto se produce el fusilamiento en la ciudad de Camaguey de cuatro *«contrarrevolucionarios»*. que habían sido acusados de «recaudar fondos destinados a la compra de armamentos que serían empleados contra el gobierno».[276].

1- OPERACIONES CON LA COMPAÑÍA

Los teams de infiltración eran parte importante de la Brigada 2506. Permaneciendo presos en La Habana los miembros de la Jefatura Militar de la Brigada, muchos de los hombres que integraban los equipos de infiltración continúan operando movidos por el elevado estímulo de ver liberada a su patria.

Están participando en esta nueva etapa Carlos Hernández (Batea), Nilo Álvarez Milián, Enrique Casuso, Jorge Gutiérrez Izaguirre, Diego L. González, Ramón Machado, Ernesto Esteban, Miguel Álvarez, Benito Clark, Enrique (Kikio) Llansó, Abel Pérez y muchos más.

Muchos de ellos se mantienen en contacto con Greyston Lynch, uno de los dos norteamericanos que, incumpliendo las instrucciones de sus superiores, desembarcó en Bahía de Cochinos con los hombres que había entrenado y, también, con William Robertson a quien llaman con familiaridad y camaradería «Rip».[277].

El grupo de estos jóvenes se va ampliando. Estará Pedro Acebo y Conrado Caballero, de Pinar del Río; Rafael Álvarez Contreras, Ángel Hernández y Pedro Vera Ortiz[278]. También Orlando Arrazola,

---

[275] El 9 de julio de 1962 mueren en el paredón Eugenio Medina Díaz, Osmín Gorrín Vega y Ramón Fundora Sánchez. Días antes, también acusado de actividades contrarrevolucionarias, es fusilado Roberto Hernández Hernández.

[276] Los fusilados eran Osmedo Rodríguez Acevedo, Erenio Hernández Pupo, Carlos González Mantilla y Alfredo Florencio Estrada. En el encuentro con las tropas del régimen había perecido el "contrarrevoolucionario" Mario Valdés Campanioni.

[277] William Robertson había sido capitán de los Marines en el Pacífico durante la Segunda Guerra Mundial y oficial paramilitar (Case Officer) de la CIA en Corea. Hablaba español con gran fluidez.

[278] Las vidas de Pedro Vera Ortiz, Conrado Caballero y Miguel Orozco estuvieron siempre muy estrechamente relacionadas. Juntos secuestraron un barco en La Habana en mayo de 1959. Juntos ingresaron temprano en los campos de entrenamiento y participaron en Bahía de Cochinos. Sus vidas siguieron unidas en las pos-

telegrafista. Reinaldo García Bartiles (Chiqui); Miguel Pentón, quien, junto a su hermano Giraldo, llegaría a los campamentos el primero de agosto de 1960; Rafael García Álvarez, Claudio Filpes, Mario Alberto Enríquez (radioperador) y Ángel Milián Díaz. Luis Sierra está como telegrafista.

Participan más. Rafael Usatorres, Lito González, Juan Hernández Medina, Juan Tamayo, Humberto Olivera, José González, Ronisio Valdés, Orlando García, Nelson Torrado, Rodolfo Hernández, Manuel García Rubio, de Las Villas; Carlos López Oña, Néstor Izquierdo, Vicente Blanco[279], que fue de los primeros en integrar la Brigada 2506.

Otro grupo lo forman Alberto Ponzoa, Nelson Iglesias, Alberto Beguiristaín, el Pibe Morejón, Cuco Lazárraga, Carlos Pascual, José Enrique Dausá y otros.

Estos combatientes, que a diario arriesgan su vida y su libertad, se sienten más vinculados a sus respectivos «case officers». que a la propia Agencia Central, con cuyos altos oficiales poco contacto mantienen. Distantes se sienten, también, del aparato civil; antes, del Frente Revolucionario Democrático. Ahora, del Consejo Revolucionario Cubano.

Se realizan acciones comandos. Se peleaba, también, en la montaña. Osvaldo Ramírez, que había sobresalido por su incansable y prolongado batallar en el Escambray, y a quien Castro le había ofrecido una amnistía que el bravo guerrillero no aceptó, cayó, combatiendo, el 16 de abril de 1962[280]. Estaba en esos momentos, como señala Enrique

---

teriores actividades encubiertas. Luis Sierra pasa a los campamentos el primero de agosto de 1960 y Ángel Hernández Valdés (Brigadista 2557) fue en el grupo inicial; ambos participarán en gran número de acciones, antes y después de Girón.

[279] Rafael Usatorres, Carlos López y Nelson Torrado habían llegado a los campamentos en viajes sucesivos. Participan activamente en la etapa de Girón en las operaciones que se realizan en la segunda mitad de 1961 y a lo largo de 1962. Igual que Vicente Blanco (Brigadista 2503), Juan Tamayo, Humberto Olivera y Rodolfo Hernández (2554); Manuel García Rubio (2542) estuvo junto a su hermano Jorge García Rubioi (2528) en el primer grupo que se incorporó el primero de junio de 1960, y, como los anteriores, Néstor Izquierdo, Florencio Valdés y Juan Hernández Medina participaron en ambas etapas. Néstor Izquierdo (Tony) morirá en Nicaragua el 10 de septiembre de 1979 combatiendo a los sandinistas.

[280] Enrique Encinosa. «Cuba The Unfinished Revolution».

Encinosa, tratando de vertebrar una extensa red de suministros, reclutando a simpatizantes de la zona.

Con grantes titulares de primera plana destaca la noticia la prensa oficial. Le conceden más espacio y mucho mayor destaque que al primer aniversario del desembarco del 17 de abril. Su segundo, el «Congo». Pacheco había sido herido y capturado en otro punto de El Escambray. Meses atrás había caído Thorndike. La efectividad y frecuencia de los ataques los reconocerá años después, el General Fabián Escalante del Ministerio del Interior (MININT) y miembro del Comité Central del Partido Comunista de Cuba. *«Entre enero y agosto de 1962, en esos siete meses se realizaron 5,780 actos de sabotaje, terrorismo y destrucción de nuestro país».*

2- EL SEGUNDO FRENTE DE EL ESCAMBRAY SE CONVIERTE EN ALFA 66

Al no pedir ni recibir respaldo oficial era necesaria para el Segundo Frente del Escambray la recaudación de fondos, tarea que se hacía ardua en la etapa de desaliento que siguió a la derrota de Girón. Pero era más difícil por la imagen de «fidelismo sin Fidel». que proyectaba el Movimiento. La comprensión de esta situación condujo a sus dirigentes a crear una nueva organización que, en lo exterior, no tuviese vinculación alguna con el organismo en que habían militado.

Fue Antonio Veciana[281] quien propuso el nombre y la idea. Se constituye en Miami pero se da a conocer públicamente en Puerto Rico. Se organiza enseguida la primera acción: un ataque a un campamento ruso en Isabela de Sagua. Luego, casi de inmediato, otro a un cuartel del ejército castrista también en la Isabela. Luego vendrá un ataque a Tarará con un breve desembarco.

La lucha se hace difícil. Había comenzado el año 62 con la descorazonadora noticia de que Margarito Lanzas Flores, más conocido por «Thorndike", había sido hecho prisionero en la zona de Quemado de Guines en Las Villas, juzgado sumariamente y fusilado. El 16 de abril, también en la Sierra del Escambray, había caído

---

[281] Antonio Veciana, Contador Público, había militado en el MRP que dirigía Manolo Ray, como ya mencionábamos en capítulos anteriores.

Osvaldo Ramírez quien, por más de dos años, se mantenía alzado. Días después, en una operación separada cae herido y muere, el Congo Pacheco. Caerá también Adolfo Sargén.

3- MANUEL GUILLOT CASTELLANOS

Luego de la derrota de Playa Girón que dispersó al, hasta entonces, amplio movimiento clandestino, se le dio prioridad a la reorganización de aquel frente interno. Esta fue la misión encomendada a Manolito Guillot, Luis Fernández Rocha y otros, que serían asistidos por Mente Inclán, Kikio Llansó, Julio Hernández Rojo, Rolando Martínez y varios más en sus viajes de infiltración y exfiltración. Junto a ellos, formando parte de esos equipos, estarían los hermanos Miguel y Ramón Orozco.

Manolín Guillot, miembro fundador del Movimiento Demócrata Cristiano, que había compartido con Enrique Ros y Segundo Miranda los primeros pasos en la estructuración del movimiento clandestino de esa organización, funcionó luego, más directamente con el M.R.R. dirigido por Manolo Artime. Reservado, introvertido, de aguda inteligencia y de gran ecuanimidad y valor, de débil complexión física, pero respetado por todos, era Guillot la figura más apropiada para realizar el trabajo clandestino.

Su primera infiltración la realiza el 9 de diciembre de 1960. Una lancha ha acercado a las playas cubanas a tres jóvenes del DRE: Manolo Salvat, Miguel García Armengol y Manolito Guillot. Las pocas millas faltantes las tendrán que cubrir a nado. Los cuerpos, bastante voluminosos de Miguelón y el Gordo le sirven, a veces, de descanso a la frágil anatomía de Manolito Guillot. Al llegar a la isla Guillot se dedicará a la tarea a él encomendada. A los pocos meses regresará a Miami.

Durante el 61, antes y después de Girón, mantiene estrecho contacto con los dirigentes de las más combativas organizaciones. Entra y sale de la isla con frecuencia y gran riesgo. Luego del 17 de abril ha habido sensibles cambios en el movimiento clandestino. Hay que valorarlos.

El 14 de enero de 1962, Guillot es infiltrado en el punto conocido como Roca, cerca de Santa Cruz del Norte. Su primera misión fue establecer contacto con su viejo amigo Juan Falcón Samnar que estaba al frente del Movimiento de Recuperación Revolucionaria (M.R.R.). Pero ya durante el mes de febrero el MRR había sido reestructurado y sometido a una estricta compartimentalización. Muchos dirigentes de aquella organización –y de otras– se habían visto forzados a esconderse, asilarse en distintas embajadas o salir del país. La presencia de Manolito Guillot en Cuba obedecía a la necesidad de detener ese masivo éxodo de dirigentes anticastristas. En gran parte logró su objetivo. Para el 5 de marzo regresó, siempre clandestinamente, a Miami.

Volverá de inmediato a la isla. Se reunirá con Roberto Quintairos y Hans Gengler Ebner, y contactará a Antonio Sowers.

Ya, desde marzo, Guillot conoce de la peligrosa infiltración que existe en las organizaciones. Sólo confía en unos pocos militantes del Directorio Estudiantil. *«Hubo una reunión en el Oasis de Varadero. Yo iba en el carro con Manolín. Entramos; mira a su alrededor y me dijo: 'Vámonos de aquí inmediatamente'. Al salir, le pregunto en el carro: '¿Qué pasó?'. 'Esto estaba vendido. Maneja en dirección contrario a La Habana'»*, comenta Cecilia Lavilla con el autor en una de sus entrevistas.

El 29 de marzo vuelve Guillot a salir de Cuba, esta vez con Arturo Mugarra, sobrino del Congo Pacheco y uno de los asistentes de Pichi Catalá, y a quien conocía desde mucho tiempo y quien lo había puesto en contacto con el Congo Pacheco, jefe de los alzados en la provincia de Matanzas.

Se trazaron nuevos planes. Uno de ellos el de organizar un nuevo Frente de Unidad que agrupase, al menos, las cinco organizaciones que, en aquella fecha, eran las más nutridas y mejor organizadas: El Movimiento de Recuperación Revolucionaria (M.R.R.), el Movimiento Demócrata Cristiano (MDC), el Directorio Revolucionario Estudiantil (DRE), el Movimiento Revolucionario del Pueblo (MRP) y el Movimiento 30 de Noviembre.

Otras organizaciones, que, en aquel proceso se habían mantenido activas, fueron también contactadas: Rescate Revolucionario, la Oganización Montecristi, Movimiento Demócrata Martiano, la Triple A, el Movimiento Insurreccional Democrático.

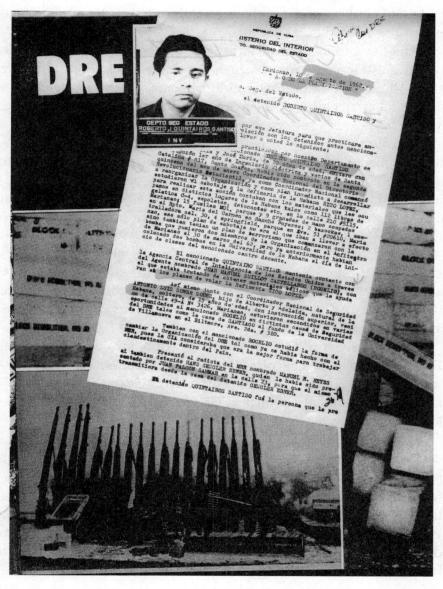

Roberto Quintairos fue arrestado días antes de caer preso Monolito Guillot.

Pronto Guillot volverá a entrar en Cuba a través del mismo punto por el que antes lo había hecho.

Manolito Guillot va a infiltrase por quinta vez. El barco que lo conduce está capitaneado por Juan Cosculluela. 70 millas al sur de Cayo Hueso se está probando el armamento y una bala defectuosa calibre 50 estalla hiriendo a Cosculluela. La operación no se detiene, avanza hacia la isla para dejar a Manolo Guillot.

Se infiltra el primero de mayo y el día 2 ya está coordinando acciones. No pierde un minuto. Estuvo Guillot sumamente activo durante aquellos días. Se comunica con dirigentes del Directorio Revolucionario Estudiantil, con José (Pepe) Prince, Coordinador Nacional del MRP con quien había establecido contacto para crear el nuevo Frente de Unidad.

Ha cambiado de nuevo su nombre de guerra. Ahora es «Rogelio». Como «Rogelio». lo conocerán los nuevos contactos y algunos, que desde antes lo conocían. No harán éstos mención, en las reuniones que se efectúan, ni a su verdadero nombre ni a sus antiguas relaciones.

Guillot designa a Roberto Quintairos Coordinador Nacional del DRE, y éste nombra a Nicolás Pérez, Coordinador Nacional de Abastecimiento. La posición que había ocupado el Griego y a la que aspiraba llegar Mongo al eliminar al Griego. Al ser designado Nicolás, Mongo se convierte en segundo de éste.

El 8 de mayo Juan Falcón, Coordinador Nacional del M.R.R., era detenido por agentes de seguridad del gobierno cubano[282]. Se habían producido sucesivos cambios en la dirección del Movimiento: arrestado Rogelio González Corso (Francisco) el 18 de marzo, éste es sustituido por Jesús Permuy que era el Coordinador Civil[283]; al asilarse Permuy, ocupa la Coordinación Nacional Carlos Bandín quien, poco después, es arrestado y pasa la Coordinación Nacional del M.R.R. a Falcón.

---

[282] Juan Falcón será juzgado en la Causa #3 de 1963 junto con Arturo Mugarra y otros militantes del MRR.
[283] Lino Fernández («Ojeda») había sido el Coordinador Civil del M.R.R. pero a Lino le fue asignada la responsabilidad de atender a los alzados en el Escambray.

Quintairos, repetimos, designa a Nicolás Pérez Coordinador Nacional de Abastecimiento, posición que antes ocupaba el Griego de quien Mongo Medina era su segundo. «*Mongo era una maravilla para todo el mundo, resolvía todas las cosas. Pero yo mantenía contacto con Monchi (Guillot) cuyo nombre de guerra era 'Rogelio'*». «*Un día me dijo Monchi (Guillot): Tú sabes que la CIA me mostró a mí una carta que tú le escribiste a Julito Hernández Rojo. Mira como ellos saben todo lo que aquí se hace*», nos dice Nicolás Pérez.

Guillot, a quien Cecilia Lavilla y su madre sólo conocían como *Rogelio*, llega el 14 de mayo, como lo hace con frecuencia, a la casa de ellas. Al día siguiente Raquel y Cecilia van a salir de Cuba en horas de la tarde. Doce horas después, a las tres de la mañana del 16 de mayo llega el G-2 a su casa preguntando por *Manolo Guillot*. La madre le responde que no sabía de quien le estaban hablando (ella, repetimos, ignoraba ese nombre). Le dijeron: "*¿Cómo no va a saber, si el Sr. Guillot estuvo hace dos días en esta casa?*". La madre siguió negando –lo que era cierto– que allí hubiera estado un señor Guillot; que seguramente estos señores se habían equivocado de casa. Este incidente, que pudiera haber sido trivial, va a tener inocente relación con la detención del valioso combatiente.

Al conocer Juan y Berthica Kindelán de la visita de Seguridad del Estado a la casa de las Lavilla le piden a Guillot que los acompañe a Varadero donde van a pasar dos semanas de vacaciones. Con ellos parte «Rogelio». Serán sus últimos días de libertad[284].

Ya en Varadero Guillot invita a Nicolás a una reunión en la que participarán distintas organizaciones y estará Cuca Martínez[285] que era la Coordinadora de la Resistencia y Laureano Pequeño que era de Sabotaje. «*Raúl Cay fue otro de los que me pidió que fuese a la reunión en la que también estaba Pepe Prince del MRP; por el 30 de*

---

[284] No era antigua la relación de Bertha Santacruz con Guillot, nos relata Cecilia: «*Berthica, mayor que nosotras, no conocía de antes a Manolín Guillot. Va a una recepción en la Embajada de España y allí conoce a Rafael Quintero, muy amigo de Guillot, y, a partir de ese momento comienzan a utilizar la casa de Berthica para esconder gente. Allí estuvo Alberto Muller, Roberto Borbolla y varios de los que vinieron de Oriente cuando fracasó el alzamiento de Muller*».
[285] Cuca Martínez era hermana de la bailarina Alicia Alonso.

Noviembre estaba un individuo que era profesor de arquitectura de apellido Pichardo».[286].

«El plan que presentó Guillot fue que una provincia no tuviese nada que ver con la otra. Los coordinadores nacionales iban a estar, todos, en un lugar especial (insinuaba o se daba a entender que sería en la Base Naval de Guantánamo). A mí, que sólo tenía 19 años –nos dice Nicolás Pérez– *me molestó aquella reunión y me retiré. No fui invitado a la segunda reunión que iba a ser en Varadero. Aquella fue la última vez que yo ví a Guillot. A los pocos días de la reunión con Guillot, llegaron Julito Hernández Rojo y Fernández Rocha, que desembarcaron a unas pocas cuadras de mi casa. Llegaban en el barco «Juanín». Julito y Luis van a la casa de uno que había sido alcalde de Manguito y me nombran Secretario General de Organización. Nombran como Coordinador Nacional a Quintairos. Cuando cae preso Bobby Quintairos tenía unas armas que hay que darlas a otra organización».*[287]. Las armas hay que llevarlas, por insinuación de Mongo, a Las Villas. Irán Nicolás, Mongo y contarán con Puchi (José A. González Silva), Coordinador de aquella provincia.

Nicolás pasa luego a Varadero. Ya han regresado a Cuba Julio Hernández Rojo y Luis Fernández Rocha (Luciano). Están en Varadero; en un cuarto Julito y Nicolás –nos cuenta éste–, y en otro Luis y Mongo. Cuando se reúnen, Mongo se va enterando de todos los planes. Al regrear un día Nicolás de un corto viaje, se encuentra a Mongo llorando. No pudo saber las causas del copioso llanto. Era una de las tantas crisis de nervios frecuentes en la compleja mentalidad del traidor Medina Bringuier.

Al día siguiente se reúne Guillot con los coordinadores del DRE, MRR y otros grupos. El punto de reunión era el automóvil de Roberto Quintairos, ahora Coordinador Nacional del Directorio Revolucionario. Planeaban reunirse en Varadero el próximo domingo. Aunque Quintairos es detenido, la reunión se realiza con los demás. Pero son arrestados.

---

[286] Entrevista de Nicolás Pérez con el autor.
[287] *«Bobby Quintairos y Tony Sowers caen presos el Día de las Madres, cuando van a llevarle unas flores a mi madre»*, recuerda Cecilia Lavilla.

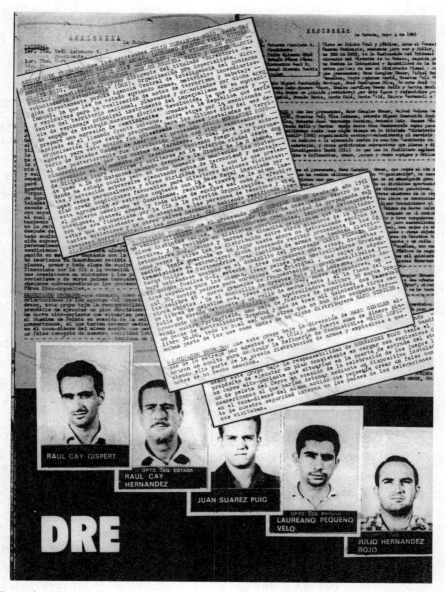

Descripción del Departamento de Seguridad del Estado del arresto de los dirigentes del DRE.

En aquellas, que se convertirán en postreras horas de Manolito Guillot trabajaban activamente junto a él a fines de mayo Quintairos, Tony Sowers, Nicolás Pérez, Laureano Pequeño, Bertha Santa Cruz y unos pocos más.

Seguridad del Estado conoce –para eso tienen en las organizaciones agentes infiltrados que le informan– que uno «enviado por la CIA». y conocido como «Rogelio». está contactando a distintos Movimientos para unirlos en un nuevo frente de unidad. Aún no conocen la verdadera identidad de «Rogelio». ni su dirección.

Comienzan las detenciones. Antes había caído preso Hans Gangler. Detienen a Quintairos, a Tony Sowers y otros. Los cargos contra Quintairos son serios. Conocen que desde la segunda quincena del mes de enero (1962) ha sido nombrado Coordinador Nacional del Directorio Revolucionario Estudiantil y que uno de los planes trazados era el sabotaje a la refinería de La Habana «Ñico López». y que para realizar esta acción contaba con los materiales que les han ocupado en distintos lugares de La Habana tales como 112 libras de gelatina C-4, espoletas, detonantes, etc. en la calle 210 #5115, Marianao; 15 fusiles MG-1, parques y 9 granadas de mano ocupadas en el Reparto María del Carmen en Rancho Boyeros; dos bazookas, una ametralladora calibre 30, 4 rifles y parque en Avenida 51 y #20610, Marianao. Así continúa el informe del 10 de agosto (1962) de la Seguridad del Estado detallando las armas y material ocupados en distintas localizaciones.

Las acusaciones, además de serias, son múltiples. *Mantiene contacto con la Agencia Central de Inteligencia de los Estados Unidos a través del agente nombrado Manuel Guillot Castellanos», con quien trataba «de obtener materiales para volar la Refinería Ñico López», y que «junto con el Coordinador Nacional de Seguridad Antonio Luis Sowers Gómez estuvieron escondidos al mencionado Rogelio (Guillot) en distintas casas». Además, «con éste, estudiaba la forma de cambiar la organización interna del DRE para hacerla más efectiva», y «presentó al radista del MRR Manuel Reyes a Hans Gengler Ebner quien le había sido presentado por Juan Falcón Salmar en la calle 23, para que transmitiera desde la casa de Gengler Ebner».*

Veamos como recuerda Bobby Quintairos aquellas horas:

«*Lo único que les interesaba cuando me arrestan era que yo les dijera donde estaba Guillot (no sabían su nombre, sólo lo identificaban como «el que vino por la CIA»). Nunca me dijeron como supieron de mi conexión con él. Aparentemente alguien de los que cayeron en aquella redada les dijo que yo era quien le ofrecía la seguridad; es decir, las casas en que podía permanecer. Ya, para entonces sabían que aquel hombre era conocido como «Rogelio». pero desconocían, como yo, que se trataba de Manolo Guillot*».

El 29 de mayo Guillot es detenido.

Pocos días después lo sabrá su amigo Fernández Rocha:

«*Con Manolito Guillot tuve mucho contacto. Por lo menos una vez, cada diez días nos reuníamos a comer y después a pasar la noche en casa de Jaime Capdevila a intercambiar cosas. Guillot era un hombre de una pureza tremenda, de la gente más transparente que yo haya conocido... Yo creo que él quería que lo mataran. Quería inmolarse. Me entero que había caído preso unos cuantos días después, creo que por Capdevila*».

Así recuerda Laureano Pequeño las últimas horas de libertad de Manolín Guillot y Bertha Santa Cruz:

«*Yo caigo junto con Manolito Guillot y Bertha Santa Cruz –nos dice Laureano Pequeño–. A mí me dicen que Bertha está en un motel, una cabañita del Internacional de Varadero. Nicolás Pérez, las dos muchachas que habían estado en la Causa de Alberto y yo nos fuimos a verle. Cuando llego allí me bajo del carro, toco la puerta, sale una señora y me pregunta: «Dígame ¿usted viene a ver a la gente de allí?". Respondí: «Sí, ¿qué pasa?». Me dice: «Váyase rápido que vino el G-2 hace un ratico». Acababan de caer presos. De allí no vi más a Manolito Guillot; nada más que me lo mencionaban cuando estaba en las Cabañitas... nunca más supe de él*».

Pero Laureano se preocupa por la seguridad del esposo de Bertha Santa Cruz.

«*Yo vengo para La Habana y voy a buscar al viejo Kindelán. Entonces, agarré al viejo Kindelán, lo saqué del banco y le dije: «Oye, vamos a hacer esto, Bertha está presa, creo que Manolín también junto con ella. Todo esto está encendido. Te tienes que ir». Entonces se lo* llevé a Capdevila y lo metió en la embajada de España. Así fue que se salvó él, sino hubiera caído preso».

La situación va pronto a cambiar. Pasan unos quince días desde la detención de Quintairos:

«*Una noche me sacan de la pocilga en que me habían metido que era un cuarto en la parte de atrás de la cárcel; me ponen un capuchón asqueroso en la cabeza, me llevan a una habitación y me sientan. Me quitan la capucha y, frente a mí, está sentado «Rogelio». Lo habían cogido. Me preguntan: «Quién es este señor?". Les respondo: «Yo no lo conozco». «Cómo que no lo conoces?. «Primera vez que lo veo». Me gritaron h. de .p. y, a empujones, me volvieron a meter para allá abajo*».

La confrontación volverá a repetirse varios días después:

«*A los pocos días me sacaron otra vez. Me llevaron. Me sentaron. Me quitaron la capucha y estaba «Rogelio». sentado allí frente a mí. Me dice él: «Mira Carlos, yo soy Rogelio, tú lo sabes. Mi nombre verdadero es Manuel Guillot. Yo he tenido mucho gusto en conocerte; no te preocupes, no sigas negando, que ya no puedes negar más. Estimo mucho todo lo que me ayudaste». Le dije: «Bueno, gracias. Mi nombre verdadero es Roberto Quintairos*».

Por primera vez conocían ambos combatientes sus verdaderos nombres y se produce su último diálogo:

«*Rogelio, ¿tú sabes lo que tú estás diciendo? ¿Sabes lo que te puede pasar?. Me dijo: «Sí. Me va a pasar lo que yo quiero que me pase». La visita la pidió él. Estaba muy sereno. Yo creo que Rogelio me quiso tirar la toalla. Creo que lo hizo por eso. Para hacerles ver que yo no conocía su verdadera identidad. El que estaba al frente le dijo: «O.K. ya te complací. Llévenselo de aquí». Ya de allí no me volvieron a meter para allá abajo. Me sacaron para una celda y me tiraron allí para podrirme. Para agosto me llevaron a Quinta y 14. Estaba preso desde mayo*».

Guillot había sido arrestado el 29 de mayo de 1962 («Cuban Report». del DRE de septiembre 7, 1962). Sometido el 29 de agosto a un juicio sin abogado defensor por un tribunal compuesto de 3 jueces.

En horas de la madrugada del 30 de agosto de 1962 moría Guillot uno de nuestros más abnegados combatientes frente a un pelotón de fusilamiento[288].

Un mes después Seguridad del Estado arresta a la dirigencia del Directorio. El 23 de septiembre Raúl Cay y Juan de Armas son detenidos. Tenían un contacto en un restaurante chino en Radio Centro para recibir mensajes. Van ese domingo por la noche y observan un ambiente extraño. Logran salir, pero a las dos cuadras son detenidos. Hernández Rojo, Laureano Pequeño, Nicolás Pérez y los demás serán arrestados en Varadero.

Evidentemente Mongo mantenía informado a Seguridad del Estado de todos los movimientos del Directorio. Aquel organismo represivo conocía los pasos de Julio Hernández Rojo, Raúl Cay, Laureano Pequeño, Nicolás Pérez y demás dirigentes del organismo estudiantil. El 24 de septiembre cae preso Nicolás Pérez Díaz-Arguelles. Lo mandan a las Cabañitas con Laureano Pequeño, Julio Hernández Rojo, Raúl Cay y otros.

Así Seguridad del Estado puede conocer que Hans Gengler *«desde al año 1961 ha venido militando en la organización DRE; ha desempeñado dentro de la misma distintos cargos, habiendo impreso gran cantidad de propaganda subversiva, y ha recibido, en distintas oportunidades, lapiceros detonantes, detonadores, mechas y barras de dinamita gelatinosa, ha ocultado unas veces y otras las ha distribuido entre otros miembros de la organización, y ha tenido guardados, en un lugar hasta ahora no determinado, equipos de transmisiones al extranjero»*[289]. También conocen que entregó a Mario Pedraza Martín fusiles M-1, cargadores para éstos, cápsulas para las mismas y peines para ametralladoras.

Al ser procesados Julio Hernández Rojo, Raúl Cay Gispert, Juan Valdés de Armas, Laureano Pequeño, Nicolás Pérez Díaz Arguelles, Juan Vicente de Jesús Suárez Puig, Raúl Cay Hernández, Carlos

---

[288] Aquel 30 de agosto fueron ejecutados otros 6 cubanos: Filiberto Coto, Laureano Pérez, Martín Blanco, Justo Hernández, José Caballero y Juan Cruz que habían estado peleando por dos años en una de las guerrillas que operaban en Matanzas («Cuban Report», DRE, septiembre 7, 1962).

[289] General Fabián Escalante. «La Guerra Secreta», Ocean Press.

Rubiera Feíto y Lester García Rosales, Seguridad del Estado hace constar que Julio Hernández Rojo *«fue adiestrado en bases instaladas en territorio de Estados Unidos y que posteriormente fue introducido clandestinamente, junto con otros saboteadores, por las costas de Varadero».* Pero admite que Hernández Rojo al haber sido sorprendido en el momento del desembarco, *«haciendo fuego a las fuerzas de las Milicias logró evadirse y ocultarse en la referida ciudad desde donde pasó a la de Matanzas, pasando después a la ciudad de La Habana en donde ha estado oculto pero en todo momento ha mantenido los contactos y actuación subversiva ejecutando actos de terrorismo y sabotaje, unas veces personalmente y otras dirigidas por él».*

Seguridad del Estado encuentra armas en los domicilios de Orestes Ruiz Díaz Ledesma y en el de Rafael Suárez González.

A Julio Hernández Rojo lo acusan, además, de *«ejecutar un plan consistente en cargar con explosivos C-4 un carro altoparlante que situarían en la puerta de entrada del Estadio del Cerro en ocasión de la celebración de los juegos Latinoamericanos al que harían detonar mediante un dispositivo instalado en el tocadiscos del mismo».*

Llega a manos de Seguridad del Estado el Acta de Constitución del Ejecutivo Nacional de la Resistencia Cívica Anticomunista (RCA), que se celebra «en un lugar de La Habana». el 3 de septiembre de 1962.

Aún en presidio, encarcelados por las delaciones de Mongo Medina Bringuier, varios dirigentes del Directorio continuaban negándose a admitir la culpabilidad del traidor.

En la prisión yo dije: *«Aquí, en este proceso, sólo hay un traidor: Mongo Medina Bringuier». Todos estuvieron en contra mía, con excepción de Laureano. Julio lo defendía a capa y espada».*[290], le dice Nicolás Pérez al autor.

---

[290] Sergio Padiere, era el Coordinador Provincial de Oriente de Abastecimiento, y Enrique González, Coordinador de Acción. A ellos Nicolás les había advertido que Mongo era un chivato. Laureano, nos lo confirma Nicolás, se lo había avisado a un gran grupo de los hombres de acción. Juan Suárez Puig se quedó en Cuba. Me han dicho que está de Capitán de las Fuerzas Armadas. (Entrevista de Nicolás Pérez con el autor).

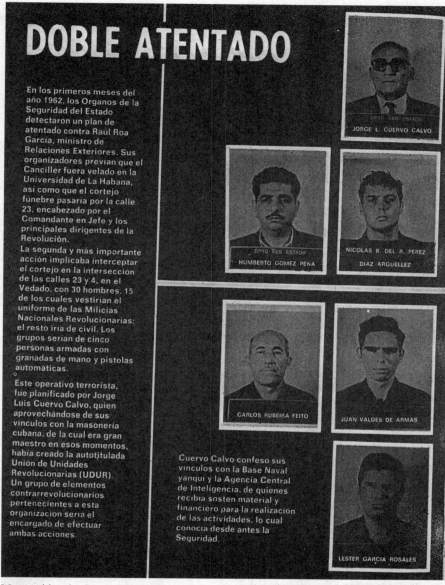

DOBLE ATENTADO

En los primeros meses del año 1962, los Organos de la Seguridad del Estado detectaron un plan de atentado contra Raúl Roa García, ministro de Relaciones Exteriores. Sus organizadores preveían que el Canciller fuera velado en la Universidad de La Habana, así como que el cortejo fúnebre pasaría por la calle 23, encabezado por el Comandante en Jefe y los principales dirigentes de la Revolución.

La segunda y más importante acción implicaba interceptar el cortejo en la intersección de las calles 23 y 4, en el Vedado, con 30 hombres, 15 de los cuales vestirían el uniforme de las Milicias Nacionales Revolucionarias; el resto iría de civil. Los grupos serían de cinco personas armadas con granadas de mano y pistolas automáticas.

Este operativo terrorista, fue planificado por Jorge Luis Cuervo Calvo, quien aprovechándose de sus vínculos con la masonería cubana, de la cual era gran maestro en esos momentos, había creado la autotitulada Unión de Unidades Revolucionarias (UDUR). Un grupo de elementos contrarrevolucionarios pertenecientes a esta organización sería el encargado de efectuar ambas acciones.

Cuervo Calvo confesó sus vínculos con la Base Naval yanqui y la Agencia Central de Inteligencia, de quienes recibía sostén material y financiero para la realización de las actividades, lo cual conocía desde antes la Seguridad.

DPTO. SEG. ESTADO
JORGE L. CUERVO CALVO

DPTO. SEG. ESTADO
HUMBERTO GOMEZ PEÑA

NICOLAS B. DEL R. PEREZ
DIAZ ARGUELLEZ

CARLOS RUBEIRA FEITO

JUAN VALDES DE ARMAS

LESTER GARCIA ROSALES

Narración de Seguridad del Estado sobre un atentado a Raúl Roa que conduciría a uno posterior contra Fidel Castro y la cúpula dirigente. En la conspiración envuelven, sin prueba alguna, al Gran Maestro de la masonería Jorge Luis Cuervo.

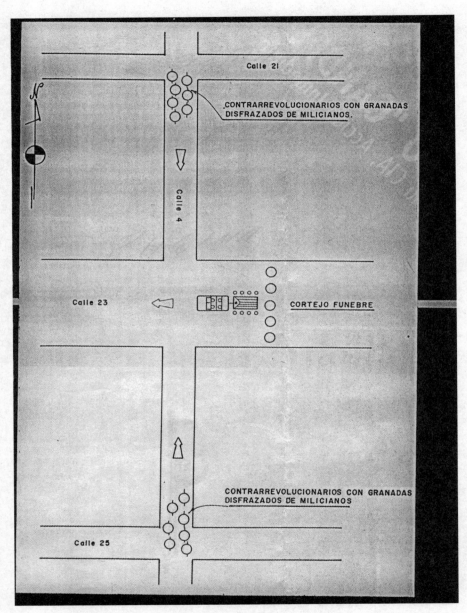

El atentado posterior a la esperada muerte de Raúl Roa se realizaría contra la cúpula dirigente en la Calle 23 y la Avenida 4, en el Vedado. Croquis preparado por el Departamento de Seguridad del Esatado.

3- MANOLO RAY DESTITUIDO POR EL MRP

El 17 de julio parte Manolo Ray para Puerto Rico en busca de respaldo para sus planes de lucha. Lo acompaña Dagoberto Ponce, antiguo dirigente sindical. Tienen planeado San Juan como su primera escala. Luego, en pocos días, piensan seguir a Venezuela, Colombia, Costa Rica y México y tienen ya organizado un gran acto en San José para el 26 de Julio, el octavo aniversario del Asalto al Cuartel Moncada. No irá Manolo Ray más allá de San Juan.

El mismo día en que Ray parte hacia Puerto Rico se está tomando por su organización, en Cuba, una decisión que va a conmover al MRP en el exterior. El lunes 10 se da en Miami la noticia: el Movimiento Clandestino ha destituido a Manolo Ray de su posición de Coordinador General. Está Manolo en San Juan cuando el Miami News en titulares de primera plana da a conocer la decisión tomada en Cuba[291].

Los que laboraban en los grupos revolucionarios conocían de las diferencias internas que prácticamente mantenían paralizada a esta organización. Media docena de sus dirigentes en el exterior ya se habían separado por diferencias personales con Ray. Entre ellos, Rufo López Fresquet, el Coronel Barquín, Andrés Valdespino, José M. Illán y Julio Duarte.

Pero la decisión tomada en Cuba y su indiscreta divulgación sorprendió a propios y extraños. El acuerdo en la isla había sido aprobado por unanimidad. Habían participado Reinol González, Antonio Veciana, Ignacio Rojas y los otros dirigentes nacionales. En Miami respaldaban la decisión del Comité Nacional, Ignacio Mendoza, Joaquín Godoy y María Cristina Herrera que se enfrentan a Ray[292].

Afirma Reinol al autor que en las bases de la fundación del MRP se establecía que la dirección del Movimiento tendría que radicar en Cuba, pero en nuestras extensas conversaciones no quedó expresado,

---

[291] La comunicación del MRP de Cuba afirma que la decisión está motivada «por la repetida actitud de Ray de ignorar a este Ejecutivo Nacional, tomando decisiones sin contar con nuestra organización en Cuba». Sigue luego explicando que: «En distintas ocasiones este Ejecutivo ha demandado de Ray una reconsideración de los procedimientos que ha utilizado y le hemos pedido calificación y precisión ideológica que no ha producido». Es, aún, más extenso el documento.
[292] Según relata Antonio Veciana a Enrique Ros.

con suficiente claridad, por qué Manolo Ray no fue separado de su posición como Secretario General del MRP cuando en enero de 1961, en los días previos a la toma de posesión del Presidente Kennedy, se reunió en Washington, junto con Felipe Pazos, con Adolf Berle, el asesor político del nuevo mandatario norteamericano. Ni cuando el 19 de enero acepta, también en Washington, proclamar a Miró Cardona como Presidente «del régimen de tránsito constitucional que deberá quedar establecido en Cuba». No separan a Manolo Ray de su alto cargo ni siquiera, cuando como Coordinador General del Movimiento Revolucionario del Pueblo, firma el 21 de marzo, esta vez en Miami –siempre en el extranjero– formar parte del Consejo Revolucionario Cubano, creado en esa fecha.

Será después, fracasa la invasión, desmoralizado el Consejo Revolucionario, que la dirigencia nacional de aquel organismo recuerda que su dirección nacional debe radicar en Cuba. Queda para ellos, aclarar las razones.

Llega a Miami un representante del Comité Nacional para ratificar la decisión tomada en Cuba y que fue publicada el 10 de julio.

Se produce el jueves 13 de julio un desagradable careo entre la persona que recién ha llegado de Cuba y Manolo Ray. La confrontación tiene lugar en presencia de varios miembros del Comité del Exterior.

«Me tocó la desgracia de venir a Miami a destituir a Manolo Ray». expone Sara del Toro en el libro «Todo lo Dieron por Cuba». que recoge el testimonio de distinguidas presas políticas.

Reinol afirma que no fue Sara del Toro quien vino de Cuba a comunicar a la organización la destitución de Manolo Ray. Fue Ignacio Mendoza, miembro de la Dirección Nacional quien trajo esa misión que, primero, se la dio a conocer a Joaquín Godoy... *«Sara no tuvo nada que ver con el MRP; su esposo, Amador Odio, sólo se ocupaba de los contactos diplomáticos con los que realizó un extraordinario trabajo».*[293]

El planteamiento del «Representante de Cuba». y la publicidad dada a las acusaciones formuladas, obligan al antiguo Coordinador a referirse a ellas en documento público.

---

[293] Entrevista de Reinol González con el autor.

Ray «*reclama de todos los dirigentes y militantes del MRP en Cuba y en el exterior estudiar cuidadosamente las evaluaciones hechas y las nuevas circunstancias...*» denuncia el ya Ex-Coordinador Nacional a la Agencia Central de Inteligencia (CIA) de «*haber estado activamente procurando dividir y debilitar al Movimiento de Recuperación del Pueblo (MRP)*» y entrega, «*con carácter irrevocable, la posición de Coordinador General a pesar de rechazar terminantemente tanto la razón como la exactitud de los cargos que han provocado ese acuerdo en Cuba*».[294].

Otros distinguidos miembros del Comité del Exterior del MRP censuran «*el procedimiento utilizado para sustituir en sus funciones al Ingeniero Ray*». y piden que «*ambos ejecutivos*». (el Nacional y el del Exterior) designen un nuevo Coordinador General. Firman el documento:

Orlando Álvarez Barquín	Enrique Barroso
Napoleón Bécquer	Jorge Berú
Orlando Castro	Raúl Chibás
Rogelio Cisneros	Alfredo Domínguez
José M. Estévez	Armando Lora
Emilio Guedes	Lucas Morán
Pedro Martínez	Roberto Suárez
Felipe Paula	Dagoberto Ponce

El MRP estaba herido de muerte. El golpe final lo recibirá pocas semanas después.

El 4 de agosto, Heriberto Fernández (Telesforo), Coordinador Nacional Obrero del MRP, y Roberto Torres, Coordinador Provincial Obrero de La Habana, de la misma organización, caen presos junto con un grupo de la gente de El Encanto[295]. Pero la actividad del MRP continúa en medio de arrestos. Es un momento de gran confusión en la lucha clandestina.

Se está realizando un intenso plan de sabotaje. El MRP ha señalado, como sus objetivos, varios de los establecimientos comerciales

---

[294] Documento firmado por Manolo Ray, dirigido a «todos los compañeros del MRP y a todos los cubanos», Diario Las Américas, julio 18, 1961.
[295] Testimonio de María de los Ángeles Habach en el libro «Todo lo Dieron por Cuba», editado en 1995 por Mignon Medrano.

más conocidos en La Habana: Fin de Siglo, J. Vallés, Sears y la cafetería del Hotel Capri[296].

El propósito es reactivar el movimiento luego que el desastre de Playa Girón forzó al repliegue de sectores de la resistencia. En el mes de junio la dirección nacional del MRP, de la que está al frente Reinol González, celebra una reunión en las oficinas de los laboratorios Bicarse, situado en la esquina de la calle 29 y B en el Vedado propiedad del Dr. Rafael Orizondo. El tema, para muchos, fue sorpresivo.

Tras discutir la situación política en Cuba y analizar los recursos disponibles, el Coordinador Nacional, Reinol González, plantea que ante el desastroso panorama nacional el MRP debía disolverse y sus dirigentes tomar el camino del exilio para reiniciar la lucha en otro marco estratégico, dejando en Cuba, nada más que el equipo destinado a la atención social de los fusilados y presos, y un comando especializado para específicas acciones militares. La discusión fue acalorada. Muchos dirigentes del MRP se negaban a aceptar una retirada que, aunque de valor táctico, pudiera ser interpretada como signo de la derrota definitiva.

4- DISOLUCIÓN DEL MRP EN DOS ETAPAS

Reinol González describe así lo discutido y acordado en aquella trascendental reunión:

«Las circunstancias que nos rodeaban no dejaban duda sobre el camino a seguir y, por encima de todo, era necesario vencer las emociones para tomar las decisiones a la luz de una severa reflexión sobre lo que para el clandestinaje significaba la lucha contra un régimen totalitario cuando ha alcanzado tan alto grado de desarrollo de su aparato represivo como sucedía en Cuba».

---

[296] El 3 de noviembre de 1961 el Director de Servicios de Información del Departamento de Seguridad del Estado del Ministerio del Interior envía un informe al jefe del Departamento de Seguridad del Estado (DSE). En el informe se ofrece un detalle de la organización del plan de sabotaje responsabilizándose del mismo al Coordinador Nacional del MRP Antonio Reinol González y cuyo plan *"contemplaba la realización de una serie de actos terroristas y de sabotaje el día 29 de septiembre"* y se ofrecen datos sobre el Movimiento Revolucionario del Pueblo (MRP) en el que le da a conocer la separación de Manolo Ray del Consejo Revolucionario, y su posterior separación del MRP.

«La reunión en los Laboratorios Bicarse duró todo el día. Cuando se sometió a votación, mi proposición fue favorecida por una mayoría que consideré insuficiente para una decisión de tanta trascendencia».

Quines más se opusieron fueron los dirigentes de la Sección Obrera y la de Acción y Sabotaje. Así lo recuerda Reinol:

«Entonces propuse trasladar la proposición para consulta con las secciones del Movimiento. Las Secciones Obreras o Estudiantil y de Acción y Sabotaje se opusieron al acuerdo. Las secciones de Profesionales y la de Resistencia Cívica aceptaron la propuesta, aunque con reserva, como el mal menor. Por respeto a la reacción de las Secciones del Movimiento no ejecuté el acuerdo de la Dirección Nacional. Convoqué a una nueva reunión donde decidimos posponer la ejecución del acuerdo, para preparar, en su lugar, un plan de acción a corto plazo como revitalizador. Fue, entonces, que se acordó el Plan Liborio destinado a sabotajes industriales y la preparación del atentado a Fidel Castro y a su Consejo de Ministros, aprovechando que podíamos disponer de un apartamento situado a corta distancia de la terraza norte del Palacio Presidencial, lugar donde se acostumbraba instalar la Tribuna Presidencial de las concentraciones gubernamentales más importantes».[297].

Se ha preparado para el 28 de septiembre, aniversario de la fundación de los Comités de Defensa de la Revolución (CDR), un atentado contra Fidel Castro. Se realizaría desde el apartamento C-8 del edificio de Misiones 29 situado frente a la Terraza Norte de Palacio donde estaba convocada una gran concentración en la que hablaría el Primer Ministro. La acción estaría a cargo de Bernardo Paradela, y un grupo de Rescate Revolucionario. No se realizó aquel atentado[298].

«El día anterior, afirma reiteradamente Izquierdo, Veciana me pidió que lo llevara en dirección a Matanzas donde una lancha lo esperaba en Uva de Caleta para salir de Cuba». Esta fecha de la salida de Antonio Veciana difiere con la ofrecida al autor por el propio Veciana y Reinol González.

---

[297] Reinol González: «Y Fidel Creó el Punto X», *obra citada*.

¿Qué está sucediendo? El 27 de septiembre, Amador del Río, «Emilio", Coordinador Provincial Obrero del MRP, entrega a Dalia Jorge Díaz, que ocupa la posición de Financiera Nacional de la organización, dos petacas incendiarias para ser colocadas en Sears, de Reina y Amistad. El viernes 29 se realizaría la operación, pero quien conduce a Dalia sería Juan Manuel Izquierdo Díaz, «Aníbal».[299]. (Juan Manuel Izquierdo mantenía más contacto con Veciana, Roberto Jiménez, Tuto Zabala, Martínez Leal, y Enrique Fortún, que con Reinol. Pero enfatiza que, condenado a muerte por fusilamiento, él le debe la vida a las declaraciones de Reinol González[300].Otra joven, María de los Ángeles Habach, tendría a su cargo el sabotaje de Fin de Siglo que se va a realizar, también, con dos petacas incendiarias. «Emilio». lleva a María de los Ángeles hasta el establecimiento. El encargado del sabotaje del Hotel Capri sería Joaquín Alzugaray. El de «J. Vallés». estaría a cargo de Orlando García Plasencia.

Dalia Jorge es «detenida». en Sears. Dalia había logrado *confianza y acceso a todas las estructuras de la Sección Obrera del MRP. Trabajó en el Movimiento con inusual eficacia lo que le permitió entablar relaciones con la mayor parte de los dirigentes de la Sección Obrera y conocer los lugares desde donde éstos operaban. Por suerte no pudo, aunque lo intentó, llegar a la Dirección Nacional del Movimiento».* nos dice Reinol González en extensa entrevista.

Después de la «detención». de Dalia Jorge la organización continuó su trabajo conspirativo habitual. *«A ninguno de sus dirigentes se le ocurrió pensar que ella podría delatar, como lo hizo, entregando a*

---

[298] «No sé aún por qué Veciana comisionó a Paradela, que era una persona mayor y no del MRP, y no a los que funcionábamos en nuestra Sección de Acción y Sabotaje, que éramos más jóvenes y decididos». Entrevista de Juan Manuel Izquierdo con el autor, enero 26, 2006.

[299] Juan Manuel Izquierdo era dirigente sindical de la Refinería Esso Standard Oil. Comenzó sus actividades conspirativas poco después del primero de enero del 59 al constituir con varios antiguos compañeros del 26 de Julio el "26 Insurgente", organismo de muy poca duración. Se incorporará al MRP a través de Juanito González, también del sector laboral de la Refinería. Cuando Manolo Ray sale de Cuba, Izquierdo no formaba aún parte de la dirigencia nacional del Movimiento Revolucionario del Pueblo (MRP).

[300] Entrevista con el autor, enero 19, 2006.

la Seguridad del Estado toda la información que poseía del MRP y de sus miembros».

Antonio Veciana discrepa de esta afirmación:

«Cuando Dalia Jorge cae presa, ella no conocía mi verdadero nombre. Me conocía como Víctor. Me reúno con Reinol y le digo que esa mujer sabía todo lo del MRP y que, con seguridad, cuando le aplicaran todos los medios, físicos o sicológicos, iba a decirlo todo. Que debíamos cambiar las casas que teníamos, los planes que ella conocía pero que, afortunadamente Dalia no sabía del atentado planeado para el 5 de octubre. Pero Reinol no hizo cambio alguno».

Será el 15 de octubre que, por delación de alguien, es María de los Ángeles detenida cuando se encuentra en su hogar. Aceptará en el juicio su responsabilidad pero, mostrando su alto sentido de lealtad hacia sus compañeros de lucha, negará que Ernesto Amador, «Emilio", o persona alguna, la hubiese acompañado.

«Dalia Jorge nos engañó a todos», nos dice María de los Ángeles Habach en extensa entrevista realizada años atrás[301]. *«Yo sigo pensando que Dalia era (tal vez lo siguió siendo) una infiltrada. Ella tenía acceso a todo. Buscaba las casas, estaba en los traslados de armas. Hay una realidad: Dalia nunca fue a dar a la prisión!».*

«En una reunión se repartieron las petacas incendiarias. En Sears *«a mí me tenía que llevar un individuo cuyo nombre de guerra era 'Emilio'.[302] También estaba encargado de quitarle el sello a mis petacas. Éstas debieron ser entregadas por Antonio Veciana, pero éste se había ido en una lancha, y las repartió Juan Manuel Izquierdo, que se había quedado en su lugar como Coordinador de Sabotaje. A Izquierdo le pedirán pena de muerte. A mí me dieron las petacas que demoraban menos tiempo en explotar. 'Emilio'. (Amador del Río) me llevó hasta Fin de Siglo. Él le quitó la cinta a mi primera petaca y cuando entré a la tienda ya estaba caliente. La segunda la puse en el tocador de señoras calculando exactamente la hora del cierre de la tienda para asegurarme de que no habría nadie adentro. Tan pronto*

---

[301] Entrevista del autor con María de los Ángeles Habach, marzo 3, 1995.
[302] Ernesto Amador del Río. Entrevista con Mary Habach.

«detienen». a Dalia empiezan a revisar toda la tienda. Mis petacas ya estaban prendiendo cuando las encontraron».[303].

5- DETENCIÓN DE REINOL GONZÁLEZ Y OTROS DIRIGENTES DEL MRP

A su regreso a Cuba, después del desagradable, pero necesario careo en Miami con Manolo Ray, Sara del Toro se encuentra en su propia casa reunida con su esposo Amador Odio y Reinol González, cuyo nombre de guerra es «Antonio», cuando llega el G-2. La conversación que en ese momento sostenían había sido delatada sin que los anfitriones lo supieran, según relata la propia Sara del Toro, por una persona del servicio doméstico. Detienen a «Antonio». Terminaba el mes de septiembre de 1961.

Juan Manuel Izquierdo Díaz es también arrestado[304]. Antonio Veciana ha salido del país. Detienen a Héctor René López Fernández, José Antonio Martínez Mariño, Fernando de Rojas Penichet, Raúl Fernández Trevejo, Rolando Martínez Leal y, en Matanzas, a Antonio H. Rentería. El plan, se sabrá después, tenía más largo alcance.

Se había planeado un atentado a Castro y a otros líderes del Gobierno Revolucionario con una bazooka y granadas de mano cuando estuviesen reunidos en las afueras de Palacio, en un acto de condena a los sabotajes planeados. Es así como describe esta acción la prensa oficial cuando ya publica, pocas semanas más tarde, esta operación. Al narrar los hechos, *Revolución* y *Hoy* mezclan los informes del Ministerio del Interior y las declaraciones del Coordinador Nacional del MRP.

Participarán, sigo citando la fuente oficial, Orlando Castro García. Bernardo Paradela, Jorge Antonio Jiménez Caballero, Rodolfo Valdés Borge, y otros.

Sin embargo, la fecha y ocasión se cambian cuando el 5 de octubre regresa a La Habana de su viaje a Moscú, Osvaldo Dorticós, y se le organiza una gran concentración de bienvenida frente al Palacio

---

[303] Testimonio de María de los Ángeles Habach en «Todo lo Dieron por Cuba», de Mignon Medrano.
[304] *«El 18 de octubre yo estaba trabajando en la Refinería cuando llegó el G-2 a detenerme. Dalia Jorge me había delatado».*

Presidencial. Las armas (C-4, explosivos, detonadores, ametralladoras y una bazooka) las había facilitado, desde hacía tiempo, el antiguo capitán del Ejército Rebelde Bernardo Corrales[305] (que, alzado en la cordillera de Los Órganos, había sido fusilado el 15 de septiembre)[306]. La bazooka era la única arma con suficiente alcance para el muy anticipadamente planeado atentado[307].

6- LA POLÉMICA QUE NO MUERE

En la preparación del atentado del 5 de octubre participaron el MRP y el movimiento «Rescate». que dirigía, en Cuba, Alberto Cruz, que había sido Ministro de Comunicaciones en el gobierno de Carlos Prío Socarrás. A través de Alberto Cruz una embajada aceptó recibir la bazooka y los rockets por valija diplomática, miemtras la Sección de Sabotaje del MRP conseguía el apartamento en la avenida de las Misiones #29, 8vo. Piso, que antes habían ocupado familiares de uno de los miembros de la organización.

Todo estaba perfectamente planeado y controlado por la Sección de Sabotaje del MRP, que contaba con cinco automóviles convenientemente preparados y situados en la cercanía de las residencias que eran controladas por el Movimiento. *«Tres días antes del señalado para el atentado, Antonio Veciana y yo perdimos contacto por mutuo y prudente acuerdo una vez que todo estaba en orden para garantizar la acción. El contacto debía restablecerse inmediatamente que diera comienzo la concentración frente a Palacio, por medio de una llamada telefónica de Veciana para indicar que todo estaba O.K.»* nos dice Reinol.

---

[305] Discrepa Reinol de esta afirmación de Veciana: «Yo no sé qué habría facilitado Bernardo Corrales, pero ésta era una bazuka nueva que nos llegó a través de Elvirita Juliao, la embajadora de Panamá; y fue Albertico Cruz, de Rescate, que trabajaba muy vinculado a nosotros, el que se ocupó de la recepción de la bazuka.

[306] Sorprendido en la Cueva de los Murciélagos, en Pinar del Río, Corrales burla a sus perseguidores y llega a La Habana en la Víbora es identificado por el teniente Marcelo quien le dispara y lo hiere. Dos meses después, aún mal herido, es juzgado en la Audiencia de Pinar del Río, condenado, y fusilado junto a su compañero René Suárez. Fuente: Alberto Fibla. «El 84».

[307] Reinol González afirma que la bazooka era completamente nueva y contaba con tres rockets.

**JUAN MANUEL IZQUIERDO Y EL MOVIMIENTO
REVOLUCIONARIO DEL PUEBLO (MRP)**

Juan Manuel Izquierdo, «Anibal» será el encargado de trasladar a Antonio
Veciana, Secretario de Acción del MRP, cuando éste sale de Cuba.

«Aparentemente todo estaba en orden. Todos los caminos habían sido tomados. Sólo quedaba esperar. Un disparo bastaría para que Cuba tuviera que darse a la tarea de buscar nuevo gobernante. Me senté frente al televisor para esperar el desarrollo de los acontecimientos. Empezó el acto. Se sucedieron los oradores. La llamada de Veciana no llegaba, lo que me inquietaba. Nada. La concentración terminó sin que sonara un solo disparo. Empecé a recibir algunas imprudentes llamadas de los pocos conocedores tratando de averiguar qué había ocurrido. Me sentía como fiera enjaulada».

«Finalmente, en la madrugada **recibí una llamada** de Juan Manuel Izquierdo, Segundo Jefe de Acción y Sabotaje, para poner en mi conocimiento que, **horas antes**, ya hechos todos los preparativos para realizar el atentado, Antonio Veciana le pidió que lo transportara en su automóvil a un sitio cercano a la Playa de Guanabo[308]. Al llegar al lugar, una lancha lo estaba esperando. En ella embarcó hacia los Estados Unidos. Juan Manuel me explicó que una vez que Veciana se fue, él trató de regresar a La Habana de inmediato para ponernos en conocimiento de estos hechos, pero que no pudo hacerlo porque por alguna razón de otro tipo, se estaban efectuando registros en el área de Guanabo. La carretera estaba fuertemente custodiada, lo que le obligó a permanecer escondido en una casa abandonada de la playa Uva de Caleta hasta que pudo abandonar el lugar. Veciana se había marchado sin previo aviso. Esa noticia me desplomó moralmente. Pocos días después de estos acontecimientos, yo caería en manos de la Seguridad».[309].

Surge una nueva discrepancia en la narración de estos dos militantes. Veciana nos dice[310] que, antes de salir de Cuba trató de comunicarse con Reinol:

«El día anterior al atentado, Reinol se va de La Habana, creo que para Caibarién (ya su esposa había salido del país). Traté de comu-

---

[308] Juan Manuel Izquierdo, el dirigente del MRP que trasladó a Veciana a la costa para salir del país, le afirma enfáticamente al autor que esa salida se produjo el 26 de septiembre, día anterior al aniversario de la fundación de los Comités de Defensa de la Revolución (CDR) y que se hizo por un punto llamado Palmarejo, cerca de Matanzas. (Entrevista con Enrique Ros, enero 19, 2006).
[309] Reinol González, «Y Fidel Creó el Punto X».
[310] Entrevista con Enrique Ros, septiembre 19, 2005.

EL ATENTADO A PALACIO DE OCTUBRE 5

Un informe del Departamento de Seguridad del Estado involucra a varios dirigentes del MRP, Rescate Revolucionario y otras organizaciones en el atentado, frustado, al Palacio Presidente al que asistirían Castro, Dorticos y los mas altos dirigentes del gobierno revolucionario.

nicarme con él pero no fue posible[311]. Seguridad del Estado ya sabía que «Víctor", mi nombre de guerra, era Antonio Veciana. Yo estaba escondido en una casa cerca de la iglesia de Reina. Ya Orlando Castro, persona de mi absoluta confianza, con quien me reunía con frecuencia, había caído preso. Me iba a reunir con él ese día, pero siempre yo llamaba antes por teléfono para confirmar que todo estaba en orden. La telefonista me contestó con voz muy nerviosa: «Orlando no puede atenderte». Me dí cuenta que algo pasaba. Quise informarle a Reinol pero él no estaba en la ciudad. Fue cuando contacté a Izquierdo y le digo que tengo que salir del país».

El autor, Enrique Ros, no comprendía que Reinol culpara a Veciana del fracaso de aquel atentado si los bazookeros (Bernardo Paradela, Luis Cacicedo y Raúl Ventas del Marzo)[312] no dispararon.

Era a ellos, los bazuqueros, a quienes correspondía disparar, independientemente de que Veciana estuviese o no en La Habana. Es más, la ausencia de Veciana era –en la mañana del 5 de octubre– desconocida por dichos militantes e, inclusive, por el propio Reinol. Por eso se hace difícil responsabilizarlo de la inacción de los que se encontraban en el apartamento 8-A de Misiones 29.

María de los Ángeles Habach, valiosa militante del MRP, que, sin quebrarse, cumplió 10 años de cárcel, tiene el más alto concepto de ambos dirigentes:

«Reinol era para mí como un hermano. Lo sigue siendo»[313], le dice al autor en una entrevista del 3 de marzo de 1993. *«Veciana era una persona valiente, decidida; un gran luchador. Hubiera sido 'un paredón seguro»,* nos lo afirma en la misma entrevista.

---

[311] Nueva discrepancia: «El día anterior al atentado yo estaba en contacto con Izquierdo que fue quien llevó a Veciana a Guanabo y, después, me llamó. Yo estaba en un apartamento en La Habana. Ni siquiera conozco Caibarién. Antonio Veciana y yo tuvimos aquí, en Miami –cuando yo publiqué mi libro «Y Fidel creó el Punto X»- una sesión de discusión sobre éste y otros puntos, en presencia de varios amigos de él y varios amigos míos, todos del Movimiento y de grupos afines.

[312] Veciana en una de sus muchas conversaciones le dice al autor que entre los bazuqueros se encontraba otra persona cuyo nombre no debe divulgar porque aún vive en Cuba.

[313] Criterio muy opuesto sobre Reinol ha expuesto Sara del Toro, en cuya casa fue arrestado.

8- INTERROGATORIOS EN LAS CABAÑITAS. EL PUNTO X

Al Reinol González ser arrestado es llevado al edificio de la Seguridad del Estado en Quinta y Catorce y encerrado en la Galera 3 que abrigaba a más de 20 detenidos prácticamente echados unos sobre otros. En horas de la madrugada un soldado lo condujo al primer interrogatorio y un oficial lo esperaba de pie. Se establece un breve diálogo. Reinol se identifica como Antonio González, mecánico de radio. El oficial, Alfonso, sabe que está mintiendo. Lo regresa a Galera 3. En la madrugada lo despiertan para informarle que va a ser trasladado. Lo enviarían al «Punto X». bautizado como «Las Cabañitas». En un camión completamente cerrado lo trasladan dando vueltas para desorientarlo. Cuando al fin la camioneta se detuvo *dos milicianos me cubrieron la cabeza con un gorro apestoso, ennegrecido por el uso para trasladarme a otra camioneta...la camioneta finalmente se detuvo. Habíamos llegado al Punto X».*

Pasan dos días, lo mantienen completamente desnudo. Le ponen nuevamente el gorro sucio y unos milicianos, tomándolo del brazo lo guían por el pasillo, corredores y escaleras. Le quitan la capucha, tiene frente a él al Capitán Alfonso. Vuelve a afirmar que se llama Antonio González, de profesión mecánico de radio. Poco después le tiran un pantalón y una camisa. *«Tome! Póngase esto de inmediato que tengo una buena sorpresa para usted».*

Cuando termina de vestirse le dice:

«Por favor, piénselo bien, por última vez, sólo quiero un gesto de su parte. ¿Cuál es su nombre? ¿Cómo se llama usted?».

Vuelve a responderle que se llama Antonio González.

Dirigiéndose a uno de los milicianos que estaban de guardia en el corredor Alfonso grita: *«Traigan a la joven».*

Dalia Jorge –nos dice Reinol– hizo su entrada a la habitación mostrando su acostumbrada sonrisa y actitud modosa...Alfonso, con gestos y atenciones ridículas, le acercó una butaca y le ofreció un cigarrillo que ella encendió displicentemente, con mirada distraída como si nada estuviera ocurriendo.

«Dalia ¿conoces a esta persona que tienes delante de tí?".

«Sí, como no, lo conozco muy bien, se llama Reinol González. Es el jefe del MRP. Él ha tenido a su cargo la dirección de los últimos

sabotajes realizados, entre ellos, la quema de «El Encanto». y la «Operación Liborio». en la que fui detenida».

«Reinol, si no cooperamos la vamos a pasar muy mal. De esta forma saldremos mejor, te lo aseguro. No queda otro remedio. Hay que decirlo todo, aunque ellos ya lo saben todo. Te preguntan, pero ya lo saben. No seas bobo. Mira que ya estamos perdidos».

Cuando se retiró, los guardias le quitaron la ropa de nuevo y lo devuelven, desnudo, a la improvisada celda del Punto X.

Continuaba el proceso de deshumanización del detenido.

Le faltaba conocer lo peor. En el Castillo del Príncipe, Dalia había identificado, por sus nombres y cargos, a un grupo numeroso de militantes del MRP, en su mayoría pertenecientes a la Sección Obrera de la cual ella también había formado parte.

Lo confirma María de los Ángeles Habach:

«Dalia era una persona muy hábil. Delató a mucha gente. Como ella conocía a todos dentro del movimiento. Se dedicó a mirar por el espejo de una sola cara e identificar a cada uno de los nuestros. Después lo hará personalmente. Fue ella quien denunció a Roberto Torres diciendo en el juicio que no se llamaba Daniel (que era su nombre de guerra) sino Roberto Torres y que era mi novio». afirma Mary Habach en entrevista con el autor.

Todos los militantes fueron llevados uno a uno a su presencia, - dice Reinol– y ante la vista de los guardias interrogadores recibían de Dalia un beso «fraternal». a la vez que recitaba el nombre, cargo y actividad dentro de la organización».

El Coordinador del MRP empezó a comprender que el régimen podría decidirse a quebrar su resistencia utilizando los métodos que fueran necesarios si él estaba en condiciones de soportar hasta el final métodos que repetidamente eran usados.

Así lo analiza Reinol González:

«Llegué a la conclusión que tenía que decidir una estrategia y simular una conducta para evitar, a toda costa, que mi resistencia fuera a ser quebrada de alguna manera... Yo no podía saber si me encontraba en condiciones de soportar hasta el final los métodos científicos que repetidamente se decía que eran usados, sin piedad, por el régimen comunista cuando consideraban importante a un dete-

nido. Por eso llegué a la conclusión de que la mejor vía a seguir tenía que ser la simulación».[314].

En medio de sus cavilaciones fue sorprendido por una inesperada visita.

Al principio no lo reconoció. Era Isidoro Malmierca Peoli a quien conoció, muchos años atrás como joven dirigente de la Juventud Socialista Popular con quien, siendo él de la Juventud Obrera Católica (JOC), había debatido con frecuencia.

Lo primero que hizo Malmierca fue explicarle que la Seguridad conocía todas sus actividades: *«Has hecho mucho daño a la Revolución. Pero también debes saber que la Revolución es generosa y está dispuesta a tener en cuenta y a manejar la situación en tu favor. Pero a partir de una actitud positiva de tu parte. Tu caso lo voy a dirigir yo mismo...Prácticamente toda tu organización está en nuestras manos como podrás ir comprobando en el transcurso de los días. Algunos de tus socios están en este mismo lugar, y en otros centros de detención. Aquí, en Punto X, bajo este mismo techo, cerca de tí, están: Fernando de Rojas Penichet, Héctor René López, Roberto Jiménez, Raúl Fernández Rivero, para solo mencionarte algunos de los que ya están presos».*

Se despide Malmierca con una promesa y una amenaza: *«No quiero dejarte sin pedirte que pienses bien lo que vas a hacer. Yo estoy dispuesto a ayudarte en todo lo que pueda, a intervenir en tu favor para lo que sea necesario, a buscar las mejores soluciones a tu caso, como grupo, y como persona, pero, también quiero advertirte que la Revolución está decidida a hacer el esfuerzo que tenga que hacer para que nos digas lo que nos interesa saber. Para lograr ese objetivo es que tenemos el Punto X. Nadie saldrá de aquí sin decirnos lo que necesitamos. Este es un lugar donde buscamos objetivos de alta política».*

Y le dice con absoluta claridad lo que quieren saber:

---

[314] En pocos años practicarán en Vietnam los más brutales métodos de tortura. No que no lo hubieran hecho también en Cuba. En lo que se conocerá como el Zoológico, oficiales del gobierno revolucionario tratarán de quebrar la resistencia de soldados norteamericanos. Ver «Honor Bund» de Stewart Rochester y Frederick Kiley.

No vayas a creerte que necesitamos los nombres de contrarrevolucionarios del montón. No. Eso lo tenemos a través de nuestro aparato de Inteligencia. Los nombres más o menos de conspiradores no es nuestro objetivo. La Revolución tiene control sobre lo que está dentro de sus fronteras. Lo que sí nos interesa conocer es las relaciones del MRP y tuyas con la CIA, con el FBI, con los grupos exiliados en Miami, vías de recepción de infiltrados y equipos claves, rutas para las salidas clandestinas, contactos diplomáticos dentro y fuera de Cuba, planes futuros que se están manejando en el exterior. Lo que pueda en realidad poner en peligro la seguridad del estado. Para ello hemos creado el Punto X. Aquí haremos lo que sea necesario para que confieses».

Lo único que no haremos es torturar, golpear, como hacían los esbirros de Batista. Además, no es necesario hacerlo; tenemos métodos eficaces, sin necesidad de tener que golpear a nadie. Te pido que te pongas en disposición de conversar con nosotros, que confieses, para no tener que recurrir a otros métodos, pues hablarás de una forma u otra, pero hablarás».

Pasó un tiempo, uno, dos o tres horas. Un guardia le puso de nuevo en la cabeza el gorro apestoso. Fue conducido por un estrecho pasillo tocando paredes a ambos lados, al final, le quitan el gorro.

«Delante de mí, cadavérico, sentado, con las piernas tremendamente hinchadas, estaba Fernando de Rojas y Penichet, dirigente a cargo de la provincia de La Habana, vestido con una camiseta, y yo, vestido tan solo con un calzoncillo».

Por ser curtidos militantes de la clandestinidad sabían que nada se podía hablar en voz alta. Fernando, sin embargo no pudo contener el deseo de expresar algo.

«Dalia está echando a perder todo! ¿lo has oído todo?! Está hablando de lo que sabe y hasta de lo que no sabe».

El Capitán Alfonso que los observaba desde lejos ordenó que se llevaran a Fernando. Se acerca a Reinol, le muestra varias fotos preguntando si conoce a cada uno de ellos. El dirigente del MRP niega conocerlos. Lo devuelven a su celda, pero por muy poco tiempo. A la media hora entró un guardia trayendo un pantalón, camisa y zapatos pidiendo que se los pusiera de inmediato. Nuevamente le ponen el gorro y lo van conduciendo por el pasillo, escaleras arriba, escaleras abajo. Llegan a una habitación. Le quitan la capucha. Malmierca y Alfonso esperaban por el preso. Le muestran la foto de una mujer. Niega conocerla *«pero si es tu secretaria, ¿como no la conoces?"*. Niega tener secretaria. *«Bueno, será tu ayudante, tu asistente, cualquier nombre».* Niega nuevamente conocer a la mujer.

Del lado opuesto de la habitación en que se encontraban traen a María de los Ángeles Habach. La habían tenido allí todo ese tiempo amordazada, sujeta, oyendo toda la conversación. Le quitaron la mordaza. La ponen frente a él. *«¿No la conoces todavía?».* Niega de nuevo conocerla. *«Ella se llama María de los Ángeles Habach, aunque ustedes la tratan cariñosamente de Mary. ¿La conoces ahora?".* Nuevamente niega conocerla.

Le describe las acciones en que María de los Ángeles y otros han participado.

«A pesar de que sobre ustedes pesan graves acusaciones, sabremos ser generosos en la medida que observemos una buena disposición. La Revolución es y será extremadamente generosa con sus enemigos. La Revolución respeta a los detenidos. Respeta al hombre, no tortura al preso como hacía Batista. No le saca las uñas, no lo golpea, al contrario, le da la capacidad de reivindicarse, de rehabilitarse».

El régimen que había torturado tantos opositores pretendía engañarse a sí mismo fingiendo una generosidad que, ambos, el interrogador y el interrogado sabían que no existía.

Vuelve Reinol a negar conocer a aquella mujer pero es Mary Habach quien, sin control ya de sus nervios, empieza a gritar:

«Sinverguenza! Desgraciado! H de p! yo soy Mary Habach, militante del MRP y a mucha honra. Nosotros luchamos para defender la libertad, la democracia y la justicia que ustedes han pisoteado. Ustedes son unos sinverguenzas, desvergonzados y hablan de respeto humano, de defensa del hombre y pregonan que no torturan a nadie! ¡Miren, este es el respeto que ustedes tienen por la humanidad!. Miren a este hombre, mírenlo, sinverguenzas! ¿Qué es esto sino una de las peores y más refinadas torturas?".

Mary Habach, en «Todo lo dieron por Cuba». de Mignon Medrano, confirma esta escena:

«La cabeza de Reinol era un balón grande, el cuerpo está todo hinchado. Era como un sapo pero con una cabeza enorme».

Alfonso, desconcertado, no atinaba qué hacer. Para calmarla le dice:

«Joven, usted está muy alterada, cálmese por favor, no nos ofenda, no diga esas cosas. No diga eso que es mentira. La Revolución no tortura...no, por favor».

Mary Habach fue retirada a la fuerza. Quedaron sólo Malmierca y Alfonso. Éste le dice al dirigente del MRP: *«Tu organización ha sido desarticulada. Algunas pruebas te hemos dado. Pero estamos en condiciones de darte otras. La Revolución siempre está dispuesta a ponerse de acuerdo, pero para llegar a acuerdos tiene que existir una actitud previa, un gesto positivo hacia la Revolución. No creas que es un interrogatorio rutinario...tenemos métodos y tenemos medios sin necesidad de llegar a la tortura, pero el detenido, en Punto X, tiene que darnos la información que le pedimos. De aquí nadie sale sin darla. Y no te olvides de esto que voy a decirte: Aquí no hay tribunal superior al que apelar, tú estás ahora en presencia del juez que ha de decidir tu suerte. Tú bien sabes, aunque no quisieras reconocerlo, que la contrarrevolución está derrotada».*

Aumenta Alfonso la presión sicológica sobre el Coordinador del MRP.

«Condenamos por convicción, no hacen falta prueba, ni testigos, ni abogados, ni papeles; el destino de los detenidos se resuelve aquí mismo, según nuestra convicción que es en definitiva la única prueba, determinante. Aquí decimos: Paredón, 30 años, 20 años o libertad. Lo que convenga a los intereses de la Revolución...a los inocentes los ponemos en libertad reintegrándolos a la sociedad con todos sus derechos. Por eso necesitamos la colaboración de los detenidos para condenar al culpable y absolver al inocente. En tu caso queremos algo más importante que saber si alguien es culpable o inocente. Se trata de conocer actividades de suma importancia para la seguridad de la Revolución. Ésas que trascienden nuestras fronteras».

Malmierca se retiró, también lo hizo Alfonso. Reinol González quedó solo sentado en una pequeña banqueta. Al rato regresó Alfonso en compañía de otra persona. De Carlos Mauris que se había infiltrado en el Movimiento a través de la Sección Estudiantil. Mauris había trabajado estrechamente vinculado a José Manuel Ramy (Titi)[315].

Ramy era hombre de confianza de la dirigencia del MRP y Carlos Mauris y Ramy habían participado en un traslado de armas.

Alfonso y Mauris venían con Héctor René López, responsable de la Sección de Profesionales del MRP. Le faltaba el aire por el asma crónica que padecía. Tenía la mirada perdida. Alfonso tomó a Héctor por el brazo. Lo sentó frente al Coordinador Nacional de su organización. Le preguntó a Héctor: «*aquí tienes a tu jefe en persona ¿lo reconoces?*». Héctor no habló. No pestañeó. No respondió. Lo retiraron.

Alfonso volvió a insistir con Reinol: «*Ya ves, lo tenemos todo en la mano. Tú no puedes imaginarte la cantidad de detenidos que ya tenemos en nuestro poder. Esto es una demostración más de nuestra capacidad, de nuestra eficacia. Nada escapa a nuestro conocimiento. El tiempo está de nuestra parte. Estoy descansado...así que puedo estar aquí todo el tiempo que sea necesario; de aquí nadie sale sin confesar*».

Sigue hablándole Alfonso:

«*Una vez que converses con nosotros, entonces decidiremos tu destino. ¿Cuál tú crees que será tu destino?*».

«*El paredón!*».

«*¿El paredón? ¿fusilarte? ¡Tú estás loco!*».

Alfonso cerró los puños y alzó la voz. «*¡Morir! No, nada de eso, la Revolución no comete esos errores. No creas que te ofrecemos la vida a cambio de la confesión. No, tú no vas a morir. ¿Acaso fusilamos a David Salvador? ¿ Alberto Muller? ¿Huber Matos?. Nosotros no queremos mártires. No vamos a permitir que después tu retrato esté por allí en los sindicatos y organizaciones religiosas de América Latina desviando la conciencia de los obreros y de los campesinos. Tu retrato colgando como un héroe cuando tú has traicionado al pueblo, cuando te has unido a la reacción, te has sometido al imperialismo!. Fusilarse sería un premio. Eso es comprender poco a la Revolución. Cuando la Revolución fusila es para dar ejemplo, es para alertar, es para que los demás se aconsejen y no cometan el error de atacar a la Revolución*».

---

[315] Hoy, colaborador, desde La Habana, del programa de radio de González Aruca.

«Fusilamos por necesidad extrema y para ello a los menos conocidos...no te vamos a golpear. La Revolución es generosa. No tortura a nadie. **El peor castigo que te daremos será el que veas a algunos de tus compañeros comprometidos enfrentando el paredón.** *Fusilados. Y tú, vivito y coleando pero con la condena máxima de prisión, 30 años. ¿Te parece bien?».*

Reinol comprende que debe confesar.

«Una vez tomada la decisión de confesar –expone Reinol en su libro «Y Fidel Creó el Punto X»– lo más importante para mí era definir primero lo que yo no podía confesar aunque tuviera que pagar un precio muy alto... Lo primero que hice fue seleccionar los aspectos insurreccionales más importantes, que era necesario que no llegaran a conocimiento de la Seguridad». Los detalló y memorizó.

Un miliciano lo sacó de su letargo. Lo conduce con el gorro, por el tortuoso camino habitual. Frente a él encontrará al capitán Alfonso:

«Te hemos dado la oportunidad de pensar sobre tu destino. ¿Qué has decidido?».

«Bien –le respondí– ustedes han ganado la pelea. Comprendo que no queda otro remedio. Estoy listo para responder a las preguntas».

Lo llevaron de regreso a la celda. Al rato lo vuelven a conducir a la habitación de los interrogatorios. Están Malmierca, un militar y Alfonso. Le confirma a Malmierca que está dispuesto a colaborar con la investigación. Es decir, a confesar.

Malmierca se decidió a hablar: *«Vamos a traerte algo de comer y de beber. Después continuaremos».*

Antes de retirarse le afirma que lo que desean es chequear todo lo referente a las relaciones de su organización con la CIA y el FBI, tanto en Cuba como en el exterior. Los procedimientos para el envío y recepción, así como las relaciones con embajadas, los contactos con otros gobiernos además del yanqui, compromisos y apoyo de la iglesia a la contrarrevolución. Personalidades políticas internacionales vinculadas al MRP y, por último, ubicación de las armas que todavía puedan quedar por allí.

El prisionero no responde. Minutos después entran Malmierca y Alfonso alterados, descompuestos y Malmierca comienza a hablar. Así recuerda Reinol aquellas palabras: *«Ahora mismo se acaba de*

*ocupar el apartamento de Misiones desde el cual ustedes planeaban
asesinar a nuestro Comandante en Jefe y al Consejo de Ministros en
pleno...el atentado no se realizó porque la contrarrevolución no tiene
moral ni valor cuando llega la hora de la verdad. Lo tenían todo en
el apartamento. Una bazooka nueva con tres rockets; uniformes de
miliciano, metralletas; todo lo necesario para el atentado. ¡Todo!.
Estaban a unos cuantos metros del objetivo y no tiraron, por suerte
no tiraron, por suerte no tuvieron coraje. El encargado de ejecutar el
atentado, Antonio Veciana, los dejó embarcados, marchándose del
país antes, para que veas que lo sabemos todo. Se fue a buscar la gloria con los norteamericanos. Es necesario que seas comprensivo y
que te dispongas ya a confesar, no nos hagas perder más tiempo, ya
estamos cansados de contemplaciones».*

Ahora Malmierca, en Punto X, utilizaba lo sucedido como un fuerte argumento desmoralizante dirigido a taladrar su espíritu y a quebrar
su resistencia.

*«En ese momento –expone el dirigente máximo del MRP en Cuba
al autor– hice un recuento mental de los principales hechos de aquel
período insurreccional comenzando por el momento en que, acompañado de un grupo de valiosos cubanos preocupados por el destino de
la Patria, integraron el Movimiento Revolucionario del Pueblo, el
inexplicable comportamiento del Ingeniero Manuel Ray, la más
importante figura del MRP abandonando Cuba sin previa aprobación
de la Dirección Nacional; la salida del país de la mayoría de la dirección fundadora de la organización; la delación de Dalia Jorge,
Carlos Mauris, lo peligrosamente enjaulada que quedó la resistencia
después del ataque de la invasión sobre la que ninguna organización
tuvo aviso previo». «Muertes, heridos, prisioneros, fracaso absoluto;
sus intentos, vanos, de revitalizar, en mayo y junio, el movimiento
clandestino y, finalmente, las causas que ocasionaron el fracaso del
atentado a Palacio».*

Sabe, porque ya se lo han confirmado, que por la presión internacional y por conveniencia del Gobierno Revolucionario, él no será
fusilado pero pena de muerte recae sobre varios de sus compañeros.
Lo despierta Malmierca para reconfirmarle que algunos de su grupo
enfrentan condena a pena de muerte pero que si aceptaba admitir, ante

la televisión acciones realizadas por él y por su organización el gobierno conmutaría las penas de muerte que puedan existir por penas a prisión. *«La decisión* –le dice Malmierca– *es libre de tu parte, y sobre tus hombros descansa la vida de tus cómplices. Tú serás quien decidirá el desenlace final, el destino de los comprometidos contigo en las actividades contrarrevolucionarias».*

La próxima entrevista es más breve. Estará presente el Ministro del Interior, Ramiro Valdés.

«La Revolución todo lo tiene previsto» le dice Malmierca. *«Tu gente está siendo dividida en dos causas jurídicas. En una agrupamos a los que por consideraciones políticas necesarias a la Revolución no condenaremos a muerte. En la otra tendremos a los que podrán ser condenados a muerte a menos que tú cooperes. La Revolución es clara. Por defenderla, por hacer lo que a ella convenga, estamos en disposición de cualquier cosa».*

Se acerca ahora el Comandante Ramiro Valdés quien es más explícito: *«Si fusilar a alguien daña de alguna manera la Revolución, entonces no fusilamos; si fusilando sirve de alerta preventiva a los demás y con ello detenemos o disminuimos las actividades contrarrevolucinarias, entonces fusilamos».*

Sigue exponiendo Ramiro Valdés las razones que lo llevan a hacer la proposición:

«Estamos seguros de que la mayoría de los detenidos hicieron lo que hicieron instigados por tí. No será nuestra la culpa. Será tuya y sólo tuya...estamos seguros que la presentación en la televisión dañará tu imagen en aquellos sectores del pueblo que te conocen y en los presos contrarrevolucionarios. Lo cual ya es bueno para nosotros...pero, para tranquilidad de tu conciencia, sabemos que en fecha reciente tú te reuniste con tus cómplices para pedirles la disolución del grupo y la salida de Cuba».

Horas después el Coordinador Nacional del MRP tenía frente a sí a Fernando Rojas Penichet a quien le explicó la proposición que le habían hecho. *«Yo aceptaré, me dijo Fernando, cualquiera que sea tu decisión pero creo que no tienes otra alternativa que aceptar. Comprendo lo duro que será para tí».*

Le dieron un cuestionario del que Reinol podría eliminar las preguntas que no deseaba contestar. Repasaron el libreto una y otra vez. Ya se encuentran en el estudio de televisión donde están, también, los micrófonos de las radioemisoras. Ramiro Valdés ordena a Malmierca que trajera a los periodistas entrevistadores. El primero en entrar y tomar asiento fue Raúl Valdés Vivó. Lo acompañaba el columnista del diario «El Mundo». Luis Gómez Wanguemert que actuaría como «moderador». del programa. Le siguió Gregorio Ortega que en aquel momento dirigía la emisora radial CMQ del Canal 6 de televisión expropiados ambos por el gobierno. Finalmente tomó asiento Carlos Franqui, fundador-director del periódico «Revolución».

Ramiro Valdés, Ministro del Interior, explicó a todos las reglas acordadas y les pidió que no se salieran del marco establecido para no provocar respuestas que, fuera de control, resultaran incómodas o dañinas a la Revolución. Pero el programa no iba a salir en vivo. Sería grabado, sería ampliamente anunciado para que toda la población pudiera verlo y escucharlo.

8- COMPARECE REINOL GONZÁLEZ ANTE LA TELEVISIÓN Y LA RADIO

El 6 de noviembre de 1961, sorpresivamente para tantos, aparece en la televisión y la radio cubana, Reinol González, Coordinador Nacional del Movimiento Revolucionario del Pueblo (MRP), ofreciendo información sobre los hechos aquí narrados. Sólo mencionará el nombre de aquellos que ya no están en la isla o de sus compañeros ya presos y procesados[316].

Luego de describir varias de las acciones en que participaron, relaciona los nombres y las posiciones que ocupan sus compañeros de lucha:

---

[316] En noviembre de 1961 se encontraban en las «Cabañitas», entre otros, Pedro Forcaris, Coordinador Nacional del 30 de noviembre, que había sustituido a David Salvador, y Armando Ferrer, Jefe de la Sección de Acción y Sabotaje de esa organización. También Ángel de Fana, uno de los más altos dirigentes del Movimiento Demócrata Martiano.

Antonio Veciana:	Responsable de Acción y Sabotaje
Manuel Izquierdo Díaz:	Coordinador Provincial de Acción y Sabotaje.
Fernando Rojas Penichet:	Coordinador General de La Habana
Orlando Castro García:	Responsable de Acción y Sabotaje
Ernesto Amador del Río:	Coordinador Provincial, La Habana.
Dalia Jorge Díaz:	Financiera Nacional
Griselda Noguera:	Responsable del Sector Artístico
Roberto Jiménez:	Coordinador Estudiantil
Raúl Frnández Trevejo:	Coordinador Provincial Operaciones

Militares

José Antonio Martínez Mariño:	Organizador Obrero Nacional
Henry Martínez:	Coordinador Obrero
Regla María Orama Roque:	Coordinadora de Asistencia Social
Francisco León:	Coordinador de Resistencia Cívica
Jorge Pérez Vázquez:	Coordinador del Grupo de Profesionales
Héctor René López Fernández:	Coordinador Provincial
Rolando Martínez Leal:	Coordinador de Resistencia Cívica, La Habana
Domingo Zabala:	Coordinador del Sector Bancario
Eduardo Camejo Cabrera:	Financiero de Acción y Sabotaje
María Amelia Fernández del Cueto:	Enlace de Acción y Sabotaje

Rogelio Cisneros es mencionado como el representante en el exterior.

Como miembros de Acción y Sabotaje aparecen Ángel Teherán Galán, Rafael Madruga, Francisco Pla, Estela Madruga, Bernardo Paradela, José Antonio Jiménez Caballero, Rodolfo Valdés Rodríguez, Gerardo Domínguez. También Heser David, Héctor Laffite, Jorge Nápoles Agramonte, José Rodríguez Reboso, Ibrahim Torres y muchos más.

Carlos Pérez Carrillo, fue responsabilizado con planear el sabotaje de 15 cines de La Habana. La organización estudiantil aparece formada por Raúl Fernández (Iván), Benito Díaz Parets, Julio Miranda, y Germán Figueroa (Tobby). Mencionaba también a Amparo Ruiz

Salas, como auxiliar de la Coordinación Nacional de Propaganda y a Hilda Campo Blanco y Lidia Pino Cabrera como asistentes de la Financiera Nacional.

Amador Odio será señalado como Responsable de Suministro de Asilos Políticos. A Sara del Toro se le menciona como su auxiliar.

Termina el dirigente del MRP su extensa comparecencia afirmando que ya resultaba imposible conspirar; que «era estéril y suicida». que se mantuviese la lucha interna.

Posición distinta asume Julito Hernández Rojo al ser detenido con otros dirigentes nacionales del Directorio. Así lo narra uno de sus compañeros de causa[317]:

«A Julito le dicen que si habla por televisión no cumplirían la pena de muerte que han decidido aplicar a cuatro arrestados (a él y a Raúl Cay Gispert, Juanito Valdés de Armas y Laureano Pequeño)[318]. Julito se niega, y así nos lo informa cuando lo tiran de nuevo en el patio de La Cabaña».

La posición asumida públicamente por Reinol es objetada por otros combatientes:

«Lo que nosotros no aceptamos es que se diga que la lucha está perdida. Que hay que recoger todas las banderas; que tenemos que retirarnos; que la Revolución ha cumplido parte de lo que ha prometido. No. Eso no es correcto. Se muere usted, se muere su compañero pero la lucha debe seguir».[319]

9- EL INFORME DE LA SEGURIDAD DEL ESTADO

El 3 de noviembre de 1961 el Departamento de Seguridad del Estado, del Ministerio del Interior, estaba redactando un informe sobre los planes del MRP *«para actos de terrorismo, sabotaje y atentados al Comandante Fidel Castro y otros representativos del gobierno revolucionario, frustrado por la vigilancia del pueblo y por la acción del DSE».*

---

[317] Entrevista del autor con Raúl Cay Gispert, Noviembre 23, 2005.
[318] Laureano Pequeño formaba parte del grupo de Acción y Sabotaje del Directorio junto con Nicolás Pérez y Lester García.
[319] Luis González Infante, entrevista con el autor.

En el informe se detalla la organización del plan de sabotaje que estaría a cargo del Coordinador Nacional de aquella organización, Reinol González. Todas estas acciones eran previas al atentado que proyectaban en Palacio al regreso del Presidente Osvaldo Dorticós el 4 de octubre.

El plan para atentar contra Castro y Dorticós lo describen en el mismo informe. Coinciden, en gran parte, con lo que uno de los organizadores, Antonio Veciana, le manifestó al autor en una extensa entrevista. El plan consistía en disparar con una bazuka desde el apartamento 8-A del edificio ubicado en Avenida de las Misiones #29 contra la terraza Norte del Palacio Presidencial, en ocasión del acto que se celebraría el día 5 de octubre de 1961 con motivo del regreso de Dorticós.

Participarían Veciana, Reinol González, Reinaldo Paradela, Juan M. Izquierdo y otros.

10- EL ATENTADO DEL 5 DE OCTUBRE. VERSIÓN DE ANTONIO VECIANA

«El atentado se había planeado para realizarlo cuando el astronauta Gagarín llegara a La Habana y Castro, muy probablemente, estaría con él en la Terraza Norte del Palacio. Bernardo Corrales pensó que no había seguridad de que Castro estuviese en la terraza ese día, aunque Bernardo Paradela, Orlando Castro y yo considerábamos que ese era el momento oportuno. Efectivamente Castro y Gagarín estuvieron en la Terraza pero no estuvimos preparados».[320].

La nueva oportunidad se presentó con el regreso de Osvaldo Dorticós de su viaje a Moscú. Traszaron el plan de realizar asaltos, colocar bombas incendiarias en varios importantes establecimientos para provocar un acto de concentración frente a palacio, pero la persona que iba a colocar una de las petacas, que era Dalia Jorge, que había trabajado en la Compañía de Teléfono y –nos dice Veciana y confirma Reinol González– era una muy activa militante y conocía todas las casas de seguridad, fue detenida. Pero ella no sabía del atentado. *«Por eso continuamos con los planes. Habíamos acordado con un dirigente del Segundo Frente del Escambray (Ramiro) que al eli-*

---

[320] Entrevista con Antonio Veciana. Septiembre 19, 2005.

minar a Fidel nos alzaríamos en el Escambray. Yo tenía en Miami una persona de confianza de Carlos Prío (Fernando Álvarez Barrero y Zenaida Marrero) y les pedimos que tuvieran preparado un buen alijo de armas».

11- CÓMO Y QUIÉNES SUBIERON LA BAZOOKA

Antonio Veciana nos confirma[321] este episodio:

«Habíamos alquilado un apartamento de un edificio frente al Palacio (apartamento 8-A). Subimos allí, con gran antelación las armas y el equipo. Participaron también hombres de otras organizaciones (Bernardo Paradela, de Rescate; Luis Cacicedo, que era bazookero, Orlando Castro García, del Movimiento Democrático de Liberación que dirige Raúl Martínez Araras; Ramiro Lorenzo, que había sido oficial del Segundo Frente Nacional del Escambray; Raúl Ventas del Marzo y otros). La concentración frente a Palacio se realizó. En la terraza estaban Castro, Dorticós y muchas de las figuras claves del régimen. Pero no se produjo el disparo».

«En el edificio no había una super vigilancia, siempre había dos milicianos. Como yo había entrado varias veces mi cara les era conocida y cuando subí con mi suegra Xira, que tenía un valor extraordinario, la bazuka la envolvimos como si fuera una lámpara, con el pie y la pantalla arriba. La bazuka la habíamos entrado mucho tiempo antes del atentado, Reinol estaba siendo buscado ya y estaba viviendo en la Quinta Avenida».

Allí en el apartamento estaban Bernardo Paradela, Raúl Ventas del Marzo y Luis Cacicedo (cuyo nombre de guerra era Luis 23), que había sido bazuquero. Paradela era el jefe del grupo. *«Reinol se va de La Habana –nos dice Veciana– para, creo que fue Caibarién, el día antes del atentado. Ya su esposa había venido para los Estados Unidos. Ya yo estaba siendo buscado. Ya sabían que «Víctor», que era mi nombre de guerra, era Veciana. Yo estaba escondido en una casa de altos por la calle Reina de alguien que se había ido, y Orlando Castro, con quien yo me reunía con frecuencia, de completísima con-*

---

[321] Entrevista de septiembre 19, 2005, confirmando nuestras extensas conversaciones de junio 1995.

fianza mía, había caído preso (él era el contador del Retiro Farmacéutico)»...

Continúa relatando Antonio Veciana detalles de aquella, lamentablemente, frustrada operación:

«Me iba a reunir ese día con Orlando (Castro) pero siempre yo llamaba antes por teléfono para confirmar que todo estaba en orden. La telefonista me contestó con voz muy nerviosa «Orlando no puede atenderte». Me dí cuenta que algo pasaba. Quise informarle a Reinol pero él no estaba en la ciudad, Izquierdo, que sabía del atentado, es el hombre que me acompaña a mí y yo le digo que tengo que salir del país pero voy a regresar enseguida, y me llevo a mi suegra a Boca de Jaruco donde teníamos dos lanchas y varios pescadores. Le pedí a Izquierdo que avisara a Reinol (no le dije que iba a Miami a traer armas)».

12- LA CAUSA No. 31 DE 1962

A Roberto Jiménez lo incluyen en la Causa No. 31 de 1962 acusándolo, junto con varios más, de formar parte «de la organización contrarrevolucionaria *«Movimiento Revolucionario del Pueblo (MRP)»* puesta al servicio del gobierno imperialista de los Estados Unidos de Norteamérica». El informe dice, por supuesto, que ha sido la Agencia Central de Inteligencia (CIA) *«la que, tomó bajo su orientación al referido MRP, encargándose de dirigirlo, suministrar todo tipo de equipo, armas, parque para las mismas, sustancias inflamables y, en definitiva, todo lo que resultara idóneo para la ejecución de los planes trazados por la expresada agencia gubernamental».* En la Causa 31 aparecen, también, María de los Ángeles Habach, Raúl Hernández Rivero, Juan Manuel Izquierdo Díaz, Regla María Oramas Roque («Tamara»), Domingo Madruga, Héctor René López Fernández y otros[322]. Incluyen, también, a José Pujals Mederos.

En otra acta levantada en La Cabaña el 20 de marzo de 1962 aparece que *«a uno de los grupos de la organización, que operaba en la zona de Guanabacoa bajo las órdenes de Orlando Castro García, se*

---

[322] Acta redactada en La Cabaña, 20 de enero de 1962, Juez Instructor Segundo Teniente Vicente Álvarez Crespo.

le encomendó alzarse en armas, en combinación con otros elementos revolucionarios de la zona de Pinar del Río». y que *«un cargamento de equipos bélicos fue llevado para la finca del acusado Jiménez Caballero».* Se hace constar en uno de los Resultandos los actos de sabotaje que debían realizarse simultáneamente el 29 de septiembre en las tiendas «Sears», «J. Vallés», «Fin de Siglo» , «Ultra». y «La Época». Así como en el Hotel Capri.

Incluyen en el acta a José Pujals Mederos *«uno de los más importantes agentes de la repetida «Agencia Central de Inteligencia». que tenía a su cargo procurar la unión de los diferentes grupos contrarrevolucionarios existentes en Cuba*[323].

Las siguientes personas fueron procesadas:

María de los Ángeles Habach, Roberto Jiménez, Raúl Fernández Rivero, Juan Manuel Izquierdo Díaz, Regla María Oramas Roque (a) «Tamara», Héctor René López Fernández, Joaquín Alzugaray Díaz, Domingo Madruga, Francisco Nasco Castro, Enrique Fortún, Jorge Pérez Vázquez, Ángel Rómulo Terán, Juan Manuel Reynes Rodríguez, Priscila Silva Robaina, Francisco Rubén Fortunado Pla Espada, Oscar Rafael Pla Madruga, Estela Madruga Sardiñas, Alicia Álvarez Pla (María Antonia Pode Delgado), Sara Álvarez Pla (Sara Lorenzo Pradera), Raúl Fernández Trevejo, Orlando Medina Díaz, Prometeo Iglesias Bernal, Orlando García Plasencia, Héctor Rodanio Zayas Cruz, Luis Hernández Valdés, Ernesto Amador del Río, Marcelino Feal Rodríguez[324], Orlando Castro García, Israel Torres Martínez, José A. Ji-

---

[323] Con fecha 20 de enero de 1962 el Juez Instructor Segundo Teniente Vicente Álvarez Crespo presentó el sumario de la Causa No. 31 de 1962 presentando cargos por delitos «Contra la Integridad y Estabilidad de la Nación» a cada procesado.
[324] Marcelino Feal fue procesado en las Causas 27 y 31 de 1862 en las que "realmente yo no tuve nada que ver" nos dice Feal. «La noche del 6 de noviembre hicieron una inmensa redada en la ciudad de La Habana enla que fuimos capturados alrededor de 300 personas y al cabo de dos meses me instruyeron de cargos y me atribuyeron actos que realmente yo no había hecho. Pero ellos te juzgaban y te condenaban por convicción y no por pruebas. Sabían que yo era un desafecto, que yo estaba haciendo algo (que nunca me lo pudieron probar) y, sencillamente, me incluyeron dentro de ese grupo acusándome de traslado de propaganda, de armas, cosas con las que yo no tuve ningún tipo de relación».

ménez Caballero, Bernardo Iglesias, Víctor Cupón Gutiérrez, Plácido Farías González, Epifanio Silva Rodríguez, Román Núñez Acosta, Miguel Mariano Ramos Cordovés, Ibrahim Torres Martínez, Reinaldo Sixto Celestino Barceló Fariñas, (Pacelo Fariñas), Juan Fernando Domínguez Mousset, Alina Hiort Lorenzen, José Pujals Mederos, Carlos Jesús Arguelles Nogueiro, Silvio Alberto Coll Campos, Humberto Luis Mohamel Esperón, Fausto Domínguez Llorente, Efraín Núñez León, Augusto José Anbios García y Ana Minerva Domínguez Llorente.

Ante ese sumario el fiscal concluyó que «*no concurriendo circunstancias modificativas de la responsabilidad criminal incurrida por los procesados pide la aplicación de la pena de muerte por fusilamiento*». a Juan Manuel Izquierdo Díaz, Orlando García Plasencia y José Pujals Mederos, y sanción de treinta años de reclusión a los demás procesados.

13- ROBERTO JIMÉNEZ. SU VISIÓN DEL PUNTO X, LAS TÉTRICAS CABAÑITAS

Roberto Jiménez, Presidente de la Escuela de Ingeniería Química de la Universidad de Las Villas cuando la FEU la presidía Porfirio Ramírez, inició sus contactos con la oposición activa frente al régimen asistiendo a los alzados del Escambray. Luego comenzó a trabajar con el MRR, contactado en la universidad por Álvarez Cabarga y Máximo Díaz. Así conoció a Luis Fernández Rocha (Luciano), en aquel momento Secretario General de la Sección Estudiantil del MRR, que luego se integró en el Directorio Revolucionario Estudiantil (DRE).

Se incorpora después al MRP, de reciente formación, a través de Reinol González antiguo conocido de la Juventud Católica, y, trasladado a La Habana, organiza allí la Sección Nacional Estudiantil del MRP.

«Me detuvieron la noche del 31 de octubre de 1961, en la ciudad de La Habana. Fui conducido a la sede de la Seguridad del Estado enla Quinta Avenida y la calle 14, en Miramar. Allí me mantuvieron dos días, totalmente incomunicado del exterior, sometido a interrogatorios. Dos noches después, de madrugada, fui despertado, se me ven-

daron los ojos y se me introdujo en el suelo de un auto. Con tres o cuatro pares de botas sobre mi cuerpo y el cañón de un arma apretado a mi cabeza, con amenazadoras «advertencias». de que habíamos llegado al lugar donde se hablaba todo lo que se sabía, me empujaron, fui conducido a un cuarto que, al quitarme la venda, pude verlo vacío con las paredes llenas de manchas de sangre y una bandera rústicamente pintada del «26 de Julio». Se me dejó totalmente desnudo, de pie frente al rincón de la bandera. Después fui conducido a otra habitación, siempre con una capucha sobre mi rostro. Había llegado a «las Cabañitas».

La odisea de Roberto Jiménez, los brutales interrogatorios, el dolor y el entumecimiento de sus piernas y pies, fueron similares a los narrados en este libro por Reinol González y otros presos. Entre sus interrogadores recuerda algunos: Capitán Alfonso, Teniente Brugueras, Carlos Mauris (que se había infiltrado en el MRP).

En los últimos días de su permanencia en Punto X, Roberto se pudo reunir con algunos de sus compañeros del Movimiento Revolucionario del Pueblo (MRP): Fernando Rojas, Reinol González y Raúl Fernández. Recuerda también a otros que estuvieron en «las cabañitas": Héctor René López, Francisco Hasegawa, Juan Manuel Izquierdo, Ruperto González, José Antonio Martínez, Bernardo Iglesias. Por haber sido detenido casi al final de la redada en que cayeron arrestados los miembros de su organización. «Yo fui de los que menos tiempo tuvo que sufrir la incalificable experiencia de ese lugar».[325]

15- EL ATAQUE DEL DRE AL «ROSITA DE HORNEDO».

En 1962 los cubanos siguen combatiendo a la tiranía. Dentro de la isla y con ataques comandos. Uno de éstos, frente a las costas de la capital.

El 24 de agosto de 1962 un grupo de estudiantes del DRE parten, de un puerto en el Caribe, hacia las costas de La Habana. Van en dos barcos. El buque madre será un P.T. uno, entre otros, que se acercarán

---

[325] Roberto Jiménez, Causa 31 de 1962, Tribunal #1, La Cabaña. Otros fueron procesados bajo la Causa 27 del Tribunal Revolucionario #1 de La Habana.

a las costas cubanas, el Juanín-I[326], realizará la temeraria acción. Al frente de ellos estará Juan Manuel Salvat y junto a él, Bernabé Peña, Isidro Borja, Leslie Nóbregas, José Basulto, Alfredo Fontanils y otros.

En pocas horas lo realizado por aquel grupo de estudiantes será noticia mundial. Han ametrallado el hotel en que se encuentran alojados funcionarios y militares soviéticos.

Desde La Habana la agencia cablegráfica A.P. da a conocer que *«el ataque desde el mar provoca pánico. Uno de los disparos dañó el salón de recepciones del hotel; otro dañó seriamente una de las paredes que, horas después fue cubierta con numerosas banderas para ocultar el daño. Un tercer disparo hizo blanco en el salón de recepción del hotel destruyendo sus paneles de cristal. Cundió el pánico en todo el hotel».*

Los estudiantes, dirigidos por Juan Manuel Salvat utilizaron un cañón de 20 milímetros y los ocho hombres que iban en uno de los barcos, en el «Juanín», varios rifles automáticos. El otro barco lleva 15 estudiantes con seis carabinas M-1 y 3 rifles Browning automático. Iban en el P.T. que se mantuvo más alejado con sus 15 tripulantes.

Por supuesto, Castro inmediatamente responsabilizó a los Estados Unidos de aquel ataque. Nada tuvieron que ver el gobierno ni las agencias norteamericanas con aquella acción que el Directorio había planeado durante los últimos 40 días. El DRE, con aquella riesgosa operación, quería demostrar a todos que Castro era vulnerable a pesar del respaldo que le ofrecían tropas soviéticas en suelo cubano. Declaraba el dirigente estudiantil que *«el exilio no podía ni puede continuar esperando la liberación de manos extrañas que no sienten ni quieren sentir el dolor de un pueblo oprimido».*

Al día siguiente el propio Fidel Castro admitió que *«barcos armados habían cubierto con disparos de cañón toda la zona portuaria",* admitiendo que el cañoneo había ocurrido como a las 11:30 de la

---

[326] El equipo de radio que Ramón Machado (Brigadista 2508) había usado mientras estuvo infiltrado en Cuba antes de Girón fue instalado en el "Juanín", el barco utilizado por el Directorio en el desembarco de Julio Hernández Rojo y Luis Fernández Rocha el 19 de mayo de 1962, y, posteriormente, en el ataque al Rosita de Hornedo.

noche, dañando varios edificios: el Hotel ICAP, el Teatro Chaplin y otros que fueron blanco de varios proyectiles blindados.

15- LA PRENSA MUNDIAL DESTACA LA NOTICIA

Los cables describiendo la temeraria acción procedían de La Habana, Londres, Lima, París, Washington y otras capitales. El ataque se realizó en un lapso de 7 minutos. De acuerdo a cables de la AFP de La Habana *«los agresores abrieron fuego con ametralladoras pesadas de 20 milímetros y cañones de repetición de 57 milímetros, según reveló el primer examen de los proyectiles»*.

El Departamento de Estado no demoró en responsabilizar al Directorio Revolucionario Estudiantil de aquel hecho declarando que *«no podían aprobar que se utilizase el territorio de Estados Unidos como base de acción naval»*. (Cable de la UPI, de agosto 25, enviado desde Hyannis Port, Massachussets).

El domingo agosto 26, el «Sunday News». destaca en grandes titulares que *«los Estados Unidos denuncian el bombardeo a Cuba»*. En titulares menos escandalosos: *«Amonesta a Exiliados Sobre Nuevos Ataques»*.

El New York Post en su edición de agosto 26 da a conocer en su titular *«Barcos Ametrallan La Habana»*. El Herald Tribune, de Nueva York, informa, también en la primera plana, la acción del Directorio la que califica de una posible causa de una crisis internacional. Por supuesto, para Castro sólo hay un responsable. Hace declaraciones, similares a las formuladas cuando meses atrás se había producido la invasión de Bahía de Cochinos:

«Nosotros hacemos responsable a los Estados Unidos por este nuevo y cobarde ataque a nuestro país y denunciamos ante el mundo los planes agresivos del imperialismo que se preparan contra Cuba».

Otro periódico de Perú despliega en su primera plana: «bombardeo a La Habana crea tensión bélica». El Sunday Star, de Washington, D.C. es otro de los tantísimos periódicos, que resaltan la noticia: *«Grupos de Exiliados de Miami atacan La Habana»*. y, por supuesto, el Miami Herald en su edición del domingo 26 de agosto destaca la noticia del día: *«La Habana Ametrallada por Exiliados de Miami»*. Aparece en aquella edición una foto de la zona que había sido atacada por el Directorio. Igual lo hace el Miami News. Otros calificativos recibe el ataque de la prensa cubana: *«La Agresión Filibustera a La Habana»*. Y otro titular *«Cínica Confesión de los que Realizaron el Hecho»*. Así describe Revolución, dirigida por Carlos Franqui el sorpresivo ataque de los miembros del Directorio Revolucionario Estudiantil. La Estrella de Panamá cubre declaraciones de alguno de los miembros del Directorio. Y la Revista Time, en su edición de septiembre 7 publica foto y descripción de aquel hecho. Aparece también, con información bastante distorsionada, en el Excélsior de México D.F. del lunes 27 de agosto. Jules Dubois en columna para el Diario Las Américas habla de la acción de los heroicos estudiantes. Publican artículos elogiosos Sergio Carbó *«Cañonazos Gloriosos y Argollas Humillantes».* y Humberto Medrano: La Operación «Pitirre». La Bohemia Internacional, que ya se publicaba en Nueva York. le da amplia cobertura.

PT Boat del Directorio Revolucionario Estudiantil, comprado en campañas de recaudación entre exiliados cubanos. Este barco participó, como refuerzo, en el ataque al hotel Rosita de Hornedo y luego se llevaría a la base de la isla Catalina de República Dominicana, cerrada por las presiones del gobierno norteamericano sobre el dominicano.

CAPÍTULO IX

ACCIONES COMANDOS. LA CONSPIRACIÓN DEL 30 DE AGOSTO Y LA CRISIS DE LOS COHETES

1- EL DILEMA DEL DIRECTORIO. DESPUÉS DEL ATAQUE ¿QUÉ HACER?

Han transcurrido varios meses. Muchos del Directorio se encuentran en Miami en abril de 1963. Han acordado una acción militar que habrá de realizarse el 27 de abril de aquel año y que se había planeado con la autorización concedida por el Comité Ejecutivo del Directorio a principios del año. Para informarlo a todos convocan una reunión el 26 de abril. Asisten a esa junta extraordinaria Luis Fernández Rocha, Manolo Salvat, Ernesto Fernández Travieso, General Fatjó, Eduardo Muñiz, José Antonio González Lanuza, Fernando García Chacón e Isidro Borja. Notificados de la acción militar a realizarse el día siguiente algunos se molestan por no haber sido informados previamente. No obstante, con el respaldo de Lanuza y Chilo Borja se aprueba la realización de la acción militar[327]. A la próxima reunión, además de los arriba mencionados, asistirán José María Lasa, Bernabé Peña y Rodolfo Vidal.

Pero el Directorio, luego del ataque al Rosita de Hornedo el pasado año, no recibe respaldo oficial. Necesita, ahora más que antes, contribuciones particulares de amigos y simpatizantes. Por eso, con fecha enero 10 de 1964 dirigen una comunicación a más de 2,000 solicitando la ayuda necesaria para iniciar el Plan Militar con acciones comandos en la isla. Firman la petición, por el DRE, Luis Fernández Rocha, Juan Manuel Salvat, Fernando García Chacón e Isidro Borja[328].

Al Directorio se le hizo difícil –aún con los propios fondos que ya tenían y con otros que privadamente podían conseguir– realizar en los próximos meses operaciones comandos. Pero éstas se continuaban

---

[327] Acta del DRE de abril 26, 1963.
[328] Enrique Ros, archivo personal.

efectuando por otros hombres y organizaciones. Con o sin el respaldo de la Compañía.

2- ACCIONES COMANDOS

Avanzan los meses del año 62. Los cubanos siguen luchando contra el régimen. Se realizan acciones comandos contra distintos puntos de la isla. Las acciones de sabotaje se multiplican.

En los depósitos de gasolina y petróleo del gobierno situados en Colón, provincia de Matanzas, se produce el lunes 14 de mayo «un violento incendio». Así escuetamente lo califica el periódico «Hoy». El incendio alcanzó tan gigantescas proporciones que «los bomberos de Cárdenas, Matanzas, Tinguaro y otras poblaciones vecinas a Colón, tuvieron que acudir al lugar del incendio». narró la agencia noticiosa internacional.

Días atrás, el viernes 27 de abril, el fuego había destruido un depósito de fertilizantes del INRA en El Cotorro. Horas después era en la Refinería Shell, en la Bahía de La Habana, donde se producía otro incendio.

No cesan las manifestaciones de rebeldía. En Pinar del Río se repiten acciones temerarias. Se queman cañaverales, se atacan pequeños cuarteles. El 8 de mayo muere en combate en las lomas de Candelaria en Consolación del Sur, Francisco Robaina ("Machete") cuyo grupo venía operando en la provincia pinareña. Son capturados tres de sus compañeros[329]. El grupo, denominado «Cuba Libre", había sido constituido desde 1960 por Emilio Adolfo Rivero Caro y Helio Nardo Báez, según relata Rivero Caro al autor. *«Robaina era hombre de insólito valor personal». recuerda Rivero Caro».*[330].

El domingo 13 de mayo *«una nave pirata fuertemente artillada».* atacó a una lancha patrullera de la Armada Cubana, «causando la

---

[329] Periódico «Hoy», marzo 7, 1962.

[330] Muchas de estas acciones se realizan sin conexión alguna con la «Operación Mongoose», plan trazado por el General Edward Lansdale siguiendo instrucciones de Robert Kennedy quien no confiaba en la eficiencia de la Agencia Central de Inteligencia a la que culpaba de no haberle ofrecido a su hermano la correcta información en los meses que culminaron con la derrota de Playa Girón. Amplios datos sobre la Operación Mongoose pueden encontrarse en la obra «De Girón a la Crisis de los Cohetes: La Segunda Derrota», del autor.

muerte a tres marineros cubanos y heridas a otros cinco». Así relataba la prensa oficial el nuevo ataque de los cubanos exiliados. La lancha de patrulla SV-289 que operaba a lo largo de la costa norte, entre Matanzas y La Habana, fue la que se convirtió en blanco del rápido ataque. El anuncio oficial conectó la nave atacante a las acciones contra una refinería de petróleo y los ataques con bombas incendiarias a los cañaverales.

Calificándolos de agentes de la CIA, el Tribunal Revolucionario de La Habana juzga y condena en la primera quincena de julio a varios revolucionarios de la zona de Jaruco[331]. El 18 de agosto se produce el fusilamiento en la ciudad de Camagüey de cuatro «contrarrevolucionarios». que habían sido acusados de *recaudar fondos destinados a la compra de armamentos que serían empleados contra el gobierno».[332].*

Varias operaciones de infiltración se realizaron en los meses de junio a septiembre de 1962. En el barco Cutlass se producen desembarcos en la costa norte de Las Villas. Al frente de la tripulación del Cutlass se encontraban Guillermo Cancio y Manuel Aparicio.

3- LA CONSPIRACIÓN DEL 30 DE AGOSTO

Como siempre, los funcionarios norteamericanos en Washington actúan de espaldas a lo que en Cuba realmente sucede.

Un extenso número de oficiales, muchos de ellos del Ejército Rebelde y otros del Ejército Constitucional se han organizado para derrocar, con las armas, aquel régimen indigno. Se ha fijado la fecha para el levantamiento en la capital que se iba a extender en todo el territorio. El 30 de agosto de 1962, el día de Santa Rosa de Lima, sería la fecha.

«El 30 de agosto». –apunta el médico Alberto Fibla que cumplió 25 años de cárcel por aquella conspiración– fue un movimiento netamente democrático. *«En sus filas militaban hombres de la revolución y hombres del régimen depuesto. Militares novatos y militares de*

---

[331] El 9 de julio de 1962 mueren en el paredón Eugenio Medina Díaz, Osmín Gorrín Vega y Ramón Fundora Sánchez. Días antes, también acusado de actividades contrarrevolucionarias, es fusilado Roberto Hernández Hernández.

[332] Los fusilados eran Osmedo Rodríguez Acevedo, Erenio Hernández Pupo, Carlos González Mantilla y Alfredo Florencio Estrada. En el encuentro con las tropas del régimen había perecido el "contrarrevolucionario" Mario Valdés Campanioni.

experiencia. Unidos junto a muchos representantes de la vida civil del país». nos dice Fibla.

Aquel movimiento, que *«agrupaba, a pobres y ricos, blancos y negros, profesionales y obreros, maestros y estudiantes, campesinos, hombres de negocios, tenía un sentir plenamente democrático. Amplio. Por eso Castro quiso ahogarlo en sangre",* expone al autor el médico cubano. Infiltrada, la conspiración le costó la vida en pocas horas a más de 500 cubanos que murieron todos frente al paredón. Es ésta una página de oprobio de la que poco se ha escrito.

Surgieron de ella distintas «Causas Criminales». Una, la número 410 de 1962, la encabezará Francisco Evelio Pérez Menéndez, «Frank».[333] y en ella complicarán a miembros del «Frente Anticomunista de Liberación». (FAL); Movimiento 30 de Noviembre; Rescate; Movimiento de Recuperación Revolucionaria Cubana; Unidad Revolucionaria y otras.

Serán procesados también en la Causa 410, Ventura Suárez Díaz (Joseíto), Jefe de los delegados ante el Estado Mayor Conjunto del FAL; Sergio Valdés Sánchez, que tendría a su cargo dirigir las operaciones militares; Pedro Manuel Silió Matos (Murillo) que era quien mantenía los contactos con los miembros de las Fuerzas Armadas[334]; Bernabé Corominas Portuondo; Agustín Pérez Medina; René Arturo López León; José García Bugaranos (El Cadete); Ramón Menéndez Álvarez; Enrique Hedman Sánchez; René Justo López Porcell, Ismael Sosa Padilla; Guillermo Herrera Santa Cruz; Roberto Fernández Aguirre; Agustín Fernández Aguirre y otros[335]. Se les acusa de asaltos a unidades de las fuerzas armadas revolucio-

---

[333] Es Evelio Francisco (Frank) Pérez Menéndez, Capitán del Ejército Rebelde, quien primero se dio a la tarea de aglutinar lo que llegó a ser la más amplia conspiración contra el régimen. De "operación peligrosa, suicidio casi" la calificó Alberto Fibla en un artículo publicado en la Revista Alerta, Número 697, 1989. Será Frank de los primeros en pagar con su vida su sueño de libertad.

[334] Serán fusilados el 21 de septiembre de 1962, junto con otros compañeros.

[335] Las otras personas incluidas en esta causa en el sumario levantado el 20 de septiembre de 1962 fueron las siguientes: Agustín Fernández Aguirre, Enrique Monestina Joglar, Rogelio Rabinal González, Ildefonso González Carrillo y Antonio Francisco Pérez Santa Cruz.

narias, alzamientos de grupos armados en distintos puntos de la isla, «tendientes a provocar la destrucción del poder revolucionario».

En el segundo Resultando del sumario aparece que la ejecución de los planes ya trazados *«tendría su inicio a las 10 de la noche del pasado día 30 de agosto, mediante un sabotaje que interrumpiría el fluido eléctrico, entrando en acción inmediata el acusado Francisco Evelio Pérez Menéndez que ocupaba la jefatura del Estado Mayor del FAL».*

Pérez Menéndez había partido de la capital, días atrás, para hacerse cargo de las operaciones que se realizarían en aquella provincia el 30 de agosto, quedando Ventura Suárez Díaz al frente de las operaciones de La Habana. El fiscal pedirá pena de muerte por fusilamiento a Pérez Menéndez, Cruz Álvarez Bernal, Suárez Díaz, Valdés Sánchez, Silió Matos y Bernabé Colomina; para el resto de los procesados, treinta años de reclusión.

Francisco Manuel Álvarez Morgollen, coronel retirado del ejército constitucional, fue fusilado el 19 de septiembre.

Meses después, por el mismo delito «contra la integridad y estabilidad de la nación», complican en la misma Conspiración del 30 de agosto, a más cubanos combatientes. Someten a un consejo de guerra ordinario en la Causa 455 de 1962 a José Miguel Pino Padrón, Alberto Fibla González, Amarante Torres Sánchez, Amado Hernández Suárez, Antonio Cejas Expósito y otros como integrantes del Frente Anticomunista de Liberación (FAL), implicándolos en la Conspiración del 30 de agosto.

El juicio, por supuesto, era una pantomima. Uno de los procesados, que cumplió 25 años de cárcel, recuerda que aquel 20 de abril la vista del juicio se prolongaba ya por más de 15 horas. El Presidente del Tribunal, Pelayo Fernández Rubio, recostado sobre sus brazos cruzados en la larga mesa, se encontraba dormido. Despertó, levantó la cabeza y luego de escuchar unos segundos, dirigiéndose al militar que hablaba le dijo: «Tenga la bondad, compañero fiscal, de ser más breve en su exposición». El militar, perplejo, le respondió: «Perdone, Su Señoría, pero no soy el fiscal sino el abogado defensor». Respuesta: «Está bien, compañero, es lo mismo». Para los tribunales revolucionarios la misma labor realizaba el fiscal que el abogado defensor de oficio.

4- ATENTADO AL CHÉ GUEVARA

A Ernesto Guevara se trató de hacerle dos o tres atentados por distintas organizaciones. Uno de éstos por militantes del Directorio Revolucionario Estudiantil. Veamos el plan y los actores.

El Directorio tenía bastante C-4 que habían recogido Fernando Gómez Fonseca y Laureano Pequeño y lo tenían almacenado en la casa de Linares cuyo hijo tenía una motocicleta. Eran estos los dos elementos esenciales (el C-4 y la moto) para la operación. Ya conocían el camino rutinario que cada mañana recorría Guevara con las ventanillas bajas por el tabaco y su asma. Cruzaba siempre la calle 23 a buscar Zapata frente a Partagás.

«El plan era –nos lo narra Laureano Pequeño[336]– *pasar con la motocicleta por el carro de atrás de la escolta, lanzarle un C-4 y tirarle la otra por la ventanilla a Guevara. Nadie, con excepción de los tres que participaríamos, conocía del plan. Eran los días en que ya algunos teníamos amplias sospechas del Mongo Medina Bringuier. Hay una reunión del Directorio en casa de Cuca Martínez (la hermana de Alicia Alonso)[337]. Están en la reunión Hans[338], dos o tres más, y Mongo. Yo les digo: «Hay una acción preparada. Quiero carta blanca para hacerla. Necesito para la operación 4 granadas». Las granadas que teníamos estaban en mal estado. Había que acondicionarlas. Nadie (mucho menos Mongo) sabe en que consistirá la operación. Pero el 26 de septiembre yo caí preso. La acción no pudo realizarse».*

---

[336] Entrevista del autor con Laureano Pequeño, diciembre 26, 2005.

[337] Meses antes, en mayo, se había producido otra reunión –aquella vez, con Manolito Guillot- en la que habían participado Pequeño, Nicolás Pérez, Cuca Martínez, Raúl Cay, Pepe Prince (del MRP) y otros, pero no Mongo.

[338] Hans Gengler a quien los jóvenes del DRE, conocían como el alemán.

5- EL FRENTE UNIDO OCCIDENTAL (FUO)

A mediados de 1962 se había creado en Pinar del Río el Frente Unido Occidental (FUO), con ramas que se extendían hacia La Habana y Matanzas, su dirigente principal era Esteban Márquez Novo (Plácido), su segundo era Luis García Menocal Sigle. Se organizó en 8 comandos territoriales y 3 áreas generales: inteligencia, entrenamiento y respaldo. Ya, antes, a mediados de 1960 Esteban Márquez había organizado, también en Pinar del Río, el Movimiento Revolucionario Constitucional organizando algunas acciones como las realizadas en Lomas del Toro. Luego de algunos encuentros se había acogido al asilo en la embajada argentina, el avión en que salió hace escala en Caracas desde donde voló a Miami. Meses después partía en el barco Riple hacia su tierra Pinar del Río. Muriendo Esteban Márquez Novo en acción[339] (Fabián Escalante: «Cuban Project»).

6- ARRESTADOS MILITANTES DE VARIAS ORGANIZACIONES

El 5 de septiembre de 1962 realiza Seguridad del Estado una gran redada.

Acusados de pertenecer al Frente Anticomunista de Liberación (FAL) se encontraban René Arturo López León, Carlos Domínguez Valdés, Jorge de Zaldo Lamar, y otros 15 militantes.

Del Movimiento 30 de Noviembre han detenido, entre otros, a Juan Isla Pérez, Ramón Cueto, Sara Carranza, y Rafael Fernández Chacón.

Han sido apresados varios de Unidad Revolucionaria: Prudencio Antonio López, José Antonio Rodríguez y Antonia Mer. Responsabilizándolos con acciones subversivas realizadas por Rescate Revolucionario Democrático habían sido arrestados Francisco Manuel Álvarez Margolles y Migdalia Pérez Morales. Por el Movimiento de Recuperación Cubano (M.R.R.-C) caen presos Arsenio Guardiola, Mauricio Marrero y Juan Gali-Menéndez. En el acta hacen constar que Juan Gali-Menéndez *«tuvo una reunión con N/Activo manifestándole que*

---

[339] Fue el FUO una organización bien constituida reconoce Seguridad del Estado al informar que en 1964 aquel movimiento contaba con más de 1000 miembros con una poderosa estructura clandestina respaldada por recursos considerables". Fabián Escalante «El Proyecto Cubano».

poseía el material para confeccionar cápsulas incendiarias suficientes para quemar 15 rutas de ómnibus y 3 comercios. Posteriormente se le detuvo tripulando un auto en compañía de Mauricio Marrero, a los que se le ocuparon 80 cápsulas incendiarias...)»[340].

Había sido arrestado también Luis González Pérez en la herrería de sus dos hermanos, Antonio y Manuel. El día de su detención se le ocuparon 8 cajas conteniendo alrededor de 200 cocteles molotov, unos de la organización del Movimiento Acción Cubana y brazaletes de la Triple A. Era evidente que las organizaciones mantenían una unidad de acción.

Surge en marzo del 62 una nueva organización ésta en la provincia de Las Villas, que estaba relacionada con la Legión Constitucional democrática, el Movimiento Demócrata Cristiano, la Junta Interna Cubana de Resistencia y el Frente Anticomunista Magisterial la dirigían Mariano Pinto Rodríguez, antiguo fiscal, y Luis Puig Tabares, cónsul honorario de Bélgica en Cienfuegos.

7- CASTRO RECONOCE EL DAÑO INFLIGIDO

El lunes 22 de octubre presenta el delegado cubano ante las Naciones Unidas, Mario García Incháustegui, un informe en el que se denuncia *«documentadamente».* las agresiones norteamericanas contra Cuba en los últimos tiempos». Menciona el documento el ataque *«por una embarcación pirata el 12 de mayo a una lancha patrullera del gobierno de Cuba».* No a una lancha de pescadores. No a una lancha de recreo. La «embarcación pirata». ataca a una «lancha patrullera».

Luego se refiere el Jefe de la Delegación Cubana en las Naciones Unidas al «bombardeo naval». realizado por el Directorio Revolucionario Estudiantil el 24 de agosto de ese año. *«La noche del 24 de agosto de 1962, el Primer Ministro del Gobierno Revolucionario Dr. Fidel Castro denunció que, a las 11:30 minutos de la noche de ayer, el litoral de la ciudad de La Habana fue atacado por barcos artillados que hicieron numerosos disparos de cañón calibre 20».* En este tono melodramático continúa García Incháustegui describiendo la acción comando del Directorio Estudiantil.

---

[340] Informe de la Seguridad del Estado del 5 de septiembre de 1962.

«El ataque, sorpresivo y traidor, reviste la cobardía, el espíritu criminal y filibustero de sus gestores, el gobierno de los Estados Unidos y los agentes mercenarios reclutados por él y que actúan impunemente desde las costas de la Florida haciendo escarnio de las elementales leyes y normas internacionales».

Ante el alto organismo internacional, la misión cubana informa que *«en rueda de periodistas...el dirigente de esa organización contrarrevolucionaria (DRE), Juan Manuel Salvat, coordinador de dicha operación de bombardeo naval, presentó a Leslie Nóbregas y a Isidro Borja, que mandaba la nave».* No podía faltar la coletilla: *«Hacemos responsable al Gobierno de los Estados Unidos de ese nuevo y cobarde ataque a nuestro país».* En la misma exposición se refiere el delegado cubano al ataque de *«una embarcación pirata...al barco «San Pascual", de 350 pies de eslora y al buque mercante de bandera inglesa «Newland", que se encontraba a poca distancia».* El ataque, que se produjo en Cayo Francés, a 16 millas de Caibarién, fue adjudicado por el delegado castrista al a organización Alfa 66. Exponía el vocero de Castro que la nave «Newland». fue intensamente ametrallada por la embarcación de la «Organización Alfa».

La denuncia continuaba describiendo otras acciones. Admite García Incháustegui que el 13 de octubre *«una embarcación pirata atacó, con ráfagas de ametralladora calibre 30, a las dos de la madrugada, cerca de Cayo Blanco, próximo a la ciudad de Cárdenas, a una lancha deportiva en que viajaban varios ciudadanos cubanos».* Sin inmutarse ni tomar aliento, continúa expresando que *«como consecuencia del ataque, resultaron heridos dos milicianos, quienes fueron secuestrados por los agresores llevándolos primero a la posesión británica de Cayo Sal y, posteriormente, trasladados en forma ilegal a territorio norteamericano».* El que «los ciudadanos». resultaron ser «milicianos armados». carece, para este vocero, de toda significación.

Eran un exilio y una oposición interna combatiente.

Como se ve, las acciones comando de las organizaciones del exilio se repetían incesantemente. Lo confirma, ese 22 de octubre, la propia delegación cubana ante las Naciones Unidas al repetir que:

«todas estas acciones vienen a sumarse a centenares de violaciones denunciadas por Cuba, desde el primero de julio de este año, a

través del Ministerio de las Fuerzas Armadas Revolucionarias, del espacio aéreo y marítimo de Cuba».

Y vuelve a mencionar, en particular, al grupo estudiantil al expresar que *«un cable de la AP, proveniente de la ciudad de Caracas de Septiembre 9 de 1962, informa que un representante del titulado Directorio Revolucionario Estudiantil, aseveró que esa organización revolucionaria atacará cualquier buque soviético que sorprenda en aguas territoriales cubanas».*

No habían caído en oídos sordos estas denuncias cuando se formularon originalmente. Horas después de ocurrida la acción, el Departamento de Estado expresó que tenía pruebas de que el Directorio Revolucionario Estudiantil anticastrista era responsable del ataque de la noche anterior al litoral del Puerto de La Habana, y el Departamento de Justicia anunciaba una investigación para determinar si la Ley de Neutralidad de los Estados Unidos había sido violada como consecuencia de este episodio.

Al mismo tiempo aumenta visiblemente la presencia de soldados y armas soviéticas en Cuba. La Agencia Central de Inteligencia le ha estado informando al Presidente Kennedy desde el mes de julio, la introducción en la isla de armamentos atómicos; pero los informes son desestimados por el mandatario norteamericano que está más interesado en una campaña electoral de respaldo a varios senadores. Su carencia de visión provoca una crisis cuya ocurrencia pudo haber sido evitada.

8- UNARE, UNA NUEVA ORGANIZACIÓN

Figuras procedentes de distintos sectores, muchos de ellos de antigua militancia en la lucha contra el anterior gobierno, crean la Unidad Nacional Revolucionaria (UNARE) cuyas bases uno de sus integrantes, José Duarte Oropesa, las identifica con las de una Social Demócrata Cristiana Cubana[341].

Forman parte de ella en aquel duro año de 1962, Aparicio Aparicio, Gran Orador de la Gran Logia de Cuba; Ángel Cuadra, Durate

---

[341] Para una más amplia información sobre esta organización, ver «Historiología Cubana», Tomo IV de José Duarte Oropesa.

SE CREA UNIDAD NACIONAL REVOLUCIONARIA
(UNARE)

Luego del fracaso de Girón, José Duarte Oropesa, Aparicio Aparicio, Ángel Cuadra, Rolando Borges y otros crean Unidad Nacional Revolucionaria (UNARE) con la intención de producir un alzamiento en Oriente y Las Villas. Es frustado por la delación de Raúl Ojeda. La operación le cuesta la vida a Pedro René Hernández y Antonio Alanso Hernández y penas de prisión a varios de sus integrantes. En la foto el combativo militante e historiólogo, José Duarte Oropesa.

347

Oropesa, Rolando Borges, Efraín Taquechel, Julio Ruiz Pitaluga, Pedro René Hernández, José Iglesias y muchos más.

Los planes de alzamiento en Oriente y Las Villas se furstan por la delación de Raúl Ojeda, que se infiltró en la Gran Logia de Cuba y le costó el arresto del Gran Maestro Jorge Luis Cuevo y otros signatarios y el enjuiciamiento y fusilamiento de Pedro René Hernández, Roberto Arias y Antonio Alonso Hernández (Capitán Chamorro) que iban a alzarse en Sagua de Tánamo.

9- LA CRISIS DE LOS COHETES: UNA VERGONZOSA DERROTAMOSTRADA COMO ESPLENDOROSA VICTORIA[342]

Tras muchos desestimados informes de la CIA recibidos en julio, agosto y septiembre, el Presidente John F. Kennedy autoriza, el 14 de octubre, un vuelo de U-2 para obtener información de las bases de cohetes SAMs soviéticos que, la Agencia lo ha reportado, se han estado instalando en Cuba.

En la mañana del martes 16 le «confirman». que se había detectado la existencia de dichas bases. Había comenzado, para Kennedy, la Crisis de los Cohetes. Tiene el Presidente que tragar una amarga píldora. Había aceptado, sin objeción, las seguridades ofrecidas por Kruschev de que Rusia no enviaría a Cuba armamentos que pudieran ser utilizados para atacar a los Estados Unidos.

Las 48 horas siguientes a la innegable confirmación de proyectiles balísticos en la isla reflejan la indecisión de este joven presidente. Por semanas Kennedy había descartado los informes de la Agencia Central de Inteligencia y de refugiados cubanos sobre la existencia de esas bases. No era, ya, posible, continuar ignorando, públicamente, la presencia en Cuba de cohetes ofensivos. El Presidente reunió a sus cercanos colaboradores. Discutieron los posibles cursos de acción: a) no hacer nada, b) poner presión diplomática a los soviéticos, c) contactar secretamente a Castro, d) iniciar acciones indirectas como el bloqueo, e) realizar ataques aéreos contra las bases de cohetes u otros objetivos militares, con o sin aviso y f) una invasión. El embargo sería conocido como el «camino lento». y el ataque sorpresivo como el «camino rápido».

---

[342] Diario de Las Américas, octubre 19, 2005.

Robert F. Kennedy

John McCone

McGeorge Bundy

Anatoly Dobrynin

Cuatro personajes importantes durante la Crisis de los Cohetes. El Fiscal General y hermano del Presidente, Robert F. Kennedy se entrevistó con Anatoly Dobrynin, Embajador Soviético para negociar un acuerdo. John McCone, director de la Agencia Central de Inteligencia (CIA), quien desde agosto de 1962 mantuvo informado al Presidente sobre desplazamiento de los misiles. McGeorge Bundy, asesor legal del Presidente.

El viernes octubre 26, 1962 a las 9:00 de la noche quedó sellado el destino de Cuba. El Primer Kruschev aceptaba la proposición del Presidente Kennedy y presentada por su hermano Robert Kennedy a través del Embajador soviético Anatoly Dobrynin. En la foto el Presidente Kennedy y el Primier Kruschev en la reunión celebrada en Viena en junio de 1961 sobre la confrotación de Berlín.

Al amanecer del domingo 21 el Presidente decidió comenzar con una acción limitada. El bloqueo era la mejor opción. Temprano en la mañana Kennedy reunió a su Grupo de Trabajo para una revisión final de la alternativa de un ataque aéreo. El plan consideraba el bombardeo de los aeropuertos militares de Castro así como de las bases de cohetes. Por la noche se respira un aire de crisis en la capital. Ya se ha filtrado –el equipo kennediano es experto en intencionales filtraciones de noticias– que al día siguiente el primer mandatario se dirigirá a la nación.

El pueblo norteamericano conoció, de labios de su Presidente, la grave confrontación el lunes octubre 22 cuando todas las cadenas de radio y televisión cubrieron, a las 7 de la noche, las dramáticas palabras de Kennedy. A las diez de la mañana del miércoles 24 de octubre las líneas de bloqueo se habían trazado. Diecinueve barcos de la Segunda Flota de Estados Unidos formaron un arco que se extendía 800 millas desde el Cabo de Maisí en el extremo este de Cuba. En horas del mediodía de ese miércoles, veinticinco barcos soviéticos se dirigían a Cuba.

Los primeros buques soviéticos se van acercando a la línea de intercepción. Las 800 millas de las costas de Cuba marcaban el punto de confrontación. El momento era de extrema ansiedad. En pocas horas, tal vez en minutos, se producirá el choque inevitable. Kennedy lucía, ante los ojos del mundo, como *«una sólida roca»*, mostraba *«inquebrantable fortaleza y firmeza en esta confrontación»*, así lo ha recogido la leyenda.

Sí. Ésa es la leyenda. La historia es otra. La noche anterior (la noche del martes 23) había el Presidente enviado a su hermano Bobby a ver, sigilosamente –a espaldas de los altos militares del Pentágono y de los asesores y hombres de confianza que componen el Comité Ejecutivo– al embajador soviético Anatoly Dobrynin para evitar la confrontación. Los barcos soviéticos no tienen instrucciones de cambiar su rumbo ni de detener su marcha.

Algo hay que hacer. Kennedy –consultando tan solo con su hermano y el embajador británico, no el norteamericano; el británico!– toma una decisión: Reducir a 500 millas la línea de intercepción. Se

LOS «COMPROMISOS CONTRAIDOS»" COMIENZAN A EJECUTARSE

Orden de prevención de salida y enmienda de las condiciones de refugiados, emitida el 30 de marzo de 1963.

NOTICE OF PREVENTION OF DEPARTURE AND AMENDMENT OF CONDITIONS OF PAROLE, SERVED ON OCTOBER 30, 1963 TO CUBAN FREEDOM FIGHTERS BY THE UNITED STATES DEPARTMENT OF JUSTICE

✳ ✳ ✳

UNITED STATES DEPARTMENT OF JUSTICE
Immigration and Naturalization Service,
P. O. Box 51-621,
Miami, Florida

NOTICE OF PREVENTION OF DEPARTURE
and
AMENDMENT OF CONDITIONS OF PAROLE

Please be advised that the provisions of Section 215 of the Immigration and Nationality Act and Presidential Proclamation No. 3004 dated January 17, 1953 relating to the departure of United States citizens and aliens from the United States are in force and effect. This is official notice that you are not to depart from the territory of the United States until further notice.

Failure to comply with this order or the unlawful transportation of a person whose departure is forbidden will subject you to a fine of $5,000 or imprisonment for not more than five years or both. Penalties also include a seizure of any vessel or aircraft involved in such unlawful transportation.

You are further advised that the conditions of your parole into the United States under Sec. 212(d)(5) of the Immigration and Nationality Act are hereby amended to provide that you are to remain within the land limits of Dade County, Florida and failure to comply with these conditions will result in the revocation of your parole.

Served: March 30, 1963
(date) 5:45 PM

At: Miami, Fla.

Signature: Howard F. ...

Acting District Director,
U. S. Immigration and
Naturalization Service

Title: (Investigator)
Departure Control Officer

LOS ESTADOS UNIDOS ESTÁN EN PAZ CON CUBA

Hasta las primeras tres semanas de octubre de 1962 se alentaban c
oficinas del Fiscal General de los Estados Unidos, acciones contra el
de Castro. Luego de los «compromisos contraídos» el 28 de
comenzaron a embargarse las embarcaciones "utilizadas en accione
un país con el que los Estados Unidos está en paz". (Documento publi
«Cohetes Rusos en la Cuba Roja» por Luis V. Manrara).

NOTIFICATION OF SEIZURE SERVED ON JANUARY 8, 1964, BY THE UNITED STATES TREASURY DEPARTMENT --BUREAU OF CUSTOMS, TO CUBAN FREEDOM FIGHTERS

✱ ✱ ✱

TREASURY DEPARTMENT
BUREAU OF CUSTOMS

OFFICE OF THE DEPUTY COLLECTOR
P. O. Box 2980
Miami, Florida. 33101

January 8, 1964

Refer to: Seizure M-2073 AIV

You are hereby notified of the seizure by Customs officers at this
port, on December 14, 1963, of the following described boat.

1-23 foot motor vessel, name and registration unknown.
Bertram hull, Chrysler Model 413 engines. Serial
numbers 49485 and 49772.

Total Domestic Value - $8000.00

Seizure was made under the provisions of Title 22, United States Code,
Section 401 as it was established that this vessel was to be used on
a raid against a country with whom the United States is at peace. The
vessel is subject to forfeiture.

You are informed it is your privilege, under the provisions of Title 19,
United States Code, Section 1618, to apply for remission or mitigation
of the forfeiture incurred. Should you desire to do so, a petition
for relief signed by you containing a statement of all extenuating
circumstances should be addressed to the Commissioner of Customs, and
submitted to this office in quadruplicate for further handling. Such
petition must be submitted to this office within 60 days from the date
of this letter.

Sincerely yours,

L. D. AMLIE, COLLECTOR OF CUSTOMS

353

ampliaba, así, el tiempo para las secretas negociaciones que ya se están realizando.

Se ha producido, a través de U-Thant, Secretario General de las Naciones Unidas un acuerdo: los barcos soviéticos se mantendrán alejados del área de intersección, y los barcos norteamericanos *«evitarán directa confrontación en los próximos días con los buques soviéticos»*. Se dilata la confrontación. Más tiempo para que el Presidente continúe sus negociaciones y sus concesiones. Más tiempo para que los soviéticos aceleren, vertiginosamente, los emplazamientos de los cohetes.

En horas de la tarde del viernes 26 se recibió una extensa carta de Kruschev. Si los Estados Unidos se comprometían a no invadir a Cuba ni permitir que otras fuerzas lo hagan y a levantar el bloqueo, los soviéticos retirarían los cohetes de Cuba. La comunicación de Kruschev respondía a una anterior de Kennedy de Octubre 25. Se suceden las reuniones de Bobby Kennedy y el embajador Dobrynin. Robert Kennedy está exhausto. Cada conversación con Dobrynin representa una nueva concesión. El lunes 29 de octubre todo estaba transado, negociado. Todo, menos una confrontación. El Presidente había enviado nuevamente a su hermano a ver al embajador Dobrynin. Consideraba posible, a propuesta de Bobby, *«un acuerdo privado».* con Kruschev para intercambiar, calladamente, los cohetes Júpiter (que estaban en Turquía) por los proyectiles en Cuba y ofrecer, públicamente, garantía de que Cuba no estaría sujeta a una invasión americana. Formalmente debía haber un compromiso de «no invasión». para retirar los cohetes. Secretamente, había un trueque: los Estados Unidos eliminarían los cohetes de Turquía e Italia, si los soviéticos retiraban los proyectiles de Cuba.

Ignorado por los miembros del Grupo de Trabajo, Robert Kennedy y Anatoly Dobrynin se entrevistan, esta vez, en la embajada soviética.

Temprano, en la mañana del domingo 28, Robert Kennedy y Dobrynin vuelven a reunirse. Esta vez en la oficina del Fiscal General. Esa mañana Kruschev responde, a través de la radio de Moscú, aceptando el ofrecimiento de Robert Kennedy sin mencionar –cumpliendo lo que Kennedy había solicitado– la inmediata retirada de los Júpiter. Saldrán los cohetes de Cuba. Terminará la cuarentena, un esplendoroso triunfo de ese joven adalid del mundo occidental. El pueblo norteamericano no conocerá que los Estados Unidos se ha rendido.

Esa tarde el Presidente Kennedy preparó y envió a Moscú una respuesta, formal, a la carta de Kruschev reafirmándole que *«los compromisos contraídos, serían prontamente ejecutados».*

Muy pronto comenzarían a ejecutarse *«los compromisos contraídos».* Se emitirá orden de prevención de salida a los cubanos anticastristas y comenzarán a embargarse las embarcaciones ***«utilizadas en acciones contra un país con el que los Estados Unidos está en paz».***

Para los norteamericanos fue la celebración de una victoria que no se había alcanzado. Para Castro, la permanencia y estabilidad de su régimen. Para el cubano de la isla y del destierro la imposición de grandes limitaciones para seguir luchando por la libertad de su patria.

Los compromisos contraídos se harán sentir. Anticipándose a la aplicación de los mismos el Directorio publica una «Carta Abierta al Presidente de los Estados Unidos", el 13 de diciembre de 1962. Previendo las consecuencias que para la libertad de Cuba pueda tener el intercambio de comunicaciones entre Kennedy y Kruschev, el Directorio Revolucionario Estudiantil informa al Presidente que *«si el fin de la crisis actual tendiera a prolongar la agonía de nuestro pueblo, los cubanos jamás renunciaremos a nuestro derecho de combatir con todos los medios a nuestro alcance a los que nos han arrancado la soberanía nacional».*[343].

---

[343] Carta firmada por Luis Fernández Rocha como Secretario General del DRE. Cuba. Archivo personal de Enrique Ros.

Muerto "Perico" Sánchez, jefe de banda contrarrevolucionaria

Hace algunos días, en el poblado de Güira de Melena, en la Provincia de La Habana, fue muerto "Perico" Sánchez, jefe de una banda de contrarrevolucionarios que operaba en la zona sur de nuestra Provincia, principalmente en los términos de Jagüey Grande y la Ciénaga de Zapata, cuando trataba de escapar de la casa donde se encontraba escondido, huyendo a la acción justiciera de la Revolución.

"PERICO" ERA POLITIQUERO Y EXPLOTADOR

Pedro Sánchez González ("Perico"), era vecino de

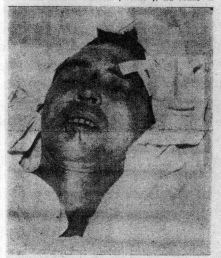

MUERTO "PERICO" SANCHEZ... "ese es el destino de los criminales, ese es el destino de los asesinos de niños y de maestros y de trabajadores, que quisieron hacer mérito ante el imperialismo cometiendo esas fechorías, pero que antes que el imperialismo —con cuyo triunfo soñaron, con cuya invasión soñaron— llegó la justicia, llegó el castigo".

Jagüey Grande, y conocido por todos los vecinos de la zona como sargento politiquero a las órdenes de los más connotados "caciques" de Jagüey y Agramonte durante la tiranía.

Además, era ganadero y se dedicaba a la venta de reses (encomendero), logrando una acomodada posición a costa de los "ventajosos" negocios que realizaba en es...

didos: José Pita, conocido por "Negro Pita"; Angel Ramón ("Mongo") Morejón y Pablo Almeida, que se encuentran a disposición del Tribunal Revolucionario de la Provincia de Matanzas, para juzgarlos por sus innumerables crímenes.

Con el resultado de este encuentro y el de otros anteriores, sostenidos con fuerzas combinadas del Ejército Rebelde y el Departamento de Seguridad del Estado, ha quedado totalmente aniquilada la banda mercenaria de "Perico".

LOS CRIMENES COMETIDOS POR LOS BANDIDOS CONTRARREVOLUCIONARIOS

La banda contrarrevolucionaria de "Perico", realizó numerosos hechos criminales que indignaron a todo el Pueblo, resultando víctimas de su crueldad, campesinos humildes y trabajadores y firmes defensores de la Revolución.

El pasado 26 de enero, asesinaron a Evelio Palenzuela Plasencia y Antonio Ramón Horta, miembros del Departamento de Orden Público de Jagüey Grande y al miliciano José Rivera Montes de Oca que los acompañaba.

Simultáneamente con este crimen, asesinaron en la finca "Santa Ana" del barrio Gallardo, a Manuel Hernández, que trabajaba como cocinero de la Escuela de Instrucción Revolucionaria "Antero Fernández" en la Granja "Mario Muñoz", y al campesino Alberto Medina, presidente del Comité de Defensa de la Revolución de la mencionada finca.

Esa noche, continuaron sus vandálicas tropelías, prendiendo fuego a la casa del campesino Gregorio Martel García, que fue herido gravemente por una bala que le atravesó ambos lados de la cara, pero que afortunadamente escapó con su familia de la saña bestial de los contrarrevolucionarios.

LOS BANDIDOS CONTRARREVOLUCIONARIOS SE ENSAÑABAN CON SUS VICTIMAS

Los desalmados bandidos, se ensañaron con el cuerpo del campesino Alberto Medina, al que le atravesaron la garganta de un bayonetazo. Este bárbaro hecho fue cometido por el bandido Sergio Iglesias, conocido por "el Sheriff" quien fuera muerto en un reciente encuentro, por miembros del Ejército Rebelde y del DSE.

"LOS CRIMINALES SIEMPRE CAEN"

Como dijera nuestro Primer Ministro y Secretario General del PURS en el acto realizado en el Parque "Fraga Moreno" el pasado 30 de Marzo, "los criminales siempre caen". (Cayeron los asesinos de Fermín y Yolanda; de los compañeros de la COB; del anciano miliciano de Juan Gualberto Gómez; todos caen). También decía Fidel en aquella oportunidad: "ése es el destino de los criminales, ése es el destino de los asesinos de niños y de maestros y de trabajadores, que quisieron hacer mérito ante el imperialismo cometiendo esas fechorías, pero que antes que el imperialismo, con cuyo

Reportaje despectivo de una de las publicaciones del régimen sobre la muerte de uno de los más valerosos y prestigiosos combatientes cubanos. Pedro Sánchez González (Perico), y dos de sus hijos, murieron combatiendo. Su otro hijo cumplió largos años de prisión.

CAPÍTULO X
1963: AÑO DE LUCHA, JUICIOS, CÁRCELES Y FUSILAMIENTOS

No se equivocó el dirigente estudiantil Fernández Rocha, al predecir las consecuencias que la aplicación de los «compromisos contraídos». acarrearía para los militantes cubanos. Las armadas norteamericanas y británicas se unían para cuidarle las fronteras a Castro.

En Diario Las Américas, el miércoles 3 de abril de 1963 aparece esta información: *«Prometen los Exiliados que Continuarán los Ataques».* Y se denuncia el arresto de los 17 refugiados que fueron detenidos por las autoridades británicas. Un cable de la UPI, de Nassau, Bahamas, informa que un luchador anticastrista había manifestado la noche anterior que los 18 compañeros cubanos detenidos por una fuerza británica en Las Bahamas fueron traicionados probablemente por norteamericanos.

Gerry Buhanan, norteamericano de 24 años de edad, residente de Miami dijo que la policía que detuvo a los 17 anticastristas en Cayo Norman el domingo fue informada con tres días de anticipación de que la embarcación proyectaba detenerse allí en su viaje a las costas de Cuba. Otro cable de la UPI, de la misma fecha, enviado desde Miami, afirmaba que el buque de guerra británico London Berry había capturado el día anterior a un grupo de exiliados cubanos en Las Bahamas. Una segunda embarcación logró huir a toda marcha en dirección a aguas de Cuba *«para hacer volar a un buque tanque soviético».*

La acción naval fue anunciada por fuerzas clandestinas de exiliados cubanos y luego confirmada con renuencia por el Almirantazgo Británico y el Departamento de Estado Norteamericano. El vocero anticastrista dijo que la embarcación detenida era una de las dos unidades navales destinadas a atacar los buques que trafican con Cuba. El día 4 de abril continuaban presos en Las Bahamas los cubanos que habrán de comparecer ante un tribunal.

Cuba también reacciona impensadamente. El 28 de marzo dos Migs cubanos atacaron a un buque norteamericano de carga que navegaba por el Caribe. Se apresuró Castro a presentar disculpas al gobierno norteamericano. Lo recoge el cable de la UPI de abril 13. Castro afirmó que había confundido al «Floridian». con otro buque sospechoso que se les había ordenado buscar. El Departamento de Estado declaró que consideraba este incidente particular, terminado. Al mismo tiempo Moscú volvía a denunciar el ataque que el mes anterior *«cubanos anticastristas realizaron contra el barco soviético Bakú»*. destruyéndoles 10 mil bolsas de azúcar de cargamento.

El 6 de abril la Prensa Asociada se hace eco de las medidas tomadas por los Estados Unidos de reforzar el Servicio de Guardacostas al sur de los Estados Unidos: 6 aviones, 6 patrulleros y 6 barcos de menor calado fueron enviados a la zona situada entre la Florida y Puerto Rico.

Estamos en abril. Miró ha renunciado. Cambian pronto las lealtades de algunos dirigentes cubanos. El Consejo, y la nómina que lo acompaña, puede desaparecer. Hacia Washington parte Manuel Antonio de Varona y, junto a él, algunos dirigentes que, hasta ayer, apoyaban a Miró. Otros se mantienen fieles al renunciante dirigente. Huertas, Carbó y otros renuncian al Consejo.

Las restricciones impuestas por *«los compromisos contraídos»*. por el Convenio, Pacto o Conversaciones, Kennedy-Kruschev, no les impide a los cubanos combatientes continuar, aunque con crecientes restricciones y obstáculos, su resistencia y, en el exilio, se burlan o evaden estas restricciones realizando efectivas acciones comandos.

Veamos algunas:

En enero de 1963, el gobierno de Cuba se había visto obligado a informar que ha *«desbaratado organizaciones norteamericanas de espías cuyo propósito era atentar contra la vida del Ministro de las Fuerzas Armadas Raúl Castro y provocar revueltas en la isla»*. La noticia la difunden, desde La Habana, las distintas agencias cablegráficas. El gobierno ubica en la provincia de Oriente la actuación de *«estas bandas que pretendían provocar revueltas en la isla como medio para preparar el terreno para futuros desembarcos en masa de contrarrevolucionarios»*. Así comienza 1963 para el régimen de Castro.

Aparecen acusados el *«supuesto jefe de la banda»*. Pedro Camerón Pérez, a quien le presentan, entre otros cargos, haber entrado y salido clandestinamente de la provincia de Oriente en dos ocasiones para introducir «armas en gran cantidad». Aparecen otros nombres: Carlos Serrat Almenares, Hortensia Vaquero; Roberto Gómez Crea; Francisco Iribar Martínez; los hermanos Antonio y Arturo Castro, Manuel Horacio Corrales y Carlos Pascual.

El 17 de febrero ocho cubanos que navegan por el Banco de las Bahamas a bordo del vivero *Blanca Estrella,* fueron interceptados alrededor de las seis de la tarde por tres torpederas cubanas que repentinamente abrieron fuego sobre la embarcación lo que forzó a los ocho tripulantes a lanzarse al agua y refugiarse, a nado, en la ribera sur de Elbow Key, territorio de Gran Bretaña.

Miembros de las torpederas cubanas desembarcaron y capturaron a cuatro de los expedicionarios, Juan Reyes, Armando Morales, Agustín Vizcaíno y Juan Morales. Tres días después desembarcaban en el pequeño cayo varios soldados que venían a bordo de la fragata Antonio Maceo, de la Marina de Guerra de Castro; tras una intensa búsqueda localizaron y detuvieron a los cuatro restantes: Eumelio Viera, Domingo Martínez, Rafael Santana y Eleno Oviedo Álvarez, lo que fueron conducidos hasta la Bahía de Cárdenas.

La prensa oficial, como siempre, tuerce los hechos. Habla de la captura de *«ocho piratas».* y muestra, en la edición de Revolución de enero 23, la foto y los nombres de los 8 detenidos. Luego, nada más habrá de publicarse sobre estos cubanos.

Durante más de siete años permanecieron en prisión sin ser sometidos a un proceso legal. Finalmente, el 26 de septiembre de 1970 comparecieron ante un tribunal militar en la prisión de la Cabaña y sometidos a un juicio «que duró escasamente unos veinte minutos». Todos fueron condenados. A Eleno Oviedo Álvarez le impusieron una sanción de 30 años de privación de libertad porque *«aunque abandonó legalmente el país en junio de 1959...se le considera afín a los grupos terroristas del exilio».*[344].

La rebeldía se mostraba también en las montañas cubanas: continuaban alzados, combatiendo con las pocas armas que obtenían, grupos de ya avezados combatientes. En Las Villas, en un punto entre

---

[344] Ernesto Díaz Rodríguez. «Rehenes de Castro».

Trinidad y Sancti Spiritus, el primero de marzo, muere combatiendo Tomás San Gil[345], que había mantenido en jaque a batallones de milicianos cuyas «hazañas». son recogidas y alabadas por periodistas al servicio del régimen[346].

1- MARZO DE 1963. SE CUBRE DE SANGRE EL SUELO CUBANO

Para conmemorar un nuevo aniversario del ataque al Palacio Presidencial, Castro tenía anunciada su comparecencia en un acto público a celebrarse en la Universidad de La Habana. Cubanos anticastristas coordinaron esfuerzos para realizar un atentado. Detectada la operación por Seguridad del Estado, fueron detenidos Luis David Rodríguez González, Ricardo Olmedo Moreno, de la Agrupación Montecristi; Tomás Sobrado Martín, Coordinador de Unidad Revolucionaria; José Zamora Sosa del MRR; José Martínez Valdés, que había operado con Tomás San Gil y Raúl Prado Sardiñas[347].

El Departamento de Seguridad del Estado consideraba que la Resistencia Cívica Anticomunista (RCA) estaba compuesta por 8 distintas organizaciones: Ejército de Liberación Nacional (ELN), Movimiento de Recuperación Revolucionaria (M.R.R.), Hermandad Montecristi (HM), Movimiento Agramonte, Consejo Central Nacional, II Frente Nacional Escambray, Triple A (AAA) y Frente Unido de Guanabacoa. El G-2 consideraba a Luis David Rodríguez como el dirigente de aquella amplia organización. En la ejecución del atentado participarían Ricardo Olmedo, Tomás Sobrado Martín, José Zamora Sosa, José Martínez Valdés, Raúl Prado Sardiñas y otros.

Afirmaban que el plan consistía en tirar con una bazuka desde un edificio situado frente a la escalinata de la universidad contra la tribuna del acto con que se conmemoraría el Sexto Aniversario del Ataque al Palacio Presidencial, ocurrido el 13 de marzo de 1957 *«al que asistiría el Comandante en Jefe».*

---

[345] Amplios datos sobre la actividad guerrillera de Tomás San Gil pueden encontrarse en la obra «Escambray, la Guerra Olvidada», de Enrique Encinosa.
[346] Entre ellos, Norberto Fuentes. Ver «Cazabandido» y «Condenados del Condado».
[347] Luis Báez. «Guerra Secreta|, editado en Cuba en 1978.

Es esa la sucinta versión oficial que recoge Luis Báez, periodista al servicio del régimen en su obra, editada en Cuba, «Guerra Secreta».

La verdadera historia es otra. Más compleja, más sangrienta.

«Los compromisos contraídos». dificultan, en los primeros meses de 1963, la lucha interna. Con el celoso cerco de las armadas norteamericanas y británicas se entorpece el aprovisionamiento de los que se encuentran alzados en la provincia de Matanzas y en el Escambray. Se hace difícil, también, la coordinación de las antiguas organizaciones clandestinas que han sido diezmadas.

Pero el cubano se niega a desistir de la lucha. Desde finales del año anterior ya habían comenzado a trabajar coordinadamente organizaciones que agrupagan a miembros de la resistencia urbana y a grupos alzados, principalmente en las provincias de Matanzas y Las Villas.

Dos de estas organizaciones eran la Resistencia Cívica Anticomunista (RCA) y el Frente Interno de Liberación (FIL). Ocupa la coordinación militar del RCA, Ricardo Olmedo, de gran prestigio entre las filas revolucionarias por haber participado el 13 de marzo 1957 en el Asalto a Palacio en cuya operación resultó gravemente herido[348]. El Coordinador Civil de la organización era Luis David Rodríguez, de larga y probada trayectoria revolucionaria frente al régimen castrista. En la etapa anterior a la Crisis de los Cohetes, Luis David había sido asignado a la Sección de Acción y Sabotaje dentro del MRR donde había actuado junto a los hermanos Alfredo Quesada (Malacara) y Antonio Quesada que se habían alternado como jefes de acción del MRR en La Habana, y con Enrique Murgado, con quienes participa en distintas acciones.

La Coordinación Militar del Frente Interno de Liberación (FIL) la ocupa Jorge Sánchez-Villalba, que había sido Coordinador Nacional de la «Juventud Anticomunista Revolucionaria». (JAR) y, a fines de 1962 había ocupado la jefatura nacional de acción de Unidad Revolucionaria. El Coordinador Civil del FIL era Luis O. Vizcaíno.

---

[348] Ricardo Olmedo Moreno había formado parte, junto con Faure Chomón, Menelao Mora, José Antonio Echeverría, Rolando Cubela, Luis Rodríguez Loeches y otros, del Directorio Revolucionario que, luego del Ataque a Palacio, tomó el nombre de Directorio Revolucionario 13 de Marzo.

Saben que no podrán contar con ayuda del exterior pero tienen los hombres y las armas necesarias para realizar el plan que ya, a fines de noviembre, están elaborando.

Llegaba ese mes Luis David Rodríguez de entrevistarse con Tomás San Gil[349]. jefe de uno de los grupos más activos que se encontraban alzados en el Escambray. Sánchez-Villalba se había reunido con Pedro Sánchez González («Perico Sánchez»), de Jaguey Grande quien, junto a sus hijos Pedro y Ramón, Juan José Catalá (Pichi), Juanito Sosa y otros se mantenían combatiendo en las lomas de la provincia de Matanzas.

2- ESCALADA MILITAR PARA EL 13 DE MARZO

Se reúnen los grupos urbanos y rurales en Boca de Camarioca, cerca de una modesta residencia que allí tenía Juanito Sosa. Concretan el plan. Se realizará una escalada militar que habrá de iniciarse el 28 de enero de 1963, aniversario del natalicio de José Martí, y culminará el 13 de marzo con la liquidación física de Fidel Castro en el acto que cada año se celebra ese día en la Universidad de La Habana para conmemorar la fecha del Asalto a Palacio. El ejecutor del tiranicidio, consciente de que ofrendaba así su propia vida, sería Ricardo Olmedo que, como veterano de aquella acción, era siempre invitado a la conmemoración de esa fecha.

El plan era sencillo pero, como de costumbre, se fue agrandando innecesaria y peligrosamente.

En busca de municiones, botas y cascos para un número de hombres con los que aún no se contaba se estableció contacto con el Teniente Roberto Rodríguez, «El Colorado», del Ejército Rebelde. Mientras, Tomás San Gil había designado a uno de sus mejores hombres, Juanín Morales, para que, en La Habana, le diese a Ricardo Olmedo la cobertura necesaria inmediatamente de producido el atentado.

En las primeras semanas de 1963 se mantenía una fluida coordinación entre los grupos urbanos de la RCA y FIL y los alzados de Matanzas y el Escambray. Armando Saavedra y Julio Emilio

---

[349] Alzado desde 1960, San Gil ocupa la jefatura suprema de los guerrilleros del Escambray desde 1962. (Para una detallada información sobre la lucha en la provincia central, ver «Escambray. La Guerra Olvidada», de Enrique Encinosa).

Carretero, lugartenientes de San Gil, ofrecían todo su respaldo. Se produce en La Habana la última reunión para decidir los últimos detalles de la escalada militar. Están presentes por la RCA: Jorge Espino Escalá[350], Ricardo Olmedo[351] y Luis David Rodríguez[352]. Por el FIL se encuentran Luis O. Vizcaíno y Jorge Sánchez-Villalba[353]. En Matanzas, como jefe civil de la provincia y representante de los alzados, sigue trabajando activamente Roberto Delgado[354].

En la provincia de Matanzas se encuentra también un líder agrario que vivía en el batey del Central Tinguaro, el joven Orestes Fariñas que aún conservaba armas que habían pertenecido a las guerrillas del MRR recientemente desactivadas. En la reunión de Boca de Camarioca se acordó cederle a Catalá Conde (Pichi) y a Perico Sánchez esas armas porque ya éstos se encontraban alzados. Todo marchaba bien. Hasta la delación del Teniente Rodríguez.

Descubierta la conspiración son detenidos en La Habana, en los últimos días de enero de 1963, Jorge Espino Escalá, Ricardo Olmedo y Luis David Rodríguez. Los dos primeros morirán frente al paredón el 31 de mayo de aquel fatídico año de 1963. Los dos primeros morirán frente al paredón el 31 de mayo de aquel fatídico año de 1963 y el tercero, Luis David, caerá al disparar contra dos de sus tres custodios con un arma que llevaba escondida y ser ajusticiado por el tercer custodio. Más tarde fueron detenidos Luis O. Vizcaíno, Jorge Sánchez-Villalba y Camilo Pestana.

Como se había acordado, las guerrillas de Perico Sánchez atacaron el 28 de enero a las fuerzas militares de Jaguey Grande, mientras Catalá (El Pichi) atacaba la base soviética en las inmediaciones de Pedro Betancourt moviéndose luego hacia esa población. Ramiro Almeida[355] con su grupo guerrillero atacó dotaciones militares de

---

[350] Morirá fusilado en La Cabaña en Mayo 31 de 1963.
[351] Morirá fusilado en La Cabaña en Mayo 31 de 1963.
[352] Morirá combatiendo en febrero de 1963.
[353] Vizcaíno y Sánchez-Villalba serán detenidos a mediados de febrero y condenados a 30 años.
[354] Roberto Delgado morirá fusilado el 2 de abril de 1963. (No confundirlo con Alberto Delgado y Delgado, el Hombre de Maisinicú).
[355] Ramiro Almeida Socarraz morirá frente al paredón en la ciudad de Matanzas el 11 de junio de aquel año.

Manguito y Colón. Ramón Montenegro[356] asaltó con éxito camiones militares en los límites de las provincias de Matanzas y La Habana.

Aquel 28 de enero la quema de cañaverales en la provincia de Matanzas alcanzó proporciones alarmantes según la admisión del propio régimen. Orestes Fariñas, denunciado por el Teniente Rodríguez, escapó milagrosamente de una emboscada en unos cañaverales cercanos a Colón. El joven dirigente agrario pudo escapar hacia La Habana; luego se alzó en Matanzas; fue detenido y murió, frente al paredón, en Las Cumbres, en la propia provincia de Matanzas, el 19 de diciembre de 1963.

Más de cinco mil soldados, casi todos procedentes de la provincia de Oriente, para evitar contactos personales o familiares, utilizó el régimen para limpiar de alzados la provincia de Matanzas. Fuerzas aún superiores fueron utilizadas en la Limpia del Escambray en la cercana provincia de Las Villas.

La delación del Teniente Rodríguez sigue causando estragos. Roberto Delgado es arrestado en Jaguey Grande y fusilado en la misma ciudad de la que había sido alcalde. El Pichi Catalá, oriundo de Jovellanos, muere combatiendo el 22 de marzo en el Central Limonar de su provincia matancera. Perico Sánchez fue sorprendido cuando se encontraba en Güira de Melena, en la Provincia de La Habana y asesinado el 15 de mayo de aquel año. Dos de sus hijos, Pedro y Ramón, morirán combatiendo.

3- PERICO SÁNCHEZ: PATRIARCA DE UNA FAMILIA HEROICA

Perico nació en la finca San Lucas de Jagüey Grande. Su niñez la desenvuelve en contacto directo con la campiña cubana. Era, por su dedicación al trabajo, para el régimen castrista un ejemplo dañino –como señalaba su cuñado el Dr. Fidel González[357]– una negación del

---

[356] Ramón Montenegro, oriundo de Santa Ana/Cidra, morirá pocos meses después, en abril, combatiendo cerca de Varadero.

[357] El Dr. Fidel González fue compañero universitario de Fidel Castro, y uno de los fundadores de la Federación Estudiantil de los Institutos de Segundo Enseñanza (FEI), de la que fue Presidente. Al triunfo de la Revolución se dedicó como abogado a defender a presos políticos en los tribunales revolucionarios. Hoy es uno de los altos dirigentes de los Abogados Cubanos en el Exilio, en New York y New Jersey.

mito comunista, un peligroso enemigo del Partido al que había que eliminar y destruir lo más rápido posible.

El día 17 de abril de 1961 lo sorprende la Invasiónd de Playa Girón. Comprometido de antemano para secundar aquel movimiento libertario, se entera del mismo horas después de haberse producido el desembarco. Corre con sus dos hijos a su finca, donde tiene ocultas las armas y se van al monte para establecer un frente de lucha pero es, nos lo explica Fidel González, demasiado tarde; en pocas horas todo ha terminado. La tan esperada invasión ha resultado un fracaso. La ausencia de Sánchez y sus dos hijos despierta las sospechas de las autoridades; al regresar a su finca son detenidos y sujetos a investigaciones e interrogatorios.

El 18 de noviembre detienen a su hijo Rubén, de sólo 16 años, y lo condenan a seis años de prisión a pesar de su minoría de edad. Al día siguiente las milicias van en busca de Sánchez y rodean su casa. Lo detienen pero se les escapa. Herido, se dirige a su finca «Segovia", donde se apodera nuevamente de las armas ocultas y se va al monte con Pedrito, su hijo mayor. Más tarde se le unirá su otro hijo Raúl.

En la segunda quincena de abril de 1963 se encuentra Perico con sus hombres acampado en la finca «Cantabria», del Municipio de Pedro Betancourt. Se ve rodeado de fuerzas comunistas en números superiores al grupo de guerrilleros. Se inicia el combate, y el primero en caer destrozado por una granada es su hijo Pedrito que sólo contaba 24 años de edad. Continúa el combate y, más tarde, cae mortalmente herido el segundo de sus hijos, Raúl (Lalo) de sólo 23 años y junto con él otro joven, Wilfredo Rodríguez, también de Jagüey Grande.

Desde ese momento se inicia una cacería humana contra aquellos guerrilleros dirigidos por Perico Sánchez. Entrado el mes de mayo era difícil obtener protección ni abrigo para cualquier perseguido político. Mucho menos para un hombre tan señalado como Perico Sánchez quien, finalmente, logra establecer un efectivo contacto con Jorge Luis Cuervo, Gran Maestro de la Gran Logia de Cuba, que facilita los servicios de un valioso grupo de masones cubanos quienes asumen la responsabilidad de preparar la salida de Perico y sus hombres hacia el extranjero.

El 2 de mayo de 1963 llega Sánchez a La Habana, con siete de sus hombres entre los que se encuentran Mongo Morejón, José Pita,

Sergio Espina, Ramiro Socarrás, Pérez Alonzo, Suárez y otros y son trasladados a Güira de Melena, buscando la proximidad a Batabanó, lugar escogido para la salida clandestina por mar.

El día 10 de mayo, por las sospechas de un vecino confidente de la Policía Política del régimen, fuerzas de Castro rodean la casa donde se encuentra Sánchez y proceden a registrarla. Logra Perico, desarmado, escapar de la casa. Cerca de la salida del pueblo se percata que no hay posibilidades de evadir la persecución y le pide al chofer que lo baje, aconsejándole que siga el viaje para que pueda salvar su vida. A los pocos minutos Perico se ve completamente rodeado de militares que se disponen a tomarlo prisionero, pero Perico ha prometido que nunca más, luego de aquella primera detención, se dejará tomar con vida y, así, solo, se enfrenta a la tropa. Un certero tiro pone fin a la vida de este héroe de la lucha por la libertad de Cuba, el Comandante Perico Sánchez.

En su pueblo distribuye la milicia panfletos con la foto del cadáver y este titular: *«Muerto Perico Sánchez, Jefe de Banda Contrarrevolucionaria».* y la prensa de La Habana destaca, como lo hace con otros grandes líderes de la lucha armada contra el régimen, en forma gozosa la muerte del legendario combatiente.

4- SE LLENAN DE SANGRE LAS DOS PROVINCIAS CENTRALES

Se llenan de sangre las dos provincias centrales. Tomás San Gil, que había asumido la comandancia del Escambray después de la muerte de Osvaldo Ramírez, como ya mencionamos, muere combatiendo en el Monte de las 40 Caballerías, en Las Villas, el 1º de marzo del 63. Junto a él caerá también su lugarteniente Armando Saavedra Gil, más conocido como Mandy Florencia. La noticia la destaca el periódico Revolución en grandes titulares de primera página: «ÚLTIMA HORA». «ANIQUILADA UNA BANDA CONTRARREVOLUCIONARIA. MUERTO EL CABECILLA TOMÁS SAN GIL, OPERABA EN LA REGIÓN DE TRINIDAD Y SANCTI SPIRITUS».[358]

En Matanzas se inmolan combatiendo, entre otros, tan sólo en el mes de marzo, Carlos Alemán, Candelario Balzal, Francisco Cabrera

---

[358] Periódico Revolución, marzo 3, 1963.

Rivero, de Bolondrón; Enrique Carballo, de San José de los Ramos; Wilfredo Casanova de Jaguey Grande; Ramón Díaz González, que muere en Agramonte; Celestino Díaz, de Bolondrón; Venancio Suárez, Roberto Morales; Raúl Ramos, de San José de los Ramos; y Fredo Rodríguez; los hijos de Perico Sánchez, que caen combatiendo en la finca Cantabria en Jaguey Grande. Los que no mueren combatiendo pierden su vida ante el paredón.

El mes de marzo de 1963 lo emplea el régimen en anegar con sangre la provincia.

Roberto Alfonso es fusilado en la ciudad de Bolondrón el 23 de aquel fatídico mes. Muere Evaristo Boitel Beruvides, de Jovellanos, cuyos hermanos y padre también perdieron su vida frente al paredón. Fusilan a Mario Bravo; el mismo día 23 es ejecutado Ramón Correa Coto en Agramonte; luego Israel Delgado, de Pedro Betancourt; muere Roberto Hernández Trujillo, de Bolondrón; Facundo Herrera y Leopoldo Herrera, el primero de Matanzas y el segundo de Cidra; y así, decenas y decenas de cubanos, en menos de 30 días, perdieron su vida en la más pequeña de nuestras seis provincias.

Iguales actos de heroísmo se multiplican de Pinar del Río a Oriente. El cubano, dentro de la isla, sin esperar ni confiar en la ayuda externa que no llegaría, incendia cañaverales, asalta camiones militares, ataca guarniciones de soldados en un heroico esfuerzo por romper las cadenas que lo oprimen.

Al terminar el mes de marzo, lleno de acciones realizadas por cubanos en el exterior y dentro de la isla, el régimen se muestra comprensiblemente preocupado.

Desde Moscú, los soviéticos tratan de calmar la intranquilidad de los hermanos Castro. El 3 de abril, pocos días después de los sorpresivos y efectivos ataques, llegan palabras, tan sólo palabras, de apoyo:

«Ninguna provocación de los contrarrevolucionarios cubanos detendrá a los marinos soviéticos».

Distintas motonaves soviéticas celebran actos de *«solidaridad con la Revolución Cubana».* y de condena a los ataques realizados a los buques Lgov y Baku[359].

---

[359] Cable de Prensa Latina, abril 3, 1963.

La demanda del régimen de Castro para que *«cesen los ataques piratas desde territorio de Estados Unidos».* surte efecto. El Presidente Kennedy da a conocer medidas que restringen las actividades de los exiliados cubanos para evitar actos como los realizados contra las naves soviéticas. A este efecto destina el gobierno de Washington seis aviones, seis patrulleros y seis barcos de menor calado para reforzar el servicio de guardacostas en la zona situada al este de la Florida, Cuba y Puerto Rico. Castro estaba de plácemes.

El 4 de abril, a los pocos días del ataque se produce un enfrentamiento entre guerrillas alzadas en la provincia de Matanzas y miembros del Ejército Rebelde. Mueren en el encuentro, entre otros, Orlando de Armas Hernández y Felicito Martínez González que operaban en las cercanías de Pedro Betancourt.

En el mes de mayo de 1963 la resistencia recibía otros duros golpes.

Para el Primero de Mayo se había planeado por el Frente Anticomunista Revolucionario Interno un atentado contra Fidel Castro en la Plaza de la Revolución. Fueron detenidos Pedro Hernández Álvarez, Enrique González, Francisco Cepero Capiro, e Indalecio Ferreiro.

El 4 de aquel mes fueron detenidos y procesados, en la Causa 300 de 1963, Hans Gengler Ebner, Rafael Suárez González y Mario Pedraza Martí, del Directorio. El día 9, Emilio Llufrío comparece ante las cámaras de televisión revelando acciones realizadas por la Triple A.

Pero los cubanos combatían desde distintos frentes.

Aunque la lucha continúa, Castro se empeña en cantar victoria. Así, al hablar en Cárdenas el 19 de junio, repite, una y otra vez, que ha destruido la oposición interna:

«Los contrarrevolucionarios han sido aplastados». *«Las bandas contrarrevolucionarias han sido barridas de la provincia».* *«Hemos barrido las bandas».* *«Hay que seguir combatiendo, sin embargo, contra el enemigo, contra los intentos de traer explosivos, de introducir saboteadores y de organizar nuevas bandas».* *«Seguirá contra ellos la lucha implacable en todos los frentes; seguirá la revolución a la ofensiva, barriendo todos los baluartes del enemigo».*

Pero, poco después, se contradice. No ha sido aplastada **toda** la «contrarrevolución».

«Los bandidos...han sido reducidos a un 50% en Las Villas y ahora emprenderemos la barrida final contra ese 50%. No quedará una sola banda, no quedará un solo bandido». dice Fidel en la clausura de la Reunión Nacional Azucarera donde se ve obligado a admitir un nuevo fracaso:

«Ya pasó la zafra más baja desde el triunfo de la revolución».[360].

Días después fueron juzgados y fusilados en Las Villas Macario Quintana Carretero y Aquilino Zerquera, acusados de haber sido los que habían dado muerte a Conrado Benítez[361]. El 30 de junio vuelve a funcionar el paredón. Son cuatro combatientes los que caen aquella noche: Ángel Paleo Nieto, José Manuel Rodríguez Suárez, Rasiel Royer Zagarel, y Enrique García Palomino. Se les había acusado de enviar informaciones militares, políticas y económicas a la Agencia Central de Inteligencia. En la misma causa son condenados a 20 años de prisión, Manuel Álvarez Panego, Luis Prieto Fernández e Ignadio Madruga Alonso y, a doce años de prisión, Manuel Álvarez Pita.

La «contrarrevolución». que *estaba aplastada*. continúa activa. El 15 de agosto el Ministerio de las Fuerzas Armadas Revolucionarias se ve obligado a informar que han sido *«apresados piratas agentes de la CIA, en Cayo Anguila, posesión inglesa, situado en el banco de Cayo Sal».*

5- CAYO ANGUILA I

Los grupos anticastristas no quieren darle tregua al régimen. Dos potencias, la inglesa y la norteamericana, unen su poderío militar para detener a 17 combatientes cubanos que en una lancha pretenden realizar una acción comando contra el gobierno castrista.

Permanecerán presos en Nassau por varios días los 17 cubanos. Así describe la prensa internacional la *«heroica acción».* de las dos grandes naciones baluartes del mundo democrático:

---

[360] Discurso de Fidel Castro. Junio 27, 1963.
[361] Conrado Benítez, Capitán de Milicias, maestro de profesión, había participado en encuentros con guerrilleros que combatían en Las Villas. Murió en un enfrentamiento con los alzados en aquella provincia.

«Una nave de guerra británica, guiada por un avión de patrulla norteamericano, interceptó y capturó a un grupo de exiliados cubanos que se dirigía hacia Cuba en una incursión de guerra».

Ya antes, a mediados de febrero, como hemos narrado, ocho exiliados cubanos, que se habían detenido brevemente en Cayo Elbow, Bahamas, habían sido secuestrados por tropas castristas y conducidos a Cuba. Fue un mes después, el 12 de marzo, que se dio a conocer el vandálico hecho[362]. El gobierno de Las Bahamas había ocultado la noticia.

No serán éstos los únicos servicios que la corona británica le presta a Castro y al tolerante gobierno norteamericano. El 31 de marzo otro grupo de 17 combatientes cubanos que se había detenido momentáneamente en uno de los cayos de la cadena de las islas Exuma era detenido por la fragata inglesa «London Derry». No había sido fortuita la presencia de la fragata inglesa en aguas de Las Bahamas. El barco de la marina británica acababa de ser transferido a Las Bermudas para *patrullar las aguas de Las Bahamas, de acuerdo con las órdenes de la Cancillería dirigidas a impedir ataques piratas contra Cuba».* La detención de los diecisiete combatientes se había producido el 31 de marzo.

¿Cuál era ese barco? ¿Quiénes, los organizadores de esta expedición? ¿Por qué se dirigen y se detienen por breve tiempo en aquel cayo?. Ni la prensa de Miami ni la de Nassau ofrecieron detalles. Esta es la verdadera historia:

La «Alianza para la Libertad de Cuba».[363] fundada por el ya anciano pero prestigioso, Gral. Generoso Campos Marquetti, contaba, entre las muchas organizaciones a ella adheridas, con los «Pinos Nuevos, Comandos de Acción». Ésta última adquirió a través de Carlos Hevia (sin relación alguna con el Ingeniero Carlos Hevia que fuera por muy breve tiempo presidente de la República y, luego, candidato a la presidencia) el barco Violynn III. Juan Vargas, experto en soldadura y el Ing. Jorge Taraja prepararon la embarcación para realizar acciones comandos colocándole una base sobre la que instalaron

---

[362] Cable de la UPI de marzo 12, 1963.
[363] La «Alianza para la Libertad de Cuba» operaba desde su local situado en la avenida 17 y la calle 35 del N.W. en Miami.

una ametralladora, desmontable, calibre 20 y, a través de Santiago Babún, adquirieron, por conducto del abogado Juan Ramón García, del MRR, las armas necesarias que Babún había comprado en Norfolk, VA[364].

Pero antes de partir el Vyolinn III, Orlando Bosch solicitó de «Los Pinos Nuevos, Comandos de Acción». que trasladasen al cayo de Las Bahamas a un grupo de expedicionarios del MIRR, comandado por Evelio Duque, que allí serían recogidos por otra embarcación para ser infiltrados en Cuba.

Los hombres del Vyolinn III, dirigidos por Zacarías Acosta iban a realizar una acción comando contra un barco carguero. El grupo de Evelio Duque iba a infiltrarse en Cuba.

El viernes 5 de abril el Violynn III con todos los expedicionarios se escapa de Nassau para dirigirse a Cuba, pero es finalmente abordado por un guardacosta norteamericano, luego de una prolongada persecución.

La guardia costera norteamericana se mantenía activa. A las 24 horas detenía otra embarcación con cinco combatientesd a bordo. La captura se produce al oeste de la Isla Andros luego de 3 horas de una persecución en la que alegremente participan también dos patrulleros británicos. Al frente del pequeño grupo expedicionario estaba Eloy Gutiérrez Menoyo. Lo acompañaban Rafael Huguet, René Cruz y Julio Cruz. Habían partido de William Island poco después que otros nueve exiliados habían sido detenidos en Andros Island por oficiales británicos y conducidos a Nassau.

Desde La Habana, Castro aplaude la efectiva cooperación que está recibiendo de la Administración de Kennedy. *«Las medidas tomadas por los Estados Unidos para impedir los ataques comandos de los exiliados cubanos son un paso positivo hacia la reducción de los peligros de la crisis».[365].*

Se hace difícil evadir el cerco de los buques ingleses y norteamericanos que tan eficazmente están sirviendo a Castro. Los MIG rusos piloteados por aviadores del régimen participan en el asfixiante ase-

---

[364] Fuente: Dr. Roberto Rodríguez Aragón en entrevista con el autor.
[365] Cable de la AP de abril 10, 1963.

dio. Tan grande es su celo por impedir toda expedición a Cuba que el 28 de marzo disparan, por error, como antes expusimos, al carguero norteamericano Floridian. Estados Unidos protesta a través de los canales diplomáticos; Castro se apresura a presentar excusas que, de inmediato, les son aceptadas por Washington[366]. Todo queda zanjado como entre buenos amigos.

6- BURLANDO LAS RESTRICCIONES LOS CUBANOS SIGUEN COMBATIENDO

El 27 de abril, como ya lo hemos mencionado, partía Castro sigilosamente hacia Moscú, dominada ya, por las persuasivas palabras del Vice Primer Ministro Anastas Mikoyán, su irritación hacia Kruschev. Pero los grupos anticastristas le dieron, con sus acciones, un gran colorido a esa subrepticia salida.

Este día, dos refinerías de petróleo, cerca de La Habana, fueron atacadas *«por un grupo de contrarrevolucionarios».* según admitía el propio gobierno cubano. La radio de La Habana afirmaba que el avión atacante *«despegó de territorio norteamericano y regresó a su base con absoluta impunidad».* La transmisión cubana describió los objetos arrojados como *«material inflamable... y una bomba de 45 kilos de napalm –gasolina gelatinosa– que no hizo explosión».* Le fue atribuida al Movimiento Demócrata Cristiano esta acción que, algunos señalaban, había sido concebida y perpetrada por Laureano Batista Falla, que tenía a su cargo las acciones militares de esa organización[367].

Los militantes cubanos arreciaban sus ataques con los pocos medios con que contaban y a pesar de las grandes dificultades que enfrentaban. La Administración andaba por un camino opuesto. En marcado contraste con las acciones de los militantes anticastristas, el Departamento de Justicia de los Estados Unidos anunciaba, el 23 de abril, que pondría en libertad a cuatro comunistas cubanos que se encontraban presos en los Estados Unidos.

---

[366] Cable de la AP de abril 4, 1963.

[367] El cable de la UPI de abril 27 ofrece amplios detalles de esta acción que, positivamente, fue realizada por la sección militar del MDC capitaneada por Laureano Batista Falla. El gobierno cubano presentó una enérgica protesta ante Washington. Se acentuarían, aún más, las restricciones a los grpos de acción que actuaban desde el exterior.

Quedaban libres, Francisco Molina del Río (El Gancho)[368], Roberto Santiesteban Casanova, miembro de la Delegación cubana ante las Naciones Unidas; Antonio Sueiro y José García Orellana. Los tres últimos, detenidos hacía unos meses, habían sido acusados de tratar de sabotear instalaciones de defensa en los Estados Unidos. Los cuatro partieron de inmediato para La Habana.

Las medidas de restricciones que está aplicando la Administración a la acción de los grupos anticastristas, obliga a los dirigentes de estas organizaciones a buscar la forma de evadir las limitaciones que les imponen. Están aplicándose en efecto *«los compromisos contraídos».*[369].

Se reúnen el Directorio Revolucionario Estudiantil, Alfa 66, Comandos L, Segundo Frente del Escambray y otras organizaciones que en los últimos tres meses han efectuado siete ataques sobre las costas de Cuba y a buques mercantes soviéticos.

Pero como el gobierno de Kennedy está decidido a hacer cumplir la aplicación de la «Ley de Neutralidad", envía hacia la zona del Mar Caribe seis aviones, seis buques patrulleros y otros seis barcos de menor calado. El peligro no es Castro. El portavoz de los guardacostas norteamericanos, descarnadamente honesto, explica la decisión:

«Esta medida se tomó para lograr la aplicación de las leyes a los navíos que van rumbo a Cuba con la intención de atacar».[370].

Castro y Kruschev celebrarán su victoria diplomática.

7- ACCIONES POR LA LIBRE

Los combatientes cubanos continúan su lucha. Cuatro organizaciones –Segundo Frente del Escambray; Alfa 66; el MRP y el Frente

---

[368] Juan Francisco Molina del Río (El Gancho) había sido condenado por la muerte de una joven venezolana cuando la visita de Fidel Castro a Nueva York en 1960. Su indulto era una burla de la Administración de Kennedy a la justicia: Sólo 3 meses antes, el 23 de enero de 1963, la Corte de Apelación de Nueva York había confirmado la pena de 20 años de prisión impuesta al Gancho Molina.

[369] Los «compromisos contraídos» se refieren a los acuerdos que, en secreto, han tomado John F. Kennedy y Nikita Kruschev, cuatro meses antes, como bochornoso precio para resolver la Crisis de los Cohetes. Ver «De Girón a la Crisis de Octubre: La Segunda Derrota», del autor.

[370] Cable de la AP de abril 6 de 1963.

Anticomunista de Liberación– realizan un sorpresivo ataque en la Playa de Tarará, a unos quince kilómetros de La Habana. Coincide este ataque con la firma de un manifiesto suscrito por el Segundo Frente del Escambray, Alfa 66 y el MRP, cuyo documento creará serias diferencias en el seno de estas organizaciones.

Celebrará Fidel Castro el Primero de Mayo junto a Nikita Kruschev en la Plaza Roja. Habrá intercambio de elogios y de promeses. No escatima Kruschev las zalemas *al héroe popular de la Cuba Revolucionaria»; «enviamos saludo de combate al heroico pueblo de Cuba, nuestro hermano y compañero de lucha»; «la heroica Cuba no está sola en su lucha";* «seguiremos apoyando los cinco puntos de Fidel». No podía Castro resistir tantos halagos. La irritación, el rencor, la desconfianza que había sentido, por su doblez, hacia el Primer Ministro Soviético desaparecían con estas palabras tan gratas a sus oídos.

Días después, el 20 de mayo, se produce un nuevo ataque de combatientes anticastristas al Puesto Naval de Tarará. El régimen se ve obligado a confirmar la acción culpando, por supuesto, *«al gobierno norteamericano por estos hechos vandálicos y por las graves consecuencias que de los mismos puedan derivarse».*

Ese 20 de mayo en un encuentro en la hacienda Santa Catalina, en Colón, provincia de Matanzas, muere Raúl Ramos Ramos y otros dos combatientes. La radio oficial no pudo silenciars la noticia.

Las organizaciones revolucionarias se han empecinado en quitarle lustre al viaje de Castro a la metrópoli moscovita. Así, en el momento que está recibiendo su «Doctorado Honoris Causa». en la Universidad de Lomonosov, Alfa 66 y el Segundo Frente Nacional del Escambray están ametrallando al puesto naval de Tarará. Armando Fleites y Antonio Veciana le dan crédito por la acción a las fuerzas internas. Nadie se llama a engaño.

Castro continúa su larga visita a la Unión Soviética. Se encuentra en mayo descansando, junto con el Primer Ministro Kruschev, en una casa de campo sobre el Mar Negro. Ya están ambos totalmente reconciliados. Castro se abraza a Nikita y se aleja de Guevara. La nueva situación se hará visible a su regreso, dentro de pocos días.

La Administración de Kennedy cierra sus ojos –como hizo en la etapa anterior a la Crisis de los Cohetes– a lo que en Cuba sucede. Increíblemente, en junio 3, de 1963, el Secretario Auxiliar de Defensa, Paul H. Nitze, manifiesta que Estados Unidos no tiene pruebas de que la Unión Soviética esté construyendo una base de submarinos en Cuba. Solo el Ministerio de Defensa y el Presidente de los Estados Unidos pretenden ignorar un hecho de todos conocido.

Con grandes esfuerzos, las organizaciones que no tienen el respaldo oficial realizan sus acciones y mantienen en jaque al régimen castrista. En la madrugada del 12 de junio diez exiliados desembarcan cerca de Cárdenas para atacar una refinería. El grupo lo componen Evangelio Rufín, los hermanos Roberto y Jorge Rodríguez Triana, Reinaldo Lermo; Ellie Mor Ruiz; Juan Espinosa; Jorge Rufín, Ricardo Morales y Ramón Cuevas Conte. A su regreso son detenidos en Cayo Maratón. El Departamento de Estado informó que la Oficina de Aduana de los Estados Unidos y el Servicio de Inmigración los habían retenido *«pendiente de ulteriores investigaciones»*. Eran miembros de Comandos L.

Cinco días después va a partir, a bordo de un bimotor Beech Craft, otro grupo de seis combatientes. Tienen señalado como objetivo una de las refinerías de petróleo en las afueras de La Habana. Pero son detenidos cuando se acercan al pequeño avión. Este grupo lo componen Carlos E. Hernández[371] –que había participado como miembro del Directorio Revolucionario Estudiantil, en el ataque al Blanquita en agosto del año anterior–, Evelio Alpízar, René José Espinosa Hernández, Víctor Espinosa Hernández y Miguel Álvarez. También Humberto Solís, telegrafista de la Brigada 2506. Permanecen detenidos por 2 ó 3 días pero son liberados por gestiones de Carlos Zárraga. Luego irán a New Orleans para otra acción que también se frustra.

Es la prensa castrista la que se hace eco de otro ataque. *«En la madrugada del 10 de junio, un grupo de mercenarios... tripulantes de una lancha pirata artillada con ametralladoras y un cañón de 30 milí-*

---

[371] Carlos E. Hernández (Batea), fundador del MRR, fue de los primieros en pasar a los campamentos de Guatemala, antes de Girón, en 1960, correspondiéndole el número 2523.

*metros... desembarcó en Cayo Blanco, a 15 kilómetros de la Bahía de Cárdenas y atacó por sorpresa a una **«patrulla de cuatro marineros».***

Los combatientes cubanos se mantenían activos en todo el continente. En el puerto de Veracruz, el 15 de junio, se realiza una acción para volar los barcos castristas «Oriente», «Las Villas». y «Bahía de Siguanea». La operación había sido planeada por un experimentado revolucionario, Manuel Cobo Sausa°, experto en pesca submarina quien intenta colocar una bomba magnética debajo de la línea de flotación del «Bahía de Siguanea». Falla el intento. Son detenidos Carlos Fernández Trujillo, delegado de Rescate Revolucionario y del Consejo Revolucionario. Junto a él son también arrestados José María Toral; Agustín Santana González, Carlos Samá Rabelo y Alejandro del Valle.

---

[372] Manuel Cobo Sausa había sido el delegado alterno de Aureliano Sánchez Arango cuando se constituyó el Frente Revolucionario Democrático en 1960. A la salida de Aureliano en septiembre de aquel año, Manolo Cobo se convierte en miembro del Frente Revolucionario representando a Acción Social Democrática.

CAPÍTULO XI

LOS COMPROMISOS CONTRAÍDOS SE PONEN EN VIGOR

El 28 de octubre del pasado año (1962), cuando Kennedy y Kruschev convienen los términos que pondrían fin a la Crisis de los Cohetes, el presidente norteamericano reafirmó al premier soviético que *«los compromisos contraídos serán prontamente ejecutados»*.

De inmediato, tomó la administración Kennedy *«todas las medidas necesarias para evitar que unidades de cubanos exiliados, con uno de sus ataques que realizan en busca de publicidad, afectaran el acuerdo a que se ha llegado»*.[373].

El 31 de marzo de 1963 el gobierno, que ya había decomisado barcos, equipos y armas a varios grupos combatientes, emitió nuevas órdenes. Éstas alcanzaban a todos los militantes y activistas.

El Departamento de Justicia envió a los dirigentes y miembros de las agrupaciones revolucionarias cubanas órdenes terminantes de permanecer dentro de la zona del Condado Dade. Trataban, así, de impedir nuevos ataques de los exiliados contra Castro.

La comunicación era aún más estricta: *«Se le prohibe a usted salir del territorio de los Estados Unidos hasta nueva orden»*. Las sanciones a los violadores de este confinamiento eran severas: multa de $5,000.00 o condena de hasta cinco años de prisión. El FBI entra de inmediato en acción visitando e interrogando a los dirigentes cubanos en Miami.

Todos sabían lo que había originado la restrictiva medida de Robert Kennedy. El 28 de marzo, Comandos L había atacado en la bahía de Caibarién, como ya comentamos, al carguero ruso BAKU que tenía anclada, a pocos metros, una fragata de guerra cubana.

Pocos días antes, *«una nave de guerra británica guiada por un avión de patrulla norteamericano, interceptó a un grupo de exiliados cubanos que se dirigían hacia Cuba en una incursión de guerra»*.[374].

---

[373] Ted Sorensen. "Kennedy".
[374] Cable de la UPI, marzo 24, 1963, citado en el capítulo anterior.

El hermano del Presidente, quien, desde sus propias oficinas había planeado, controlado y apoyado acciones contra Castro, no podía permitir, ahora, que los exiliados actuaran. Mucho menos, que lo hicieran por cuenta propia. A esto se había comprometido con Dobrynin y, su hermano, con Kruschev. Eran *«los compromisos contraídos aquel 28 de octubre».*

Quien le responde es Orlando Bosch. Lejos de acatar la medida, el dirigente del Movimiento Insurreccional de Recuperación Revolucionario (MIRR) anunció que estaba organizando otro raid contra un barco ruso en aguas cubanas. En igual forma responden Alfa 66 y el Segundo Frente del Escambray.

Aureliano Sánchez Arango emitió la nota discordante. El viejo combatiente, apagados ya sus ímpetus revolucionarios, aconseja que *«los exiliados no deben actuar de manera que trastornen las actividades que se están desarrollando a un nivel más elevado, como parte de un plan general».*[375]. El dirigente del Movimiento Revolucionario Triple A se auto designaba vocero de la política norteamericana.

No está solo Aureliano. Desde La Habana llegan, también, palabras de respaldo al ucase kennediano. *«El Primer Ministro Cubano, Fidel Castro, elogió al gobierno de los Estados Unidos en un discurso, por haberse opuesto al ataque de refugiados a Cuba».* (Cable de la UPI de abril 22, 1963).

Este era el panorama de la lucha contra el régimen castrista el 26 de julio de 1963 fecha que, incompresiblemente, destaca Bohemia con un amplísimo artículo con fotos y mensajes autógrafos *«del Comandante Guevara dirigidos al Comandante Cubela».* Lo escribe el propio dirigente del Directorio Revolucinario. El destaque es poco usual. Las frases laudatorias:

«En este artículo el Comandante Rolando Cubela, uno de los heroicos protagonistas de la batalla y el triunfo, describe una de las fases más encarnizadas y decisivas de la operación..." *«Se trata de una página inédita de la gesta revolucionaria que Bohemia ofrece a los lectores».*

---

[375] Cable de la UPI, abril primero, 1963.

¿Qué persigue la prensa controlada de Castro elogiando desmesuradamente, sin una razón evidente, a un comandante que no es de la vertiente del 26 de Julio ni la del Partido Socialista Popular? ¿Por qué, en una conmemoración de una fecha como la del 26 de Julio en la que Cubela no tuvo participación alguna, se reproducen mensajes de Guevara al Comandante Cubela? ¿Conocía ya la inteligencia Cubana que desde 1961 mantenía Cubela contactos con la Agencia Central de Inteligencia?[376] ¿Ignoraba esto la Inteligencia Cubana o querían ofrecerle al dirigente del Directorio Revolucionario una falsa confianza para llegar a conocer quienes más estaban «contaminados»? Por supuesto, no lo ignora.

Es el General Fabián Escalante quien afirma en la conferencia de Antigua[377] que fue en marzo de 1961 cuando Cubela fue reclutado por la CIA, aunque no ofrece prueba para esta aseveración que da a conocer treinta años después de aquellos hechos. Igualmente informa, sin tampoco mencionar la fuente, que en el otoño de 1963 Cubela estaba envuelto en un plan para asesinar a Castro que conduciría a una insurrección armada.

Los intentos contra la vida de Castro continúan. Se ha preparado uno para ejecutarlo cuando en el mes de septiembre se celebre en La Habana la serie mundial de béisbol juvenil. Un mes antes son detenidos Osvaldo Valentín Figueroa Gálvez, Reynaldo Figueroa Gálvez y José Manuel Rodríguez Cruz, miembros de la organización «Movimiento de Liberación Nacional». Meses después, Felipe Alonso Herrera. Las autoridades castristas los asocian con Alberto y Frank Grau Sierra que serán calificados, por supuesto, como «agentes de la CIA».

La lucha dentro de Cuba se mantiene. Algunas acciones se realizan con éxito; otras se frustran. En el propio mes de septiembre son apresados militantes de las organizaciones «Ejército de Liberación

---

[376] Fue en los primeros meses de 1961 que un funcionario de la CIA contactó por primera vez a Rolando Cubela asignándosele las siglas AM/LASH. Fuente: "Ad Interim Report" Comité Selecto, Senado de los Estados Unidos, noviembre 20, 1975. Dos distintos agentes de la CIA mantienen el contacto con Cubela. El primer agente hasta septiembre de 1963. El segundo, hasta mediados de 1965.
[377] Conferencia de Antigua, enero 4 de 1991. Dr. James G. Blight.

Nacional». y Frente Interno de Liberación» que fraguaban un atentado contra Castro. Son arrestados Nemesio Cubillas Pérez, Ángel Miguel Arencibia Vidán, Alfonso Torquemada Tendero, Marino Bailac Valdez y otros[378]. El atentado lo iban a realizar en la residencia de Celia Sánchez. Durante meses no se hacen públicos estos encarcelamientos.

1- TRIBUNALES CON SENTENCIAS DICTADAS ANTES DEL JUICIO

El Tribunal Revolucionario de Las Villas, en la Causa 5 del 29 de enero aquel año, el Ministerio Fiscal, representado por Humberto Jorge Gómez pide 30 años de prisión a Pablo Cepero López, Juan Gilberto Cepero López, Reinaldo Cepero López, Clemente Veliz Castellanos, Antonio Pérez Veliz Castellanos, Humberto Hernández Morejón y Lázaro Hurtado Lara. Otros doce acusados recibirán condenas de diez.

El 11 de febrero de 1963 se celebra el juicio oral y público ante el Tribunal Revolucionario de La Habana por delitos «Contra la integridad y estabilidad de la nación« en la Causa 33 de 1963. Se le pide 30 años de prisión a Manuel Sabas Nicolades y 20 años a René Santos Gómez, Gerardo Morera del Campo, Francisco Fernández de Reyes, Abel Quiliado García, José de la Caridad Linares, y Miguel Ángel Lunas Covar. Veinte acusados se les condenaron a distintas penas de prisión[379].

El 18 de abril de 1963 se celebra el juicio, ante un Consejo de Guerra Ordinario, de la Causa No. 484 de 1962 por el delito «Contra la integridad y estabilidad de la nación». Los enjuiciados son: Julio Hernández Rojo, Raúl Cay Gispert, Laureano Rubiera (Feíto), Juan Valdés de Armas, Raúl Cay Hernández y Lester García Rosales. El fiscal pide 30 años para Julio Hernández Rojo y distintas condenas de prisión para los demás acusados. Preside el tribunal el Teniente Raúl Quintana Sainz.

---

[378] Luis Báez. *Obra citada*.
[379] Esteban Beruvides, Anuario Histórico, 1963.

Siguen los juicios. El próximo se celebra el 19 de abril, comienza la vista sobre la Causa 302. La presidirá el mismo Teniente Raúl Quintana Sainz. Están acusados Carlos Samper Vega, Rafael Gómez Fernández, Gerardo Lalo Pastrana, Ignacio Fernández Barroso, Juan de Armas Castellano, Benigno Pérez Vivanco y otros tres, entre ellos, una mujer, Elba González Fernández. Poca ayuda –o ninguna– recibían los cubanos anticastristas. Al extremo que en una reunión de José Miró Cardona, Presidente del Consejo Revolucionario Cubano con Robert Kennedy, Secretario de Justicia, aquel califica a éste en los peores términos y horas después renuncia a la presidencia del Consejo, y tras amenazas, solicita asilo en Costa Rica que le es concedido por el presidente Orlich.

El 18 de marzo de 1963 en la Audiencia de Matanzas comienza el juicio de los cubanos acusados en la Causa No. 32 en la que el fiscal pide pena de muerte para Roberto Delgado López, Luis Pérez Larrosa, Roberto Pérez Alonso y Ramón Correa Acosta y severas condenas de prisión para una veintena más.

Dos días antes, el 16, se celebra el juicio contra Juan Falcón Zamar, Arturo Mugarra Pupu, Manuel Reyes García, Felipe Santiago Estévez Fuentes y varias decenas más de cubanos para todos los cuales el fiscal pedía 30 años de reclusión.

El 4 de aquel mes muere Luis Rodríguez, Coordinador de Acción Militar. Muere también Jorge Espino y otros. Ese día es fusilado Pedro Murgado, Coordinador Militar del M.R.R..

El día 2 se había celebrado en Pinar del Río el juicio seguido por el delito «Contra los poderes del estado». en el que son procesados José Manuel Almero Campagnioni y Julio Hernández Muñoz. Preside el tribunal el teniente Carlos Mendoza Cabrera. El fiscal será Juan Francisco Rivera Díaz. Termina febrero con otras Causas contra la Seguridad del Estado. La Causa 53 por la que son condenados a morir frente al Paredón Pedro René Hernández García y Antonio Alonso Hernández. Se dictará sentencia de 30 años de reclusión a José Manuel Martínez Bernal, Eladio Claro Galván y Héctor Parra Pérez. A una docena más de acusados se les condenará a penas que oscilarán entre 12 a 20 años de prisión.

Felipe Vidal Santiago solicita de los Estados Unidos que se le conceda estado de «beligerancia». al grupo que él dirige[380]. Ese mismo día Al Burt informa en su columna de Miami Herald que cuatro bombas dejadas caer sobre la refinería de petróleo de La Habana fallaron de explotar.

2- LOS COMBATIENTES NO NECESITAN AUTORIZACIÓN

Pero los cubanos combatientes no necesitan autorización para continuar su lucha. En julio el Movimiento Insurreccional de Recuperación Revolucionaria utiliza un pequeño avión Beechcraft para una operación sobre la isla[381]. Se efectúan, luego, más operaciones. Así, en enero el MIRR vuela sobre el antiguo Central Niágara dejando caer bombas incendiarias de construcción casera. Era el octavo ataque que la organización dirigida por Orlando Bosch realiza en Cuba.

El ataque del 19 de enero al Central Niágara, cerca de Consolación del Norte, fue confirmado por el gobierno de Cuba que afirmó que *«el jueves un bombardero B-26, que vino del norte y regresó también con dirección norte, dejó caer bombas en un central azucarero de la provincia de Pinar del Río».[382].*

Un cable de la UPI de La Habana, de enero 19, confirma también la bomba que hizo explosión sobre el Central Niágara.

Mientras, una comisión parlamentaria en Costa Rica estaba investigando la posible existencia de campamentos de exiliados cubanos en aquella nación. El 26 de enero, 1965, se da a conocer la captura, cerca de Baracoa, provincia de Oriente, de Eloy Gutiérrez Menoyo junto con tres de sus hombres que formaban parte del Segundo Frente del Escambray[383].

3- CONTINÚA EL ESCABROSO CAMINO DE LA ACCIÓN

Durante los meses del verano de 1963, la actitud de los más altos funcionarios norteamericanos fluctúa entre la persecución a los mili-

---

[380] Cable de la UPI del 28 de marzo de 1963.

[381] Informe 5517/28163 de la CIA de fecha 15 de julio de 1964.

[382] Herald Wire Services, Enero 20, 1965. The Miami Herald.

[383] Uno de ellos, Noel Salas, posteriormente se integró al gobierno. Fuente: Juan Valdés de Armas. Conversación con el autor, enero 28, 2006.

tantes revolucionarios exiliados y la tácita tolerancia a las acciones que se realizan.

La Administración se debate entre su interés en honrar los *«compromisos contraídos».* y su comprensible deseo de vengar viejos agravios autorizando acciones sobre la isla. La balanza, al menos momentáneamente, la moverá el interés político.

La revista Time en su edición de abril 5 de 1963, dio a conocer el resultado de una encuesta de opinión pública que la Administración conoció aún antes de ser publicada. El 60% de las personas entrevistadas consideraba que Cuba era una seria amenaza a la paz mundial. No así el gobierno. Era necesario realizar algo para detener *«la presente tendencia hacia una creciente disminución de la confianza pública en la Administración».*[384].

Pronto, aguijoneados por la frustrante encuesta, se tomarán decisiones sobre el tema cubano. Decisiones que, desafortunadamente, obedecían más a un interés doméstico electoral que a la seguridad nacional o a coayudar a liberar de su opresión al pueblo cubano.

El 22 de julio son capturados Rolando Mathew Paz, Manuel Marrero Castillo y Francisco Marrero Castillo cuando desembarcaban en Cuba. Fueron juzgados por el Tribunal Revolucionario de Las Villas el 16 de agosto, sentenciados a muerte y ejecutados la madrugada siguiente. A fines de agosto se está debatiendo la «Fórmula de Centroamérica», aparentemente respaldada por los gobiernos de la región, y que es impugnada por Manolo Ray.

Las organizaciones siguen realizando, con los escasos recursos que pueden obtener, las más osadas operaciones. Una de ellas la planearon miembros de las organizaciones Frente Interno de Unidad Revolucionaria (FIUR) y la Triple A (AAA). Consistía en colocar 60 libras de explosivo gelatinoso C-4 en el tramo del alcantarillado por debajo de donde estaba instalada la tribuna de la Plaza de la Revolución para el acto en que se conmemoraría el tercer aniversario de los Comités de Defensa de la Revolución (CDR) en septiembre de 1963.

---

[384] Memos del personal de la oficina del Presidente, de marzo 8 y 22 de 1963. «Papeles sobre Cuba». Archivos de Seguridad Nacional.

Fue detectada la operación y fueron arrestados los 6 miembros que Seguridad del Estado consideraba responsables: Federico Hernández González, Francisco Blanco y de los Cueto, Jesús Rodríguez Mosquera, Orlando M. de la Cruz Sánchez, Luis Arencibia y Pierre Quang Diez.

4- EL MIRR SE REACTIVA

Al ser sofocada la lucha del Escambray, muchos de los dirigentes de aquellos grupos (Joaquín Membibre, Evelio Duque, Orlando Bosch, Marcelino García, Andrés Marcos, Edel Montiel, Vicente Méndez, Barrero y otros) coinciden en Miami donde tratan de elaborar un plan de acción. Funcionarían como Ejército Cubano Anticomunista (ECA), «Frente Escambray».

Sobre el plan de acciones a realizar, tienen profundas diferencias con los sectores que aportarían las armas, y fracasan aquellos planes. El 12 de agosto de 1962, Orlando Bosch hace pública su denuncia.

Meses después, Bosch reactiva el MIRR y comienza a actuar, principalmente con pequeños aviones, sobre refinerías y centrales azucareros.

A principios de 1963 se realiza una acción sobre una refinería. Bosch es procesado en Orlando, Florida, y, con una oportuna intervención del Reverendo Max Salvador, son absueltos Bosch y los demás encausados.

La prensa castrista no puede ocultar la preocupación del gobierno cubanos por las frecuentes incursiones a su territorio. El 15 de agosto, *«una avioneta pirata».* dejó caer pequeñas bombas sobre el Central Bolivia (el antiguo Cunagua) en el municipio de Morón. La acción la realiza el Movimiento Insurreccional de Recuperación Revolucionaria (MIRR) que dirige Orlando Bosch. Pilotea el pequeño avión de dos motores, Gervelio (Mimo) Gutiérrez; lo acompaña, con varias latas de fósforo vivo, Jorge Moniz.

Sobre las refinerías de La Habana vuela *«otro avión enemigo»*. Así describe la acción, la prensa oficial:

«Los cañones antiaéreos que custodian las refinerías de petróleo en la Bahía de La Habana abrieron fuego en las primeras horas de hoy, contra un avión enemigo que volaba sobre el lugar».

Otro avión deja caer sobre Casilda, Las Villas, a las dos de la madrugada del 19 de agosto *«varias bombas, una de las cuales cae en un tanque petrolero ferroviario provocando un incendio».* El ataque, se ve obligado a destacar la propia prensa oficial, fue similar a la técnica empleada en el pasado:

«El avión pirata se presentó sobre la población aproximadamente a las dos de la madrugada, dejando caer, primero, un paracaídas con una luz de bengala color amarillo. El aparato entró en el espacio aéreo cubano con los motores en baja y completamente a oscuras para impedir, de esa manera, que las autoridades y el pueblo del lugar se percataran de su presencia».

Definitivamente, «la contrarrevolución no ha sido aplastada». Si el domingo 18 un avión pirata atacaba los depósitos de petróleo en Casilda, el lunes 19 dos lanchas de desembarco abren fuego contra la planta de sulfometales de Santa Lucía, Pinar del Río.

Durante todo ese mes de agosto continúan los ataques. La prensa escrita y la radio castristas dan a conocer el 20 de agosto un extenso comunicado del gobierno que admite un nuevo ataque efectuado, esta vez, por «dos lanchas piratas». contra la instalación de sulfometal en Santa Lucía.

El comunicado[385] admite que:

«dos lanchas procedentes de un buque madre situado frente a la Boca del Estero de Santa Lucía, penetran simultáneamente por dos de los esteros existentes en dicha zona hasta aproximarse para atacar con ametralladoras y cañones antitanques las instalaciones de la Central de Sulfometal «Patricio Lumumba", donde ocasionaron daños materiales».[386].

Era el *«tercer ataque pirata que se producen en las últimas 72 horas",* clama el gobierno. Surtirá efecto el público reclamo.

El mismo 20 de agosto el Servicio de Guardacostas de los Estados Unidos extiende sus funciones para servir, solícitamente, al gobierno de Su Majestad Británica. Ya no sólo la Marina de Kennedy mantiene un acuático muro de Berlín para proteger a Castro de ataques posi-

---

[385] Revista Bohemia, 23 de agosto de 1963.
[386] Cable de la UPI de agosto 20, 1963, originado en La Habana.

blemente generados en costas norteamericanas. La protección la extiende, reiteradamente, a las costas de Las Bahamas. Ese día, la fragata británica Londonderry –orientada por la información suministrada por el Servicio de Guardacostas Norteamericano– arresta a cinco cubanos anticastristas en Cayo Anguila.

La semana anterior había sido el régimen de Castro quien, violando las leyes internacionales, había secuestrado a 19 exiliados que, escapados de Cuba, se encontraban en Cayo Anguila. El 13 de agosto un avión de reconocimiento del Servicio de Guardacostas de Estados Unidos había observado *«una operación de unidades cubanas en el curso de la cual numerosas personas fueron sacadas de Cayo Anguila».* Un helicóptero cubano había aterrizado en aquel Cayo y «vio cuando tripulantes de las cañoneras cubanas desembarcaron allí». Los anticastristas o eran atropellados por las autoridades británicas o lo eran por las autoridades cubanas.

Va a terminar el convulso mes de agosto con la muerte de Pedro González y Mario Soler, que estaban al frente de un grupo guerrillero en Las Villas, en un encuentro con las fuerzas del Ejército Rebelde y las milicias. Pero en septiembre continuará la acción.

5- UNA OPERACIÓN DE INFILTRACIÓN

En el mismo mes de septiembre el barco comandado por Guillermo Cancio se encuentra en una operación diversionaria frente a La Habana.

La intensa lluvia de aquella noche sin luna no les permitía identificar, con exactitud, la posición en que se encontraban cuando se acercaban a la costa. Para cerciorarse, y porque se trataba de una operación diversionaria, decidió Cancio disparar varias luces de bengala con la intención de provocar a la radio cubana a hablar y, así, identificar con precisión el punto en que se encontraban. *«La reacción fue casi inmediata y oímos a la estación de Bahía Honda y al puesto de La Gobernadora reportar las bengalas a la CLT, mientras que un reflector de alta potencia, situado al oeste de la punta, comenzó a barrer el mar»,* recuerda Cancio. Continuó navegando el buque a lo largo de la costa hacia La Habana disparando el resto de las bengalas cuando se encontraba a la altura del Morro. Terminaba así aquella operación que perseguía atraer la atención de las fuerzas cubanas hacia un lugar bien distante de donde, en ese momento, se estaba produciendo una infiltración[387].

«Las incursiones filibusteras». mantenían en jaque al gobierno cubano. Afirma Raúl Castro que los *«episodios del Bolivia, Casilda y Santa Lucía desbordan los límites».* de ataques, más o menos «por la libre"... se utilizan *«elementos militares que no están al alcance de cualquier pandilla sin respaldo oficial».* El gobierno castrista, quiere, con esta escandalosa denuncia, hacerse oir en el Potomac. También en Moscú. Lo consigue.

El 11 de septiembre era Pravda quien *«examinaba, una por una, las últimas agresiones contra Cuba, desde el ataque al Bolivia al bombardeo al Central Brasil»...* y advierte: *«ese camino es sumamente peligroso».*

Pravda –el órgano oficial del gobierno moscovita– hace un apropiado recordatorio a los «compromisos contraídos», que califica de «compromisos sensatos».

«Todos los pueblos aclamaron el arreglo pacífico de la Crisis del Caribe el pasado año por medio de un compromiso sensato. Pero si las fuerzas agresivas quieren, otra vez, retrotraer al mundo a aquella situación, deberán recordar a la Unión Soviética y sus promesas concretas de ayudar a Cuba a defender su independencia. Den por descontado que la Unión Soviética cumplirá sus promesas».

La *«promesa concreta».* seguirá vigente. Burlándose de la conocida debilidad de Kennedy, la prensa cubana se hizo eco de la advertencia de Pravda y aseguró que *«hasta un analfabeto de Harvard entenderá la cosa».*

El mensaje llega, esta vez, alto y claro, a Washington. Ante la advertencia soviética y el oportuno recordatorio de los «compromisos contraídos». no se permitieron nuevos ataques a las instalaciones cubanas ni incursiones a las costas de la isla. Con excepción de un

---

[387] La tripulación la componían las siguientes personas: Primer Comandante Guillermo Cancio; Segundo Comandante Manuel Aparicio; Maquinista Félix Domínguez; Contramaestre Arcángel Amador; Marineros Modesto García Méndez, Rogerio de los Santos y Justo Delgado; Telegrafistas Pedro Gómez y Rodolfo Llamas.

ataque a un aserradero en las zonas de Banes, provincia de Oriente, que fue producido *«por un barco pirata, al amparo de la oscuridad»*. El aserrío –situado en Cabo Guin– quedó destruido. *«Después de perpetrada la fechoría, la embarcación huyó rumbo norte»*.

Vuelve a ser el Ministerio de las Fuerzas Armadas el encargado de difundir la noticia e indicar *«la dirección»*. que toman *«las naves piratas»*. Es un recordatorio, en español, a «los compromisos contraídos». Refrescado antes, en ruso y en inglés. A partir de aquella fecha no se permite ni un solo ataque a las costas cubanas ni a las organizaciones que gozaban del favor oficial ni a aquéllas que actuaban por la libre. Kennedy, que andaba de prisa, a espaldas de todos, por los caminos del acomodamiento y, también, de la eliminación física, no quería entorpecer esas rutas con los escollos que podían surgir por el camino de la acción.

Mientras, la Jefatura de la Seguridad del Departamento de Seguridad del Estado ordena la captura de Orlando Martiniano de la Cruz Sánchez, Juan Israel Cazañas León, Jesús Plácido Rodríguez Mosquera, Luis Beltrán Arencibia Pérez, Francisco Blanco de los Cuetos, el Ingeniero Federico Hernández González y otros a quienes acusa de pertenecer a las organizaciones «Frente Interno de la Unidad Revolucionaria (FIUR)" y «Triple A». y de planear volar la tribuna del acto que se realizaría por el aniversario de los Comités de Defensa de la Revolución[388]. La detención no es recogida por la prensa.

El 22 de septiembre un cable de la UPI da a conocer que *«exiliados cubanos a quienes se interceptó cuando trataban de salir de Miami Beach hacia Cuba dijeron que son víctimas de persecución por negarse a aceptar órdenes de la Agencia Central de Inteligencia»*.

La acusación hecha por el grupo de exiliados «Comandos L». fue reiterada por otra agrupación de exiliados, el Movimiento Insurreccional de Recuperación Revolucionaria. El MIRR dijo que *«la Agencia Central de Inteligencia está mal intencionadamente, desviando, empeñando y hasta corrompiendo el movimiento contra Castro»*.

---

[388] Luis Báez. «Guerra Secreta».

Para clarear de obstáculos la ruta, «los compromisos contraídos». se siguen ejecutando. En octubre 20 de 1963 tres embarcaciones *«fuertemente armadas y tripuladas por 21 cubanos».* fueron detenidas por los guardacostas cuando se dirigían hacia Cuba en una operación organizada por Comandos L.

A bordo de las embarcaciones se encontraron numerosas armas. Una cuarta unidad, cargada con combustible, fue encontrada en el Río Miami. Pedro Muiño, vocero de los Comandos L, expresó que iban a iniciar la fuerra de guerrillas en Cuba con las armas que les fueron ocupadas. Denuncia Muiño *«el celo desplegado por las autoridades de este país, vigilando y persiguiendo a los grupos cubanos anticastristas no sometidos».* Esto, afirma el dirigente de Comandos L, «contrasta con la impunidad manifiesta de que gozan los agentes de la CIA... que continúan engañando a los cubanos, añadiendo páginas bochornosas a las ya escritas».

Ya desde los campamentos de Nicaragua y Costa Rica han comenzado a realizarse acciones.

6- VENTAJAS DE UN ACOMODO CON CASTRO

En su política hacia Cuba, la Administración recorre todos los caminos menos el de enfrentarse a Castro o respaldar a los cubanos que lo combaten. Es la misma ruta trazada, y andada, por el Presidente Kennedy semanas antes de su muerte en Dallas.

En noviembre 12, 1963 –cuando ya se están realizando conversaciones para un acercamiento con Castro– se redacta un extenso memorándum de tres páginas a un solo espacio, enumerando la respuesta que debe darse a los argumentos que la oposición pudiera esgrimir en contra de ese acomodo[389]. Luego de la prolija recopilación, se saca, en su punto 6, una conclusión:

«Existen numerosas ventajas que resultan de un discreto acercamiento con Castro».

Mientras la Administración va en busca de ese acomodo, los combatientes cubanos, ya sin respaldo alguno de la administración norteamericana, continuarán su lucha.

---

[389] Memo de Gordon Chase. N.S.F. Desclasificado Julio 12, 1995.

7- CONTINÚAN SUSPENDIDAS LAS ACCIONES DE SABOTAJE

El 22 de noviembre de 1963, en las calles de la ciudad de Dallas quedó tronchada la vida de John F. Kennedy el joven presidente norteamericano.

En los últimos meses de su administración se alentaban y facilitaban pequeñas acciones de sabotaje al tiempo que se recorría, con prisa, el camino del entendimiento con Castro. Al asumir la presidencia, Lyndon B. Johnson mantiene junto a él los mismos funcionarios que sirvieron a Kennedy. Recibirá las mismas sugerencias.

Las acciones de sabotaje están, por supuesto, suspendidas porque los funcionarios de la Administración de Johnson no quieren, en forma alguna, que vaya a realizarse cualquier otra operación encubierta que lesione las buenas relaciones que se están cultivando.

John Crimmins[390], que está al frente de la oficina del Coordinador de Asuntos de Cuba, ha expresado con gran claridad esa preocupación en su conversación con Gordon Chase[391] luego de haber asistido a la reunión de más alto nivel[392] que se celebró con el Presidente Johnson el 7 de abril de 1964:

«Algo no quedó muy bien precisado en la reunión sobre operaciones encubiertas. El Presidente debe entender que, aunque las operaciones de sabotaje, están suspendidas, es posible que otras operaciones encubiertas puedan crear problemas».

8- SE CAPITALIZA LA CANCELACIÓN DE LOS SABOTAJES

No demorará McGeorge Bundy en presentarle al Presidente Johnson y, en el mismo documento, sugerirle el camino del apaciguamiento. *«Debemos decidir si continuamos estas muy pequeñas ope-*

---

[390] John Crimmins había trabajado con Sterling Cotrell, Coordinador de Asuntos de Cuba, en la Administración de John F. Kennedy.

[391] Gordon Chase, dirige el personal del Consejo Nacional de Seguridad.

[392] Concurrieron el Presidente Johnson, los Secretarios Rusk y McNamara, George W. Ball, Subsecretario de Estado, Thomas Mann; Gral. Maxwell Taylor, Asesor Militar y pronto embajador en Vietnam, Cyrus Vance, John McCone, Director de la CIA; Desmond Fitzgerald, Douglas C.Dillon, Secretario del Tesoro y John Crimmins, a cargo de los Asuntos Cubanos y del Caribe.

raciones de sabotaje... o si las suspendemos». expone Bundy al mandatario norteamericano en su memorándum de enero 9 de 1964. Pero no se limita este funcionario, que ha resultado tan nefasto a la causa de la libertad de Cuba, a presentar la alternativa sino que, en el mismo documento, sugiere que tales acciones fueran suspendidas: *«en la posición de usted, yo las suspendería porque son ilegales, inefectivas y perjudiciales para nuestra más amplia política».*[393], y ofrece otro descarnado argumento: *«Me gustaría, entonces, capitalizar con la Unión Soviética esta decisión».*

La causa cubana, como siempre, seguía siendo un simple peón en la guerra fría que libran las grandes potencias.

Tres meses después, el Grupo Especial (Comité 54/12)[394] discute el plan de operaciones encubiertas sobre Cuba *«cuyo programa, autorizado en julio de 1963, ha sido suspendido por varias razones».* Era importante, ahora, decidir *«si ciertas actividades sustanciales y costosas deben ser a) activamente continuadas, b) suspendidas, c) reducidas o d) abandonadas».*

A continuación relaciona las «sustanciales y costosas». operaciones, con sus respectivas recomendaciones:

Recolección de inteligencia: Unánimemente se recomienda que este programa se continúe.

Propaganda encubierta para alentar acciones poco riesgosas de resistencia activa y pasiva. Se recomienda que este programa se continúe con revisión regular de sus lineamientos operacionales.

Y así se mencionan otras inocuas operaciones, pero cuando hablan de acciones comandos que se realizaron el pasado año y que *«fueron suspendidas por razones políticas».* –siempre las razones políticas predominando sobre los intereses nacionales– la opinión de los fun-

---

[393] "...yo sé que a Rusk nunca le ha gustado y que McNamara piensa que estas acciones nos hacen muy poco bien. McCone y la CIA favorecen esas acciones, al igual que la mayor parte de los funcionarios de mediano nivel que tienen que ver con el problema de Castro».

[394] El Grupo Especial, llamado también Comité 54/12, estaba constituido por el Sub-Secretario de Estado y el Sub-Secretario de Defensa, el Director de la CIA y el Asistente Especial del Presidente ante el Consejo Nacional de Seguridad.

cionarios se encuentra dividida y se recomienda que *«la más alta autoridad oiga los argumentos de las distintas partes».*[395].

Las acciones encubiertas comienzan por ser reducidas *«por la más alta autoridad».* y terminan por ser, de hecho, abandonadas. La última operación que se realiza dentro del «Programa de Acción Encubierta». es la del ataque al Central Pilón el 13 de Mayo, en que se destruyen más de 75,000 sacos de azúcar[396]. Meses después, el 15 de septiembre, se produce, por error, el ataque al mercante español Sierra de Aranzazu que tanta repercusión tuvo en la prensa y en las cancillerías. Más que suspendidas quedan abandonadas las acciones realizadas con respaldo o, al menos, conocimiento oficial. Ya podía McGeorge Bundy capitalizar con los soviéticos esta decisión.

9- LA ACCIÓN DE LA BAHÍA DE SIGUANEA

Terminaba el año 1963 y la Administración, ahora presidida por Johnson continuaba recorriendo, con renuencia, el camino de la acción y, con algún entusiasmo, el del entendimiento con Castro.

Se le ha dado luz verde a una acción que habrá de realizarse en Isla de Pinos. En Siguanea. Estará a cargo de los Comandos Mambises, que dirige Manolo Villafaña y los hombres rana de Alberto Beguiristaín. Saldrán a fines de diciembre en el «Leda». comandado por Gaspar Brooks y, el «Reefer». que está al mando de Rolando Martínez y Manuel Villamañan. A bordo llevan la pequeña «V20». que será comandada por Nelson Iglesias. Formarán parte del *equipo de demolición».* Alberto Beguiristaín, Jorge Ruiloba, Marcelo Cantera y Justo Delgado. Junto a ellos estará Jesús Gutiérrez.

El objetivo era la destrucción de una pequeña fragata de la Marina de Guerra castrista que estaba anclada en la dársena del Hotel Colony convertida en una base naval rusa. Hacia allá se acercaba la «V20», mientras el «Reefer». esperaba a dos millas de aquel punto. A unas 200 yardas los cuatro hombres rana, que formarían el equipo de

---

[395] Memorándum de abril 7 de 1964 designado para discutir el Programa de Acción Encubierta contra Castro en Cuba. NSF, Biblioteca Lyndon B. Johnson, documento 6-d.

[396] Ver detalles en «Años Críticos: del camino de la acción al camino del entendimiento», del autor.

demolición, se dividieron en dos grupos (Marcelo y Jorge, y Justo y Alberto). Se lanzaron al agua a la 1:30 de la madrugada del 23 de diciembre; la oscuridad era total. Beguiristaín lleva dos minas magnéticas. Una la coloca en el casco de la nave; la otra, con una carga de 20 libras de C-4 la ata entre el eje y el casco. Se alejan a nado hacia el Punto de Recogida de Emergencia donde se encuentra la «V20». De allí, al «Reefer». A las dos horas oyen por la radio de la marina cubana voces de alarma y de pánico. La operación ha sido un éxito[397].

Al día siguiente la prensa cubana denuncia la *«reanudación de los ataques piratas que habían cesado temporalmente»*. La queja cayó en oídos receptivos. Fue esta acción de la Bahía de Siguanea la última que se efectuaría por los Comandos Mambises.

10- ATAQUE AL CENTRAL PILÓN

El miércoles 13 de mayo, 1964, a las tres y cincuenta de la madrugada se produce una audaz operación. Miembros del MRR atacan el central azucarero Pilón, enclavado en Cabo Cruz, en la costa sur de Oriente, destruyendo más de 75,000 sacos de azúcar. La espectacular acción estremeció al gobierno cubano que en la primera plana de la prensa controlada destacó las *«declaraciones de Fidel sobre el ataque pirata a un central: Estos hechos, fortalecen el espíritu de combate de la Revolución y la obligan a ser dura con sus enemigos»*.

El periódico «Hoy", órgano del partido comunista, y toda la prensa oficial resaltaban las declaraciones de Castro sobre *«el nuevo y criminal acto vandálico del gobierno de Estados Unidos perpetrado contra el pueblo de Cuba en la madrugada de hoy, cuando un barco pirata, tipo Rex..., atacó, con fuego de cañones y ametralladora, el central azucarero «Luis E. Carracedo». en el puerto de Pilón»*. Admitía que como *«consecuencia de los impactos, los depósitos de azúcar se incendiaron, perdiéndose 70,000 sacos de azúcar que habían sido elaborados en dicho central en la presente zafra»*.

---

[397] Fuente: Artículo de Alberto Beguiristaín en la Revista "Baraguá" en las ediciones de abril y agosto de 1998, y relatado por el jefe de los hombres rana al autor.

11- CUBA DEJA DE SER TÓPICO CRUCIAL DE LA POLÍTICA EXTERIOR NORTEAMERICANA

Ya se han celebrado las elecciones presidenciales de noviembre de 1964. El Presidente Johnson ha obtenido la victoria por el más amplio margen de votos populares (15 millones de votos) jamás alcanzado.

Es el momento de «*enfrentarse al gran tópico de la política exterior*[398].

Se ha prevenido el pánico ocasionado por la muerte de Kennedy, y Johnson mantuvo en su gabinete a los hombres del asesinado presidente y «*le dió seguridades ("reassurances") inmediatas a gobiernos extranjeros, especialmente a la Unión Soviética*».[399].

Las elecciones le han dado al presidente «un mandato para actuar en «siete áreas",[400] una de ellas «*una política de paz con la Unión Soviética*», ninguna en relación a Cuba. ¿Por qué?. La explicación, –fantasiosa, engañosa, irreal– viene dada en dos simples líneas del memorándum de enero 12, 1965 que traza las grandes áreas a las que el presidente recién electo va aenfrentarse:

«*el tema cubano que amenazó con emponzoñar la política norteamericana ha desaparecido*».

Ya Cuba, para estos funcionarios, no es tema de preocupación. La subversión, las guerrillas, y el terrorismo urbano en Latino América; el Congo y Angola en el continente africano; la OSPAAL, la Tricontinental, las OLAS mostrarán, tardíamente, cuan equivocados estaban estos orientadores de la política exterior norteamericana.

Los cubanos, abandonados por la política de sus naturales aliados, seguirán combatiendo. Dentro de Cuba con crecientes dificultades; en el exterior venciendo poderosos obstáculos.

12- UN NUEVO SERVICIO DE LA MARINA BRITÁNICA

El 17 de diciembre de 1964, cuatro cubanos capturados en Cayo Anguila por los «marinos de la fragata «Rothesay", fueron acusados en la Corte de entrar ilegalmente en la colonia británica, introducien-

---

[398] National Security Files, Memos to the Presidente; McGeorge Bundy, Vol. VIII, enero 1, 1965 a febrero 28, 1965.
[399] NSF. Memo citado.
[400] NSF. Memo citado.

do armas y municiones sin la necesaria licencia. Fueron condenados cada uno al pago de 100 libras esterlinas o un año de cárcel.

Los cuatro cubanos condenados eran Francisco Cárdenas-Roselló, Casimiro Otero Núñez, Eduardo Motesino-Foste y Alexis Pérez[401].

13- CONTINÚAN LAS ACCIONES SOBRE CUBA

Apenas un mes después efectúan los combatientes del MIRR un nuevo ataque. Es sobre el Central Bahía Honda, en la provincia de Pinar del Río. Han participado en la planeación de esta operación Mimo Gutiérrez y Orlando Bosch; también, Bill Johnson, piloto norteamericano y Mike Rafferty. El viejo avión utilizado era un B-25 que había sido adquirido por la organización con grandes sacrificios. Se planea otro ataque para el 16 de febrero. La Agencia Central de Inteligencia es informada sobre los preparativos de esta segunda operación. El informante –lo sabemos ahora con documentos luego desclasificados– era un revolucionario que, en aquel momento, gozaba de cierto prestigio. No sería la primera confidencia realizada por esta persona ni tampoco, lamentablemente, la última. Más adelante comentaremos en detalle estas delaciones y datos sobre el autor de las mismas.

Algunos cubanos sueñan aún con la solidaridad continental. Carlos Prío Socarrás hace un llamamiento, que caerá en el vacío, a favor del reconocimiento de un gobierno cubano en el exilio por naciones latinoamericanas (Cable de la UPI de enero 8 de 1965).

Artime, que está transitando por otros caminos, respalda, con cierta moderación, la idea de instalar un gobierno cubano en el exilio; así lo informa desde Madrid en febrero 5, aunque aclarando que sólo *«la lucha interna, dentro de Cuba, es la que puede preparar el camino para la rebelión contra el comunismo»*.

Otros, buscan medios distintos. El 4 de febrero, el MRR ataca con éxito tanques de depósito de combustible en Casilda, provincia de Las Villas, ataque que fue confirmado por la radio oficial del gobierno de Castro.

---

[401] Aerograma de diciembre 21, 1964 de John L. Barnard, Cónsul General Norteamericano en Nassau, Bahamas. Fuente: National Security Files, Vol. IV, septiembre 64 a Julio 1965. Lyndon B. Johnson Library.

Para el 30 de abril «Mimo», el valioso combatiente Gervelio Gutiérrez Concepción, terminaba de construir 45 bombas incendiarias para las acciones comando del Movimiento Insurreccional de Recuperación Revolucionaria (MIRR). La Agencia Central de Inteligencia llegó a conocer de estas actividades. Afortunadamente la información no le llegó hasta el 13 de mayo[402].

14- ARRESTAN A ORLANDO BOSCH. JUICIO, CONDENA

En junio 13 son detenidos en Orlando, Florida, cuatro miembros del MIRR al ocupárseles *«un arsenal de explosivos».* y *«material agresivo».* Los arrestados son José Díaz Morejón, Gervelio Gutiérrez, Marcos Rodríguez Ramos y Orlando Bosch. Con ellos fueron también detenidos William J. Johnson y Frank Rafferty[403]. Bosch rechaza toda gestión destinada a la prestación de fianza expresando *«que es derecho inalienable del cubano luchar por la liberación de la patria».*

Otra organización expresa su solidaridad con los combatients cubanos. El RECE[404] envió una carta al Presidente Johnson, al Secretario de Estado Dean Rusk y a la Organización de Estados Americanos (OEA) protestando por el encarcelamiento de los cuatro militantes...y afirmando que la acción comando proyectada por la organización estaba autorizada por una ley norteamericana de 1962 que establece que *«los Estados Unidos está decidido a trabajar con la OEA y los cubanos amantes de la libertad para respaldar el derecho del pueblo cubano a su autodeterminación».*[405].

El arresto se había realizado en Zellwood, en la Florida, el 10 de juio. El juicio, originalmente programado para el 30 de junio, fue pos-

---

[402] Informe de la Agencia Central de Inteligencia 65754 de mayo 13, 1965, desclasificado en 1994.

403 Frank Rafferty era un antiguo piloto que había servido en las fuerzas armadas de Chiang Kai-Shek. Participó como piloto en varias operaciones del MIRR. Bill Johnson, amigo de Rafferty, no tuvo nunca la total confianza de esta organización. Fuente: entrevista con Orlando Bosch.

[404] Bajo los auspicios de José (Pepín) Bosch, empresario de reconocido prestigio, se había constituido la Representación Cubana en el Exilio (RECE) integrada por Ernesto Freyre, Jorge Mas Canosa, el brigadista Eneido Oliva, el dirigente sindical Vicente Rubiera y el contador público Aurelio Fernández Díaz.

[405] Diario Las Américas. Junio 23, 1965.

puesto hasta el 15 de julio por la seria enfermedad del padre de Bosch.

15- COMBATIENTES CONVERTIDOS EN INFORMANTES

Intencionalmente, o por censurable indiscreción, un combatiente mantiene informada a la Agencia Central de Inteligencia sobre las acciones que planean realizar las organizaciones revolucionarias. La información ofrecida por Frank Fiorini[406] a una tercera persona llega, con regularidad a las autoridades norteamericanas. Son tan frecuentes los informes que la Agencia Central de Inteligencia le tiene asignado un número de identificación (201-242256). El propio 14 de julio cuando el pequeño avión Beechcraft del MIRR partía hacia Cuba el comunicativo Frank Fiorini informaba que *«el Movimiento Insurreccional de Recuperación Revolucionaria (MIRR), que es dirigido por Orlando Bosch Ávila, estaba planeando un vuelo a Cuba esa noche».* Ofrece el informante precisos datos:

«Un americano conocido sólo como Jack[407] vendrá desde Orlando, en la Florida, hasta un aeropuerto privado en Long Key. Participarán en el vuelo, además del piloto, un copiloto cubano no identificado y Orlando Bosch».

El informe sigue ofreciendo datos de interés *«el 11 de julio, Jack tomó a Fiorini, Bill Johnson y Mike Rafferty en un corto vuelo y al día siguiente, Julio 12, Jack voló con Bosch a lo largo de la costa este de la Florida».*

Informa, el solícito comunicador, de las gestiones que alguien más hace para otro vuelo: *«El 13 de Julio, 1964, Jack Wright, un norteamericano, estaba buscando un piloto para un vuelo a Cuba en un avión Kris-Kraft. El vuelo sería directo y tomaría cuatro horas. Wright estaba dispuesto a pagarle al piloto US$1,200.00 por el vuelo».*

---

[406] Frank Fiorini (Frank Sturgis) en la lucha contra el gobierno de Batista había transportado armas a los alzados en las montañas. Distanciado del gobierno de Castro acompañó a Pedro Luis Díaz Lanz en un vuelo sobre La Habana lanzando proclamas antigubernamentales. Luego mantuvo estrechas relaciones con varias organizaciones revolucionarias del exilio.

[407] El mismo memorándum, con datos obtenidos de otro informante, lo identifica como Jack Wright.

Ofrece todos los datos necesarios para impedir la operación informando la localización de ese pequeño avión y de un T-28, licencia N5247B que considera inscrita a nombre de Sunny South Aircraft Services en Fort Lauderdale[408].

En un nuevo informe da a conocer el nombre del piloto al que se le ofrecieron US$1,200.00 por el vuelo.

16- FELIPE VIDAL SANTIAGO. EL MÁRTIR IGNORADO

Dentro de Cuba continúa la lucha. El jueves 28 de mayo de aquel año, vuelve a funcionar el paredón de fusilamiento.

«El Tribunal Revolucionario Número Uno del Distrito de La Habana sancionó a la pena capital a los procesados Felipe Vidal Santiago, Ladislao González Benítez, Elías Rivera Bello y Alfredo Valdés Linares».

Los sancionados, decía el comunicado oficial, *«fueron apresados por miembros del Cuerpo de Guardafronteras del Ministerio del Interior cuando, a bordo de una embarcación pirata artillada, intentaban infiltrarse por la costa norte de la provincia de Las Villas en una operación organizada, dirigida y financiada por la Agencia Central de Inteligencia de los Estados Unidos».*

Felipe Vidal Santiago, graduado de la Academia Naval del Mariel en los comienzos de la década del 40, a los pocos días del triunfo de la Revolución había sido nombrado Jefe de la Policía Marítima.

Fue asignado en 1960 a la Embajada de Cuba en Venezuela. Percatado de la creciente influencia comunista en el gobierno cubano, conspira dentro de la propia embajada y, denunciado, se ve obligado a pedir asilo político en la vecina república de Colombia.

Vidal Santiago había constituido el Movimiento de Liberación Democrático Revolucionario, del que fue su Coordinador Nacional; junto a él militaron en aquella organización Miguel César Rodríguez y Alberto Solomón Carter. En febrero de 1961, a nombre del Movimiento Democrático de Liberación había suscrito, junto con Aureliano Sánchez Arango y otras prominentes figuras, una «fórmula institucional». que impugnaba las negociaciones que en aquel

---

[408] Memorándum de la CIA de julio 15 de 1964, escrito el día anterior, 28163-5517.

momento realizaban miembros del FRD y del MRP (Ver «Girón, La Verdadera Historia», del autor).

Militó Felipe en las filas del Frente Unido de Liberación Nacional, junto a Aureliano Sánchez Arango, Pepe Utrera, Raúl Martínez Ararás, Rubén de León, Facundo Pomar y otros.

Felipe Vidal Santiago, junto a sus tres compañeros, había partido hacia Cuba el 14 de marzo de 1964. Era Felipe uno de tantos cubanos que habían recibido la orden de confinamiento que les prohibía salir del Condado Dade.

El paredón no se detiene.

17- TRES MÁRTIRES CAMAGÜEYANOS

Tres prominentes cubanos, de familias bien conocidas en la provincia de Camagüey, fueron ejecutados ante el paredón el martes 2 de junio de 1964, luego de haber estado detenidos por más de tres meses. Alberto Cesáreo Fernández Medrano, Manuel Paradela Gómez y Marcellino Martínez Tapia habían sido acusados de «realizar trabajos de espionaje dentro de la isla como miembros de la Agencia Central de Inteligencia».

Fernández Medrano, abogado, miembros distinguido del Club de Leones, fue gobernador de dicha organización en dos ocasiones. Paradela Gómez era un destacado miembro de la Masonería. Martínez Tapia había ocupado un escaño en el Congreso Nacional y militaba en la organización Rescate que dirigía Manuel Antonio de Varona.

Alberto Fernández Medrano participó en la creación de la «Universidad Ignacio Agramonte», de Camagüey de la que fue designado Decano de la Facultad de Ciencias Sociales, Políticas y Económicas; cargo del que fue despojado cuando el régimen castrista, con el pretexto de depurar y reformar la educación universitaria, sustituye al Consejo Universitario por la Junta Superior de Gobierno, en la Universidad de La Habana, y fuerza la renuncia de profesores de las universidades provinciales.

En la misma causa fueron condenados a varios años de prisión otros dos prominentes camagüeyanos: Jorge Bermúdez Combar y

Manuel E. Zayas Bazán Recio; este último, antiguo gobernador de la provincia.

La prensa cubana destacó la noticia de la pena impuesta por el Tribunal Revolucionario del Distrito de Camagüey:

«Los sancionados –decía la nota– integraban una red de espionaje que operaba en la provincia de Camagüey, recibiendo instrucciones y órdenes procedentes de los Estados Unidos, y trasladando numerosos mensajes contentivos de informaciones militares, económicas y políticas a la Agencia Central de Inteligencia yanqui».

Acusaban a Fernández Medrano de haber retornado a Cuba en enero de 1962 *«bajo el pretexto de trabajo relacionado con el Club de Leones, habiendo regresado a los Estados Unidos en abril de aquel mismo año».* y posteriormente haber vuelto a Cuba «con la tarea de adiestrar a otros individuos en los métodos de espionaje».

El paredón funciona sin descanso. Apenas apagadas las descargas que segaron, en Camagüey, la vida de Alberto Fernández Medrano y sus compañeros, vuelve el fatídico paredón para arrancarle la vida a Miguel César Díaz Infante. Será en Santiago de Cuba. Acusado de *«suministrar a la Agencia de Inteligencia importantes datos relacionados con la distribución de alimentos, las reservas de víveres existentes y falsificar las cifras con que se confeccionaban los censos de consumidores».* es ejecutado Díaz Infante, funcionario del Ministerio de Comercio Exterior (MINCIN). «Severas sanciones de privación de libertad le fueron impuestas a Saturnino Polón Piñero, Francisco Linares Serrano y el resto de los encausados».[409]. En menos de veinticuatro horas se había celebrado el juicio por el Tribunal Revolucionario en Santiago de Cuba, tramitado el recurso ante el Tribunal de Apelaciones y ejecutada la sentencia.

[409] Periódico «Revolución», junio 6, 1964.

CUBIERTA DEL «SANTA MARÍA»

Un aspecto de la cubierta del buque madre «Santa María», comandado por el Capitán René Cancio. El barco contaba con antenas especiales y artillería desmontable.

CAPÍTULO XII

ACCIONES COMANDOS. ÉXITOS Y FRACASOS. OTRAS ACCIONES DENTRO DE CUBA

Se han dificultado las operaciones del MRR en Centro América. Artime, en viaje propiciado por Rafael García-Toledo, viaja a República Dominicana para una extensa, abierta y franca conversación con Donald Reid que preside el Triunvirato que, poco después de la muerte de Trujillo, gobierna aquella nación. Logra Artime que el MRR pueda operar desde una base en la Bahía de Haina. Formalizaron un acuerdo. No habría campamentos como en Costa Rica y Nicaragua. El barco madre del MRR, el Santa María, operaría desde la base naval de Río Haina y desde otro punto de operaciones, Las Calderas, que se encontraba al sur que serviría de reabastecimiento. Se intensificaría así la «guerra de guerrilla naval». que poco antes había atacado el Central Pilón y realizado varias otras acciones. El 31 de agosto sale el Santa María con sus lanchas, Monty y la Gitana, a atacar la estación de radar instalada en Cabo Cruz que está siendo operada por técnicos soviéticos[410].

1- EL SIERRA DE ARANZAZU: COSTOSÍSIMO ERROR

Una acción dramática, pero que resultó disparatada, atrajo la atención de la prensa internacional el miércoles 15 de septiembre de 1964. Un buque de carga fue atacado «por veloces embarcaciones no identificadas, produciendo a bordo explosiones e incendios, hundiéndose frente a las costas de Cuba».

La misma nave, que cinco meses antes había atacado Puerto Pilón, había divisado, a mucha distancia, un barco de gran calado que consideraron era el «Sierra Maestra», el buque insignia de la Marina Mercante Cubana.

El Santa María, en alta mar, al caer la tarde divisa una gran embarcación que lucía como el «Sierra Maestra». Para identificarla salieron

---

[410] Información detallada sobre las operaciones realizadas desde República Dominicana puede encontrarse en «Años Críticos: del camino de la acción al camino del entendimiento», del autor.

las dos lanchas rápidas. Ya era de noche; la Monty se acercó y encendió su reflector dirigiéndolo a la popa. Ricardo Chávez confirmó la identificación a la Gitana basándose en el testimonio de Roberto Cao que había visto la palabra «Sierra». por el lado en que se aproximaba la nave.

Trataron de localizar a Artime en busca de autorización para atacar el barco. No fue posible contactar al dirigente cubano y, temerosos de perder el objetivo, pidieron a la base de Monkey Point autorización para atacar. En la base se encuentra Félix I. Rodríguez que toma la decisión de actuar si tienen la certeza de que el buque es el Sierra Maestra. Las lanchas no vacilan.

La Gitana[411] que estaba más artillada que la Monty, se acerca al objetivo. Abre fuego sobre el punte de mando con la calibre 50 tirando varias ráfagas hasta que se apagaron las luces. Ya la tripulación del barco ha comenzado a arriar los primeros barcos salvavidas. Se les informa por los altoparlantes que se les dará tiempo para que abandonen el barco y se alejen antes de que el buque sea destruido.

Se acercan por la banda de estribor comenzando por la popa por encima de la propela, *«tirándole cañonazos, mientras las ametralladoras calibre 50 no paraban».* recuerda uno de los tripulantes en extensa entrevista con el autor. Le habían lanzado siete proyectiles en la línea de flotación y más de mil quinientas balas calibre 50. Se alejan las dos lanchas rápidas y cuando se encontraban a unas doce o quince millas de distancia observan la explosión del barco *«como una bola de candela que sube y luego se abrió como un hongo».*

Eran cerca de las 3 y media de la madrugada. A las 3:50 am envía el Santa María el siguiente mensaje a la base de Monkey Point.

«Atacamos Sierra Maestra por media hora. Barco ardiendo. Doce millas Sur. Ataque estructura. Náufragos arriando botes».

---

[411] La tripulación de las lanchas, en esa acción, era la siguiente:
La Monty: Capitán, Ricardo Chávez; Maquinista, Roberto Cao; Reinaldo González, Serapio Cepero, Justo Salcedo; Jorge Arroyo, Vicente García, Jorge Rodríguez, Anael Álvarez, Luis Fernández, Pedrito Blanco y Generoso Bringas, que operaba la balsa.
La tripulación de la Gitana se componía de Santiago Álvarez como capitán; Pedro López Delgado como maquinista; Luis Prieto; José (el Chino) Petit; Emilio Palomo; Miguel (Cuco) Espinosa; Romero Epifanio y José Ángel Vale como telegrafista.

Quince minutos después, el Mexicano Chávez envía al Santa María esta comunicación:

«4:11 AM AMPLIANDO MI MENSAJE ANTERIOR, Barco comenzó a hacer explosiones. Lugar ataque 21.25 latitud norte; 74.09 longitud oeste. Tripulación se lanzó al agua. Arriando botes. Debe haber heridos. Respetados vidas y náufragos. Comunique base envíen auxilio...». Firmado: Chávez».

Estaban felices. Creían haber destruido el Sierra Maestra, el buque insignia de la Marina Mercante Cubana. Partieron, jubilosos, hacia la Isla Tortuga, al norte de Haití. Allí comenzaron a oir los primeros partes sobre un barco que había sido atacado al norte de la provincia cubana de Oriente. No identificaban, aún, al buque.

Ya Félix Rodríguez, a cargo de las comunicaciones en Centro América, ha informado a «Lastra».[412] el éxito de la acción. Ha sido destruido el buque insignia de la marina cubana. Pronto conocen que no puede ser el Sierra Maestra el barco atacado porque éste recién ha cruzado el Canal de Panamá rumbo a la República de China.

¿Cuál era, entonces, el barco ametrallado e incendiado?.

Horas después, el Santa María y las dos lanchas rápidas pasaron el Paso de los Vientos y llegaron a la costa sur de Haití en busca de combustible. Oyeron, por primera vez, el nombre de Sierra de Aranzazu. Habían incendiado e inutilizado un barco. Pero no era el Sierra Maestra. Era el carguero español Sierra de Aranzazu que, con frecuencia, tocaba puertos cubanos.

La noticia fue confirmada por el cable de Jorge Giraud[413] a Cancio recibido a las 5 pm del mismo día 15:

«Cancio:

Mensaje del Consejo dice: Urgente envía mensaje al Santa María ordenando oficiales y tripulantes no decir absolutamente nada, repito, nada, sobre ataque al Sierra Aranzazu». Firmado: Giraud».

Cinco minutos después se recibía otro mensaje más esclarecedor:

Septiembre 15, 1964 5:05 P.M.

---

[412] «Lastra» era el nombre con el que se identificaba a la Agencia Central en la operación de Centro América.

[413] Jorge Giraud es radio-operador en Monkey Point.

«Cancio: Sierra Aranzazu fue el buque español atacado ayer por equivocación. Firmado: Giraud».

El combustible que necesitaban no lo encontraron en Haití y tuvieron que continuar hasta la Isla Beata.

Se realizaban inmensos esfuerzos para silenciar el grave incidente. Cables firmados por el «Coronel Ignacio». (Manolo Artime) y «el Coronel Quintero». (Chichi Quintero) urgen mantener absoluta reserva e instruyen a las naves a no continuar hacia la República Dominicana. Pero, esto no le era ya posible al Santa María que apenas tenía combustible.

En esos momentos caían sobre García Toledo, en Santo Domingo, más improperios que proyectiles habían hecho blanco en el Sierra de Aranzazu. El Presidente Reid y el Comodoro Rivera Caminero estaban, comprensiblemente, indignados con lo que, en un principio, consideraron como una acción premeditada. Tocó al solitario representante del MRR en la República Dominicana aplacar a los dos dirigentes dominicanos que tanto habían confiado en él.

En el ataque habían muerto el capitán Pedro Ibarguren Goitía[414] y dos oficiales, quedando heridos algunos tripulantes[415].

La prensa dominicana cubría con gran destaque el grave incidente. El «Listín Diario», uno de los periódicos de más circulación, publica

---

[414] "Fue un castigo de Dios", expresó años después a René Cancio, el tercer oficial de cubierta del Sierra de Aranzazu. "Semanas antes, habíamos salido en el Sierra de Aranzazu del puerto de Cienfuegos rumbo a España y, a la altura aproximada de Jamaica, se descubrió un polizón. Era un cubano, muy joven. El capitán Pedro Ibarguren, a pesar de la petición y ruego de toda la tripulación y del polizón, ordena entrar en el puerto de Santiago de Cuba para entregar a las autoridades al joven refugiado. Atraca al muelle y, luego de cumplir los trámites oficiales, entrega al polizón que, en el mismo sitio, es juzgado por un grupo de milicianos que lo condenan a muerte por fusilamiento. Allí, en el muelle, en presencia de toda la tripulación, es ejecutado el joven polizón cubano. Por eso yo considero que fue un castigo de Dios que el Capitán del Sierra de Aranzazu hubiese muerto en un ataque perpetrado por revolucionarios cubanos". Palabras del Tercer Oficial de Cubierta del Sierra de Aranzazu al Capitán René Cancio una tarde de 1978 en el Puerto La Unión, de El Salvador.

[415] José Gomendio, dueño de la línea de barcos de la que formaba parte el Sierra de Aranzazu confirmó a un exiliado cubano, Esteban Zorrilla, la versión de que el capitán Ibarguren había entregado a "polizones cubanos". Entrevista del autor con Esteban Zorrilla.

en la primera plana fotos del carguero español y de miembros de su tripulación. Aparecen cables originados en Washington, en La Habana; en Miami, en Madrid.

De inmediato, las autoridades cubanas acusaron al gobierno de los Estados Unidos de ser responsable de la agresión al carguero español calificando *«como cínicas las declaraciones del Departamento de Estado Norteamericano de que no saben quien realizó el ataque».*

Este error hizo aún más críticas las ya tirantes relaciones entre la organización revolucionaria y la Agencia Central de Inteligencia. Dentro de tres meses, a fines de diciembre, luego de graves incidentes en los campamentos y de serios errores de juicio en las relaciones con la CIA, terminaría esta antigua vinculación.

Pero en la isla los cubanos siguen conspirando y luchando aunque muchas de estas conspiraciones son detectadas por agentes infiltrados.

2- CONSPIRACIONES INFILTRADAS

El 28 de agosto son detenidos dos jóvenes de Arroyo Arenas. Era, en apariencia, tan sólo uno de los tantos arrestos que a diario realiza Seguridad del Estado. Cuando Alberto Grau, en su pequeña finca, conoce de estas detenciones comprende que ha sido detectada la red que planeaba un atentado a Fidel Castro que habría de realizarse el 7 de septiembre.

La idea del tiranicidio la había concebido Osvaldo Figueroa Gálvez (Maqueca), uno de los jóvenes detenidos. Sabía Osvaldo que Castro asistía con regularidad al Estadio Latinoamericano (el antiguo Stadium del Cerro), sentándose siempre detrás del receptor, rodeado de sus guardaespaldas. Ese sería el sitio en el que, en el momento oportuno, sería ajusticiado por los complotados.

Participaban en el planeamiento un grupo de jóvenes de la zona de Arroyo Arenas, Wajay, Punta Brava y Santa Fé; casi todos amigos desde la infancia. Entre ellos se encontraba Fernando Quijano (Mimo), uno de los dos jóvenes detenidos aquel 28 de agosto; Felipe Alonso, Alberto y Frank Grau, Reynaldo Figueroa, Giraldo Cribeiro, Ángel Pardo, José Manuel Rodríguez Cruz (Lolo) y otros. Pero varios de los que participan en el plan del atentado están realizando, también, otras actividades clandestinas. Es, esta conspiración, un mosaico complicado.

Al conocer del arresto, Alberto Grau trata de evitar su propia detención y cambia con frecuencia de paradero. Felipito Alonso y Reynaldo Figueroa, profundamente complicados en el atentado, también se alejan de sus sitios habituales. El 5 de septiembre Alberto es detenido, cerca de la Quinta Balear, y conducido a las oficinas del G-2, precisamente en los momentos en que carros patrulleros, en busca de Alberto y Frank, rodeaban la finca de ellos disparando sobre un joven campesino, Juanelo, que había llegado allí en busca de refugio por sus actividades clandestinas.

Ángel Pardo, más envuelto en labores de recolección de inteligencia y comunicación, logra mantenerse libre hasta la madrugada del 5 de noviembre cuando carros de la Seguridad del Estado rodean su casa y es arrestado. Su destino inmediato: Villa Marista, donde se encuentra el Departamento de Seguridad.

Felipe Alonso se mantendrá libre, pasando por casas amigas en Santa Cruz del Norte y en Ampliación de Almendares, hasta el 16 de Julio de 1965.

¿Por qué han sido detectados todos y cada uno de los jóvenes conspiradores?. La razón es la más sencilla y la más común: El grupo ha sido infiltrado, y lo había sido casi desde el inicio de la conspiración.

3- MANOLO VIERA. AGENTE DOBLE

Manolo Viera («El Gordo»), acompañado de José Luis y Emilio[416] habían llegado de los Estados Unidos pocos meses antes y entrado, clandestinamente, por Caibarién, zona con la que el Gordo Viera estaba bien familiarizado. El primer contacto lo hace con Juanito Besú que lo conocía a través de Rescate Libre (no relacionado con Rescate Revolucionario) y Unidad Revolucionaria. Venía con plantas para transmitir al exterior la información de inteligencia que recogiese sobre las bases soviéticas en la Isla.

---

[416] Joao De Madeiro Canto y Castro (José Luis) había participado en acciones comando contra Castro en 1961, poco antes de la Invasión de Bahía de Cochinos; el otro personaje (Emilio) que llegaba con El Gordo Viera y José Luis, desaparecerá sin dejar rastro.

Viera, que años atrás había militado en el «26 de Julio», se va introduciendo, haciéndose útil, en las células clandestinas. A través de Besú conoce a Ángel Pardo; por Pardo establece contacto con Alberto Grau a quien sugiere colocar en la finca de éste la planta transmisora que opera Joao (José Luis).

La labor que se realiza en las primeras semanas es de recolección de información sobre las bases soviéticas que se encuentran en distintos puntos de la Provincia de La Habana. Pardo le da a Viera la información recogida que será transmitida al exterior a través de la planta operada por José Luis. El círculo de actividades se va ampliando y aumenta, también, el número de personas que en ellas participan.

En las labores de recolección de inteligencia que se hacía llegar al exterior por embajadas amigas y, aparentemente[417], por la planta transmisora situada en la finca de Alberto y Frank Grau, participan con Ángel Pardo, Antonio (Tony) Leza Rivero, Noel Guillermo Goodrich Rodríguez, Evelio Fernández Fernández, Andrés Isasi Hernández, José René Martínez Carratalá, Alfredo Sardiñas Piedra, Vicente Díaz Álvarez, Eduardo Briñiz Garcés, Adolfo Giol Brayon. En los pasos preparatorios del atentado intervienen, junto a Osvaldo Figueroa (Maqueca), Fernando Quijano (Mimo), Felipito Alonso, Alberto y Frank Grau, Giraldo Cribeiro y José Manuel Rodríguez Cruz (Lolo). Éste último abandonará a sus compañeros y se quedará colaborando con el régimen.

En este complicado cuadro conspirativo existe un tercer círculo que, aunque actuando separadamente con contactos y medios propios, mantiene, también, relaciones con las dos redes antes mencionadas. Éste lo componen, básicamente, otros dos hermanos: Polita y Mongo Grau[418]. Junto con Mongo y Pola están trabajando Alberto Belt, hermano del antiguo Ministro de Relaciones Exteriores y Embajador, Guillermo Belt; José Luis Pelleyá; Alberto Cruz, antiguo Ministro de

---

[417] «Aparentemente» porque a José Luis (Joao) Seguridad del Estado le ha quitado los cristales de frecuencia con los que podrá transmitir al exterior. Esto se sabrá después.
[418] Polita y Ramón (Mongo) Grau, sobrinos del ex-presidente Ramón Grau San Martín, que aún vivía en su casa de la Quinta Avenida frente a las oficinas de Seguridad del Estado, mantenían una red de información con muy estrechos contactos con distintas embajadas extranjeras.

Comunicaciones durante el gobierno de Ramón Grau San Martín, y que en ese momento era el Coordinador Nacional de Rescate Revolucionario; Carlos Guerrero; Esteban Pola; Iván Ledo; Manolo Companioni, y otros.

Eran tres redes que funcionaban como círculos tangentes, separados uno del otro pero que, en algún momento, se cruzaban. Una peligrosa y frágil estructura.

Fue lo que, al conocer Alberto el 5 de septiembre la detención de sus dos compañeros, comprendió de inmediato el joven militante. Lo supo también, el propio día, Ángel Pardo.

Pardito, visiblemente menos comprometido en los planes del atentado, alertó a varios de los que componían la célula clandestina. Entre ellos, a quien creía un valioso y confiable compañero: Joao (José Luis). Felipe Alonso había estado trabajando estrechamente con el Coordinador de Liberación Nacional, Gustavo Acubas Sánchez, Segundo Jefe de Farmacias del antiguo Hospital Reina Mercedes. Sánchez se había comprometido a suministrarle materiales necesarios para el atentado; ignoraba Felipito que Acubas Sánchez trabajaba ya para Seguridad del Estado.

Pola Grau está realizando, en aquellos días de intenso trabajo conspirativo, distintas gestiones para sacar del país a Borico Padilla, antiguo funcionario del gobierno de Grau San Martín. Pola había tratado, sin éxito, de lograr su asilo en alguna de las pocas embajadas aún abiertas en La Habana. En una de las frecuentes visitas de Ángel Pardo a la finca de Alberto Grau comentan ambos amigos y conspiradores, en presencia de El Gordo Viera, la apremiante situación en que se encontraba Pola. El Gordo Viera ofrece, *«a través de sus conexiones»*, trasladar a los Estados Unidos a Padilla en una lancha que le facilitarían «los amigos». Comunican a Pola la oportuna oferta, recuerda Ángel Pardo, ella acepta y, días después, Viera recibe a Padilla para *«trasladarlo a los Estados Unidos»*.

Había caído en manos de la Seguridad del Estado. A los dos o tres días Pola quiere conocer si ya Padilla ha salido del país porque Urugüay va a romper relaciones con Cuba en los próximos días y ella, si Padilla aún no ha salido, quisiera intentar asilarlo allí antes del rompimiento. Preguntado Viera, éste informa que ya está en los Estados

Unidos[419]. Los miembros de las tres grandes redes descritas han ido cayendo. Confirma Pardo, ya muy tarde, lo que algunos de sus compañeros desde la cárcel (Carlos Vidal y Osvaldo), le habían informado: Manolo Viera, «El Gordo", era un doble agente.

Semanas atrás Viera y José Luis habían pretendido salir de la Isla por Caibarién, la misma zona por donde habían entrado. Detectados –al menos esta es una de las varias versiones– no les es posible exfiltrarse. Para varias de las personas entrevistadas extensamente para esta obra, que eran integrantes de alguna o de varias de estas tres grandes redes clandestinas, es éste el momento en que José Luis (a quien antes habíamos conocido como Juan Carlos, el Portugués) se convierte también, como desde antes el Gordo Viera, en un doble agente. Los que fueron sus compañeros consideran que puso como condición para colaborar con los agentes de Castro, que se le respetase la vida a aquéllos que en él habían confiado.

Empieza la redada. Caen Osvaldo Figueroa y Fernando Quijano; luego, Alberto y Frank Grau; muere, baleado en la finca, Juanelo. Pronto estarán, unos en la Galera Siete y otros, Tony Leza, Carlos Vidal, y Juanito Besú en la Galera Ocho. Allá está, detenido el 5 de noviembre, Ángel Pardo. Aquella misma madrugada habían sido apresados otros complotados: Giraldo Cribeiro, Israel Crespo, Rafael García.

Envuelven en la Causa 614 de 1964[420], por un *«delito contra los poderes del estado y contra la estabilidad e integridad de la nación».* a muchos a quienes Ángel Pardo ni siquiera conoce. Le imponen severas penas *«sin la concurrencia de circunstancias modificativas de la responsabilidad criminal, todos con trabajo obligatorio».*

Poco después se inicia un nuevo proceso: La Causa 38 de enero de 1965[421]. Serán condenados en ella hombres y mujeres ya mencionados: Alberto Cruz, Ramón (Mongo) Grau Alsina; su hermana, Polita

---

[419] Al día siguiente Pola recibe, en la clave convenida, un mensaje afirmando que el antiguo funcionario ya estaba en los Estados Unidos. Se sabrá después que fue por medio de la tortura que le arrancaron a aquel viejo funcionario la clave para el falso mensaje.

[420] El Tribunal de la Causa 614 de 1965 lo componen Rogelio P. González; Juan B. Rodríguez Barreiro, Secretario, y Héctor Laza, Vocal.

[421] El Tribunal de la Causa 38 de 1965 lo componen Rogelio P. González; Juan B. Rodríguez Barreiro, Secretario, y Héctor Laza, Vocal.

Grau; Alberto Belt; José Luis Pelleyá, Carlos Guerrero, Esteban Pola, Iván Ledo, Manolo Companioni y otros, arrestados todos la mañana de enero 21 de 1965. ¿La acusación? Haber participado en planes para asesinar a Fidel Castro, haber tomado parte en la salida ilegal de menores (Operación Peter Pan) y estar en contacto con embajadas extranjeras ofreciéndoles información sobre la situación del país.

A Alberto Grau lo procesan bajo la Causa 479 de 1964, junto con Osvaldo y Reynaldo Figueroa Gálvez, Rafael Armendi de la Portilla, Fernando Quijano González y otros compañeros. Son serios los cargos: Confabulación para atentar contra la vida del Comandante en Jefe y Primer Ministro, Fidel Castro.

4- JOSÉ LUIS (EL PORTUGUÉS)

Mediaba diciembre de 1964 cuando entra en la cárcel, pálido y demacrado, Joao. Recuerta Alberto Grau: *«cuando llega, se acerca a abrazarme y trata de decirme algo pero yo lo rechazo. Lo consideraba –y aún hoy tengo grandes dudas– como un infiltrado».*

Habla Joao también en las pocas horas que permanecerá en La Cabaña, con Juanito Besú[422] con quien tan estrechas relaciones había mantenido. «Me confiesa –dice Besú al autor en una de las entrevistas sostenidas– los detalles de la fallida exfiltración por Caibarién y como había aceptado en aquel momento, para salvar su vida y la de los que han confiado en él, colaborar con Seguridad del Estado». Ignoraba Joao (José Luis) que ya, desde antes, era Manolo Viera un agente doble.

Ángel Pardo tiene una experiencia similar. Días antes de que le entreguen a Ángel la petición fiscal, han traído al patio de La Cabaña

---

[422] Juanito Besú había trabajado muy cercanamente con Viera y Joao. Al tratar de comprar para ellos carne clandestinamente es detenido, juzgado y condenado, en la Causa #2 de febrero de 1964, "por contrabando de carne". Permanece en El Príncipe hasta agosto de 1964 en que es trasladado a Seguridad del Estado en Villa Marista, y sometido, de octubre a noviembre, a continuos interrogatorios al conocerse su vinculación con la red de inteligencia. En los primeros días de diciembre de 1964 envían a Besú a La Cabaña.
Le inician un nuevo proceso: La Causa 634 de 1964 por delito contra la Integridad y Estabilidad de la Nación. Es condenado a 30 años (el fiscal le pedía 20!!).

a Joao. *«Armendi, que lo reconoce, va y me avisa inmediatamente. Cuando abren la galera voy y lo saludo. Él me dice «Cuando den el patio te veo; tenemos que hablar».* expresaba Ángel Pardo en su libro «Cuba. Memorias de un Prisionero Político». y, luego, se lo confirma al autor en extensa entrevista. No les fue posible hablar. *«Esa misma tarde se lo llevaron y por la noche oímos una descarga frente al paredón. Nadie vio el juicio. Cuando su compañera, seguramente su esposa, preguntó le dijeron: «Ya el juicio se celebró, fue sancionado a la pena capital y ejecutado».*

Queda una inmensa interrogación que nadie ha podido responder con claridad. ¿Si Joao (José Luis) era un agente que ya estaba trabajando para Castro, por qué es fusilado?. Los que lo conocimos, y compartimos con él riesgos inmensos en los meses anteriores a Girón, cuando todos confiábamos en él y lo llamábamos Juan Carlos Jiménez, queremos creen que en el futuro aparecerán pruebas que muestren su inocencia. Pero hoy, los testimonios y evidencias lo condenan.

El paredón no descansa. El 16 de noviembre fusilan en aquella fotaleza a Agustín López Reyes y a Conrado Fernández. A las pocas semanas ejecutan a Aurelio Martínez Ferro, profesor de física y matemática de la Escuela Naval del Mariel, y de Astronomía en la Universidad de La Habana.

Aurelio Martínez Ferro, Profesor de la Cátedra de Astronomía de la Escuela de Ciencias de la Universidad de La Habana, antiguo profesor del «Colegio La Luz», encarcelado durante largo tiempo sin ser sometido a juicio, fue fusilado el 18 de diciembre de 1964[423].

Cinco días después, acusados de *«tráfico de explosivos».* y, por supuesto, de *«pertenecer a la Agencia Central de Inteligencia",* fueron ejecutados ante el paredón Ricardo Ulloa Olivera, Daniel Montero Camallieri y Desiderio Lourdes Valladares. Otros fueron sancionados con penas de uno a 30 años.

---

[423] El profesor Aurelio Martínez Ferro, «mantuvo en el juicio valentía y civismo al hacerse responsable de los cargos que pesaban sobre sus discípulos de la academia y que habían sido detenidos con él». Ángel Pardo, «Cuba: Memorias de un Preso Político».

En territorio norteamericano, afrontando los riesgos de la detección de sus movimientos por las autoridades federales, los cubanos hacían acopio de armas y recursos para realizar acciones sobre la isla.

Terminaba así –muriendo frente al paredón abnegados combatientes cubanos– el año 1964.

El 11 de junio de 1965 autoridades federales allanan el local del MIRR y detienen a cuatro de sus dirigentes y a dos norteamericanos que con ellos se encontraban. Son arrestados Orlando Bosch, Marcos Rodríguez Ramos, Getulio Gutiérrez y José Díaz Morejón. Detenidos quedan, también, William J. Johson y Frank Rafferty. Los cuatro cubanos habían iniciado una huelga de hambre por no habérseles señalado una fecha para su juicio[424].

5- SIGUE LA ACCIÓN

Mientras, en Cuba, siguen aplastando todo intento de la más ligera oposición. Días después de haber ejecutado ante el paredón a Manuel Izquierdo González, funcionario de la Aduana de La Habana, el gobierno cubano anunció la detención de 53 personas, muchas de ellas religiosos bautistas, acusándolas de haber creado una organización de espionaje entre cuyas actividades se encontraba el suministro de *«ayuda a los bandidos rebeldes y elementos contrarrevolucionarios infiltrados».* en la isla. El comunicado oficial sólo identificaba a uno de los supuestos complotados: Herbert Caudill, de la Junta Misionera Bautista del Sur, con sede en la ciudad de Atlanta, Georgia. Acusaba a Caudill de haber reunido *«amplia información militar, así como política y económica que transmitió a los organismos de espionaje de Estados Unidos, de quien recibía sus órdenes y ayuda financiera...»[425].*

Sin duda, los grupos dentro de la isla se mantienen activos en acciones de sabotaje. El 24 de abril (1965) el periódico «HOY». se hace eco de distintos incendios en los campos de caña y destaca, en particular, el realizado en los cañaverales aledaños al Central Bolivia que se producía a pesar de la vigilancia de «los trabajadores volunta-

---

[424] Señalado el juicio para el 15 de julio los combatientes cubanos fueron dejados en libertad provisional.
[425] Cable UPI, abril 9, 1965.

rios». aunque, gracias a ellos «pudo evitarse que el incendio se extendiera aún más».

El régimen denuncia otra «organización de espionaje». en la capital de la provincia camagüeyana, «orientada y dirigida por el Servicio Central de Inteligencia (CIA) de Estados Unidos». El anuncio se hace público el 23 de abril mencionándose el arresto de ocho miembros de la organización *«entre quienes se encuentran funcionarios de la administración de los ferrocarriles de Camagüey».* Los acusan de reunir datos sobre movimientos de tropas, transporte de mercancías y cifras económicas... que eran remitidos a la CIA «utilizando escrituras secretas y otros medios». Se identifica como jefe de este grupo a Manuel Parrado Álvarez que fue colocado de inmediato a la disposición del Tribunal Revolucionario de Camagüey.

Mientras los cubanos, dentro de la isla, con sus actos de sabotaje mantienen al gobierno en un continuo estado de alerta, el régimen castrista no cesa en sus intentos de subvertir el orden en la América Latina. El 23 de abril el gobierno de Ecuador mostró documentos que probaban *«la infiltración comunista castrista de Cuba en los problemas políticos laborales del Ecuador»,* ofreciendo respaldo económico destinado a promover la agitación en las filas obreras de aquel país. No es sólo en el país suramericano en el que se prueba la presencia castrista. Termina el mes de abril con un caos en la República Dominicana[426].

6- CONDUCTA IMPROPIA. LA UMAP

En noviembre de 1965, comienza un plan de rehabilitación para aquellos que por diversas razones no se han integrado al proceso revolucionario. Se utlizaría para ello una estructura creada dos años antes.

En agosto de 1963 «informa al pueblo el Comandante Raúl Castro Ruz, Ministro de las Fuerzas Armadas Revolucionarias», el proyecto de ley por el que se habrá de crear el Servicio Militar Obligatorio.

---

[426] Un grupo de militares irrumpió en el Palacio de Gobierno y forzó la renuncia del Presidente Donald Reid Cabral. El General Elías Wessin se enfrenta a los golpistas comandados por el Coronel Francisco Caamaño. Se producen varios encuentros. (Ver amplios detalles en el libro «Años Críticos: del camino de la acción al camino del entendimiento», del autor).

Toda la prensa, radial y escrita, cubre el anuncio. Bohemia le dedica catorce páginas completas, con cincuenta y seis capítulos, a *«los resultados del estudio realizado, cuyo objeto principal ha sido alcanzar los objetivos patrióticos del Servicio Obligatorio sin lesionar otros intereses nacionales»*. Por supuesto, aclara el Comandante Raúl, *«dicho proyecto deberá ser discutido por la clase obrera, por los campesinos, estudiantes, el pueblo revolucionario en general»*. Para nadie fue una sorpresa que «luego de tantos estudios». el proyecto se convirtiese en ley sin cambio alguno.

Comprendía la nueva ley a todos los hombres de 17 a 45 años (las mujeres de 17 a 35 años serían admitidas como voluntarias). Las edades luego fueron modificadas. El término de servicio sería de tres años, y los que tratasen de evadirlo serían sancionados de tres a seis años de cárcel.

Pronto surgirá del SMO (Servicio Militar Obligatorio) una nueva institución: La UMAP (Unidades Militares de Ayuda a la Producción) que, en teoría, servirían para que los jóvenes reclutas ayudaran al INRA participando en la zafra azucarera y en los frutales. En la práctica, la UMAP se transformó en algo bien distinto. Todos aquéllos acusados de «conducta impropia». eran remitidos, como castigo, con el pretexto de ser rehabilitados, a la UMAP. Holgado era el concepto de 'conducta impropia'».

Hacia esos campos, verdadero Archipiélago Gulag, fueron enviados dirigentes religiosos, seminaristas, estudiantes, obreros homosexuales, opositores; todo aquel que podía ser considerado un «desviado social». Fue en noviembre de 1965 que se crean estas «Unidades Militares de Ayuda a la Producción». Se producen, también, arrestos de homosexuales, se les purga de sus trabajos y de sus cátedras.

Había sido en una reunión del Ministerio de Fuerzas Armadas (MINFAR), celebrada en el Castillo de la Chorrera, en La Habana, donde el propio Fidel Castro había delineado las razones para crear esta nueva estructura militar[427].Cuba necesitaba de la UMAP para absorber a los hombres de edad militar que no estaban políticamente aptos para el servicio militar regular, por no estar integrados en la

---

[427] Ver «UMAP: el Gulag Castrista» del autor.

Revolución, participar activamente en servicios religiosos, ser homosexuales o tener antecedentes criminales. Esos hombres, de acuerdo a las instrucciones dadas por Castro, *«no debían ser enviados a la UMAP como castigo, sino como parte de un proceso de rehabilitación ideológica»*. Los campamentos estarían localizados en zonas poco pobladas de la provincia de Camagüey.

La UMAP era, en palabras del propio Castro, *«un esfuerzo de la Revolución para rescatar a jóvenes que se deslizaban peligrosamente por la pendiente del vicio y la perdición»*. De hecho, fueron verdaderos campos de trabajo forzado.

Hoy ya no existe la UMAP pero, como apunta el periodista José Antonio Zarraluqui, uno de los primeros conscriptos, *«el aliento que dio vida al Archipiélago Gulag cubano ha sobrevivido sin hiato en la CJC (Columna Juvenil del Centenario), luego en el EJV (Ejército Juvenil del Trabajo) y perdura hasta hoy»*.

7- ACCIONES COMANDO Y DE INFILTRACIÓN

Al comenzar marzo de 1966, la armada norteamericana, tan solícita ahora como en el pasado reciente, intercepta en alta mar, luego de abrir fuego contra ella, la embarcación «Pronto».[428] de las organizaciones Alfa 66 y Segundo Frente del Escambray. A bordo de la pequeña lancha de 50 pies, capturada en aguas internacionales, se encontraban 14 combatientes al frente de los cuales estaba Armando Fleites.

En estos primeros meses de 1966 se repiten las acciones comandos sobre distintos puntos de la isla.

8- TONY CUESTA. COMANDO L.

En la media noche del domiento 29 de mayo se produce un intenso cruce de disparos entre una nave rápida que recién había infiltrado dos combatientes anticastristas y una batería antiaérea en el oeste de La Habana.

Luego, unidades de la Marina de Guerra, con la ayuda de aviones de reconocimiento que lanzaban bombas lumínicas, se unieron a la batalla naval.

---

[428] La embarcación «El Pronto» había sido donada por Estrella Rubio a Armando Fleites, dirigente de las organizaciones Alfa 66 y Segundo Frente del Escambray.

Se habían producido dos combates; uno en tierra, el otro en el mar. Eran seis los tripulantes de la lancha: Antonio (Tony) Cuesta; Eugenio Zaldívar, Herminio Díaz, Armando Romero, Guillermo Álvarez y Roberto Antas[429].

La lancha había desembarcado, a la altura de la calle 80 en Miramar, a los dos combatientes que se iban a infiltrar. Según la prensa oficial la tripulación, al desembarcar, instaló dos cohetes autopropulsados preparados para estallar dos horas después[430], cerca del antiguo Hotel Comodoro donde ahora se asentaba un organismo oficial[431].

9- EXPLOTA LA LANCHA. MUEREN LOS INFILTRADOS

En la batalla que se entabla entre los barcos que forman la patrulla de las fuerzas armadas castristas y la lancha del comando dirigido por Tony Cuesta ésta fue alcanzada por varios proyectiles, estalla en llamas y se hunde con prontitud. Gravemente heridos son rescatados Tony Cuesta y Eugenio Zaldívar Siques. Mueren en la explosión Guillermo Álvarez[432] y Roberto Antas. Mientras, se ha entablado otro intenso tiroteo entre los dos combatientes que se han infiltrado: Herminio Díaz y Armando Romero, y los guardafronteras castristas.

En la Escuela de Pesca, próxima a la cual habían desembarcado se encontraban algunos jóvenes becados y un gran número de soldados que, rutinariamente en esos días, custodiaban el Monte Barreto y la costa para impedir un probable desembarco. Así pudo reconstruir Tony Cuesta –durante sus años de prisión conversando con algunos de

---

[429] Ya antes, Herminio y Armando habían tratado de infiltrarse. Herminio había mantenido una combativa posición anticomunista desde sus años de estudiante en el Instituto de La Habana. Tony Cuesta describe a Armando Romero como «el inseparable compañero de Herminio en sus días de exilio».
Eugenio Zaldívar nació en Camagüey donde participó en las luchas democráticas estudiantiles.

[439] Periódico Granma. La Habana, martes 31 de mayo, 1966.

[431] Escuela de Pesca Adolfo Pérez Mateos.

[432] Guillermo Álvarez Sánchez «era el Benjamín de nuestro grupo. Edad 17 años... llegó al exilio alrededor de 1960, acompañado de sus padres y hermanos. Atrás quedaba su tía favorita, Celia Sánchez Mandulay, la inseparable compañera de Fidel Castro». Roberto Antas recién había cumplido 19 años y ya había tomado parte en varias acciones. Tony Cuesta: «Plomo y Fantasía».

los becados y soldados que participaron en aquella acción– la incidencia de los sucesos:

Un becado, que vigilaba la salida del bosquecillo cerca de la Quinta Avenida, al advertir cuando Herminio y Armandito se disponían a cruzar la amplia avenida oprimió el gatillo de su arma, disparando al aire. Aquella fue la señal de alarma. Puestos sobre aviso por el disparo, un grupo de soldados descubrió a los dos infiltrados. Se iniciaron los disparos en ambas direcciones mientras otro grupo de soldados les cortaba la retirada.

Llegaron los primeros carros patrulleros conminando a los infiltrados a la rendición. Éstos respondieron disparando sus armas. Era, ahora, el General Menéndez Tomasevich quien dirigía la operación ignorando que solo combatía contra dos hombres. Con la llegada de altos oficiales al área se cerró el cerco. La desigual batalla siguió por espacio de una hora. Los sitiados ni pidieron ni dieron cuartel. Continuaron los disparos. Los infiltrados, cercados, mueren combatiendo.

Había sido una operación de Comandos L, organización que contaba con el respaldo de otros grupos revolucionarios: RECE, 20 de Noviembre, Directorio Revolucionario Estudiantil, y otras, y una amplia gama de instituciones cívicas. Tony Cuesta había participado, con anterioridad, en el ataque al barco cubano «San Pascual», en Caibarién; en la acción contra la embarcación inglesia «New Lane», en el asalto comando al Central «Punta Alegre», en el ataque al barco ruso «Bakú». y otras acciones.

Ciego y mutilado quedaría Tony Cuesta.

10- DETENCIÓN DE VÉLEZ CABRERA

Transcurridas veinticuatro horas de la heroica pero frustrada operación de Comandos L, era detenido en Punta Luis, término municipal de Guane, en Pinar del Río, otro cubano, José Ramón Valez Cabrera. El barco madre Leda, que había sido frecuentemente utilizado en gran número de operaciones de infiltración, se había acercado a unas cincuenta millas de las costas cubanas donde bajaron la lancha Seacraft, que, colocada a remolque de la embarcación intermedia, llegó hasta la costa; pero, horas después, Valez era detenido.

11- CONDENAS EN CUBA

Ángel Cuadra, uno de los fundadores de UNARE, ya reconocido como prestigioso escritor y poeta[433]

En Cuba, el régimen continúa aplastando con rigor toda oposición.

El 21 de septiembre, luego de haber permanecido durante 20 meses en prisión, sin siquiera haber sido juzgados, fueron sentenciados a largas condenas de cárcel los hermanos Ramón y Polita Grau Alsina, José Luis Pelleyá, los hermanos José y Alberto Grau Sierra, Alfredo Belt y otros, acusados de conspirar contra la dictadura comunista y otros delitos.

El domingo 13 de noviembre el MIRR, que dirige Orlando Bosch, realiza un ataque aéreo, con bombas de confección casera, sobre una planta eléctrica y una central química en la provincia de Matanzas. La prensa cubana se ve obligada a confirmar este ataque. Días después la propia organización, esta vez junto a Comandos L, realiza por Oriente, en la zona de Gibara, una operación de infiltración. Los tres comandos capturados son Rubén Aragón Mendive, Antonio Latur Fernández y Rigoberto Ávila Otero.

No cesan los intentos y las acciones. El 17 de marzo de 1967, las tropas de guarda fronteras capturan a Félix Asencio Crespo, Wilfredo Martínez Díaz y Gustavo Areces Álvarez, al tratar de infiltrarse por la zona de Cayo Fragoso[434].

12- TERMINA LA LUCHA ARMADA DENTRO DE CUBA

Luego de la bomba colocada al vapor Saltustegui que le es atribuida al MIRR, produce esta organización un doble ataque sobre la isla. Mientras una de las viejas avionetas deja caer, sin producir serios daños, bombas incendiarias de manufactura casera, sobre una refine-

---

[433] Poco antes, en un mimeógrafo «sustraído» por Julio Ruiz Pitaluga de la Asociación de Dibujantes Cubanos, había Ángel Cuadra publicado un poemario de poesías combativas que le hizo llegar, anónimamente a Cintio Vitier y a otras figuras de la intelectualidad cubana. Contó, con la entusiasta colaboración de Aparicio Aparicio, Gran Orgador de la Gran Logia de Cuba, quien, a su vez, pronto será detenido, juzgado y condenado a largos años de prisión.

[434] Luis Báez, «Guerra Secreta», Editorial Letras Cubanas. La Habana, 1978.

ría de La Habana, otra avioneta realiza similar acción sobre un central azucarero en Camagüey.

Cuatro meses después hombres de la misma organización realizan una nueva acción sobre Cuba. El 13 de noviembre Gervelio (Mimo) Gutiérrez y Rafael Fantony, del MIRR, junto a Mike Rafferty en un pequeño avión dejaron caer varias de las bombas incendiarias, construidas por Mimo, sobre la planta hidroeléctrica Cepero Bonilla. De regreso a su base la avioneta desapareció junto con sus tres tripulantes.

Los exiliados cubanos se enfrentan al castrismo y al comunismo en distintos campos. Algunos, ya más esporádicamente, dentro de la propia isla continúan realizando –sin prácticamente ayuda externa– acciones de sabotaje. Otros, engrosan unidades paramilitares para combatir las tropas comunistas, y a veces maoístas, en el Congo en cuyo terreno se enfrentan, también, con las tropas que comanda Ernesto Guevara. Muchos exiliados visten el uniforme de las Fuerzas Armadas Norteamericanas para combatir las fuerzas chino-soviéticas que amenazan conquistar el sureste de Asia. Otros, que consideran que se han cerrado las otras vías, comienzan a atacar, sin poner en peligro vidas humanas, misiones diplomáticas y pabellones de comercio internacional de naciones que mantienen estrechos vínculos con el régimen cubano.

Ese es el cuadro en el nuevo año 1967.

En la prolongada lucha contra el régimen castrista aún se producirán algunos encuentros que representarán los estertores de la sangrienta batalla que se ha librado por heroicos cubanos. En diciembre de 1968 Ernesto Díaz Rodríguez, Emilio Nazario Pérez, Antonio Rodríguez Pérez, Felipe Sánchez y Hermenegildo Rodríguez se infiltran por Pinar del Río. Detectados son arrestados, juzgados y condenados. Meses después, el 17 de enero de 1970, capitaneados por Vicente Méndez desembarcan por Baracoa curtidos militantes. Fueron aniquilados.

Pero ya la actividad clandestina dentro de la isla prácticamente ha desaparecido víctima de las infiltraciones que han minado, hasta destruirlas, las numerosas organizaciones que operaban en los meses anteriores y posteriores a Playa Girón.

Muchos de aquellos heroicos militantes han muerto frente al paredón o han caído combatiendo y otros muchos permanecen cautivos en las cárceles cumpliendo largos años de prisión. La abnegada y riesgosa lucha clandestina termina a mediados de la década de los 60.

Comenzaba una nueva etapa de beligerancia: *«la guerra por los caminos del mundo».* en la que participarán decididos combatientes cubanos. Esta será, ya antes lo dijimos, objeto de una próxima obra.

BIBLIOGRAFÍA
LIBROS

Ernesto Fernández Travieso, «En la Búsqueda de la Felicidad», Editorial Universal, Mami, Florida 2005.

Howard Hunt, «Give Us This Day», Arlington House, New Rochelle, NY

Comité Mundial «Pedro Luis Boitel», «Diario de un Mártir», Miami, 1948.

Pilar Mora, «El Presidio Político de Mujeres».

Wayne S. Smith, «The Closest of Enemies», W.W. Norton & Company, NY.

John Martino, «I was Castro's Prisoner», The Devin-Adar Co., 1963, NY.

Ángel Pardo, «Cuba. Memorias de un Prisionero Político.

Earl E.T. Smith, «El Cuarto Piso», Editorial Diana, México.

Luis Báez, «Guerra Secreta», Editorial Letras Cubanas, La Habana 1978.

F. Sergueev, «La Guerra Secreta Contra Cuba», Editorial Progreso, Moscú

Jesús Arboleya, «La Contrarrevolución Cubana», Editorial Ciencias Sociales, La Habana.

Rosa Miriam Elizalde: «Los Disidentes».

Fabián Escalante, «La Guerra Secreta, 1963. El Complot», Editorial Ciencias Sociales. La Habana, 2004.

Fabián Escalante, «La Guerra Secreta. Operaciones de la CIA», Ocean Press.

Luis Fernández Caubí, «Cuba, Justicia y Terror», Ediciones Universal, Miami, Florida 1994.

Enrique Encinosa, «Unvanguished», Pureplay Press, Los Ángeles, 2004.

Enrique Encinosa, «Cuba en Guerra: Historia de la Oposición Anticastrista», 1994.

Enrique Encinosa, «Escambray: la guerra olvidada», Miami, Florida 1988.

Orlando Bosch, «40 Años de Lucha y 40 Años de Razón», Colonial Press.

Instituto de la Memoria Histórica Cubana Contra el Totalitarismo: Cuba, Cronología de la Lucha Contra el Totalitarismo», Miami, Florida 2003.

José Enrique Dausá: «Luchas y Combates por Cuba», Ediciones Universal, Miami, Florida 2001.

Ernesto Díaz Rodríguez, «Rehenes de Castro», Linden Lane Press, Miami, Florida 1996.

José Duarte Oropesa, «Historiología Cubana», Tomo IV, Ediciones Universal, Miami, Florida 1993.

Alberto Fibla: El 84, San Lázaro Graphics, Miami, Florida 1993.

Juan F. Benemelis, «Las Guerras Secretas de Fidel Castro», Miami, Florida 2002.

Mignón Medrano, «Todo lo dieron por Cuba, Miami, Florida 1995.

Leovigildo Ruiz, «Diario de una traición. 1961», Editorial Lorie, Miami, 1972.

Terence Cannon, «Revolutionary Cuba», Thomas J. Crowley, NY.

Lyman Kirkpatrick, «The Real CIA», The McMillan Company, 1968.

Artime, Manuel «Traición», Editorial Jus, México DF, 1960.

PERIÓDICOS Y REVISTAS

DE CUBA:

«Revolución».

«Hoy».

«Granma».

«Diario de la Marina».

«El Mundo».

«Bohemia».

EXTERIOR:

«Diario Las Américas».

«The Miami Herald».

«The Miami News».

ENTREVISTAS[1]

Abreu, Ernestino	1993, 1996, 2005
Acevedo, Armando	
Acosta, Orlando (Bebo)	1993
Albertini, José A.	
Alonso, Felipe	
Álvarez, Rufino	
Álvarez, Santiago	1993
Asencio, Lázaro	1995, 2005
Aragón, Ernesto (Bebo)	1996
Arango, Eduardo (Eddie)	
Bandín, Carlos	1995
Barrios, Hilda	1993
Borges, Generoso	
Bosch, Orlando	1993, 1996, 2003, 2005
Bergolla, Rafael	1993
Beguiristaín, Alberto	1995, 2005
Besú, Juan	1996
Borja, Isidro (Chilo)	1995, 2005
Blanco, Vicente	
Comella, María	
Comella, Manuel (Cawy)	
Calvo, Manuela	1995, 2005
Campanería, Néstor	
Carrillo, Francisco	1993
Cantillo, Amado	1996
Cancio, René	1996
Cay, Raúl	
Caballero, Emilio	1995
Dausá, José Enrique	1993, 1995, 2005
De Fana, Ángel	
Díaz Lans, Pedro Luis	1993
Deni, Javier	

Díaz Silveira, Anita
Díaz, Higinio (Nino)   1993
Díaz Isalgué, Miguel   1996, 1997
Delgado, Dora (Japón)   1995

Escala, Jorge

Farías, Matías   1993
Fernández, Jesús   1995, 2005
Fernández Travieso, Ernesto
Fernández Travieso, Tommy
Fernández Badué, José   1993, 2005
Fernández Hechevarría, Alberto   1993, 2005
Fernández Rocha, Luis

González Silva, José (Puchi)
Guerra, Pedro   1993, 2005
Guerra, José (Cheo)
García Armelgol, Miguel   1995, 2005
García Toledo, Rafael   1995
González Lanuza, José Antonio
Grau, Alberto   1996
González, Alfredo (Baracoa)
González, Reinol
Habach, María de los Ángeles   1995
Hernández, Carlos (Batea)   1996
Hernández, July   1993, 2005
Hunt, Howard   1993

Iglesias, Tony   1997
Inclán, Clemente (Mente)   1993, 1995, 1996
Izaguirre, Alfredo

Jiménez, Roberto

Koch, Johnny
Lavilla, Cecilia
Luis Pelli, René   1995, 2005

Lasaga, José Ignacio   1995
Loret de Mola, Mariano
López de la Cava, Johnny

Mariñas, Manuel   1993
Messer, Nilo   1995
Martínez Venegas, Emilio
Muller, Alberto   1993, 1995, 2005

Nazario Sargén, Andrés   1995
Núñez, Neil   1993, 2005
Nieves, Daniel

Oliva, Eneido   1993
Oviedo, Enrique   1996, 2005
Ovares, Enrique

Palmieri, Pablo   1995, 2005
Pérez, Nicolás
Pardo Mazorra, Ángel   1996
Pérez, Roberto Martín
Peña, Bernabé
Permuy, Jesús   1995, 2005
Pino, Ady
Pujals Mederos, José   1995

Quintero, Rafael   1995, 1996
Quintairos, Roberto

Rasco, José Ignacio   1993, 2005
Rodríguez Quesada, Carlos   1993, 1995
Rivero Caro, Emilio Adolfo   1995
Rodríguez Oltmans, Tito   1995
Roque, Cary
Ruiz Williams, Harry   1995

Sardiña, Ricardo Rafael   1993
Salvat, Juan Manuel   1995, 2005

Sánchez Villalba, Jorge	1995, 1996
Sowers, Tony	
Subirá Turró, Salvador	1995
Souto, Javier	
Valdés Hurtado, Teresita	
Valverde, Fernando	
Vargas Gómez, Andrés	1993
Veciana, Antonio	1993, 2005
Villanueva, Manuel	
Yáñez, Julio	1996

Se indican las fechas de las entrevistas realizadas en años anteriores al 2005 y 2006.

Miembros del Directorio Revolucionario Estudiantil (DRE) en Miami, 2005. La mayor parte fueron entrevistados por Enrique Ros para este libro. De izquierda a derecha: José María de Lasa, Fernando G. Chacón, Luis Fernández Rocha, Isidro Borjas, Miguel García Armengol, Miguel de Lasa, José Antonio González-Lanuza, Bernabé Peña, Alberto Muller y Juan Manuel Salvat.

ÍNDICE ONOMÁSTICO

A

Abreu, Ernestino 164-168, 201, 202, 226
Acevedo, Armando 35, 122, 145-148, 150,
        151, 181-183, 199, 200, 235, 238, 272
Acosta, Orlando (Bebo) 70, 210, 211, 252, 331
Albertini, José A 169, 278
Alonso, Felipe 378, 407, 408, 409, 410
Álvarez, Rufino 61
Álvarez, Santiago 404
Andreu, José 122, 145, 147, 150
Arango, Eddie 23, 24, 29, 30, 53, 56, 217
Artime, Manuel 65-73,
107, 149, 164, 167, 178, 201, 205, 223, 227, 228, 251, 254, 287, 395,
403, 404, 406
Asencio, Lázaro 42, 48, 49, 160, 420

B

Babún, Santiago 70, 371
Bandín, Carlos 174, 247, 248, 281
Batista, Laureano 73, 74, 133, 223, 225, 372
Barrios, Hilda 127, 132, 209
Barroso, Octavio 248-250, 253, 254, 255, 256, 258
Basulto, José 271, 333
Beguiristaín, Alberto 174, 246, 285, 392, 393
Bergolla, Rafael 74, 76, 77, 81, 114, 131, 132, 133, 144, 194
Blanco Navarro, Manuel 122, 150 234, 259, 263
Blanco Navarro, Renaldo 24, 26, 27, 29, 41, 52, 56, 57, 235
Blanco, Vicente 122, 146, 147, 149, 150, 285
Bonsal, Philip W. 43-48, 50, 52
Borbolla, Roberto 117
Borja, Isidro (Chilo) 115, 116, 151, 172, 179, 181,
        183, 186-188, 235, 236, 238, 240, 298, 333, 337, 345

Bosch, Orlando 159, 160, 187, 192, 371, 382, 384, 395,
396, 397, 414, 420, 424
Bueno, Luis 69, 210, 211
Bringas, Generoso 166, 167

C
Calvo, Manuela 131
Campanería, Néstor 86, 182, 236
Campanería, Virgilio....86, 88 138, 141, 142, 171, 187, 217, 238, 279
Cancio, Guillermo 386-387
Carrillo, Justo 68, 106, 231
Casuso, Enrique . . .73, 145, 149, 151, 171, 182, 188, 237, 243, 284
Cay, Raúl 178, 275, 291, 297, 326, 342, 380
Chávez, Ricardo (el Mejicano). 168 250, 279, 404
Comella, Manuel (Cawy) 146, 209
Comella, María 151, 208, 240
Corrales, Bernardo 94,95 96, 327
Crews, Eduardo 183, 185
Cruz, Alberto 228, 309, 409, 411
Cuadra, Angel 16, 346, 420
Cuéllar, Pedro 225, 259, 260, 263
Cuesta, Tony 209, 417, 418, 419

D
de Fana, Ángel 95-97
Denis, Javier 91, 94
Díaz-Balart, Rafael 19, 22
Díaz Hanscom, Rafael 70, 86, 87, 195, 207, 208,
209, 210, 211, 214, 216, 217, 218, 254
Díaz, Higinio (Nino) 69
Díaz Lanz, Pedro Luis 225
Díaz, Lomberto 107, 225
Díaz, Máximo 101, 121, 170, 174, 331, 246
Díaz Pou, Antonino 122, 145, 147, 149, 266, 267, 279
Díaz Silveira, Anita 79, 181, 237
Duarte Oropesa, José 346

Duque, Evelio 160, 162, 189, 230, 371, 384

E

Escala, Jorge 118, 137, 138,
Escalante, Fabián 31, 32, 41, 43, 44, 52, 286, 343, 379
Escoto, Mario 88, 108, 219

F

Falcón, Juan 188, 228, 247, 288, 290, 294, 381
Fatjó Miyares, General 187, 337
Feria, Argentino (el Indio) 175
Fernández, Eufemio 210, 217
Fernández Planas, José 72
Fernández Badué, José 74, 80, 131, 132, 194, 195, 205
Fernández Hechevarría, Alberto 02, 205, 207, 211
Fernández Rocha, Luis 71, 101, 116, 121, 122, 142, 152,
154, 157, 164, 171, 172, 178, 181, 187, 188, 198, 199, 218, 261, 268,
272, 274, 277-279, 287, 292, 295, 337, 357
Fernández Travieso, Ernesto 88, 101, 102, 116, 117,
119, 140-142, 158, 163, 164, 166, 169, 180, 181, 187, 197, 199, 217,
238, 268, 279, 337
Fernández Travieso, Tommy 98, 141-142, 187, 217, 238
Fernández, Jesús 89, 90, 92
Fernández, Lino 103, 208, 290
Fleites, Armando 27, 48-50, 115, 132, 374, 417
Fuller, Roberto 175
Fundora, Gerardo 189, 190, 192
Fundora, Jorge 201, 202, 209, 211, 214, 244, 246, 247

G

García Armengol, Miguelón 119, 151, 172, 179, 181, 188,
235, 237, 260, 279, 287
Galnares, Benigno 74, 131, 133, 194
García Crews, Antonio 102, 169
García Chacón, Fernando 185, 235, 337
García Toledo, Rafael 406

García Rubio, Jorge 248
Garrido, Jorge (Gallego) 270
Gómez, Víctor (Chiche) 159
González Vidal, Carlos .231, 233, 234, 262
González Corso, Rogelio (Francisco) .67, 69, 70, 73, 103, 107, 108, 122, 151, 164, 172, 189, 191, 193, 201, 207-211, 214, 216, 218, 239, 244, 246, 249, 251, 272, 290
González Infante, Luis 193
González Lanuza, José Antonio 197, 199, 270, 271, 337
González Silva, José (Puchi) 169, 292
González, Alfredo 102, 152, 157, 163, 268, 269
González, Reinol 121, 191, 227, 228, 301, 304, 305, 306, 308, 314, 315, 319, 324, 327, 331, 332
Gonzalo, Lorenzo 152
Grau, Alberto 407-410, 412, 420
Grave de Peralta, Aliecer 159, 160
Guerra José (Cheo) 152, 164
Guerra, Orestes 112, 137
Guerra, Pedro 114, 135, 136, 268
Guillot, Manolín 69, 74, 77, 80, 81, 105, 116, 120, 131, 133, 181, 244, 254, 267, 275, 277, 279, 280, 281, 287, 288, 290-292, 294-297
Gutiérrez Menoyo, Eloy 22, 27, 29, 32, 39-43, 48, 50-53, 175, 371, 382
Gutiérrez, Gervelio (Mimo) 159, 396
Gutiérrez, Jorge (Sheriff) 149, 151, 202, 220, 284

H
Habach, María de los Ángeles 303, 307, 308
Hernández, Carlos (Batea) 66, 70, 284
Hernández Puente, José Manuel (Manolín) 206
Hernández Rojo, Julio 111, 140, 141, 171, 186, 198, 199, 228, 237, 265, 268, 269, 272, 274, 275, 277, 278, 287, 291, 292, 297, 298, 326, 380
Hernández, July 79, 82, 84, 109, 115, 138, 197, 199, 239

I

Inclán, Mente 225, 287
Izaguirre Hornedo, Alfredo 248, 249, 255-258, 263
Izquierdo, Juan Manuel 187 228, 237, 256, 306-308, 311, 329, 330, 331, 332

J

Jiménez, Juan Carlos (el Portugués) 413
Jiménez, Roberto 120, 121, 228, 306, 316, 325, 329-332

K

Koch, Johnny 238

L

Lavilla, Cecilia 237, 264, 265, 270, 288, 291
Lavilla, Raquel 264
Llansó, Enrique (Kikio) 197, 199, 284, 287
López de la Cruz, Johny 134, 135
Loret de Mola, Mariano 171, 172
Lorié, Ricardo 64-72, 86, 106, 165, 167, 254
Luis Pelli, René 82, 136

M

Mas Canosa, Jorge 80
Márquez, Gabriel 261
Martín Pérez, Roberto 23, 32, 36, 38, 52, 56, 58
Martínez Venegas, Emilio 72, 73, 150, 266, 279, 280
Martínez, Rolando (Musculito) 197, 198, 287, 308, 325, 392
Medel, Claudio J. 41, 52
Medina Bringuier, Jorge (Mongo) 171, 194, 269, 270,
274, 275, 292, 298, 342
Méndez Vicente 159, 384, 421
Menéndez, Ricardo 267
Miranda, Segundo, (Frank) 74, 76, 77, 80, 81, 82, 84,
112, 113, 115, 133, 135, 194, 287

Morgan, William 22, 24, 27, 31, 32, 34, 39, 40, 41,
42-44, 47-57, 61, 175
Muller, Alberto 70, 71, 79, 88, 100-102, 105,
115-117 119, 149, 152, 154, 157, 158, 164, 169, 170, 178-183, 187,
194, 236, 237, 240, 245, 264, 274, 279, 320

N
Nieves, Daniel 152, 153, 164, 166, 175, 176
Núñez, Neil 132

O
Oliva, Eneido 143, 144, 396
Olmedo, Ricardo 360, 361, 362, 363
Ovares, Enrique 26-29, 50, 51, 53, 57
Oviedo, Enrique. 359

P
Pacheco (El Congo) 87, 193, 196, 273, 286, 288
Palmieri, Pablo 86, 87, 139, 255, 256, 258
Paradela, Bernardo 256, 305, 308, 313, 325, 327, 328
Pardo, Ángel 407, 408, 410-413, 423
Peña, Bernabé 116, 151, 157, 181, 182, 185, 186, 198,
199, 200, 235, 274, 277, 333, 337
Peña, Erelio 153, 164, 166-168, 177, 202
Peñalver, Eusebio 158, 159
Pequeño, Laureano 120, 179, 180, 269, 271, 274,
275, 291-293, 295, 297, 326, 392
Pereira, Juanín 171, 194, 264, 265, 268, 274, 278 280
Pérez Menéndez, Evelio Francisco (Capitán Frank) 140, 341

Pérez, Nicolás 171, 191, 194, 268, 275, 290-292, 294,
295, 297, 298
Permuy, Jesús 70, 103, 189, 244, 279, 290
Pino, Ady 101, 116, 154, 179
Prieto, Plinio 159, 160, 164, 190, 192
Puig, Manuel Lorenzo (Ñongo) 216, 217

Pujals Mederos, José 248, 250, 255, 329, 330, 331

Q

Quintairos, Roberto (Boby) 170-171, 194, 241, 267-268,
275, 288, 290-292, 294, 296
Quintero, Rafael 183, 280, 291

R

Ramírez, Osvaldo 121, 159, 162, 192, 196, 273, 285, 287, 366
Ramírez, Porfirio 120, 121, 160, 164, 170, 189, 190,
192, 273, 278, 331
Rasco, José Ignacio 73-77, 79, 106,
107, 130, 133, 205, 225, 227
Ray, Manolo 90, 192, 193, 210, 227, 228-231, 233,
301-303, 308, 322, 383
Rivas Vázquez, Rafael 66-71, 73
Rivero Caro, Emilio Adolfo 87, 256, 261, 283, 338
Reguera, Antonio 58
Reyes, Gustavo de los 23, 28, 29, 39, 41, 50, 53
Rodríguez, Luis David 247, 360-363
Rodríguez Oltmans, Tito. 86, 87, 249
Rodríguez Santana, Carlay 64, 66, 68-71, 145, 147, 148, 150
Rodríguez, Félix I. 404
Roque, Cary 170, 258, 325
Ros, Ángel (Guillín) 66, 68, 70, 71

S

Salas, Oscar 69, 165, 251, 252
Salvador, David 89, 90, 92, 95, 320, 324
Salvat, Juan Manuel (Gordo) 70, 73, 87, 100-102,
104, 105, 111, 115-117, 119, 120, 152, 154, 157, 158, 169, 171, 178,
181-183, 187, 264, 274, 279, 287, 303, 337, 345
San Gil, Tomás 196, 273, 360. 362, 363, 366
Sánchez Arango, Aureliano 88, 102, 106, 108, 124,
218, 219, 378, 398, 399
Sánchez Echevarría, Alfredo 218-219

Sánchez, Pedro (Perico) 362, 356
Sánchez Villalba, Jorge 361, 363
Smith, Earl T. 45, 46, 154
Smith, Wayne 45, 47, 154
Sorí Marín, Humberto 28, 71, 195, 196, 207, 209-211,
214-218, 253, 254, 279
Sotús, Jorge 64, 66-68, 70-72, 211, 223-225
Souto, Javier 122, 145, 147, 148, 152
Sowers, Tony 88, 274, 275, 288, 294

U
Utreta, José (Pepe) 88, 101, 108, 399

V
Valdés Hurtado, Teresita 116, 154, 179
Valverde, Fernando 187, 249
Varona, Manuel Antonio de 106, 229, 358, 399
Veciana, Antonio 229, 301, 305, 307-310,
311, 313, 322, 325, 327-329, 374
Villanueva, Manuel 102, 152, 153, 163, 220
Vidal, Rodolfo (Pancho el Rápido) 183, 238, 337
Vidal Santiago, Felipe 382, 398-399

W
Walsh, Sinesio 159, 160, 189, 192

Y
Yabur, Michael 65, 70

BIBLIOTECA DE ENRIQUE ROS
en Ediciones Universal

Estos libros constituyen una verdadera enciclopedia
sobre la lucha de los cubanos por su libertad:

0-89729-738-5   PLAYA GIRÓN, LA VERDADERA
HISTORIA, Enrique Ros
(3ª. edición) /1998/
Historia de la lucha clandestina en Cuba, la invasión de Playa Girón, el
exilio y la política norteamericana.

0-89729-773-3   DE GIRÓN A LA CRISIS DE LOS COHETES: LA SEGUNDA
DERROTA, Enrique Ros /1995/
Historia de la lucha cubana desde Playa Girón hasta la Crisis de los
Cohetes en 1962.

0-89729-814-4   AÑOS CRÍTICOS: DEL CAMINO DE LA ACCIÓN AL
CAMINO DEL ENTENDIMIENTO , Enrique Ros /1996/
La zigzagueante política del presidente Kennedy y los esfuerzos de los
cubanos por derrocar a Castro.

0-89729-868-3   CUBANOS COMBATIENTES: PELEANDO EN DISTINTOS
FRENTES, Enrique Ros /1998/
Lucha de los cubanos dentro y fuera de la isla: ataques comandos,
cubanos en Vietnam, África, Bolivia y otros escenarios.

0-89729-908-6   LA AVENTURA AFRICANA DE FIDEL CASTRO, Enrique Ros
/1999/
Las intervenciones de Castro por subvertir el continente africano.

0-89729-939-6   CASTRO Y LAS GUERRILLAS EN LATINOAMÉRICA,
Enrique Ros /2001/
Las acciones guerrilleras y subversivas que ha dirigido Castro en América
Latina desde el triunfo de su revolución en 1959, principalmente en Argenti-
na, Perú, Colombia, Venezuela, Guatemala, Bolivia, República Dominicana
y Uruguay.

0-89729-988-4   ERNESTO CHE GUEVARA: MITO Y REALIDAD,
Enrique Ros /2002/
La vida desconocida del Che Guevara tras una minuciosa investigación.

1-59388-006-5   FIDEL CASTRO Y EL GATILLO ALEGRE. SUS AÑOS
UNIVERSITARIOS, Enrique Ros /2003/
La historia desconocida de Fidel Castro. La escuela de violencia de sus años
universitarios con los Grupos de Acción.

1-59388-026-X   LA UMAP: EL *GULAG* CUBANO, Enrique Ros /2004/
La realidad de los campos de concentración y trabajos forzados en Cuba
contada por los que la padecieron.

1-59388-047-2   LA REVOLUCIÓN DE 1933 EN CUBA, Enrique Ros /2005/
Historia de la revolución contra Machado contada por sus protagonistas.

1-59388-079-0   EL CLANDESTINAJE Y LA LUCHA ARMADA CONTRA
CASTRO, Enrique Ros /2006/

626-5 LA MÁSCARA Y EL MARAÑÓN (Identidad nacional cubana), Lucrecia Artalejo

645-1 FÉLIX VARELA: ANÁLISIS DE SUS IDEAS POLÍTICAS, Juan P. Esteve

647-8 REFLEXIONES SOBRE CUBA Y SU FUTURO, Luis Aguilar León

680-X ¿POR QUÉ FRACASÓ LA DEMOCRACIA EN CUBA?, Luis Fernández-Caubí

682-6 IMAGEN Y TRAYECTORIA DEL CUBANO EN LA HISTORIA 2 v. 1492-1958), Octavio R. Costa

689-3 A CUBA LE TOCÓ PERDER, Justo Carrillo

690-7 CUBA Y SU CULTURA, Raúl M. Shelton

703-2 MÚSICA CUBANA: DEL AREYTO A LA NUEVA TROVA, Cristóbal Díaz Ayala

738-5 PLAYA GIRÓN: LA HISTORIA VERDADERA, Enrique Ros

743-1 MARTA ABREU, UNA MUJER COMPRENDIDA Pánfilo D. Camacho

745-8 CUBA: ENTRE LA INDEPENDENCIA Y LA LIBERTAD, Armando P. Ribas

747-4 LA HONDA DE DAVID, Mario Llerena

752-0 24 DE FEBRERO DE 1895: UN PROGRAMA VIGENTE, Jorge Castellanos

760-1 ASÍ ERA CUBA (Como hablábamos, sentíamos y actuábamos), Daniel Román

765-2 CLASE TRABAJADORA Y MOVIMIENTO SINDICAL EN CUBA / 2 vols.: 1819-1996), Efrén Córdova

773-3 DE GIRÓN A LA CRISIS DE LOS COHETES: La segunda derrota, Enrique Ros

786-5 POR LA LIBERTAD DE CUBA (una historia inconclusa), Néstor Carbonell Cortina

794-6 CUBA HOY (la lente muerte del castrismo), Carlos Alberto Montaner

798-9 APUNTES SOBRE LA NACIONALIDAD CUBANA, Luis Fernández-Caubí

804-7 EL CARÁCTER CUBANO, Calixto Masó y Vázquez

808-X RAZÓN Y PASIÓN (25 años de estudios cubanos), Instituto de Estudios Cubanos

814-4 AÑOS CRÍTICOS: Del camino de la acción al camino del entendimiento, Enrique Ros

820-9 VIDA Y MILAGROS DE LA FARÁNDULA CUBANA. Tomo IV, Rosendo Rosell

821-7 THE MARIEL EXODUS: TWENTY YEARS LATER. A STUDY ON THE POLITICS OF STIGMA AND A RESEARCH BIBLIOGRAPHY, Gastón A. Fernández

823-3 JOSÉ VARELA ZEQUEIRA (1854-1939); SU OBRA CIENTÍFICO-LITERARIA, Beatriz Varela

828-4 BALSEROS: HISTORIA ORAL DEL ÉXODO CUBANO DEL '94 / ORAL HISTORY OF THE CUBAN EXODUS OF '94, Felicia Guerra y Tamara Álvarez-Detrell

831-4 CONVERSANDO CON UN MÁRTIR CUBANO: CARLOS GONZÁLEZ VIDAL, Mario Pombo Matamoros

832-2 TODO TIENE SU TIEMPO, Luis Aguilar León

838-1 8-A: LA REALIDAD INVISIBLE, Orlando Jiménez-Leal

840-3 HISTORIA ÍNTIMA DE LA REVOLUCIÓN CUBANA, Ángel Pérez Vidal

841-1 VIDA Y MILAGROS DE LA FARÁNDULA CUBANA / Tomo V, Rosendo Rosell

848-9 PÁGINAS CUBANAS tomo I, Hortensia Ruiz del Vizo

851-2 APUNTES DOCUMENTADOS DE LA LUCHA POR LA LIBERTAD DE CUBA, Alberto Gutiérrez de la Solana

860-8 VIAJEROS EN CUBA (1800-1850), Otto Olivera

861-6   GOBIERNO DEL PUEBLO: OPCIÓN PARA UN NUEVO SIGLO, Gerardo E. Martínez-Solanas

862-4   UNA FAMILIA HABANERA, Eloísa Lezama Lima

866-7   NATUMALEZA CUBANA, Carlos Wotzkow

868-3   CUBANOS COMBATIENTES: peleando en distintos frentes, Enrique Ros

869-1   QUE LA PATRIA SE SIENTA ORGULLOSA (Memorias de una lucha sin fin), Waldo de Castroverde

870-5   EL CASO CEA: intelectuales e inquisodres en Cuba ¿Perestroika en la Isla?, Maurizio Giuliano

874-8   POR AMOR AL ARTE (Memorias de un teatrista cubano 1940-1970), Francisco Morín

875-6   HISTORIA DE CUBA, Calixto C. Masó
Nueva edición al cuidado de Leonel de la Cuesta, ampliada con índices y cronología de la historia de Cuba hasta 1992.

876-4   CUBANOS DE DOS SIGLOS: XIX y XX. ENSAYISTAS y CRÍTICOS, Elio Alba Buffill

880-2   ANTONIO MACEO GRAJALES: EL TITÁN DE BRONCE, José Mármol

882-9   EN TORNO A LA CUBANÍA (estudios sobre la idiosincrasia cubana), Ana María Alvarado

886-1   ISLA SIN FIN (Contribución a la crítica del nacionalismo cubano), Rafael Rojas

891-8   MIS CUATRO PUNTOS CARDINALES, Luis Manuel Martínez

895-0   MIS TRES ADIOSES A CUBA (DIARIO DE DOS VIAJES), Ani Mestre

901-9   40 AÑOS DE REVOLUCIÓN CUBANA (El legado de Castro), Efrén Córdova, Editor

907-8   MANUAL DEL PERFECTO SINVERGÜENZA, Tom Mix (José M. Muzaurieta)

908-6   LA AVENTURA AFRICANA DE FIDEL CASTRO, Enrique Ros

910-8   MIS RELACIONES CON EL GENERAL BATISTA, Roberto Fernández Miranda

912-4   ESTRECHO DE TRAICIÓN, Ana Margarita Martínez y Diana Montané

922-1   27 DE NOVIEMBRE DE 1871. FUSILAMIENTO DE OCHO ESTUDIANTES DE MEDICINA, William A. Fountain

926-4   GUANTÁNAMO Y GITMO (Base naval de los Estados Unidos en Guantánamo), López Jardo

929-9   EL GARROTE EN CUBA, Manuel B. López Valdés (Edición de Humberto López Cruz

931-0   EL CAIMÁN ANTE EL ESPEJO. Un ensayo de interpretación de lo cubano, Uva de Aragón (segunda edición revisada y ampliada)

934-5   MI VIDA EN EL TEATRO, María Julia Casanova

937-x   EL TRABAJO FORZOSO EN CUBA, Efrén Córdova

939-6   CASTRO Y LAS GUERRILLAS EN LATINOAMÉRICA, Enrique Ros

942-6   TESTIMONIOS DE UN REBELDE (Episodios de la Revolución Cubana 1944-1963), Orlando Rodríguez Pérez

944-2   DE LA PATRIA DE UNO A LA PATRIA DE TODOS, Ernesto F. Betancourt

945-0   CRONOLOGÍA HISTÓRICA DE CUBA (1492-2000), Manuel Fernández Santalices.

946-9   BAJO MI TERCA LUCHA CON EL TIEMPO. MEMORIAS 1915-2000, Octavio R. Costa

949-3   MEMORIA DE CUBA, Julio Rodríguez-Luis

951-8   LUCHAS Y COMBATES POR CUBA (MEMORIAS), José Enrique Dausá

952-3   ELAPSO TEMPORE, Hugo Consuegra
953-1   JOSÉ AGUSTÍN QUINTERO: UN ENIGMA HISTÓRICO EN EL EXILIO CUBANO DEL OCHOCIENTOS, Jorge Marbán
955-8   NECESIDAD DE LIBERTAD (ensayos-artículos-entrevistas-cartas), Reinaldo Arenas
956-6   FÉLIX VARELA PARA TODOS / FELIX VARELA FOR ALL, Rabael B. Abislaimán
957-4   LOS GRANDES DEBATES DE LA CONSTITUYENTE CUBANA DE 1940, Edición de Néstor Carbonell Cortina
965-5   CUBANOS DE ACCIÓN Y PENSAMIENTO, Octavio R. Costa (60 biografías de los protagonistas de la historia de Cuba)
967-1   HISTORIA DE LA VILLA DE SAGUA LA GRANDE Y SU JURISDICCIÓN, Antonio Miguel Alcover y Beltrán
         (DOCUMENTOS-APUNTES-RESEÑAS-MONOGRAFÍAS-CONSIDERACIONES)
         Reedición facsímil de la edición de 1905). Prólogo de Juan Barturen. Epílogo de Luis Gómez Domínguez.
968-x   AMÉRICA Y FIDEL CASTRO, Américo Martín
974-4   CONTRA EL SACRIFICIO / DEL CAMARADA AL BUEN VECINO / Una polémica filosófica cubana para el siglo XXI, Emilio Ichikawa
975-2   VOLVIENDO LA MIRADA (memorias 1981-1988), César Leante
979-5   CENTENARIO DE LA REPÚBLICA CUBANA (1902-2002), William Navarrete y Javier de Castro Mori, Editores.
980-9   HUELLAS DE MI CUBANÍA, José Ignacio Rasco
982-5   INVENCIÓN POÉTICA DE LA NACIÓN CUBANA, Jorge Castellanos
983-3   CUBA: EXILIO Y CULTURA. / MEMORIA DEL CONGRESO DEL MILENIO, Asociación Nacional de Educadores Cubano-Americanos y Herencia Cultural Cubana. Julio Hernández-Miyares, Gastón Fernández de la Torriente y Leonardo Fernández Marcané, Editores
987-6   NARCOTRÁFICO Y TAREAS REVOLUCIONARIAS. EL CONCEPTO CUBANO, Norberto Fuentes
988-4   ERNESTO CHE GUEVARA: MITO Y REALIDAD, Enrique Ros
991-4   CARUCA (1917-2000), Octavio R. Costa
995-7   LA MIRADA VIVA, Alberto Roldán
8-006-5 FIDEL CASTRO Y EL GATILLO ALEGRE. LOS AÑOS UNIVERSITARIOS, Enrique Ros
8-000-6 LA POLÍTICA DEL ADIÓS, Rafael Rojas
8-006-5 FIDEL CASTRO Y EL GATILLO ALEGRE. LOS AÑOS UNIVERSITARIOS, Enrique Ros
8-011-1 REFLEXIONES SOBRE CUBA Y SU FUTURO, Luis Aguilar León (3ª.edición revisada y ampliada)
8-014-6 AZÚCAR Y CHOCOLATE. HISTORIA DEL BOXEO CUBANO, Enrique Encinosa
8-022-7 CONTEXT FOR A CUBAN TRANSITION. An argument in favor of democracy and a market economy, Ernesto F. Betancourt
8-025-1 EL FIN DE LA IDIOTEZ Y LA MUERTE DEL HOMBRE NUEVO, Armando P. Ribas
8-026-x LA UMAP: EL GULAG CUBANO, Enrique Ros
8-027-8 LA CUBA ETERNA, Néstor Carbonell Cortina
8-028-6 CONTRA VIENTO Y MAREA. PERIODISMO Y ALGO MÁS (Memorias de un periodista 1920-2000), José Ignacio Rivero
8-035-9 CUBA: REALIDAD Y DESTINO. PRESENTE Y FUTURO DE LA ECONOMÍA Y LA SOCIEDAD CUBANA, Jorge A. Sanguinetty

8-038-3 MUJERES EN LA HISTORIA DE CUBA, Antonio J. Molina

8-043-x MIS MEMORIAS, Mario P. Landrían M.D.

8-045-6 TRES CUESTIONES SOBRE LA ISLA DE CUBA, José García de Arboleya

8-047-2 LA REVOLUCIÓN DE 1933 EN CUBA, Enrique Ros

8-051-0 MEMORIAS DE UN ESTADISTA. FRASES Y ESCRITOS EN CORRESPON- DENCIA, Carlos Márquez-Sterling (Edición de Manuel Márquez-Sterling).

8-052-9 INSPIRADORES (300 biografías de personajes fascinantes), Luis Mario

8-053-7 ANATOMÍA Y FISIOLOGÍA DEL TERRORISMO (comentado para la Revolución Cubana), Salvador E. Subirá

8-055-3 AVENTURAS DE UN TAXISTA EN LA HABANA, Noel Silva-Ricardo

8-057-x EL RESCATE DE LA CUBA ETERNA, José Sánchez-Boudy

8-058-8 DE LAS FILOSOFÍAS DESTRUCTIVAS CONTEMPORÁNEAS: BERGSON, SARTRE Y OTROS ENSAYOS, José Sánchez-Boudy y Hortensia Ruiz del Vizo

8-059-6 MEMORIAS CUBANAS DE UN ASTURIANO CALIENTE, José Sánchez-Priede

8-061-8 LA HABANA EN EL SIGLO XXI. URBANISMO ACTUAL, Osvaldo de Tapia-Ruano

8-062-6 EL EXILIO HISTÓRICO Y LA FE EN EL TRIUNFO, José Sánchez-Boudy

8-064-2 MORIR DE EXILIO, Uva de Aragón

8-067-5 CUBA: INTRAHISTORIA. UNA LUCHA SIN TREGUA, Rafael Díaz-Balart

8-069-3 ELIÁN Y LA CUBA ETERNA, José Sánchez-Boudy

8-071-5 LA VERDADERA CUBA ETERNA. José Sánchez-Boudy

8-072-3 ENCUENTRO EN 1898. TRES PUEBLOS Y CUATRO HOMBRES (Cuba-España-Estados Unidos /Cervera-T. Roosevelt-Calixto García-Juan Gualberto Gómez). Jorge Castellanos

8-075-8 FÉLIX VARELA: PROFUNDIDAD MANIFIESTA I: Primeros años de la vida del padre Félix Varela Morales: infancia, adolescencia, juventud (1788-1821), P. Fidel Rodríguez